人力资源测评

理论与实务

Theory and Technology of
Human Resource Measurement

主 编 杜林致

副主编 张 阔 赵红梅

暨南大學出版社
JINAN UNIVERSITY PRESS
中国·广州

目　录

序　言

人力资源测评听起来似乎是一个新概念，但与人力资源测评相关的人才识别思想，在我国古代早已有之，且不可谓不丰富。比如对于人才测评必要性的认识，孟子曾说过："权然后知轻重，度然后知长短，物皆然，心为甚"；魏征曾提出识别人才的"六观"法："贵则观其所举，富则观其所养，居则观其所好，习则观其所言，穷则观其所不受，贱则观其所不为。"诸葛亮提出了鉴别人才的七种方法，即"问之以是非，而观其志；穷之以辞辩，而观其变；咨之以计谋，而观其识；告之以祸难，而观其勇；醉之以酒，而观其性；临之以利，而观其谦；期之以事，而观其性"等。另外，春秋以前，我国已经发明了七巧板、九连环等智力测验工具。但我国古代的人才测评思想受制于当时的社会条件和历史文化，一方面十分零散，没有形成系统的理论；另一方面它们更多地流于主观经验的判断，缺乏科学实证的评价方法。

现代人力资源测评技术，起源于西方工业革命之后，与心理测量学有着密切的关系。从1905年法国心理学家比奈编制出第一个智力量表——比奈—西蒙智力量表起，心理测评技术在西方国家得到了广泛应用。目前，心理测量从早期的心理缺陷诊断，逐渐发展为对智能和人格的测量，从教育领域拓展到社会管理各领域，为升学、就业、人才选拔、晋升、培训等提供指导和服务，并最终引发了心理测验运动，使心理测评在西方成为一个重要的产业。在人力资源管理领域，人力资源测评的思想、方法和技术不断发展和完善，各种智力测验、能力测验、性向测验、成就测验、情景模拟测验等测评工具不断产生并得到完善，人力资源测评技术被广泛应用于各级各类组织的人力资源管理实践中，发挥着越来越重要的作用。

加入WTO后，中国企业面临着难得的发展机遇，也不得不面对来自国外企业的严峻挑战。企业的竞争就是人才的竞争，这一点已成为共识。采用科学的人才测评理论和方法，为企业人才的选拔、安置、激励、培训等提供科学的依据，是现代企业人力资源管理工作的基本要求。由于我国科学的人才测评工作起步较晚，目前能够熟练地掌握和应用人才测评方法和技术的人才还很匮乏，因此，加强这方面的人才培养就成为高校人力资源管理专业和应用心理学专业教学必要而紧迫的任务。

本书就是为满足上述教学需要而编写的。作者接受过系统的心理学专业教育，从事心理测量课程的教学和实践工作多年，又接受了人力资源管理学科的科研训练，积累了丰富的人力资源测评实践经验，由此保证了本书既具有心理测量理论和方法的科学性，又具有针对人力资源管理测评实践需要的现实针对性，是一本非常切合高校人力资源管理专业和应用心理学专业教学需要的教科书，我很乐意将它推荐给读者。

当然，人力资源测评是一项实践性很强的课程，不但需要课堂上的系统学习，更需要具体的人力资源测评活动的实践锻炼。同时，人力资源测评教材也需要借助测评实践总结归纳的经验，不断补充、完善。希望本教材在使用过程中能够不断完善，为人才培养作出越来越大的贡献。

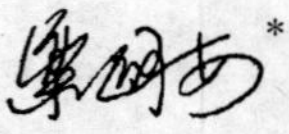*

2007 年 12 月于南开大学

---

* 《序言》作者系南开大学教授，博士生导师，中国社会心理学会会长，中国心理学会副理事长。

前 言

企业的竞争是人才的竞争，人才是企业生存和发展的第一资源，这一点已经成为现代企业的共识。但是，如何才能选择合适的人才，如何合理安排和使用人才，实现“人岗匹配”的目标，却是企业人力资源管理工作者普遍面临的一大难题。常言道：“人心隔肚皮”，“知人知面难知心”，要做到对人才的准确评判，单纯靠主观感觉和经验式的推断（甚至有人凭面相和手相），往往会“失之毫厘，谬以千里”。现代心理学发展了一套科学的认识人的心理活动的测评技术和工具，运用这种心理测评技术，可以相对准确地判断一个人的性格、兴趣、能力、价值观等心理特征，从而根据不同的岗位要求，选择其最匹配的岗位。这就是现代人力资源管理中的人才测评。有一个经典案例，充分证明了应用科学人才测评技术对于选拔人才的有效性：1956 年，美国电话电报公司选拔管理人员，分别运用了主管亲自选拔、部门经理推荐和评价中心技术测评三种方法，在把评价结果对公司的高层管理者保密了 8 年之后，将员工实际发展情况与评价结果进行核对发现，用评价中心技术测评的正确率达到 76%，而部门经理提名的正确率只有 35%，主管亲自选拔的正确率仅有 15%。

人力资源管理中的人才测评建立在心理测量理论和方法的基础上，所以要正确开展人才测评工作，首先必须全面而系统地熟悉和了解心理测量的原理、方法和各种评价指标，如信度、效度、难度、区分度等。但是，人才测评绝不是心理测量工具的简单照搬，而必须结合人力资源管理中的具体实际，根据人力资源管理的不同环节（如招聘、晋升、绩效考评、职业生涯管理等）、不同对象（如基层员工、中层管理人员、高层管理人员）、不同岗位（如财务、营销、行政人事、技术等）、不同行业（如生产制造业、服务业、高新技术产业等）的实际需要，有针对性地选择或开发相关的测评工具，特别是建立各行业、各岗位、各种对象的评价标准体系（即心理学中所说的常模），才能提高测评的科学性和有效性，在人力资源管理活动中真正发挥其独特的作用。也就是说，人力资源管理中的人才测评，不但要保证心理测量中的科学性，又要保证人力资源管理中的现实针对性。

本书的编写，就是遵循上述原则开展的。全书分为三篇：第一篇是理论篇，主要讲述人力资源测评的原理，包括人力资源测评概述、人力资源测评的方法、人力资源测评的技术原理、人力资源测评的流程四个章节；第二篇是工具篇，主要介绍人力资源测评中常见的各种测评类型及测评工具的使用，包括能力测验、性格测验、职业适应性测验、领导效能测验、面试、评价中心技术等六章内容；第三篇是应用篇，主要针对人力资源管理中的不同测评需要，介绍相应的测评方法和测评技术手段的组合原则，包括招聘和甄选中的测评、职业生涯管理中的测评、建立胜任力模型、人力资源测评报告等四章内容。由于测评软件在目前企业测评实践中的应用越来越普遍，在获得人才测评解决方案提供商——北京北森测评技术有限公司的许可后，全书最后以“附录”的形式，详细介绍了人才测评软件的结构、功能以及安装、操作的基本技术，便于大家对常用测评软件的熟悉和使用。

本书由主编拟定编写大纲，参加编写的都是在心理测量和人力资源管理教学和测评实践中有着丰富经验的学者，具体分工如下：

杜林致设计篇章结构，审定全书，编写第四章、第五章、第六章、第七章、第八章、第十章；

张阔编写第一章、第二章、第三章、第九章；

赵红梅编写第十一章、第十二章、第十三章、第十四章。

附录由北京北森测评技术有限公司提供。

在编写本书的过程中，我们参阅了大量国内外同行有关人才测评的著述，在此对他们表示诚挚的感谢！如果没有他们前期总结出的丰富、精彩的理论和实践工作，我们的写作就无异于无本之木、无源之水。特别是北京北森测评技术有限公司慨允，提供了他们开发的人才测评软件的使用手册《人力资源测评》，为我们对测评工具的应用介绍增添了许多有价值的信息。本书得以付梓，也有赖于暨南大学出版社社科编辑室主任张仲玲女士的大力支持，这里一并表示衷心的感谢！

特别感谢中国社会心理学会会长、中国心理学会副理事长、南开大学博士生导师乐国安教授在百忙之中为本书作序，他对后辈学子的热情勉励，是我们不懈努力的无穷动力。

由于时间仓促以及编者水平所限，本书中难免存在不妥之处，也有不少需要进一步深入探讨的地方，请读者朋友多提宝贵意见。

杜林致

2007 年 12 月于南开大学

第一篇

人力资源测评的原理

第一章

人力资源测评概述

本章提要

- 人力资源的含义
- 人力资源测评的含义及特征
- 人力资源测评的发展
- 人力资源测评的类型
- 人力资源测评的功能

引　言

当代经济学把资源分为人力资源、自然资源、资本资源和信息资源四种，人力资源不仅是其中的一种形式，同时也是这些资源中唯一具有主观能动性的资源。几乎所有的现代组织都把人力资源作为最重要的资源之一，因此，对人力资源的管理就成为现代组织管理，尤其是企业管理的一个重要方面。而在组织人力资源管理的各个环节中，如招聘、安置、考核、晋升、培训等，几乎都离不开测评方法的运用。本章概略地介绍了人力资源测评的含义、类型、功能以及人力资源测评的发展历程，可以使读者对人力资源测评的各方面有一个大致的了解。

第一节　人力资源测评的含义

一、什么是人力资源

（一）人力资源的含义

“人力资源”概念的正式提出是在约一百年前，随着人类认识水平的提高，人们对人力资源的认识也经历了一个不断完善的过程。

小辞典

人力资源：就是个体所具有的在一定的条件下可以被组织利用，或者在一定的范围内，能够作为生产性要素投入到社会经济活动中并对价值的创造作出贡献的智力、知识、技能、体能以及各种个性心理特征等载体中资源的总和。

人力资源分为两种，即现实的人力资源和潜在的人力资源。现实的人力资源是指一个国家或地区在一定时期内已经拥有的从事社会经济活动的全部人口，包括正在从事劳动的人口以及由于各种原因暂时没有从事劳动的人口，有时又称为“劳动力人口”；而潜在的人力资源则是指正在培养的还处于准备状态的具有初步劳动能力的人口，例如正在读大学的学生群体。值得注意的是：人力资源并不是指人本身，而是指人身上所具有的可以被利用的资源，人只是资源的载体。由此可知，人力资源与人口并不是同一个概念，二者是不等价的，其关系是人口是人力资源的载体。

只有对人力资源这个概念有一个准确的认识后，才能在人力资源管理中从质和量两个方面对其进行有效的管理，充分发挥人的主观能动性，实现人尽其才、事得其人、人事相宜，从而更快更好地实现组织和管理的目标。

（二）人力资源的特征

相对于自然资源而言，要想有效地管理人力资源就必须从人力资源的基本特征出发。与其他类别资源相比，人力资源有其独特的特点，了解这些特点有助于我们更好地进行人力资源测评及管理。

1. 人力资源的主观能动性

能动性是人力资源的一个根本性质，它体现了人力资源与其他资源的本质区别。人力资源的载体——人具有高级思维和创造能力，这决定了人力资源不是消极被动地适应自然环境，而是积极主动地去认识、利用、改造自然，使自然界能够为我们人类的生活和生产服务。当人力资源作为生产要素的一部分进入生产过程后，人力资源就会始终处于主动地位，劳动者对一切生产经营和管理活动起主导作用。他们根据自己的意愿、要求及客观规律安排生产活动，最大限度地提高各种资源的利用率，争取较好的经济、社会和生态效益。另外借助人力资源的主观能动性，不断深入地认识世界，使人类社会得到不断的发展。

2. 人力资源的时效性

一般来说，自然资源、资金资源都不受时间的限制，无论何时、在何种条件下，对它们的开发利用都是有效的，而人力资源就不同。每个人都在不断成长，都要经历特定的生理和心理发展阶段，处于不同阶段人力资源的质量不同。如果对特定时期的人力资源不及时使用，就会出现“过期作废”的现象。特别在当今这个知识经济时代，科学技术的迅猛发展使人力资源的时效性特点表现得尤为突出。一个人的生命中只有某一特定时期生理和心理都比较成熟，不仅年龄适当、体力充沛，工作经验和素质也达到了顶峰，因此可以被组织有效地开发和利用。此后人的综合素质会逐步下降，如果特定时期的人力资源没有被及时使用，将导致人力资源的浪费甚至影响组织工作的绩效。

3. 人力资源的可再生性

人力资源是可再生资源，能够在人口生产和再生产过程中不断得到补充。就每个个体而言，虽然在工作过程中体能会有所消耗，但在饮食和闲暇过程中又会得到补充。而且，随着生产力的发展和社会经济条件的改善，劳动者的知识、技能和经验也能在实践及训练中不断得到完善，人力资源的质量也相应地得到提高，使人能够适应新的经济活动和技术要求。所以，人力资源不仅能够再生，而且能够增值。个体的智力和知识不会因使用而耗竭，反而会因为经验累积而更具有价值。

二、人力资源测评的含义

人与人在能力、兴趣、个性、知识、经验等方面都存在差异，因此他们能发挥作用的领域及效能的大小就不同。只有将工作的性质与个人的特长相结合进行合理配置，才能使人的才能得到充分发挥。这就需要借助有关个体差异的科学理论，研制各种测量工具，从而对人的能力、兴趣和人格等心理特征进行科学评价。

小辞典

人力资源测评是在人力资源管理过程中，运用心理学、管理学、测量学、统计学等多门学科知识，通过心理测量、考试、履历分析、情境模拟等多种手段，对人的综合素质进行系统的测量和评价，从而为个人提供发展性咨询、为用人单位提供人才的录用、选拔、培训、诊断等咨询信息的系统工程。

人力资源测评是现代人力资源管理中一门重要的综合性技术。说其重要，是因为在人力资源管理的各个过程中，如招聘、培训、安置、考核和晋升等；都要参考人力资源测评的结果。说其综合，是因为它涉及了心理学、管理学、测量学、统计学、行为科学等多个学科的理论和方法。当前，人力资源测评已经得到了广泛的认可和应用，成为公司、企业、非营利组织乃至政府机构招聘新员工、经营人力资源的不可缺少的工具。

人力资源测评作为一项专业化活动，它集中对个体的能力倾向、知识水平、工作技能、个性特征及发展潜力等多方面的素质进行测试和评价，从而为招聘、安置、考核、晋升、培训等人力资源管理活动提供参考依据，以便科学合理地利用、开发人力资源。在这一过程中心理测量技术被广泛使用，所以，人力资源测评是以心理测量为基础的，它通常要运用多种心理测量的原理、方法和工具来完成。但是相对于心理测量来说，人力资源测评的目的更加明确和具体，考查的内容也更为广泛。

三、人力资源测评的特征

人力资源测评的研究对象是个体的各种素质与特性，而每个人的行为规律和心理特性互不相同，这就决定了人力资源测评是一种特殊复杂的社会认知活动，其主要特点包括：

（一）人力资源测评主要针对心理属性

就人力资源测评的对象而言的，它主要是对个体的个性心理特征和个性倾向性的测量，包括能力、态度、理想、信念、兴趣、爱好、性格、品质、气质、人生观、价值观等。尽管身高、体重等身体素质有时也被列入测量的范畴，但它们不是测评的主要方面，因为对一个人事业的发展起决定性影响的还是其心理属性。

（二）人力资源测评属于间接测量

这一特点是由测评对象即个体心理属性的特点决定的。人的心理属性是其实施社会行为的基本条件和潜在能力，是隐含在内的客观存在，看不见摸不着。但是它有一定的表现性，可以通过外在的行为特征进行间接的推测和判断。例如一个小孩说话很生动，应对得体，记忆力、判断力很强，我们说他天赋智力高，就是凭他的语言、应对、记忆、判断等行为间接估量的。因此人力资源测评是间接测量，而不是直接测量。

（三）人力资源测评的结果不是绝对的

任何测评都力求全面客观地反映被测者素质的实际状况，但是任何一个测评都不可能避免误差，这主要是由测评的主观性决定的。人力资源测评毕竟是人对人的测评。首先，测评方案的设计和实施过程都由人完成，不同的人对测评目标的理解、测评工具的使用及对测评分数的解释也不同，因此结果也不可能完全一致。其次，被测人员的素质是抽象模糊的，其构成相当复杂，测评的工具又有一定局限性。德国物理学家海森堡在1927年提出物理学中的“测不准原理”，人力资源测评中也存在“测不准关系”，即测评结果不完全符合对象的实际情况，往往与被测者真实素质有一定程度的偏离。从这个意义上讲，人力资源测评的结果只有相对意义，不可能百分之百的精确。

此外，由于人力资源测评是在有限的时间内开展的，不可能掌握被测评者的全部信息，而只能采用行为抽样的方法对部分要素进行测评，并根据行为样本的测量结果来推断全部待测评内容的特征。

第二节　人力资源测评的发展

一、我国古代人力资源测评的思想和方法

（一）我国古代人力资源测评的思想

对人本身的认识，几乎是与人类的产生同步。但是真正运用心理学、管理学、测量学的科学方法来测试和评鉴人力资源，则是在20世纪初才开始的，因而人力资源测评是一门既古老又年轻的学科。

说其古老，是因为人力资源测评的思想和实践自古就有。在古代，人力资源测评思想体现为“知人”。如老子认为“知人者智”，把善于知人看作智慧的象征；在《淮南子·泰族训》中，刘安认为“仁莫大于爱人，知莫大于知人”，并进一步指出了它在管理活动中的重要性，即“知人则无乱政矣”。我国早在一千多年前就有了较为成熟的科举考试制度，并成为政府选拔官员的最重要途径。在长期的用人实践中，我们的先贤对当时的人力资源测评作了丰富的记述，并提炼出了许多值得后人借鉴研究的宝贵思想。但因社会历史条件、经济发展水平的局限，这些思想都是零星的、经验性的，散见于各种典籍文献之中，而且以定性测评为主。

直到二十世纪初，随着心理测量走向科学化，现代人力资源测评所应用的主要理论和技术才开始形成和发展，并逐步得到应用。

我国古代人力资源测评思想的发展大致可分为三个时期：

1. 从上古到春秋战国为萌芽期

这一阶段的人力资源测评处于萌芽阶段，还没有形成稳定的制度和方法，对人的评价以荐举和观察为主要方式。在尧、舜、禹的时代，帝王决定继承者的方式就已萌发让贤的思想火花，《尚书·尧典》记载着尧对舜长达28年的测试和考察。西周时考察人才，主要看其品行是否端正，行为是否合乎礼仪，动作是否合乎乐律以及骑射技能。到了春秋战国时期，百家争鸣、人才辈出。诸子从不同角度阐述对人才的理解，但他们的核心思想皆是不以出身贵贱和亲疏关系论人才。例如战国时孟子提出“权，然后知轻重；度，然后知长短；物皆然，心为甚”的思想；墨子反对以身世贵贱来选拔人才，提出应以品德高尚、才能出众为考察标准，只要符合这些条件，不管是农民还是小手工业者都可录用。吕不韦认为选才不能求全责备，“物固莫不有长，莫不有短”，而应该用其所长，避其所短。这些理论和方法散见于诸子百家典籍之中，但总体上不够系统全面，仅仅是我国古代人力资源测评思想的雏形。

2. 从汉代至隋初为发展期

汉朝首次确立了“察举”、“征辟”制度来选拔人才。魏晋南北朝时期，对人才的评

价和鉴别有了很大发展，尤其是魏国为吸引人才创设了“九品中正制”，以此作为任用官吏的依据。这一时期最重要的成果以刘劭的《人物志》为代表，该书被认为是古代有关人力资源测评思想的最重要著作之一。《人物志》对人才鉴别和选拔作了较为系统完整的论述，比如，提出了人才测评的“八观”和“五视”方法；此外，它还将人才划分为12种，如法家、术家、器能、臧否、伎俩、文章、口辩、雄杰等，并列举出我国历史上的一些人物加以说明。但是直到这一时期，门第和出身通常仍是决定个人前途的最关键因素。

3. 从唐代到清末为相对成熟期

隋朝确立的科举制度，在唐代进一步发展和完善，一直延续到清朝末年，成为我国封建社会选拔人才的主要途径，是世界上规模最宏大的人力资源测评实践。各朝在考试的内容上各有侧重：唐重诗赋，宋试经策，明清以八股取士。这一时期，人才测评的制度相对完善和稳定，不同领域的学者都在前人的基础上进一步发展，但都没有形成系统的理论体系和方法。

（二）我国古代人力资源测评的方法

在广泛而卓有成效的实践中，我国古代创造、积累和总结了一些富有创新意义的人力资源测评方法和技术。它主要用于国家对人才的选拔，尤其是科举制度建立以后，这些技术得到了发展和推广。归纳起来主要有以下几种：

1. 纸笔测试

即依据经典文献出题，考生根据要求回答经文的注释或者上下文的内容。它形式灵活，可以考查被试者多个方面的素质，主要有以下几种形式：①墨文，即简单的笔答，就像今天的填空等简单题目；②时务策，题目与当时政治、文化、经济、军事等一系列现实问题有关，要求被试者根据描述的情况，找出解决办法，以此考查被试者分析和解决问题的能力；③帖诗，即让被试者赋诗。它始于唐朝，主要测试考生的想象力、创造力和知识的广度以及知识的运用能力；④八股文，内容主要为《四书》、《五经》，要求按固定的格式答题。

2. 面试

面试与现在的面试技术大致相同，主要是通过面对面的交谈以考查被试者的能力。刘劭在《人物志》中介绍了面试的方法，具体地说就是通过面对面的交谈获得丰富的感性认识，灵活、主动地掌握谈话的议题，并可根据实际情况把握时间。通过这种面对面的交谈可以考察以下几方面的能力：聪（智力）、思（想象力）、识（见识，分析能力）、辞（言词、语言表达能力）、捷（反应速度、思维的敏捷性）、守（严谨、逻辑性）、攻（说服力）、夺（思辨力）。面试能有效地甄别出那些貌似博学、滥竽充数者。

3. 调查评定法

在长期的人力资源测评中，古人提出应当将群众的观点和意见作为评价的一个方面，同时又提出了“不以舆论识人”的主张。他们认为群众的舆论在一定程度上存在偏差，因此要区别对待。

早在战国时期，管仲就提出了“访乡社问”，即访问乡里的考核程序。看看周围人是如何对这个人进行评价的，从而了解其平时的功和过，再亲自考问这个人对国家大事的见解，最后将两次评价结果相结合。孔子还强调只能把民意作为考查和评价一个人的参考，既要相信群众，又不能一味地迎合群众，认为世俗之毁誉不足以为根据。如在

《论语·子路第十三》中，子贡问："乡人皆好之，何如？"子曰："未可也。""乡人皆恶之，何如？"子曰："未可也，不如乡人之善者好之，其不善者恶之。"可见孔子的主张是相当中肯的，即判别一个人是不是人才，不能只听少数几个人的意见，而要在大多数人观点的基础上进行取舍。

4. 自然观察法

自然观察法强调在一般环境下，深入、细致、全面地观察他人的言语、行为、表情等内容，而被观察者是不知道的，因此所得结果还是比较真实的。孔子最早提出人力资源测评的观察原则。据《贞观政要·论择官第七》记载，魏征上书唐太宗，也提出了选人考其行的"六观"法："贵则观其所举，富则观其所养，居则观其所好，习则观其所言，穷则观其所不受，贱则观其所不为。"《吕氏春秋》中提出的"六戚四隐"的方法，主张通过观察一个人如何对待他的兄弟姐妹、亲戚朋友以及邻里门生，来考查此人的个性品质。这种方法在当时的人才选拔中得到广泛应用，并为后人完善人力资源测评方法提供了一定的思想基础。

5. 绩效评价法

这种方法是在实践中通过人的实际表现来鉴别人才，其核心是根据"实绩"作为选拔、衡量或使用人才的标准。据《吕氏春秋》记载，实践鉴别法应始于尧、舜时期，《吕氏春秋·谨听》中描述了尧对舜的考查过程，包括五个方面：一是把两个女儿嫁给他，考查他的品格；二是让舜制定常法，考查他能否服众；三是让舜治理百官，考查他的管理能力；四是让舜接待宾客，考查他的交际能力；五是派舜巡查山林，考查他的实际工作表现。

荀子在《荀子·君道篇第十二》中也提倡应把实际成就和功劳，作为人才评定的最终标准，从而达到"罢无能，废无用，捐不急之官"的目的。曾国藩认为择人要优选有节操而没有官气的人，办事情要做到身到（深入基层）、心到（条例清晰）、眼到（明察秋毫）、手到（亲自动手）、口到（命令叮嘱）。西汉时期，董仲舒主张把业绩作为考查一个人的主要标准，并提出实施程序，极大地激发了官吏为政的积极性。

通过上面的阐述，可以发现我国古代人力资源测评的思想和方法相当丰富，不同的方法侧重的角度不同，这些方法在选拔任用人才时起到很大的作用。同时，古人也强调测评工作的客观性和全面性，在方法和手段上注重综合运用、相互印证，这些对于我们当前的人力资源测评工作有很大的借鉴意义。但由于受到历史条件的限制，这些思想方法重定性分析，轻量化研究；对人的评价偏向道德层面，对能力的测试不足；测试的内容偏重政治和文化知识，对技术重视不够。这些缺点促使我们不断地改进人力资源测评方法，从而适应时代的进步和社会发展的要求。

小故事

诸葛亮鉴别人才的方法

诸葛亮是三国时期著名的政治家和军事家。刘备三顾茅庐，请他出山做军师（相当于现在的总参谋长）。此后，他辅佐刘备，连吴抗曹，破曹操于赤壁；随后，又挥师西进，取得益州天府之国；进而又主持后勤事务，助刘备取得汉中之地，成就帝王霸业。刘备去世后，他以宰相身份辅佐幼主刘禅，先后平定西南，六出祁山，北伐中原，力图恢复汉室基业。虽然诸葛亮最终"出师未捷身先死”，却也实践了其“鞠躬尽瘁，死而后已”的诺言，因而“长使英雄泪满襟”。

前面所述的诸葛亮的事迹，经过《三国演义》的渲染，已为大家所熟知。但是很多人却不知道，足智多谋的诸葛亮还是人才测评的专家。据《心书》记载，诸葛亮提出了鉴别人才的七种方法，即“问之以是非，而观其志；穷之以辞辩，而观其变；咨之以计谋，而观其识；告之以祸难，而观其勇；醉之以酒，而观其性；临之以利，而观其谦；期之以事，而观其性”。用今天的话来说，就是通过问一些原则性问题，考查一个人的志向；刨根问底，穷追不舍，考查他的口才和应变能力；向他咨询一些困难、复杂的问题，考查他的见识；突然告诉他灾祸来临，考查他的勇气；和他喝酒，看他酒后的行为表现；故意给他谋取私利的机会，看他是否廉洁；和他约定事情，看他能否恪守信用。

可见，诸葛亮为识别人才采用了情景模拟、面试、口试等多种测评手段，几乎可以和现代的评价体系相媲美。我们不禁要感叹，诸葛丞相用人实在是高标准、严要求，要通过他的考验委实不容易呀！但从另一个角度看，诸葛亮一生谨慎、身居高位而事必躬亲，不善于授权于下属，以致积劳成疾，是否也和其过于严苛的人才观有关系呢？

二、西方近代人力资源测评的发展

现代人力资源测评技术的真正兴起，是在西方工业革命之后。工业革命推动了西方社会生产方式的深刻变革，劳动者在生产力体系中的作用日益突出。各类企业和组织为了在竞争中立于不败之地，需要拥有优秀的人才，而人才选拔的关键在于科学的测评，现实社会的需求为人力资源测评的发展提供了广阔的空间和坚实的土壤。

人力资源测评同心理学，尤其是心理测量学有着密切的关系。人力资源测评的发展是与心理测量技术分不开的，它以心理测量为基础。1879 年心理学成为独立学科后，高尔顿、卡特尔等一些学者开始对个体差异进行研究。1905 年法国比奈和他的助手西蒙共同编制的世界上第一个儿童智力测验量表，开辟了智力测验的发展道路，并推动了测验与测量技术的应用。心理测量从早期的心理缺陷诊断，逐渐发展为对智能和人格的测量，从教育领域拓展到社会管理和其他领域，为升学、就业、人才选拔、晋升、培训等提供指导和服务，并最终引发了心理测验运动，使得心理测量在西方成为一个重要的产业。

一贯重视应用的美国心理学界对心理测量的发展起到了巨大的推动作用。具体而言，心理测验的发展很大程度上受到第一次世界大战的影响。1917 年美国决定参加第一次世界大战，美国心理学会建议使用智力测验来帮助军队进行官兵的选拔和配置，以提高个体的适应能力以及军队的综合素质和战斗力。由于当时的智力测验是针对个体施测的，并不适合对应征者大规模使用，因此需要开发一种操作方便并可以对群体施测的智力测验。心理学家们为此编制出陆军甲种测验和非文字的陆军乙种测验。从 1917 年 3 月至 1919 年 1 月，共有 200 多万官兵参加了测试，为该测验积累了大量的基础数据并取得了令人满意的成效。另外，根据工业部门的人才选拔、工作安置和职业咨询的需要，心理学家又开始编制各种特殊能力倾向测验，主要包括测量文书、机械、运动、运算、音乐和艺术等特殊能力的测验。斯特朗等人按照将职业选择与个人特点相结合的原则，在1927年编制出版的世界上第一个职业兴趣测验，至今仍受到高度重视。

二战以后，西方各国尤其是美国经济快速发展，科学技术突飞猛进，对人力资源的开发提出了迫切的需求。在激烈的竞争环境下，各公司都急需找到各个工作岗位上的最佳人选，以便为公司创造良好的业绩、可观的利润，在同行中立于不败之地。在这种背景下，与人力资源测评相关的机构和组织相继成立，并由相关专家潜心研究开发出一系列新技术和方法。心理学家们开始在实践中评价求职者的“岗位适合度”，开始关注人员与职位之间的匹配情况。在此过程中，人力资源测评的思想、方法和技术不断发展和完善，各种智力测验、能力测验、性向测验、成就测验、情景模拟测验相继产生并得到修订。人力资源测评技术被广泛应用于各级各类组织的人力资源管理实践中，无论是政府机关选拔公务员，还是公司企业录用新员工，或者是个人职业生涯设计，均要进行严格的测评。据美国人力资源协会有关资料报道，西方发达国家几乎所有的大企业在员工招募过程中都要运用人力资源测评技术。

20世纪60年代以后，评价中心技术发展起来并开始在许多大公司应用，测评对象不再局限于普通员工，更扩展到了中高层管理人员。由于评价中心技术综合运用了测验、面试及情景模拟技术，测评效果更加可靠有效。在评价中心获得较高评价的人比获得较低评价的人更容易得到晋升。以美国电话电报公司为代表的一批大企业，开始使用评价中心的方法对管理人员进行评价，取得了理想效果。由于评价中心的效度较高，目前它已成为评价高层管理人员的主要工具。此后，人力资源测评的综合性技术在美国及西欧得到了快速发展。

近年来，随着测评工作更加专业化，西方许多专门提供人力资源测评服务的公司不断发展壮大。他们把人力资源测评技术应用于人力资源开发的各个领域，客观、科学的测量方法成为人才选择和评定的主要手段，许多大企业也都制定了适合自身发展的人力资源测评程序和工具。

三、我国现代人力资源测评的发展

我国现代的人力资源测评研究在20世纪二三十年代就已经出现，后因抗日战争的影响被迫中断。建国后，在“左倾”思潮的影响下，学术界关于心理测量和人力资源测评的研究工作被压制，遭到不公正待遇。在计划经济体制和传统管理体制下，人力资源管理和开发的自由度很小，人力资源测评工作自然也得不到重视。改革开放后，我国经济体制逐步由计划经济向市场经济转变，为适应经济体制转变的需要，人才和人力资源管理和开发被提上议事日程，一些单位对人才考核和选拔方法进行了探索，开始对人员的德、智、能、绩进行定性和定量相结合的评价，与传统的重定性、轻定量，重历史表现、轻发展潜能的考核及选拔方法相比，更合理一些。20世纪80年代后，我国人力资源测评的发展可以粗略地划分为三个阶段：

1. 恢复阶段（1980～1988年）

此阶段的特点是恢复了心理测验，并开始学习和借鉴国外的测验编制技术和方法，但主要应用于教育领域，只有少数心理学工作者和测评专家在社会经济领域中初步开展人力资源测评的应用研究。如中科院心理研究所修订了测量领导行为的PM量表，对企业管理人员开展测评并取得了较好的成效。但此时人力资源测评事业仍处于萌芽时期，影响比较小。整个社会对人力资源测评的认识还不够，大多数人还不了解现代人力资源测评是干什么的、有什么用，行政、事业和企业单位的领导仍习惯于传统的选人用人办法。此外，从事该领域研究与实践的学者较少，适用于企事业单位选人、用人的测评手段和工具也很缺乏。

2. 初步发展阶段（1989～1997 年）

1989 年 1 月，中组部、人事部联合下发通知，要求县级以上国家行政机关补充非领导职务的工作人员时，要按照德才兼备的原则，公开考试，严格考核，择优录用。这标志着国家公务员录用考试制度开始建立。从此，要想进入公务员序列就要经过客观化考试，现代人力资源测评技术也开始应用于国家机关的人才选拔。到 1992 年底，全国 29 个省及国务院 3 个部门都不同程度地采用了人力资源测评技术招募工作人员。在对高级干部的选拔与任用中，人力资源测评技术也开始应用。北京、上海、广东等一些省（市），组织部门也开始使用结构化面试、情景模拟测试等技术选拔厅、局级领导干部。

许多企业也意识到人力资源的重要性，对如何发现优秀人才、鉴定和发展优秀人才日益重视，人力资源测评开始引起人们的广泛关注。由于企业界人力资源管理的自由度更大，所以对人力资源测评技术的研究和应用较行政事业单位走得更远、发展更快。

3. 繁荣阶段（1998 年至今）

经过多年的探索与研究，目前我国的人才选拔已从过去单一的政治考核逐步走向科学全面的测评。当今社会上存在的招聘、职称、晋升以及机关人员录用等考试都离不开人力资源测评技术。目前，各类用人单位有了相对灵活的用人自主权，个人也有了更多的择业自由和机会。特别是我国加入 WTO 以来，对外开放的力度不断加强，国际交流日益增多，大量的外资企业和合资企业带来了先进的生产技术和管理经验，其中也包括人力资源管理和人才测评的技术和手段，这使得人力资源测评逐渐为大众所接受和认同。中国的人力资源异常丰富，而对高级管理和技术人才的招聘、选拔必须依赖现代的人力资源测评技术，这就促进了我国人力资源测评技术的快速发展。目前，我国人力资源测评手段不断完善，人力资源测评的研究和应用机构也不断增多，标志着我国人力资源测评事业进入了繁荣发展的时期。

小资料

人力资源测评帮助求职者

2001 年 4 月起，杭州市人才市场推出一种新的人力资源测评方法，以帮助求职者设计职业生涯，为企业提供应聘者各方面定量分析的参考数据。目前已推出的测评项目有 20 多个，包括基本智能、综合素质、人格、领导能力、创新能力、解决问题风格、工作动机等各个方面。测评的主要方式是问卷回答和现场情景模拟测试。问卷是在抽样调查的基础上设计而成的，能比较客观地反映一个人多方面的能力；现场情景模拟测试是通过设计一定的场景，中间还设计一些干扰，以考核个体的综合反应能力、应激反应能力和一般处理事情的能力。相关的负责人说，人力资源测评是对传统招聘方式的补充，是科学的进步，通过这一手段帮助求职者，尤其是帮助没有工作经验的应届毕业生找准自己的职业定位，了解自己的长处和不足，避免因眼高手低而导致人力资源的浪费。

第三节　人力资源测评的种类

人力资源测评和人力资源管理密不可分，它是人力资源管理在实现人力资源规划、进行人员招聘、安置、培训、晋升以及制定激励和薪酬政策等职能时所使用的主要技术和工具。它贯穿于整个人力资源管理过程，为人力资源规划和决策提供重要的依据。由于人力资源管理活动在不同阶段的目标和职能不同，相应的人力资源测评在内容和形式方面也会有差异。这里按人力资源管理各环节使用人力资源测评的目的不同，将人力资源测评分为诊断性测评、预测性测评、配置性测评、开发性测评、选拔性测评和考核性测评。

一、诊断性测评

它是在制定人力资源规划时使用的主要测评技术和方式的总称。人力资源规划的目的就是在了解组织现有人力资源状况和预测未来人力资源需求的基础上，协调组织对人员数量和质量的需求与人力资源的供给之间的关系，以保证组织在需要的时候和需要的岗位上能及时地得到各种所需的人才，促进组织更好地发展。

人力资源的诊断性测评包括两个方面：一是采用一定的测评方法和技术对宏观的组织整体的人力资源状况及微观的组织成员进行客观的测评，发现测评对象的现状并评定哪些方面为优，哪些方面为良，哪些方面还存在着不足与缺点，为制定具体的改进措施和方法提供依据；二是诊断性测评还可以通过全面、系统的工作分析和胜任特征分析，挖掘不同岗位的特征以及在未来一段时间内对某些特定素质的人员的需求情况，再根据组织的人力资源现状分析，制定具体的人力资源规划，满足组织的任务需要和发展需要。

二、预测性测评

预测性测评主要是在招聘和录用等人力资源管理活动中使用的各种测量技术和方式的总称。

它因招聘和录用的形式和目的不同而具有不同的内容和特点：一种就是在众多的应聘者中挑选优秀且有发展潜力的人才，作为良好的人才储备。这就需要通过预测性测评来提供丰富而准确的有关人员当前发展水平和未来发展潜力的信息（如能力、个性特征、职业兴趣等），而这些信息都是以发展规律为基础的，因此能够有效地预测个体今后在某些方面的发展潜力。比如，一般外向型性格的或人际关系理解程度较高的人更能在市场营销类的岗位上有较大的发展。另一种就是根据岗位选人员。这就需要通过工作分析来确定该岗位需要何种素质的人员，然后再借助恰当的测评技术有针对性地对被试者进行测评，发现和挖掘受测者实际具备的素质和发展潜力，从而准确地判断受测者对该岗位的胜任程度，这一过程也就是预测受测者将来在某一岗位可能达到的绩效水平和创造价值大小的过程。

预测性测评可以采用申请表、面试、评价中心等形式。测评内容可以涉及应聘者的个性特征、身体素质、职业兴趣等。

三、配置性测评

招聘和录用活动的结果就是使组织储备了一批优秀的或有某方面发展潜能的人员。接下来的任务就是如何将这些员工分配到具体岗位上，给予他们不同的职位，赋予他们具体的职责、权利，使他们尽快进入工作角色，为实现组织目标发挥最大的作用，这就是人力资源管理的配置职能。

不同的人有不同的特点，不同的职位需要的素质也不同，只有实现人与职位的合理配置，才能“人尽其才，才尽其用”，提高工作效率。要达到这个目的就需要配置性测评提供有关人员的知识、能力、技能、个性特征、职业兴趣、动机等方面的信息，即通过科学的测评对员工的素质进行系统全面的评价，评定员工具备的素质特点或与岗位的匹配程度。如通过职业兴趣问卷可以确定个体最适合的职业方向，通过一般能力测验和人事测量手段可以确定个体的最佳能力和人格特点，为具体的岗位选择提供参考。如外向的员工可以安置在销售或公关等岗位，内向或技术过硬的员工可以安置在研发、质检等岗位上。

此外，在安置人员时除了注意人事匹配外，还要注意人与人之间的匹配，以便组成高效团队。这就需要通过科学的测评技术来考查各成员的能力、个性、经历、知识、性别等方面的特征，并根据互补理论（即团队成员要实现高效的工作必须实现各方面的互补）合理进行人员配置，实现整体工作的高效率。

人力资源的配置性测评具有针对性、客观性和准备性的特点。针对性是指配置性测评主要以所要配置的工作岗位的需求为依据，寻找合适的员工；客观性是指选择员工的标准是岗位的客观要求，不是由人主观制定的；准备性指测评是在人力资源管理过程的初始阶段进行的，能作为随后的人员安置、调动等人事决策的基础和依据。

四、开发性测评

培训和开发是人力资源管理的一项重要职能。根据培训和开发的不同对象和目的可以将其分为两种类型：一类是对新进员工的培训和开发，目的是使其尽快适应组织和岗位的需要，并尽可能地开发其潜能，促进其自身价值和组织效益的实现。这就需要人力资源测评为其提供全面的有关员工的素质和潜能的信息，以便开展有针对性的培训和开发工作。例如除对所有新员工开展一般性的培训课程外，还可通过特殊的培训和指导将“应用型”的人培养成“实干家”，对“管理型”的人则先将其培养成基层骨干，再逐步引导和开发他们的领导潜能。而这些有关个人素质和潜能的信息可以来自招聘时已获得的测评结果，或是根据具体的培训目的再进行系统的测评。另一类培训和开发主要是针对组织内部员工进行的。组织的人力资源状况并不总是固定不变的，个人的知识、能力、兴趣等的不断变化会导致其对所在岗位的要求的适合度不断变化，同时社会和组织的不断发展也使具体岗位所需要的人才结构发生一定的变化。组织要生存和发展就要不断地适应内外环境的变化，适时地调整人力资源结构。这就需要对一些在职员工进行培训和开发，促进组织的发展和员工的自我发展，而具有勘探性、配合性和促进性等特点的开发性测评可促进这一目标的实现。这种测评不以评定为最终目的，而是以配合组织的发展及具体岗位和个人的需求为目的，通过有针对性地对个体和总体的特征进行测查，了解测评对象的优、缺点并开发其潜能，为培训和开发工作提供依据，从而促进个体和组织的和谐发展。

此外，在培训结束后，还要有一定的测评检查和反馈培训结果。常用的测评标准和内容有：受训者对这一培训项目的反应，即受训者是否喜欢这个培训项目，是否认为这一项目对他们有好处；通过评定员工受训后的知识和技能，了解受训者对此次培训中教授的内容是否已经掌握；测试受训者的行为变化，看其是否运用了所学的知识和技能；评定受训者的变化是否影响了组织的绩效，受训者经过培训后是否对组织和工作产生了更积极的态度。最后，综合上述信息来评定培训是否有成效。

五、选拔性测评

选拔性测评是一种以选拔优秀人员担任更高职位为目的的一种人力资源测评，是人力资源管理在执行晋升等职能时所使用的各种测量方法和技术的总称。

当组织内部一些待遇优厚、层次较高并且十分重要的职位出现空缺时，就需要及时从一些合格的候选人中挑选最适合的人选填补空缺，以保证组织正常甚至更好地运作。为了能够科学而公正地进行人事筛选，就需要客观有效的测评，从能力、性格、动机、兴趣等各个角度和各个层次对候选人作出广泛的测查，依据职位要求综合性地评定各人的优势与职位要求的匹配程度，最终挑选出综合能力最好的人员。

从填补现有或可能的职位空缺的角度看，晋升与前面的招聘和安置的目的是一致的，不同的是晋升对象的候选人是本组织内部成员，而不是外来人员。与招聘和安置相比，这种人力资源管理活动不但能够优化组织的人事结构，还能起到激励组织成员不断完善自我和多为组织作贡献的作用。

选拔性测评具有如下特点：

（1）区分功能：即能把不同素质、不同水平的人区别开来，并且把最优秀的或最适合的人员与一般的合格者区分开来，做到精益求精，优化人力资源。而其区分功能又决定了该测评具有精确性、针对性、灵活性和标准化等特点。

（2）精确性：指测评内容、维度和标准等都要细化，测评结果要客观准确，有较好的信度和效度。因为选拔性测评的目的和重点是优中择优，候选人之间往往个体差异不大，总体性的测评很难起到区分和选拔的作用。另外，考虑到空缺职位对组织发展的重要性，应尽量避免选拔和测评结果对落选者的心理和行为产生不良的影响。测评结果应尽量准确可信，测评和选拔过程也应做到公平、公正。

（3）针对性和灵活性：指这种测评是针对某个具体的职位和某些特定的候选人进行的，因此测评的内容和标准应根据具体的目的和对象灵活地选择。

（4）标准化：指测评的过程和结果要有客观的参照标准，以便使测评结果具有可比性，提高决策的准确性。

六、考核性测评

考核性测评就是根据科学、合理的评价标准和评价体系，采用适当的评价方法，对员工的工作现状、业绩水平和态度等进行总体、客观、准确的评价。这种测评本身就可看作人力资源管理活动的绩效评估过程，为组织奖惩措施和薪酬制度的制定提供一定的依据，进而达到保持员工积极性和良好的劳资关系以及激励员工的目的。考核性测评的内容包括员工的工作表现、工作业绩和工作态度等。

对工作表现的测评主要是考核员工当前的工作能力和努力程度，如评估某员工在工作中判断的准确性、行动的迅速性和协调性等，并结合工作的复杂程度、以往的测评和其他信息评价员工的努力程度和能力发挥程度。通过将评定结果及时反馈给员工以及在此基础上实施的奖惩和薪酬措施，能够使员工意识到自己的努力得到了认可，或者发现自己的不足并及时改进。

对工作业绩的考核，主要是参照各种客观的标准，如任务难度、工作复杂程度、外部环境等，评定员工工作的结果对组织的贡献程度和价值，并通过及时的奖惩措施，达到留人和激励的作用。

对工作态度的考核，主要是指应用各种测量手段和方式了解员工对工作的满意程度、内心的需求趋势和动机水平构成等。因为在某种程度或条件下，态度可以成为工作能力向工作成绩转换的“中介因素”，了解员工的工作态度，不但能发现组织管理中的问题，还能有的放矢地实施激励政策，提高员工的满足感和归属感，激发其工作的积极性和创造性。

此外，相对于其他种类的测评，考核性测评也具有自身的特点：如该种测评更侧重于员工当前的工作表现、业绩，而较少做预测性或诊断性探究；测评的内容和范围比较广泛，测评的结果通常都是总结性的或概括性的，很少或者说是没有必要深入测查某些特质或内容的各个维度；对测评的信度和效度要求高，评价标准要客观、公正，有时最好由权威人士或专家主持测评，这样才能使受测者对测评结果和奖惩决策心悦诚服，并有利于激励目的的实现。

以上就是对人力资源测评的简单分类。需要注意的是，这种分类强调的是人力资源测评与人力资源管理之间的相互关系，分类的主要标准就是人力资源管理各环节的不同职能和目的。然而人力资源管理的各个环节是按一定程序展开的，彼此之间是相互关联的。如果没有人力资源规划，也就难以进行有针对性的招聘；没有进行人员配置，也就不可能进行培训；不经过培训，就难以保证员工上岗后能胜任工作；不胜任工作，绩效评估或考核就没有意义，也就更谈不上激励了。因此，完整的人力资源管理活动应该是由这些环节构成的系统，而各个环节中所使用的各种测评方法也不并存在绝对的界线，甚至有时同一环节中还会根据具体目的和任务而使用多种测评方法，所以要真正认识和利用好人力资源测评，重要的不是分类的标准而是测评的目的和其能达到的实效性。

第四节　人力资源测评的功能

人力资源管理的基本任务，就是根据企业发展战略的要求，通过有计划地对人力资源进行合理配置，搞好企业员工的培训和人力资源的开发，采取各种措施，激发企业员工的积极性，充分发挥他们的潜能，做到人尽其才，才尽其用，以更好地促进生产效率、工作效率、企业经济效益和社会经济效益的提高，进而推动整个企业各项工作的开展，以确保企业战略目标的实现。

人力资源测评主要是在人力资源管理活动中发挥作用，为人力资源管理各环节目的的实现和职能的完成提供必要的依据，它是合理配置人力资源的基础，是开发和培训人力资源的前提和条件，对组织和个人的发展都有重要的作用。

根据人力资源测评的目的和实际作用，可以将人力资源测评的功能总结为反馈和区分两大功能，每一项功能根据具体的情况又能细分出一些相对具体的功能和作用。

一、区分功能

人力资源测评的区分功能是指利用适当的测评方式和测量工具，甄别出受测者之间能力、潜能和人格等各方面的个体差异，衡量其各方面的优劣和水平高低，并在此基础上评定受测者的素质构成及成熟程度是否达到规定的资格条件和标准，从而为晋升、安置等人力资源管理活动提供可靠的依据，而作为区分和评定的标准可以是有关的常模或客观效标。例如，录用和晋升中所使用的测评多是常模参照，重点是区分人与人之间的差异，而飞行员或某些特殊职业的人员招录使用的测评则多为效标参照，即侧重于考查不同的人对不同岗位和任务要求的适合程度。

由此也可以看出，人力资源测评的区分功能在人力资源管理活动的不同环节所发挥的具体作用也有所不同，主要体现在：

（一）预测与选拔功能

人力资源测评在招聘、录用和晋升等活动中主要起预测和选拔功能，即在通过测评对应聘者或候选人现有素质状态进行区分和评定的基础上，根据各种素质特征的稳定程度，预测受测者素质发展的潜能和方向；或者结合特定岗位和组织发展的具体要求，预测其在某种工作环境中可能的发展情况以及若被录用后，能给组织带来多大的经济和社会效益。最后按区分和评定结果将应聘者或候选人进行高低排序，从中选取最适合或最优秀的人才。

当代社会的各种竞争归根到底是人才的竞争，组织要想在不断进步的社会中寻求自身的生存和发展，就要不断地注入新鲜血液。组织内部也要不断地挖掘和选拔各种人才，以保证自身新陈代谢的顺利进行，始终保持发展的动力。传统的录用和选拔方式往往带有很强的主观性、随意性，甚至是个人好恶，导致组织人员素质不高。人力资源开发处于被动状态，以致在组织需要的时间和需要的岗位上找不到符合需要的人，从而严重制约组织的发展。现代人力资源测评借助各种客观、有效的测量工具和方式，通过科学的区分和预测，帮助组织挑选出真正需要的优秀人才。例如，一些企业常常使用的工作模拟测验就能有效地预测员工的绩效水平和发展潜力，能够预测什么人可以继任领导人，什么人能够胜任某种重要岗位，从而为相应的人事决策提供科学的依据，使组织以较少的投入获得最大的收益。

此外，这种测评的区分和预测功能也有利于受测者更好地认识自我，明确自己区别于他人的特点，明确与他人相比，自己的优势、劣势和发展潜力如何。测评结果既满足成功应聘者的自尊心和优越感，增强其进一步发展的动力和信心，同时也有助于落选者重新进行自我定位，制定新的、更合理的职业规划，根据自己的不足和市场的需求，有针对性地接受教育培训，扬长避短，更好地实现自我发展，以便在将来能够找到真正体现自身价值的应用场所。

（二）配置功能

人力资源测评在人力资源配置活动中主要起配置功能。传统的人事管理由于缺乏适当的测评技术，人力资源没有得到科学合理的配置，造成人力资源的闲置和浪费，影响组织和社会的发展。当代人力资源管理利用人力资源测评技术测查人员的素质状况，区分不同人的能力特点、兴趣、爱好等，以便将组织成员安置在最适合的职位上，并为其安排最适合的工作和任务。如对于工作勤奋、脚踏实地但缺乏创新和进取意识的员工，可以通过布置更多的具体任务来发挥其作用；对于创新意识和创新能力较强的员工，就可以给予一些富有挑战性的任务来促进其积极性的发挥和价值的实现。此外，人事匹配不但要考虑到人的能力和潜能等特点，也要考虑到员工的不同需要和兴趣等，如对于总是渴望能得到他人认可的员工，就可适当地为其提供自我展现的机会，并及时肯定其积极的表现；而对于追求自我锻炼和自我成长的员工，除注意分配给其具有挑战性的工作外，还可以为其多提供培训和学习的机会，不断激发他们的工作热情，从而提高人力资源的配置和利用效率。

合理的配置不但能产生良好的组织效益，也会产生更加广泛而长远的社会效益。通过人才纵向与横向的流动，促进地区、乃至整个国家人才结构和职业分布的调节，促进社会人力资源的合理布局，调节人才的智能结构和一定社会的人才供求标准，使配置需求与供给潜能有机结合。

测评的配置功能不仅体现在人职匹配上，也体现在团队建设中，即人与人之间的合理匹配。好的团队不是单个成员的简单相加，其工作成效将远远大于每个成员工作成效总和。团队成员之间相互学习、相互帮助，不但有利于组织整体工作效率的提高，也有利于组织和谐气氛的形成和维持。适合的团队和工作也有利于满足团队成员的归属感和成就感，有利于维持和激发成员的工作热情和团队意识，使其能够自觉地为团队和组织的发展而不断完善和发展自我。

要建设一个好的、凝聚力强的团队，首先就要使成员之间在能力、人格等方面匹配合理。如果一个团队中有两个成员的权力欲望都很强，就容易产生冲突和权力之争，从而影响团队的氛围和战斗力。如果一个团队中都是技术型人员而缺乏管理型人员，也会影响团队整体的协调和工作效率。一般而言，团队异质性（包括能力、态度、兴趣、个性和年龄等）越大，战斗力越强，也越有活力。这些都有赖于人力资源测评的区分和配置功能。

二、反馈功能

人力资源测评的反馈功能是指通过测评结果的及时反馈，能够使信息接受者了解测评对象的整体或某一方面的信息，帮助其分析各种优势和不足，探究各种现象产生的原因，并为相关的人事决策和个人规划等提供有力的依据，促进组织和个人的全面发展。当测评结果反馈的对象或目的不同时，它所起到的具体功能和作用也有所不同。

（一）诊断与开发功能

当测评结果主要反馈给组织或相关部门时，它所体现的主要功能就是诊断和开发。

人力资源测评的诊断功能主要体现在，它有助于人力资源的全面普查，能使管理者从宏观上了解组织目前的人力资源状况和未来一段时间内人力资源的供求情况；有助于管理者或决策者根据内外环境的变化及组织自身发展的需要，制定合理的人力资源规划；同时它也能帮助管理者分析组织目前的人事结构是否合理，是否需要及时采取措施优化人力资源结构，使组织始终处于良好的发展状态。

同时，人力资源测评还能给管理者提供有关组织成员的各种信息（如自然信息、能力水平、业绩水平、人格特征和态度等），有助于管理者从微观上发现具体岗位或个人的优、缺点，及时进行奖惩；或帮助受测者设计改进的方法并提供有效的培训和指导；或是根据需要及时进行岗位调整，防患于未然，使组织和员工始终保持发展的动力。

当反馈给组织或相关部门的测评结果是用于人员的培训和开发时，测评所起到的就是开发性功能，即开发员工潜能，满足组织和个人发展的需要。随着社会的进步和科技的发展，组织经常要根据工作需要和技术进步来对员工进行培训，这就需要根据人力资源测评所提供的有关员工的业绩和能力等信息来决定受测者是否需要培训，哪些方面需要培训，并结合具体的测评结果制订有针对性的、高效的培训计划。此外，组织还可以根据测评了解被测对象的潜能结构和发展意向，通过制订相应的培训和开发计划，促进个人潜能的发挥和工作业绩的提升。这不但有利于满足员工的成就感和归属感，提高组织成员的士气，营造良好的组织氛围，而且对优秀人才的储备、培养和开发也有利于组织的持久发展。

（二）导向与激励功能

当测评结果反馈给受测者时，测评就能在一定程度上对受测者起到导向和激励作用。

测评的导向功能主要体现在：这些测评结果往往反映的是他人和组织对自己的看法和评价，或是对自己能力、业绩、特质等的客观考核。这就使那些成就动机高的受测者能够更全面、深入地了解自我，而对自我的全面认识又是个人进行自我设计和自我开发的基础。此外，个人在组织环境下追求自我发展还需适应组织的需求和价值取向，这些测评的内容和标准就体现了组织的行为规范、价值观和对组织成员的期望等，从而为个人的职业规划和自我完善指明方向。而对那些成就动机较弱的员工，当测评结果与个人利益密切相关时，人们往往就会为了获得测评结果所带来的连带效益而对测评的内容、标准，进行有针对性的学习、训练，吸收新的知识，提高能力和技能，增强自身的素质和修养。从主观上看，受测者是为了获得好的测评结果而努力学习的，注重的是测评结果，但在客观上，测评所带来的学习热潮确实有助于受测者的素质、能力水平的提高和知识结构的优化，最终有助于组织人力资源的优化和效益的提高。

测评的激励功能一方面是指通过人力资源测评的诊断和反馈，使受测者了解自己的缺点和不足，激发其内在的进取心，促进其勤奋学习、努力工作并不断地充实和提高自己，以便更好地适应岗位和组织的需要。另一方面，组织往往根据这些反馈后的信息制定薪酬和奖惩方案，这就使得测评结果与员工的物质利益紧密相连，因此为了在测评过程中有突出的表现，获得好的测评结果，特别是由此带来的良好职位和相应的物质待遇，员工便会不满足于自己现有的知识、技术和能力，从而在学习和工作中更加勤奋努力，充分挖掘自己的潜能，在工作中更能自觉主动地奉献自己的能力。此外，测评不只借助于外部的物质刺激而起到激励员工的作用，测评结果本身往往就代表了组织或他人对受测者的认可或赞许，满足了其内在的对归属感和自尊的需要，从而激发其自我完善的动机和团队意识，促进其自觉地为组织的发展出谋划策，奋发向上，不断地提高工作效率和业绩水平。

以上就是对人力资源测评在人力资源管理中所起到的主要功能的总结。需要注意的是，正如人力资源管理的各个环节是一个闭合系统，且彼此之间存在相互联系和影响一样，人力资源测评的各个功能也不是只在某一个环节中单独起作用。在实际的管理和工作中，某一环节往往会使用不同功能的测评以实现特定的目的。如为某一岗位招录新人时所使用的人力资源测评可兼具预测、选拔和配置等功能，而人事考核往往也兼具诊断、激励和开发等功能。各种功能之间也存在相互联系，如预测是为了科学的选拔和配置，诊断有利于有效的开发与激励。由此可见，人力资源测评的各种功能都统一于人力资源管理的最终目的——优化人力资源结果，促进组织的生存和发展。

本章小结

1. 人力资源测评是在人力资源管理过程中，运用心理学、管理学、测量学、统计学等多门学科知识，通过心理测量、考试、履历分析、情境模拟等多种手段，对人的综合素质进行系统的测量和评价，从而为个人提供发展性咨询、为用人单位提供人才的录用、选拔、培训、诊断等咨询信息的系统工程。

2. 人力资源测评主要针对心理属性，属于间接测量，其结果具有相对性。

3. 我国古代具有丰富的人力资源测评思想和方法，但现代人力资源测评发端于西方。

4. 按使用目的，人力资源测评可分为：诊断性测评、预测性测评、配置性测评、开发性测评、选拔性测评和考核性测评。

5. 人力资源测评主要有区分和反馈功能。其中区分功能在人力资源管理的不同环节表现为预测、选拔及配置功能；反馈功能根据对象的不同，具体表现为诊断与开发功能、导向与激励功能。

思考题

1. 人力资源测评的含义是什么？
2. 人力资源测评的特点有哪些？
3. 现代人力资源测评技术为何起源于西方？
4. 人力资源测评的种类有哪些？
5. 举例说明人力资源测评有哪些功能？

第二章

人力资源测评的方法

本章提要

- 履历分析的含义和内容
- 心理测验的要素及编制过程
- 笔试的类型和题型编制
- 面试的设计与实施
- 情景模拟的含义及具体形式

引　言

在人力资源管理中，可以运用的测评方法有很多。本章的主要内容是从含义、特点、形式、内容等角度，概括介绍在人力资源测评中常用的一些方法，如履历分析、心理测验法、面试和情景模拟等，使读者有一个大致的印象。在后面的章节中，对这些测评方法还会有更详细具体的阐述。

第一节　履历分析

履历分析是一种简单、实用、具有较高效度的测评方法。该方法起源于第二次世界大战期间的个人经历分析法，即根据士兵的个人经历来预测军事训练的成功率。后来在大量的研究和应用的基础上，履历分析逐步成为人力资源测评和预测的一项重要方法，并广泛运用到公开选拔领导干部、人才招聘等工作中。

一、履历分析概述

（一）履历分析的含义

简单地说，履历就是一个人的经历，或者说是一个人社会实践的过程，也可称为个人传记。而广义的履历包括个人的基本信息、成长的背景信息、学习培训经历、工作经历、社会交往情况、业余爱好及个性特征等。在人力资源测评中，一般采用广义的履历分析概念。

小辞典

履历分析指通过对评价者个人的基本信息、工作经历和生活状况等进行分析，来判断其对未来岗位的适应性的一种人力资源测评方法。

在履历分析中，评价者根据组织既定的程序和标准，通过审查应试者填写的履历式表格以及对预设问题所作的回答，对应试者进行初步筛选，排除明显的不合格人员，进而作出用人结论。

一般要求应试者填写的表格和回答的问题包括以下内容：

（1）基本信息：如姓名、性别、年龄以及受教育水平等；

（2）工作经历：包括工作过的单位、担任过的职务、工作时间、工作表现以及所接受的培训和奖惩情况等；

（3）生活状况：包括家庭情况、主要社会关系、个性、业余爱好等方面的信息。

（二）履历分析的基本过程

（1）评价者根据职位的要求，选择一些与职位关系比较密切的结构要素，如专业知识、决策能力、个性特征等，建立职位特征模型。

（2）评价者根据职位特征模型的结构要素，进一步明确每个结构要素应包含多少个测评指标以及各指标之间的关系和权重。每个测评指标设有若干选项，由应试者来填写。

（3）当应试者填完相应的内容后，评价者根据事先设定的计算方法，对应试者填写的内容以及所选的选项进行量化统计，并确定应试者每项测评要素的得分。

（4）评价者将全部测评指标的得分相加，就得到应试者履历分析的初步总分。然后根据面谈或对其他材料的分析，对初步得分进行误差修正，得到应试者履历分析的最后得分，并评价应试者对应聘职位的适宜性或胜任度。

（三）履历分析的主要特点

作为一种人力资源测评方法，履历分析与传统的智力测验、能力测验和人格测验等测评方法有所不同，具有自身独特的特点。其主要特点表现在以下方面：

（1）依据的客观性：履历分析以应试者过去的经历作为评价依据，来分析、预测其未来的职业成就。这些经历通常是可以核实的，因此该方法具有较高的客观性。

（2）分析的准确性：履历分析是根据应试者过去的工作、生活经历来预测其在将来职位上的表现，体现了整体主义和历史主义的原则。由于履历分析较少受环境因素或应试者身体和情绪状态的影响，因此该方法具有较高的准确性。特别是在测验预测无能为力时，履历分析可发挥较好的作用。

（3）使用的便利性：履历分析可操作性强，通常对评价者进行简单的培训就可以胜任，不需要专门的业务培训。与其他方法相比，该方法使用起来具有简便、灵活的优势。

（4）较高的性价比：履历分析的使用成本较低，使用条件要求不高，一般不需要大量的题册，也不需要专门的仪器设备，同时在人才选拔的效果和效率方面也很好，具有较高的性价比。

在人力资源测评中使用履历分析，并不排斥其他测评方法，相反还可以与其他方法相互补充。在人才选拔中，人们通常用履历分析对应试者进行初步筛选，只有在履历分析中合格的应试者才有资格进入下一轮的选拔。

二、履历分析的主要形式

履历分析的主要形式有 3 种：直接评价、加权申请表和经历调查表。

（一）直接评价

直接评价是指组织根据应试者递交的简历和资质证明等材料，对应试者是否具备胜任某项工作所必需的工作经验和能力进行评价。其特点是评价资料是由应试者直接提供的，其内容和结构不是测评者事先规划好的。

在测评过程中，评价者可采用资历时间评价、工作要素评价和资历等级评价三种形式，对应试者的工作和学习经历进行评价。资历时间评价主要是通过考查应试者在应聘现任职位以前的工作经历，评价其是否满足特定岗位的任职时限要求；工作要素评价主要是通过考查应试者的工作经历来评价应试者是否具备一定工作岗位所需要的职业或专业素质；资历等级评价是对应试者工作经历中相应的资历作出等级评价。

（二）加权申请表

申请表是现代人力资源测评中的常见材料之一。把申请表作为测评材料，要求申请人如实填写，评价者通过分析申请表内的各项内容所提供的信息，在此基础上作出初步的筛选。而加权申请表是通过对申请表的题目进行分析、统计并汇总，确定出每个题目的权重，然后以此为依据，对应试者的申请表进行评定。

通过对申请表中的题目进行加权和赋予相应的分值，不但能把传统申请表的定性分析转化为定量分析，而且能使分析更趋科学、统一、客观，提高申请表的测评效果。值得注意的是，申请表中各题目的加权应建立在调查研究与事实分析的基础上，不能凭空想象，任意加权赋分。但是加权赋分并不是一成不变的，应根据时间、对象、职位、组织情况的具体变化而加以适当调整。

（三）经历调查表

经历调查表是以开放式问卷的形式，向应试者提出一些有关其生活和工作经历方面的问题及其对过去经历中的各种事物的态度、意见。评价者根据应试者的回答，对其在某些方面的能力和发展前景作出预测或评价。

与加权申请表相比，经历调查表的开放性更强，能提供更深入的信息，但也需要更精心地设计。该方法借鉴调查问卷的编制技术和方法，将履历分析与心理测验法有机地结合起来，提高了履历分析的目的性、科学性和准确性。

第二节　心理测验法

心理测验在人力资源测评中的作用主要体现在：评定个体的能力结构、个性特征、动机需求水平和职业偏好等，并为其提供潜力及适宜发展方向的指导，还可对团队绩效和健康状况进行诊断。目前，心理测验现已成为最有效、最客观的人力资源测评手段之一。

一、心理测验概述

（一）心理测验的含义和要素

小辞典

心理测验是指根据一定的心理学理论，使用相应的操作程序，给人的心理和行为确定出一种数量化的值。其实质是对行为样本进行客观的和标准化的测量。

心理测验具有三个要素：即行为样组、标准化、客观性。具体的要求就是：行为样组要有代表性；整个测验过程要实行标准化，有效控制测量误差；测验的实施、计分和解释都要客观。

（二）心理测验的前提

在实际操作过程中，研究者进行心理测验时，应当遵循人的三个心理特点：差异性、可测性和整体性。

1. 差异性

由于人与人之间的生理特点和遗传素质不同，后天的生长环境、学习环境、工作环境也不同，因此会导致人与人之间存在差异。这些差异就成为人力资源测评的前提。正是因为个体之间存在各种差异，才显示出研究者进行人力资源测评的意义。如果测评对象之间不存在差异，那么人力资源测评将无法获得具有决策意义的结果，最终也将失去它存在的价值。

2. 可测性

心理学的研究表明，个体的心理特征是可以通过测量获得的。尽管心理特征是无形的，但是这些特征可以通过个体的外显行为表现出来。在心理测验中，针对个体不同的行为表现，研究者可以按照一定的科学原则，使用不同的数字，使各种行为特点均可以通过不同的数值表示出来，再根据行为与心理特征的对应关系推测其所具有的心理特征。

3. 整体性

心理学研究发现，在个体身上，其心理品质的各个方面不是任意堆积的，而是以一定的结构组合而成的有机整体。研究者若想全面、准确地了解一个人的整体素质，就应该以心理学的理论为依据，从个体心理品质的结构入手来确定所要考查的内容及表现形式。

二、常见的心理测验

（一）智力测验

智力测验是用于测量智力的心理测验。它是指在一定的条件下，经过专门训练的研究人员使用特定的标准化的测验量表，对被试施加刺激，从被试的一定反应中判断其智力的高低。换句话来说，它是指研究人员采用标准化的测验量表对人的智力进行科学测量的一个过程，不同于我们在电台、杂志中看到的智力游戏、“脑筋急转弯”等所谓的智力测验。

在人力资源测评过程中采用智力测验，既有考查被测人员智力水平的目的，也有考查其智力结构的目的。一方面，不同的人智力水平不同，选择高智商的人，可期望带来高绩效；另一方面，智力水平相近的人，其智力结构也可能不同。在现实社会中，有的人擅长言语理解、表达，有的人擅长数字运算、逻辑推理，而有的人则擅长形象思维等。不同的工作对人的智力水平和结构的要求也不同，如工商管理、财务运作、科学研究等。因此，测量智力结构与鉴定智力水平同等重要。

在人力资源测评中，比较常用的智力测验有：韦克斯勒智力量表、瑞文推理测验、斯坦福—比奈智力测验、卡特尔文化公平智力测验、旺德利克人员测验、韦斯曼人员分类测验等。

（二）能力倾向性测验

能力倾向是一个人的潜在能力，这种潜能予以训练后，容易使个人获得某种知识和技能。但是能力倾向测验只能预测一个人将来在某方面的“可能”成就，并不能保证他在该方面的“必然”成就。这是因为，一个人的能力倾向能否得到充分的发展，与他的性格、兴趣、学习态度、技巧、机会等条件都有关联。

能力倾向测验已经被广泛应用于各种领域的人才选拔与配置活动中。它可以有效地测量人的多种潜能，从而预测人在一定职业领域中成功的可能性。根据职位类别及其所需具体能力的不同，可以选用不同的测验组合。举例来说：

秘书类：基本算术能力、词语能力、理解力、推理能力；

人事助理：言语能力、算术能力、推理能力、行政秘书能力；

管理类：语言能力、推理能力、统计分析能力、管理能力。

标准化的能力倾向测验有两种功能：一是诊断功能，用来判断一个人具有什么样的能力优势；二是预测功能，测定在所从事的工作中，个体的成功和适应的可能性。

目前常用于人力资源测评中的能力倾向测验包括：工业能力倾向成套测验、军事能力倾向成套测验和行政职业能力倾向测验这三大类。

（三）人格测验

人格测验，也称个性测验，主要用于测量个体在一定条件下经常表现出来的、相对稳定的性格特征，如兴趣、态度、价值观等。人格测验可用来反映个体的行为方式和思维特点，对个体的工作绩效有一定的预测力。在人力资源测评过程中，常用的人格测验有：卡特尔16种人格因素测验（Sixteen Personality Factor Questionnaire，简称16PF）、艾森克人格测验（Eysenck Personality Questionnaire，简称EPQ）、加州人格问卷（CPI）、迈尔斯—布利格斯人格问卷（MBTI）等。

由于心理测验在人力资源测评、临床诊断、教育评价等方面的重要作用以及测验结果对个体生活的重要影响，因此心理测验的应用与解释应该由受过专业训练的主试来主持，而且必须遵守心理测验的相关管理规定，谨守测验工作者的道德准则。

第三节　笔　试

一、笔试的含义及其特点

（一）笔试的含义

笔试是指用纸笔测验的形式，对应试者的知识广度、深度和知识结构进行测评的一种方法。这种方法的功能是有效地“测量”应试者的基础知识、专业知识、写作能力、阅读能力以及综合运用知识的能力，以此来区别众多应试者之间的答题差别。在人员招聘中，笔试因其公平、简便、迅速的特点而被广泛采用。

（二）笔试的特点

笔试有经济性、客观性、广博性的优点。

所谓笔试的经济性，指笔试可以在同一时间、不同的地点，同时测量大批应试者。通过优胜劣汰，推荐合格者进入面试。

所谓笔试的客观性，是指笔试从岗位需要出发，依据一定的客观标准，对应试者的学识水平予以评价。考官与应试者之间以试卷为媒介，没有直接接触，因此干扰测验的人为因素少，相对较为客观。

所谓笔试的广博性，是指笔试作为一种抽样测量，试卷容量较大，它可根据岗位要求，测量各个方面有代表性的内容，因此，笔试的信度较高。

当然，笔试也有其缺点：对应试者的某些素质（如政治态度、品德修养、实际工作能力等）难以测试；在答题时应试者可能凭猜测甚至作弊的方式取得高分；在偶尔疏忽答错时，由于不能及时纠正，因此难以了解应试者真正掌握知识的程度等。所以说，若仅以笔试分数取人，难免出现“高分低能”的现象。

二、笔试的类型

根据考试的内容特点，笔试又可分为专业知识考试、综合知识考试和外语考试。

（一）专业知识考试

专业知识考试，又称深度考试，主要考试内容是和招聘职位有直接关系的专业知识。例如，招聘营销经理的专业知识考试内容可包括市场营销、会计、广告、公关策划、消费心理学等。

专业知识考试的特点：

（1）范围广。在一份试卷上往往体现出与该专业有关的所有知识，例如，化学类专业知识考试包括普通化学、有机化学、无机化学、物理化学等。

（2）知识新。考试不仅包括本专业上的一些基础知识，还涉及该专业或行业目前发展的最新动态。

（3）针对性强。这类考试目的明确：选拔本单位所需专业人才。因此，考试更注重知识的运用，而非简单再现。通常试题中会有一部分题目与用人单位的产品或单位的实际情况有关。例如，在营销经理的专业知识考试中，可能会要求应聘者就本企业某一产品作出销售计划，包括策划方案、广告、销售渠道、价格策略等；或要求应聘者就某一产品的销售状况作出分析，其中涉及产品的利润、成本等知识。

（二）综合知识考试

综合知识考试，又称广度考试。考试内容包罗万象，可以是语文、历史、环境、自然常识、社会知识等，主要用于了解应聘者对基本常识、相关知识的了解程度或知识面的宽度。例如，公务员考试通常包括人际沟通协调技巧、办公自动化、法律知识、行政管理、宏观经济、公文写作、时间管理知识等；外交人员的招聘考试可能涉及对当前国内、国际重大事件的看法以及世界各地的文化、民俗等内容；公共关系人员的招聘考试可能涉及心理学知识、公关礼仪、人文知识等。

综合考试的常见类型有：

1. 时事政治

时事政治影响我们日常的学习、生活和工作，时事变化可以影响政治、经济、文化，也可以影响人们的心态，精明的商人可以从中挖掘出巨大的商机。通过时事政治考试，既可以了解应聘者对时事的反应能力，也可以了解应聘者对市场的敏感度和预测能力。一般来说，时事政治的考试范围大致是一年时间里国内外发生的重大事件、制定的重要政策、颁布的重要文件、召开的重要会议、举行的重要活动以及科技发展的重要成果等。

2. 公共关系

公共关系的主要职能是建立良好的组织形象，协调组织内外关系。社会组织、公众、传播是其基本要素。一个组织具有良好的形象和内外环境，就能得到公众的信任和支持，增强组织的发展能力和竞争能力，因此，现代企业越来越重视公共关系。例如，著名家电企业海尔集团通过其高质量的产品、星级服务体系、“用户永远是对的”等一系列公关原则，塑造了良好的企业形象，赢得了广大的市场。目前，有一些企业设立了专门的公关策划人员，而作为一项基本素质要求，企业的每个员工都应对公共关系的基本原理、基本运作方式有一定的了解。

3. 社交礼仪

礼仪是社会文明的标志。社交礼仪是现代社会中人们交往的行为规范，也是人们道德观念的体现，它在人们日常的生活、工作中，特别是一些重大的活动、事务中发挥着重要作用。人们在工作中与各种各样的人打交道，得体、合乎规范的礼仪会给人留下良好的印象，从而创造和谐的人际环境。在一些正式、隆重的场合，礼仪不仅代表了个人的形象，而且也是一个组织甚至一个国家的形象。例如，在商务洽谈中，遵守商业道德，使用礼貌语言及友好的表情动作等，能促进洽谈的成功。另外，在不同社交场合会涉及不同的社交礼仪，如接待礼仪、餐饮礼仪、商务礼仪、外事礼仪等。

4. 人际技巧

所谓人际关系，是指人与人之间在传递信息、沟通思想和交流情感等过程中形成的人与人之间的好感或恶感、排斥或吸引等心理上的距离和关系。

心理学把人际关系分为三类：一是以感情为基础的人际关系，如亲情关系、友爱关系；二是以利害为基础的人际关系，它存在于政治、经济、权力等各个方面；三是缺乏任何基础的陌路关系。一般一、二类人际关系与我们最密切。美国著名成人教育专家卡耐基曾断言：“一个人事业的成功，15% 靠自身的努力，而 85% 取决于良好的人际关系。”人们生存于现实社会中，他们的成功和幸福与他人息息相关。任何人都不可能孤立地生活，即使专业技能水平再高，专业知识再丰富，也要与不同的人打交道和共事。现代社会越来越重视人际关系技巧，例如，公务员要善于处理好与上级的关系，协调好与同事之间的关系，善于化解政府部门的各种人际纠纷；部门管理者要善于调动员工的积极性，要善于与员工进行人际沟通等。

5. 环保知识

随着科学技术的发展，环境污染问题越来越受到人们的重视。据联合国相关资料反映，世界上有 30% 的人因环境污染而致病，每年死于癌症的达几百万人。近年来，世界各地经常发生气候异常、自然灾害严重等环境问题。保护环境已不仅是国家和政府的事务，也是企业和个人的义务和责任。现代一些知名企业不仅注重其经济效益，而且日益重视其社会责任、社会效益，环保就是其中一项重要内容。近年“绿色运动”的出现，已经成为全球范围内推动社会变革的一支重要力量。如今，环保已成为许多企业决策的重要内容，因此应聘者也应具备一定的环保知识。

6. 法律常识

市场经济是一种法制经济，没有法制，市场经济就难以规范化。目前，我国的市场经济体系还不完善，法制还不健全，人们的法制观念较差，法律知识贫乏。例如，在经济领域，除了常见的利用购销合同诈骗之外，利用货物运输、仓储保管、加工承揽、资产租赁、工程建筑承包、房地产转让、国际贸易等方面的合同进行诈骗的案件屡见不鲜。又如，在管理实践中，公司拖欠员工工资或养老保险金、商场保安对涉嫌偷窃商品的顾客进行搜身、娱乐场所的设施发生故障造成意外人身伤害等，也时有所闻。因此，每个人都应对经济法、金融法、行政法、行政诉讼法、国际贸易法等有一定的了解，对涉及与专业有关的法律更应熟悉，并善于运用法律知识处理实际问题。

7. 跨文化知识

所谓文化，是指不同的人种、民族、区域的社会成员所特有的生活方式、思想方式、行为方式、交往方式以及与之密切相关的一切后天习得的东西。随着世界各国之间合作和联系的加强，不同国籍、区域的人员经常需要合作，因而带来不同文化之间的碰撞和冲突，如果不了解对方的文化，就会影响工作的完成。目前，不少人想进外资企业，这就涉及跨文化沟通的问题。例如，日本从文化渊源上与中国有相似之处，但仍有其独特的文化内涵。如日本人特别严谨，注重勤奋、忠诚、协作等，如果不了解日本的企业文化，就不能适应日本人的工作方式。在经济全球化、一体化趋势日益加强的今天，东西方文化交流更为频繁和直接，在亚洲带有浓厚传统色彩的经济土壤里，西方一些先进的技术成就、经济思想、企业管理经验已被逐渐移植成功并正常成长。

8. 其他

综合知识的考试范围广泛，其他还有诸如天文地理、自然常识、社会常识等，难以一一尽述。随着对人才素质的要求越来越高，招聘程序越来越规范，综合知识方面的考试会越来越重要。有些单位可能不要求进行综合知识考试，但会在其他应聘程序，如情境模拟或面试中体现这方面的要求。

（三）外语考试

外语考试的目的是要了解应聘者对某一门外语的掌握程度。

考试的形式可以分成笔试和口试两类。企业招聘中各企业对应聘者的英语水平要求并不一致：有的企业要求所有的应聘者都先参加笔试，笔试通过者再进行口试；有的企业只要应聘者具备大学英语四、六级证书或 BEC 证书就免予笔试，直接进行口试。

从形式上来讲，企业的英语笔试大都类似于水平考试，考试项目一般包括选择、完形填空、阅读理解、翻译（英译中、中译英）、写作等。不同于一般的水平考试的是，这类考试的考题中，内容的专业性较强，专业词汇较多，与应聘者将要从事的工作联系密切，考卷上要求翻译的段落语句或者要求回答的问题甚至有可能直接来自实践。例如，要求某技术经理职位的应聘者把某种仪器的安装说明和操作规定从外文翻译成中文。又如，不少外资企业规定，在面试的时候，招聘者和应聘者都必须使用外语，以便考核应聘者用外语表达自己、进行沟通的能力。也有相当一部分外资企业在招聘广告中就已言明应聘者必须具备哪一等级的外语水平证书，在此基础上再进行一些与专业领域有关的笔译或会话。英语笔试中的中译英或写作十分重要，这类题目往往是用来测试应聘者的英文写作能力，要求应聘者具备正确、熟练、快速的写作能力。例如，要求应聘者写一份办公室便笺（MEMO），内容是提供资料并提出建议（Supply Information and Make a Proposal）、呈交报告（Submit a Report）、说明问题（Define a Problem）、描述产品（Describe a Product）等。

三、笔试的题型

笔试一般分为主观题和客观题。主观题包括简答题、论述题、论文题（甚至以撰写一篇论文作为整个笔试题目）等，客观题包括选择题、填空题、判断题等。

下面分别介绍几种常用的笔试题型。

（一）选择题

选择题我们都比较熟悉，它由两部分构成：题干和选项。题干就是呈现一个问题的情境，可以由直接问句或不完全陈述句构成。选项就是对题干所提问题的回答，包含正确答案和错误答案。错误答案又叫“诱答”，是为了迷惑那些无法选择正确答案的考生。

选择题分为单选题和多选题。单选题一般设置 4 个选项，选项中只有一个正确答案，其余 3 个选项均为错误答案。多选题一般设置 5 个选项，选项中有两个或两个以上的正确答案。

选择题的适用面很广，既适用于文字的或数字的，也适用于图形的。

选择题有 3 大优点：①适用范围广。各类知识均可以用选择题来表示；② 计分客观。主观猜测的因素少，尤其在评分时更是如此，而且降低反应定势的影响。由于选择题的数量多，故可提高测验信度；③ 题意明确。考生回答时常常只选出一个合适的或正确的答案。另外，选择题还能起诊断作用，可以从考生对不正确的反应（诱答）的分析中获取许多有益信息。

选择题的缺点也很明显：① 编制诱答较困难，诱答要求似是而非，使所有的答案对不知道正确答案的考生来说都有相同程度的影响力，要做到这一点绝非易事；② 答案固定，测量的范围也受限，如运用知识的能力就相对较难测量。

（二）是非判断题

是非判断题，顾名思义，它只有两个选择，一个是肯定的（同意、正确、是），另一个是否定的（不同意、错误、非）。是非判断题实际上是选择题的变形，一般没有题干，只有选项，而且选项常常是完整的陈述，表述一个完整的意思。

是非判断题的编制看似容易，实为不易，因为它要求两个选择项叙述的内容必须有对错之分。可有时候，这种要求是很难达到的，尤其是许多科学概念必须附带某种条件才能成立。比如：“总是……”，“所有……”，“有时……”，“通常……” 等。

是非判断题的优点是：① 题目取样较广泛；② 计分比较客观。

是非判断题的缺点是：① 是非判断题的分数最易受考生反应定势的影响。反应定势就是指有些考生在答题时，不看答案内容，而看答案位置，如总是选择第二叙述；② 是非判断题受猜测因素影响大，胡乱猜测也有 50% 的正确率。

（三）简答题

简答题也是主观型题目，但比论述题测量的结果要客观些。填充题也是简答题的一种常见形式。另一种简答题就是问题明确，答案也明确的，只是并非由考生确认后作出选择，而是要求考生回忆，再写出答案来，比选择题回答的难度大。

简答题的优点是：编制容易，不受猜测影响；缺点是：不能测量复杂的知识和能力。

（四）论述题

论述题的最大优点是：第一，能够测量考生组织材料的能力、综合分析能力和文字表达能力，有时还能检测到创造力，这些能力在其他许多类型的题目中都不易测量到。

第二，论述题较易编制，因为题目量少，而且不必像选择题那样准备很多选项，所以对编制者来说既省时又省力。第三，论述题使考生无法靠猜测或简单背记来取得好成绩。

论述题的缺点也很明显：首先是取材不广且不均衡，这会导致行为样本缺乏代表性，偶然因素影响大，可能出现“虚假高分”；其次是评分结果主观性强，不易得到一致评分。研究表明，对同一论述题目的回答，不同评分者之间的一致性在0.62~0.72之间，而且同一评分者对同一题目评分，前后间隔一段时间，结果也会不一致；第三个缺点是答题和评分的时间都很长，太费时间。

四、测验题目的编制要领

下面我们根据不同类型的题目，分别说明编制各类题目的要领。

（一）选择题的编制要领

对选择题，既要编好题干，也要编好选项，有几点必须注意：

（1）题干所提的问题必须明确，尽量使用简单而且明晰的词语。做到题干意义完整，考生不看选择亦能完全理解。注意不要在题干中夹有选项，或者掺有不切题的内容。不完整的句子或问题均可以成为题干。

（2）选项切忌冗长，要简明扼要。将各选项中共同用到的词语放到题干中去，可使题意更明确，同时减少考生看题的时间。

（3）若是寻找最合适的答案，则应用这样的问句：“下列答案中哪个最合适？”

（4）各选项长度应相等，尽量避免长短不一。同时，选项与题干的联系要非常密切，诱答也必须一致，以免考生轻易就可排除诱答选项。

（5）避免题干用词与选项用词一致，否则成了选择答案的线索。正确答案有修饰用语或有正规词语，而诱答选项均没有，也会给考生提供线索，应避免“绝不”、“从来”、“所有”、“唯一”、“绝对”等词。

（6）选项最好用同一形式。如同是人名、日期或物理现象等，长度最好相等。选项的排列最好随机，除非本身有逻辑顺序。

（二）是非判断题的编制要领

编制是非判断题应注意：

（1）不要照抄原文，不要在叙述中出现琐碎的细节或无关的话语。

（2）一题只能包含一个概念，不要含有两个或两个以上的概念。

（3）尽量避免否定的叙述，特别是不要用双重否定。因为否定的叙述，常会被人误会为肯定的，“不”字易被忽略，而双重否定常常会使人花更多的时间转换概念，变成肯定的再来回答，颇为费事。

（4）是非判断题的数目应有适当比例，且要随机排列，数量不宜太多。题目的编写在长度和复杂性上应尽量保持一致。

（三）简答题的编制要领

编制简答题有3条原则：

（1）宜用问句形式。

（2）问题应简洁明了，不应有多项问答点。

（3）答案不应太复杂，对不完整的答案，应事先规定评分标准。

（四）论述题的编制要领

编制论述题有几条必须做到：

（1）任务清楚而且明确，以便考生能了解任务要求。

（2）题目数量不要太多，否则就会成为速度测验。

（3）限制每题的回答时间，以便考生有效地使用时间。

（4）同类考生答同样的题目，不要有任选题。

（5）主试在编制论述题时应有一个理想的答案，对可选择的其他答案作出相应规定和说明，以便客观而统一地评分。

第四节　面　试

一、面试的含义

小辞典

面试是一种经过精心设计的、在特定时间地点进行的，通过面对面的交谈与观察，由表及里考查应聘者的性格特点、专业知识、工作能力等方面素质的测评方法。

人力资源测评中的面试和日常生活中的面对面交谈是不同的，其目的是对应试者适应职位的可能性和发展潜力进行评价。

二、面试的种类

随着人才选拔技术的发展，面试的种类也越来越多。从不同的角度，可以对面试进行不同的分类：

（一）根据面试的标准化程度，可以将面试分为结构化面试、半结构化面试和自由面试

小辞典

结构化面试是指面试的内容、实施程序和评分方法在面试前已经过相当完整的设计并被确定下来的面试。

结构化面试包含三个方面的含义：面试程序的结构化；面试题目的结构化；面试结果评定的结构化。在结构化面试中，面试过程和内容必须按照预先拟订的方案进行，标准化程度较高。自由面试是指面试实施的内容、程序和技法在试前完全不确定，在试中随机而定的面试。半结构化面试则是介于结构化面试与自由面试之间，虽然在试前已对面试实施的内容、程序和技法有所设计，但是在试中可以调整或自由确定。

（二）根据面试题目的内容，可分为经验性面试和情境性面试

经验性面试中，考官主要提一些与应试者过去的背景和工作经验有关的问题，侧重于了解应试者在过去从事什么工作以及如何完成工作。而情境性的面试，通常是指在面

试中，考官给定某一特定情境，看应试者在此情境中会做出哪些反应，从而评价其工作能力和性格特点等方面的素质。

（三）根据面试的进程，可分为一次性面试与序列面试

所谓一次性面试，是指用人单位对应试者的面试集中在一次进行。面试的主试通常由人事部负责人、业务部负责人及人力资源测评专家构成，应试者能否通过面试，取决于在这一关中的表现。序列面试是指分成几次进行的面试。一般先由人事部负责人考查一般性的问题，将明显不合适的人剔除，然后由用人部门的负责人考查专业知识和业务技能，衡量应试者对拟任的工作岗位是否合适。最后，再由人力资源测评专家来考查应试者与拟任工作职位有关的心理特质。

（四）根据面试实施的方式，可分为单独面试与小组面试

单独面试是指考官与应试者单独交谈，面试完一位应试者，再开始对下一位应试者的面试，因此也叫序列化面试。这种面试形式的优点是能够为面试双方提供一个面对面的机会，以便进行较深入的交流。小组面试是指多位应试者同时面对考官的情况，也叫同时化面试。小组面试的优点是当需要从应聘同一职位的应试者中挑选一个人时，使用这种形式的面试，可以为考官提供一个进行比较的机会；不足之处是在这种面试中，应试者的表现可能会受到其他应试者行为的影响。

三、面试优点和不足之处

（一）面试的优点

与其他的人力资源测评方法相比，面试也有自身独特的特点，主要表现在以下几方面：

（1）面试信息的直接性和丰富性。考官通过面试获得的信息，既有言语信息，也有非言语形式的信息；不仅可以判断应试者答案的合理性，还可以考查对方回答问题的灵活性、逻辑性和应变能力。而其他的测评方法，如知识考试、心理测验等都只能获得文字信息，不能形成对应试者直接、综合的认识。

（2）面试交流的互动性。在面试的过程中，考官与应试者的接触、交谈和观察是相互的、面对面进行的。这种方式不仅提高了考官与应试者的沟通效果，而且也能获得许多在笔试中了解不到的应试者的相关信息。

（3）面试内容的灵活性。尽管面试过程中涉及的问题是试前设定好的，但是在实施过程中，考官可以根据情况和需要进行适当的改动或调整。比如根据应试者对某个问题的回答本身进一步发问，刨根问底，从而深入了解应试者的思维方式、解决问题的技巧以及应对压力的能力。

总体来说，精心设计的面试是一种较为有效的人才测评方法。

（二）面试的不足之处

（1）面试会受考官主观因素的影响。在面试的过程中，考官本人的偏好、态度、经历、心境等因素，有时会使面试发生一定的偏差，具体表现为一些心理效应，如顺序效应、移情效应、晕轮效应等。此外，面试的评分主观性较强，不同考官得出的结论可能差别很大，如果没有精心筹备，将难以取得好的效果。

（2）面试结果受第一印象影响较大。在面试过程中，应试者往往会采取很多印象管理策略，力争给面试官留下好的第一印象。这样，外表因素会有较大影响，且有利于口

齿伶俐的人的发挥。一些考官往往在见到应试者的最初几分钟内就已得出结论，只根据应试者的简历或初步信息，就对应试者作出判断，进而对后续的问题失去兴趣，这样就会使面试的效度降低。

第五节　情景模拟

一、情景模拟的含义

小辞典

情景模拟是指将应试者安排在模拟的、仿真的工作环境中，要求应试者处理可能出现的各种问题，从而评价其工作能力、人格特点和发展潜力的一系列方法。

情景模拟并不是一种新发明或创造。从古至今在实践中经常被运用，只是在现代人力资源测评中，对其程序和方法进行了一些规范性处理，并形成了一些比较有特色、被广泛采用的方法。情境模拟测试大多是模拟的实际工作情景，它能更好地反映出应试者的实际工作能力。运用情景模拟，可以评价应试者的组织与计划能力、决策能力、沟通能力、创造力、执行力、学习能力、表达能力等。

二、情景模拟的形式

情境模拟发展至今，形式多样，如公文筐测验、无领导小组讨论、即席发言、角色扮演、管理游戏、小组任务（包括无领导小组任务和有领导小组任务）、案例分析、事实判断、面谈模拟、与人谈话等。这里，我们将简单介绍情景模拟的一些常用形式。

表 2-1　各种形式情境模拟方法的使用频率

形式	实际应用频率
管理游戏	25%
公文筐测验	81%
有领导小组讨论	44%
无领导小组讨论	59%
演说	46%
案例分析	73%
事实判断	38%
面谈	47%
其他	——

（资料来源：万志鸿．情境模拟公文筐测试应用模式探究，2003）

（一）公文筐测验

公文筐测验，也称公文筐作业或公文处理，是情景模拟中使用最多的一种测评形式。在这种测评形式中，将应试者置于某一特定的职位或管理岗位的模拟情境中，由考官提供一些该岗位经常需要处理的文件（文件是随机排列的），包括电话记录、请示报告、上级主管的指示、待审批的文件、各种函件、建议等形式，它们分别来自上级和下级，组织内部与外部，包括日常事务和重要事务，这些文件都要求应试者在一定的时间内和规定的条件下处理完毕。应试者还要以口头或书面的形式解释说明进行处理的原因。考官待应试者处理完毕后，应对其所处理的公文逐一进行检查，并根据事先拟订的标准进行评价。考官可根据应试者处理的质量、效率、轻重缓急的判断，以及处理公文中应试者表现出来的分析判断能力、组织与统筹能力、决策能力、心理承受能力和自控能力等对其进行评价。

公文筐测验结果的处理，按其具体内容可以分为三种形式：

（1）所需处理的公文已有正确结论，是已经处理完毕归入档案的材料。用这样的公文让应试者处理，其目的是要检验应试者处理得是否有效、恰当、合乎规范。

（2）处理条件已具备，要求应试者在综合分析的基础上作出相应的判断。

（3）有些公文缺少某些条件或信息，看看应试者是否能发现问题，以及能否提出进一步获得信息的要求。

公文筐测验的测验方式简便，易于操作。测验情境与实际的工作情境几乎一致，因而测验的信度也很高。对同一个应试者的处理方式的评价，可以由几名考官在评分标准的基础上共同决定。但是，该测验也有一些不足之处，如文件编制的成本较高，需要由测评专家、管理专家和行业专家共同完成。另外，评分比较困难，标准比较难确定。

（二）无领导小组讨论

无领导小组讨论又称无主持人讨论，是情境模拟法中常用的一种无角色群体自由讨论的测评形式。它是将应试者按一定的人数（一般为7~12人）编为一个小组，事前并不确定讨论会的主持人，考官则在一旁观察应试者的行为表现并作出相应评价的一种方法。

无领导小组讨论既不指定重点发言，也不布置会议议程，更不提出具体要求。小组成员只是根据考官提供的真实或假设的材料，如有关文件、资料、会议记录、统计报表等，就某一个指定题目进行自由讨论。讨论的题目内容往往是大众化的热门话题，避免偏僻或专业化，以使每个应试者都有开口的机会，如教育问题、财务问题、社会热点问题等。讨论主题呈中性，即没有绝对的对或错，这样就容易形成辩论的形式，给每位应试者提供展示自己才华的机会。不管在哪种情况下，一般都要求小组能形成一致意见，并以书面形式汇报。在测评过程中，讨论的内容可以是与拟聘岗位有关的工作内容，如可以把某企业经营管理中出现的问题作为案例提出来由大家讨论。这时，应试者不但要迅速了解掌握工作的背景、资料，熟悉工作本身的内容，还要尽快地发现需要解决的问题，准确地提出可行性的解决方案，并且分析、讨论、综合他人意见，引导小组成员形成统一认识。所以这种测评形式能够比较全面和深入地考查应试者的素质。

在无领导小组讨论中，考官可以从以下几个方面评价应试者的表现：

（1）发言次数的多少，发言质量的高低；说理能否抓住问题的关键，是否能提出合理的见解和方案。

（2）是否倾听别人的意见，尊重他人的不同看法；是否注意语言表达技巧，特别是批驳的技巧。

（3）是否敢于坚持自己的正确意见；是否敢于发表不同意见；是否支持或肯定别人的合理建议。

（4）是否能控制全局，消除紧张气氛；是否善于调解争议，并说服他人；是否能创造积极融洽的气氛，使每个小组成员都能积极思考，畅所欲言；是否能以良好的个人影响力赢得大多数人的欢迎与支持，把众人的意见引向一致。

（5）是否具有良好的语言表达能力、分析判断能力、反应能力、自控能力等才能以及宽容、真诚等良好品质。

相关研究表明，无领导小组讨论对于领导技能的评价非常有效，尤其适用于对分析问题、解决问题以及决策能力的测评。但也有研究认为，无领导小组讨论测评方式也有一些不足之处。比如，外向开朗、善于交际与口头表达能力强的应试者比较容易得到较好的评价，相对而言，内向的、不善言辞的应试者处于劣势。该测评只能用于同一小组内的比较，在不同小组中应试者的可比性差，测评中也存在偶然因素的影响。

（三）角色扮演

角色扮演是情景模拟应用中比较广泛的一种形式。从测评的角度来看，角色扮演就是要求应试者扮演一个特定的管理角色来处理日常的管理事务，以此来观察应试者的多种表现，以便了解其心理素质和潜在能力的一种测试方法。通过角色扮演，可以测评应试者的社会判断能力、决策能力、领导能力，也能反映出应试者的性格、气质、兴趣、爱好等心理素质。角色扮演的最终目的是评价个人在模拟情景中的行为表现与组织预期的行为模式的一致性，即个体素质与将要担任职务的角色规范之间的和谐程度。

在人力资源测评中，角色扮演的操作步骤分为两部分：准备阶段和实施评估阶段。

1. 准备阶段

角色扮演前要作好周密的计划，每个细节都要设计好，不要忙中出错或乱中出错。另外，考官的助手事先要训练好，讲什么话、做什么动作都要规范化，在每个应试者面前要做到基本一致。还要编制好评分标准，主要看其心理素质和实际能力，而不要看应试者所扮演的角色像不像，是不是有演戏的能力等。

2. 实施评估阶段

对应试者所扮演角色的评估，实际上就是一个收集信息、汇总信息、分析和评价信息的过程。一般而言，角色扮演的实施评估阶段可以分成以下步骤：

（1）观察行为。每一位考官要仔细观察、及时记录应试者的行为，记录要客观、详细，通常不需要进行评论。

（2）归纳行为。观察结束后，考官要马上整理观察到的行为结果，并把它归纳到角色扮演设计的目标要素中，如果有些行为和目标要素没有关系，就应该剔除。

（3）为应试者打分。对与目标要素有关的所有行为进行观察、归纳之后，要根据规定的标准答案对目标要素进行打分。

（4）初步评价。分数出来后，每位考官要独立对所有的信息都进行汇总，形成评价，并向其他考官报告自己的评价，包括对应试者表现的总体印象以及对各目标要素的评分。当其中一位考官报告时，其他考官可以提出问题。

（5）重新评价。当所有的考官都报告完毕后，大家先进行初步讨论，然后每位考官可以根据讨论的内容、评分的客观标准以及自己观察到的行为，重新给应试者打分。

（6）总体评分。根据重新评价的打分，所有考官再进行一次讨论，对每一种要素的评分，大家发表意见后。经过小组讨论，达成一致意见后，确定应试者的总分。

对角色扮演的评价，重点考察以下几方面：第一，角色把握能力，主要包括应试者能否迅速地判断形势并进入角色情景，是否按照角色规范的要求采取相应的对策行为；第二，角色的行为表现，包括应试者在角色扮演中所表现出的行为风格、价值观、人际倾向、表达能力和应变能力；第三，角色的仪表与言谈举止是否符合角色及当时的情景要求；第四，其他方面，包括缓和气氛及化解矛盾的技巧、达到目的的程度、行为策略的正确性、行为优化程度、情绪控制能力等。

作为情景模拟的一种形式，角色扮演广泛应用于人力资源测评中。相比其他形式，角色扮演具有一定的优势。如可以充分调动应试者参与的积极性；角色扮演的形式和内容是丰富多样的，为了达到测评的目的，考官可以根据需要设计测试主题、场景；另外，角色扮演是在模拟状态下进行的，因此应试者在作出决策行为时，可以尽可能地按照自己的意愿完成，没必要为自己的行为担心。

角色扮演法也有一些不足之处。首先，如果相关人员没有良好的设计能力，在设计上可能会出现简单化、表面化和虚假化等现象；其次，有时应试者由于自身的特点，在扮演过程中不能够充分地表现出自己的能力，或者表现出刻板的模式化行为，不能反映他们自身的真实素质，这样测评就失去其意义。

（四）案例分析

案例分析是指给应试者提供一些实际工作中经常会出现问题的书面案例材料，要求他们就案例中的问题提出解决方案，也可以要求他们进一步写出分析报告，或者在小组讨论会上做口头发言，展开讨论。当书面分析报告提交之后，考官可以从报告的形式与内容两个方面，对应试者各方面的素质进行分析和评价。

案例分析的优点是操作简便易行，不但可以测评应试者分析问题的能力，而且也可以用于测评应试者某一方面的特殊才能，例如处理一些财务问题等。其缺点是评分的主观性比较强，很难制定一个客观化的评分标准。

除了上述四种方法外，还有一些方法在人力资源测评中也应用得比较多，如重点考查经验学识的笔试等。由于人们对其形式较为熟悉，且其内容与其他方法有一定重合，所以就不再专门介绍了。在人力资源管理的实践中，根据具体的应用目的和情境，通常要综合运用多种方法来进行测评，以期获得全面、综合、准确的信息，服务于人力资源管理决策。

小资料

评价中心技术

在西方发达国家的大型企业中，很多时候人力资源测评需要综合多种技术和方法来开展，这就是所谓的评价中心（Assessment Center）。在第二次世界大战期间，美国的战略情报局开始使用小组讨论和情景模拟练习来选拔情报人员，获得了成功。受其启发，美国电话电报公司在企业中率先开展了评价中心的研究与应用，也获得了成功。此后，许多世界知名的大公司，如通用电气公司、IBM、福特汽车、柯达公司等都相继采用了这项技术，并建立了相应的机构来评价管理人员。

那么什么是评价中心呢？评价中心的核心技术是情境模拟测试，即创设一种仿真的管理情境或工作情境，将应试者置入其中，要求其完成各种各样的工作。比如，在无领导小组讨论中，六七名应试者一起围绕一个管理案例阐述自己的意见，并展开深入讨论；在公文筐测验中，候选人要处理一堆模拟的公文，对其中涉及的各类事件进行分析、归类、处理；在角色扮演中，应试者可能要面对一位难以应对的“下属”、“上级”或“客户”，与他们进行沟通和交流并尽力影响且说服对方。在这一过程中，专业考官在一旁认真观察记录应试者的行为表现，并据此评价应试者的若干能力和素质。同时，评价中心也采用传统测评中常用的方法，如履历分析、心理测试、面试等。所以，评价中心的实质就是以情境模拟为核心的多种人力资源测评方法的有机整合。

由于综合了多种测评技术，所以评价中心的准确性和有效性要比单一的测评方法高。尤其是在选拔高层管理人员的时候，其优势更加明显。此外，评价中心还具有很好的培训效应。

对应试者而言，经历评价中心的过程本身就是一个绝佳的培训机会。通过评估报告和具体行为表现的反馈，应试者可以更清楚地了解自己的优势领域和有待发展的素质，有利于在今后工作中扬长避短，积极发挥自己的特长，并在行为层面改进自己，有意识地弥补自己的劣势，成长为更优秀的人才。可见，评价中心技术不仅是一种非常有效的人才选拔工具，同时在培训和职业生涯规划等方面也有极高的应用价值。

（资料来源：http：//wiki. mbalib. com/wiki）

本章小结

1. 人力资源测评的方法主要有履历分析、心理测验、面试和情境模拟等。

2. 履历分析是通过对评价者个人的基本信息、工作经历和生活状况等进行分析，来判断其对未来岗位适应性的一种人力资源测评方法。履历的内容涉及：个人的基本信息、成长背景、学习培训经历、工作经历和成就、社会交往情况、业余爱好等。

3. 心理测验具有三个要素：即行为样组、标准化、客观性。智力测验的编制与实施必须严格遵循标准化的程序。人力资源测评中常用的心理测验包括：智力测验、能力倾向测验和人格测验。

4. 笔试通常包括专业知识考试、综合知识考试和外语考试。

5. 笔试的常用题型有：选择题，是非判断题，简答题，论述题。

6. 面试按其标准化程度，可分为结构化面试、半结构化面试和自由面试。面试设计的内容主要包括：面试的要素、题型和评价量表。

7. 情境模拟测试大多是模拟实际工作情景，它能更好地反映出应试者的实际工作能力。情境模拟的主要形式有：公文筐测验、无领导小组讨论、角色扮演、案例分析等。

思考题

1. 履历分析的目的和作用是什么？

2. 心理测验是如何编制的？常用的心理测验有哪些？

3. 笔试的常见题型有哪几种？编制这些题型时各需要注意哪些问题？

4. 面试的种类有哪些？面试都有哪些优点和缺点？

5. 情景模拟的形式有几种？它们各自的侧重点有何不同？

第三章

人力资源测评的技术原理

本章提要

- 信度的含义及其估计方法
- 效度的含义及其估计方法
- 影响信度和效度的因素
- 难度的含义及其估计方法
- 鉴别力的含义及其估计方法

引　言

人力资源测评是现代人力资源管理中的一种重要方法和手段。其测评结果对于组织的人力资源管理决策和个体的前途，都有重要的影响，因此，必须保障测评过程和结果的科学性。具体来说，就是要做到稳定、可靠、准确、有效。从测量学的角度来看，就是要求测评具有一定的信度和效度。另一方面，要想实现上述目标，测评过程中所用的材料和题目必须要有恰当的难度和鉴别力水平。本章的主要内容是介绍人力资源测评中有关信度、效度和项目分析的概念、理论和方法。通过本章的学习，可以使读者掌握分析和评价人力资源测评质量、控制测评误差的方法，提高人力资源测评工作的科学性和准确性。

第一节　测评的信度

一、信度的概念

信度是衡量测评结果的稳定性和一致性程度的指标。如果用同一工具对一组参加测评的人实施两次测试，其结果完全一样，则可以推论该测验完全可靠，这时它的信度系数为1。但在现实中这种测评工具几乎是不存在的。

小辞典

信度是指测评结果的稳定性、可靠性程度，即在相似情景下，用同一测评工具对相同个体重复施测，所得结果的一致性程度。

（一）误差及其种类

测量都有误差。人力资源测评主要测量的是心理属性，相对于物理测量来说，受测量误差的影响更大。因此，确保测评结果稳定性、可靠性的关键在于控制各种误差。如果测评过程对误差控制得好，对影响测量准确性的干扰因素处理得当，则测评的信度就高，反之则低。

测评中的误差主要有以下三种：一是抽样误差，即由抽样变动造成的误差。抽样误差的大小可以用样本均值的标准误 $S_{\bar{x}}=S/\sqrt{n}$来反映，它是样本标准差 S 与样本容量 n 的算术平方根之比。当测评样本的代表性强且样本容量 n 较大时，$S_{\bar{x}}$就很小，即抽样误差能得到较好的控制；二是随机误差，它是由与测验目的无关的偶然因素引起的误差。测评结果的稳定性受很多因素的影响，对这些因素不可能完全加以控制，因此随机误差在所难免；三是系统误差，即由与测评目标无关的某种常定因素所引起的稳定的、规律性的误差。系统误差的影响会使测评结果出现有倾向性的偏差，但它在测验成绩中不会引起不一致。因此，测评的可靠性主要是研究如何控制随机误差问题，信度也可以视为对随机误差的一种度量。下面我们将通过实测分数、真分数、误差分数的关系来揭示随机误差对信度的影响。

（二）真分数

在无数次测评中所得分数的平均值称作真分数，它反映的是应试者潜在的真实水平。由于测量误差不可避免，因此，真分数只是理论上的概念。根据真分数理论，我们可以将应试者的实测分数 X 表示成真分数 T 与随机误差分数 E 的和，即

$$X = T + E$$

真分数理论存在三个基本假设：①误差分数的平均数是零；②误差分数与真分数相互独立，即相关为零；③两次测量的误差分数之间的相关为零。误差是随机出现的，每次测量所产生的误差是独立的，两次测量之间没有必然的联系，即不存在统计意义的相关。如果一个应试者团体参加了测试，那么所得实测分数的方差 $S_X{}^2$ 可以表示成真分数方差 $S_T{}^2$ 与随机误差方差 $S_E{}^2$ 的和，即

$$S_X{}^2 = S_T^2 + S_E^2$$

（三）信度的定义

在理论上，信度可以被定义为：真分数方差与实测分数方差之比，即

$$r_{XX} = \frac{S_T^2}{S_X^2}$$

这里 的 r_{XX} 也称为信度系数，它等价于观察分数与真分数间相关的平方。

由上述两式，可得

$$r_{XX} = \frac{S_X^2 - S_E^2}{S_X^2} = 1 - \frac{S_E^2}{S_X^2}$$

信度的这一定义是从真分数和随机误差对实测分数的影响和贡献来考虑信度的。如果在一次测评中，随机误差得到了很好的控制，则误差分数的方差就小，信度就高。由信度的理论定义可知，信度系数 r_{XX}的范围是［0，1］。当 $r_{XX}=0.90$ 时，可以认为在测验总的实测分数中有90%来自真分数的贡献，另有10%是受随机误差的影响。

信度的另一个定义是：两个平行测验上实测分数的相关。所谓平行测验，就是能以相同程度测量某一心理特质的测验，又称等价测验。若有两个平行测验向一大批应试者施测，如果所得测验分数的相关很高（如 $r=0.98$），这时候用应试者在一个测验上的实测分数去推论他在另一测验上得分的把握就非常大，或者说准确性很高。显然，这要求两个平行测验控制误差的能力都很强，应试者在两个测验上所得分数一致性很高的情况下才能做到。由此，就可以将两个平行测验上实测分数的相关系数定义为它们的信度

系数。

信度和真分数一样是一个无法确切知道的理论概念，只能通过一些估计的方法来推断。一般情况下，在标准化的智力和人格测验中，信度系数应以0.90左右为宜，不能低于0.80；教师自编成就测验的信度系数也不应低于0.70。

二、信度的估计方法

常用的信度估计方法有重测信度、复本信度、内在一致性信度、评分者信度以及稳定—等值系数五种。不同的信度反映测验误差的不同来源，所以一种信度系数只能说明信度的一个方面。

（一）重测信度

小辞典

重测信度是指采用重测法估计的信度。同一测验对一组应试者先后施测两次，所得分数的相关即为重测信度。

重测信度的高低，反映了测评结果在经历时间变化后的稳定程度，所以又称为稳定性系数。重测信度重点考查的是伴随时间变化而产生的偶然因素影响。如气候、噪音或其他干扰以及由于情绪波动、疲劳引起的受试身心状态的起伏变化等对测验结果的影响。重测信度代表测验成绩能够应用于不同时间的程度。信度越高，测评结果跨时间的稳定性和可靠性就越高。

人力资源测评所测查的特质或属性中，有相当一些本身具有很高的稳定性，如人的智力、人格等。如果拿一个测验测量某应试者的智力，第一次测得智商为110分，一周后再测却变成了80分。如果没有其他特别的原因，就说明该测评结果的可信度很低，该智力测验自然也是低信度的，缺乏应用价值。

计算重测信度的方法是求两次测验分数的积差相关系数。如果收集到的是原始数据，可用下列公式计算：

$$r_{x_1x_2} = \sum \frac{(x_1 - \bar{x}_1)(x_2 - \bar{x}_2)}{ns_{x_1}s_{x_2}}$$

其中，$\bar{x}_1$、$\bar{x}_2$ 分别表示两次测验分数的平均数，s_{x_1}、s_{x_2}则表示两次测验分数的标准差。

计算重测信度需要注意两个方面的问题。首先是前测验遗留效应对后测验的影响问题，比如练习效应、记忆影响。重测信度适用于速度测验而不适用于难度测验。速度测验的测题数量较多，且有一定的时间限制，应试者很难记住前一次测验的内容，受记忆影响较小。难度测验则相反，应试者一旦知道答案就很难忘记。其次，重测的间隔时间也需要认真考虑。延长间隔时间，可以减少前测对后测的影响，但时距过长，所要测评的身心特点可能发生变化。计算稳定性系数时，应该依据测验的性质、题型、题量和应试者的特点来决定适宜的时距，一般是两周到四周为宜，最好不超过六个月。

（二）复本信度

小辞典

复本信度又称等值性系数。其估计方法是，先精心编制两个相互平行的测验复本，然后用它们测量同一群体，则应试者在这两个测验上得分的相关系数即为等值性系数。

复本测验的定义类似于平行测验，是指在测验性质、内容、题型、题量、难度等方面均一致的两个测验。

计算复本信度的主要目的，在于考查两个测验复本在题目取样或内容取样上的一致性程度。例如，同样是测量逻辑推理能力的两个测验，如果同一应试者群体在它们上得分的相关较低，则说明两个测验取样不等值，或者说其中至少有一个测验可靠性比较低。

复本信度也要考虑两个复本实施的时间间隔。两个复本只有在同一时间施测的，相关系数所反映的才是复本的等值性；如果先后施测，就可能混入时间的影响。在实际应用中，应有一半应试者先做A本再做B本，另一半应试者先做B本再做A本，以抵消施测的顺序效应。

同重测信度相比，复本信度控制了两次施测间的相互影响，因而既适用于难度测验，也适用于速度测验。但完全等值的复本只在理论上存在，实际应用中抽样误差在所难免，而且编制复本也需要很大精力。

在有些情况下，可利用不同的时间施测两个等值的测验复本，这时所求得的信度系数称为等值—稳定性系数。等值—稳定性系数既考虑了测评结果跨时间的稳定性，也考虑了不同题目样本的一致性，因而是更为严格的信度考查方法。

（三）内部一致性信度

小辞典

内部一致性信度是指同一个测验中各个题目所测内容或心理属性的一致性程度，又称为同质性信度。

内部一致性信度具体表现为应试者在各个题目上所得成绩的一致性。通常，可以用分半相关、库特—理查逊公式或α系数来计算内部一致性系数。

1. 分半信度

当一种测验既无复本，又不能或没有重复施测时，可以用分半相关来估计测验的内部一致性信度。具体做法是：一个测验施测后，将题目分成等值的两部分，然后求这两部分测验得分的积差相关系数。

用分半法估计内部信度，首先要解决的问题是如何将测验分成可比较的两个部分。除少量的速度测验外，将测验按前后两部分分开是不妥的，因为前后两部分题目的难度水平可能不同，而且准备状态、练习、疲劳等因素的作用在测验前半段和后半段也有所不同。所以实践中一般采用奇偶分半的办法，即将测验的奇数题分为一组，偶数题分为一组，再求取两部分成绩的相关。

需要注意的是，一个测验被分成两半后求得的两个半测验分数的相关系数，比全测验与其平行测验的相关系数要小。这是因为测验的信度跟它所包含的题目数是直接关联的。测验的题目越多，测验得分的稳定性也就越强，估算出的信度系数也越高。因此采用分半法求得的相关系数，必须经过校正后才能作为原来的全测验实有的信度系数。校正公式多采用下面所列的斯皮尔曼—布朗公式：

$$r_{tt}=\frac{2r_{hh}}{1+r_{hh}}$$

应当注意，在应用上式时，两个半测验须严格满足平行性假设，否则测验的信度估计将会产生误差。在两个半测验分数方差不等的情况下，可以采用下列两个公式：

弗拉南根（Flanagan）公式：

$$r_{tt}=2\left(1-\frac{S_a^{\ 2}+S_b^2}{S_t^2}\right)$$

其中，$S_a^{\ 2}$、S_b^2 分别为两个分半测验分数的方差，S_t^2 是整个测验实测分数的方差。

卢龙（Rulon）公式：

$$r_{tt}=1-\frac{S_d^{\ 2}}{S_t^2}$$

其中，$S_d^{\ 2}$ 是两个分半测验分数之差的方差，S_t^2 是整个测验实测分数的方差。

2．库德—理查逊（Kuder－Richardson）公式

将一个测验两分的方法很多，且每一种分半方法也都能求出一个的信度系数。用库德—理查逊公式计算内在一致性信度，可以避免由于任意分半而造成的偏差，该公式适合于1、0计分的题目。

应用库德—理查逊公式需满足的假设与斯皮尔曼—布朗公式的相同。

库德—理查逊20号公式（简称K－R20）：

$$r_{tt}=\left(\frac{n}{n-1}\right)\left(\frac{S_t^2-\sum pq}{S_t^2}\right)$$

其中，n 是测验题目数，p 是题目通过率，q 是题目未通过率，S_t^2 是测验的总分方差。由于库德—理查逊公式要求0、1计分，所以 $\sum pq$ 实际上就是每道测题的方差之和。

如果题目难度接近，可以应用下面的K－R21公式：

$$r_{tt}=\left(\frac{n}{n-1}\right)\left(\frac{S_t^2-n\bar{p}\bar{q}}{S_t^2}\right)$$

上公式中，$\bar{p}$ 为各项目 p 的平均数，$\bar{q}$ 为各项目 q 的平均数，S_t^2 测验的总分方差。

库德—理查逊公式计算出的信度实际上是所有可能得分半方法所求处分半信度的平均数。如果在进行项目分析的过程中，已经算出各个题目的难度 P，则使用库德—理查逊公式非常方便。在各试题难度相同或接近的情况下，还可以采用计算更为简洁的K－R21公式。但如果试题难度相差悬殊时，采用K－R21公式有低估信度系数的可能。

3．克隆巴赫 α 系数

库德—理查逊方法适用于1、0计分的题目，但有许多测验题目采用多重计分，如很多评定量表和态度量表常常将应试者的反应分为4级、5级或7级，有的成就测验中则包含更多种类的记分方法。对于这些类型的测验，库德—理查逊公式不再适用。为此，克伦巴赫（Cronbach）提供了更为通用的公式：

$$\alpha=\left(\frac{n}{n-1}\right)\left(\frac{S_t^2-\sum v_i}{S_t^2}\right)$$

其中，S_t^2 是整个测验实测分数的方差，v_i 是每个题目的方差。

通过上述公式计算出的信度系数值，就是著名的克隆巴赫 α 系数。其最大优点就是

适用于多级计分的题目，因而应用极为广泛。

例如，某态度问卷共包含了 8 个题目，各个题目上应试者得分的方差分别为 0.62、0.81、0.73、0.78、0.82、0.76、0.67、0.79，测验总分的方差为18，因此测验的克隆巴赫 α 系数为 0.76。说明该问卷题目具有较高的内部一致性。

内部一致性信度考查的重点都是测验题目间的相关度。如果相关度高，则可以在一定程度上推论所有题目都集中在考查同一心理结构或特质上，这样测验的质量就有所保证。

（四）评分者信度

在人力资源测评中，很多时候要求多个评分者给多名应试者评分。例如面试过程中，评分者的主观印象和判断会影响其对应试者的评分，不同评分者给同一应试者分数很可能不同，甚至相差悬殊。这样一来，评分者本身就成了测评误差的来源之一。其他典型的例子还有投射测验、无领导小组讨论、情景模拟测验等。这时，就要考虑多名评分者评分的一致性问题了。

小辞典

评分者信度是指不同评分者对同一组应试者评分的一致性程度。

估计评分者信度的方法有多种。若只有两个评分者，可以让他们对同一组应试者的反应行为独立评分，然后求取两组评判分数的相关系数。根据评分的类型，相关系数的计算可以用积差相关公式，也可以采用斯皮尔曼等级相关公式或其他公式。

如果评分者在三人以上，就需要用肯德尔和谐系数来求评分者信度。其公式为：

$$W=\frac{\sum_{i=1}^{N}R_t^2-\frac{(\sum_{i=1}^{N}R_i)^2}{N}}{1/12K^2(N^3-N)}$$

其中，K 是评分者人数，N 是被评的应试者人数，R_i 是每个应试者所得等级之和。

例如，在某次面试中，由 4 位面试官构成考官组，对 5 位应聘者进行评价，并根据最后的综合成绩将五位应聘者排序，表现最好的确定为 1 等，然后依次降低。具体结果见表 3－1。

表 3－1　　4 位面试官给 5 位应聘者的等级评定

应聘者 / 面试官	A	B	C	D	E
甲	3	5	1	4	2
乙	5	4	1	3	2
丙	2	5	1	4	3
丁	4	2	3	1	5
R_i	14	16	6	12	12
R_i^2	196	256	36	144	144

解：根据上述数据，计算出：

$\sum R_i = 14 + 16 + 6 + 12 + 12 = 60$

$\sum R_i^2 = 196 + 256 + 36 + 144 + 144 = 776$

根据题意：$K = 4$，$N = 5$，

代入公式得：$W = \dfrac{779 - \dfrac{60^2}{5}}{\dfrac{1}{12} \cdot 4^2(5^3 - 5)} = \dfrac{56}{160} = 0.35$

以上介绍的信度估计方法都是从不同侧面对测验的稳定性和一致性程度所作的估计。所得到的信度系数反映了不同的误差来源的影响。表 3－2 显示的是各种信度估计方法所考查的侧重点。

表 3－2　各种信度估计方法的侧重点

信度类型	考察的侧重点
重测信度	测验跨时间的一致性
复本信度	测验跨形式的一致性
稳定—等值系数	测验跨时间和形式的一致性
内在一致性系数	测验跨题目或两个分半测验之间的一致性
评分者信度	测验跨评分者的一致性

三、影响信度的因素

由误差来源可知，随机误差是影响信度的主要因素。它的主要表现，一是测验内容的自身方面，如测验内容取样的多少、作答时猜测的几率、指导语的清晰程度等；二是施测过程方面，如测验环境、测验时间、主试因素、意外干扰、阅卷评分等；三是应试者自身方面，如应试动机、焦虑心理、生理因素、测验的经验与技巧等。

除了随机误差以外，影响测验信度的还有如下因素：

（一）受测团体的范围

信度系数与相关系数一样，受到分数分布范围的影响，受测团体的水平越接近，测验分数的分布范围越小，随机误差的影响就越大，信度就越低。反之，分数分布范围越大，信度就越高。从信度的理论定义可知，当应试者的水平相差较大时，其所得实测分数方差 S_X^2 会增大，随机误差方差与实测分数方差的比 S_E^2/S_X^2 就会减小，于是信度系数会随之增加。例如，某地初三物理会考中，市重点中学、区重点中学和普通中学所得分数的方差均小于全市所得分数的总方差。统计这三类学校会考的信度，发现均低于全市学校的总体水平，它反映了受测团体范围对信度的影响。

（二）测验的长度

测验所含题目的数量称作测验的长度。测验的题目越多，测量学生水平的可靠性越高，即信度越高。

在一般情况下，测验长度增加时信度也随之提高。如果在某个测验中增加与该测验同质的试题，并且使它们具有相同的难度，就可以改进信度。

由斯皮尔曼—布朗（Spearman - Brown）公式：

$$r_{nn} = \frac{nr_{tt}}{1 + (n - 1)r_{tt}}$$

可导出计算测验长度的公式：

$$n = \frac{r_{nn}(1 - r\,tt)}{r_{tt}(1 - r_{nn})}$$

其中，n 是增加试题后的测验长度与原测验长度的比率，r_{tt} 是原测验信度系数，r_{nn} 是增加测验长度为原测验的 n 倍时的信度系数。

由计算测验长度公式可以确定，一个信度较低的测验，需要增加多少题目才能使它的信度达到预期的目标。例如，某测验的信度系数是 0.75，要增加多少长度才能使信度达到 0.90 呢？根据公式，有：

$$n = \frac{0.90(1 - 0.75)}{0.75(1 - 0.90)} = 3$$

所以当原测验信度为 0.75 时，测验题量需增加至原来的 3 倍，才可使信度达到 0.90。反过来说，当测验长度过长，需要删减适当题量时，要确定能删减多少而不致对信度造成较大影响，也可以利用计算公式作出断定。

（三）测验的难度

测验的难易将会影响分数的分布范围。测验太易或太难都会使分数的分布范围缩小，随之使信度降低。这就需要研究测验应该具有怎样的难度才能提高信度。本章第三节将继续讨论这个问题。

第二节　效 度

一、效度的概念

（一）什么是效度

人们使用测评工具，都是为了了解个体的某种心理属性或特质，借以解决实践中的问题。但是所用的测评工具，究竟测的是什么？对于测评的目标而言，实际测到的程度如何？根据测评结果，作出推论和解释的恰当程度如何？这些都属于测评的效度问题，需要在测评中加以考虑。

小辞典

效度是指测评工具测到所要测量目标的程度，简言之就是测评的正确性、有效性程度。

测评的效度，都是针对着要解决的问题，即测评的目标而言的。比如一把普通皮尺，如果用于测量人的身高是很有效的；但如果用来测量很细微的长度，如铁丝的直径，则不是那么准确；如果用于测量人的体重，其有效程度就大大降低了。所以不能脱离测评的目的来讨论效度问题。此外，测评的效度也都是相对的，只有程度上的差异，绝对无效和百分之百准确的测评工具都难以找到。

前面我们曾讨论过测评的信度。信度是指测量结果的稳定性、一致性程度，即对于同一个被测对象，如果能重复测量的话，所得结果是否一致。测评信度的高低主要受随机误差的影响，测评的效度则主要受系统误差的影响。一般说来，测评的效度是比测评的信度更为重要的评价标准。如果一个测验效度很低，无论它的信度有多高，这项测验都没有应用价值。

比如勉强用皮尺来测量体重，可能每次的测量值都很一致，即信度很高，但仍然是不准确和低效的测量，因为皮尺本身不是测量身高的合适工具。再比如，我们用一杆秤称一袋水果的重量，每次称的结果都是 500 克，说明测评受随机误差影响小，结果稳定，信度很高。但秤杆所标出的分量是不是水果的真正分量仍有待考察。假如这杆秤被做过手脚或本来就不够标准，每称 500 克都少 50 克，则水果实际的重量只有 450 克。这种误差显然对测评结果具有恒定的影响，被称为系统误差。系统误差不会影响测评的稳定性，但会影响测评的有效性，即效度。所以，是否有较高的效度是评价一个测评工具最为重要的标准，是必要条件。我们在选择和评鉴测评工具时，要首先考虑其效度，其次才是信度。从理论上说，效度高的测评工具信度相对也会高。

（二）效度的统计定义

根据真分数理论，个体的实测分数可以表示成真分数与随机误差分数之和。如果再将真分数表示成与测验目的有关的有效分数 V 和与测验目的无关的系统误差分数 SE 之和：

$$T = V + SE$$

则个体的实测分数就可进一步表示为：

$$X = V + SE + E$$

根据经典真分数理论的若干假设，相应地有以下关系：

$$S_T^2 = S_V^2 + S_{SE}^2$$

$$S_X^2 = S_V^2 + S_{SE}^2 + S_E^2$$

其中，S_V^2 是有效分数方差，S_{SE}^2 是系统误差分数方差。

效度是衡量测评有效性、准确性的指标，它在理论上被定义为有效分数方差与实测分数方差之比，即：

$$Val = \frac{S_V^2}{S_X^2}$$

这里，Val 表示效度系数。它可以理解为在实测分数的总方差中所要测评的心理特性作出的贡献和影响。

由效度的理论定义可以知道，效度系数的取值范围是 [0，1]。

效度是针对具体的问题情境和测评目的而言的。因此，一个测评工具可以具有多种不同的效度指标。当我们讨论一个测评工具的效度时，必须先界定问题的情境，效度才有确切的意义。

（三）效度与信度的关系

由实测分数及其方差构成的两个公式可以知道，效度的提高受到信度的制约。如果测评的随机误差较大，则 $S_E{}^2$ 较大，$S_T{}^2$ 较小，此时测验的信度较低，同时 S_V^2 也一定较小，所以测评的效度也不会高。而如果总方差中 S_V^2 所占的比例较大的话，则测评的效度高，同时 S_T^2 较大，S_E^2 较小，所以测评的信度也会高。由此可见，高信度是高效度的必要条件，信度高效度不一定高；而高效度则是高信度的充分条件，效度高则信度一定高。

根据上述分析，效度与信度的关系可以表述为：信度高是效度高的必要条件，但不是充分条件，因而信度高的测评工具效度不一定高。反之，高效度是高信度的充分条件，效度高的测评工具，其信度一定高。

降低信度，也会使效度降低。例如，测评信度和它的效标测量信度降低时，会使测评和效标之间的相关程度减弱（即效度系数降低）。为了估计测评与效标真分数之间的相关系数，可以用如下公式校正：

$$r_c = \frac{r_{xy}}{\sqrt{r_{xx} r_{yy}}}$$

上式中，r_c 是测评与效标真分数的相关系数，r_{xy} 是实测分数与效标分数之间的相关系数，r_{xx}、r_{yy} 分别是测验和效标测量的信度。由于相关系数 $|r_c| \leqslant 1$，所以由上式可知

$$r_{xy} \leqslant \sqrt{r_{xx} r_{yy}}$$

取效标测量的最大信度值代入，则有：

$$r_{xy} \leqslant \sqrt{r_{xx}}$$

由此可知，信度系数的算术平方根是效度系数的上限。

二、效度的估计方法

测评既可以有理论的目的，也可以有实用的目的。每种可能的目的，都会导致对效度的不同理解。根据使用时的目的和情境，一般可以将效度分为内容效度、结构效度和效标关联效度等三种类型。

（一）内容效度

1. 内容效度的概念

小辞典

内容效度指测验题目对有关内容或行为范围取样的适当性，或者说测验的题目构成所要测量领域的代表性样本的程度如何。

在实际工作中，我们编制的测验不可能包含所要测量的行为领域的全部可能材料或情境，只能选择一些题目来做目标领域的代表，通过观察应试者对这些题目的反应，来推测他在真实情境中的表现。因此，取样的恰当性和代表性是影响测量效果的一个重要因素。如果所选择的题目偏重于某部分内容，或是过难或过易，都会使测验难以对目标行为或特点进行全面、准确的测量。

在考虑测验的内容效度时，主要应考虑三个方面的问题。一是针对性，即测验题目所反映的内容是否真正属于想要测量的领域。在主要考查知识的成就测验中，一般问题不大，但在人格测验和智能测验中，每个题目是否都测量了所要测量的领域，则不易确定；二是全面性，即测验所包含的题目是否覆盖了所要测量领域的全部或主要方面。测验题目都来自于测评的目标领域并不能保证高的内容效度，因为还要看看目标领域是否

有重要方面被遗漏；三是代表性，即要考虑测验题目是否覆盖了目标领域的重点、难点以及它们在不同子领域中的分布比例是否合理。

2. 内容效度的评估方法

内容效度的确定一般难以采用定量化的方式。测评的内容效度依赖于两个条件：目标领域范围明确；测验内容的取样有代表性。因此，要保证测验有较高的内容效度，首先要明确而详尽地规定测评的目标领域，这样，后续的命题才能有的放矢。当然，有时候测评目标领域的确定本身也是有难度的，需要测试者对测评的目标领域有深入的研究，必要时可以事先制定测验规划，制成“双向细目表”，从测评的内容及所需的能力层次两个方面提出要求，并详细规定各部分的比重。

验证内容效度的方法，通常是由专家根据目标领域和测验题目作全面、深入、系统的比较判断。判断结论的质量，取决于分析者的实际经验和专业水平。因此，应尽量邀请高水平的专家对内容效度进行评估。如果专家认为测验题目恰当地代表了所测内容，则测验具有内容效度。这种方法的主要问题是，内容效度的判断有一定的主观性。为了集思广益，可同时请多名专家对同一个测评工具的内容效度进行独立评估，然后计算评分者信度，如果信度高，说明多名专家的评定一致性高，对内容效度的评估准确。另一方面，还可以让专家组展开深入细致的讨论，以形成关于内容效度的一致评价。

内容效度的确定还可采用经验的方法，即研究不同个体在一个测验上所得的分数是否客观地反映了他们在该领域水平的实际差异。例如，对于某个胜任力测验，可以检查工作绩效不同的应试者在该测验上总分和每题分数的变化情况。如果工作绩效高的应试者，测验的总分和每个题目的得分率也高，就可以推测该测验基本测量了胜任力的内容。

内容效度最适合于评估学业成就测验。因为在实施这种测验时，我们希望知道考生对某方面知识、技能掌握已达到的程度如何。所以，测验所包含的内容就应该成为这方面知识、技能的代表性样本。内容效度也适用于职业测验和某些用于选拔和分类的人事测验。这种测验要对雇员加以挑选和安置，当测验内容是实际工作的一个代表性样本时，才有利于实现测验目标。

在进行内容效度评估时，必须注意不能将测验的内容效度推广到本来未涉及的领域。如职业倾向测验可以考查应试者的职业偏好和倾向，但不能认为这个测验也能以同样的精度测量应试者的工作能力或领导能力。此外，还应注意测评时无关因素的影响，如一个测量逻辑推理能力的测试，如果用英文表述，则会受到应试者英语水平尤其是阅读理解能力的影响，即测试测到的内容不再单纯是逻辑推理能力了。

应用案例

表面效度是什么

某公司要选拔中层领导，为增强选拔过程的客观性和科学性，总经理特意从某资料上找了一份“智力测验”作为选拔的工具之一。所有的候选人都参加了这份可以团体施测的智力测验，但大家在作答的过程中，发现这份所谓的智力测验，很多题目是中学阶段的数学题，与管理实践中需要应用的言语能力、推理能力和问题解决能力等智力成分有很大距离。加之数学知识久未复习，大家普遍回答得不好，于是开始小声埋怨，质疑这份“智力测验”的价值，继而交头接耳，议论纷纷，甚至有些人直接离席而去，最终使考试草草收场。

为什么总经理良好的意愿没有收到好的成效呢？问题当然在于总经理所选的智力测验上。暂且不论它实际上是否有效测量了智力，至少它的题目，看上去就已经让很多应试者疑窦丛生、牢骚满腹了。这里其实就涉及测验表面效度的问题。

表面效度是和测验内容相关的一个概念，它是指根据测验的表面信息（如测验的题目内容及用语）来看在测验什么。它与内容效度所指的测量的实际有效程度不同，它关注的重点不是测验实质上在测什么，而是测验在施测者、尤其是技术上未受过训练的应试者眼中看起来是在测什么。严格地说，表面效度不是效度。但是，如果测验题目的内容在应试者眼中看来与测验目的风马牛不相及，甚至幼稚可笑，则必然会影响到应试者的情绪及合作的态度，从而损害测评结果的准确性。所以，为了取得应试者的信任与合作，需要重视表面效度的问题。

要改进表面效度，必须认真研究和安排题目的表现形式，要使题目在形式上能够反映出与测验的目的，所测领域的密切关系。当然，也不是所有的测验都要求有高的表面效度。比如有些人格测验，为了引发应试者的真实反应以发现其潜在的人格特质，反而要隐藏测验的真实目的。

就本例而言，该公司的总经理本身是智力测验的外行，他找到的一份“智力测验”，不仅是非标准化的，而且也缺乏表面效度，应用起来效果自然不会好。所以，在使用心理测验进行人才测评时，必须注意选择那些权威的、经过严格信效度检验的标准化量表，而不能将报纸杂志等媒体上的带有游戏性质的“智力测验”、“性格测验”与科学的心理测验混为一谈。

（二）结构效度

1. 结构效度的概念

小辞典

结构效度是指测验能够测量到理论上的结构或特质的程度，或者说用某种心理结构或特质来说明测验分数的恰当程度。

所谓的结构通常指一些抽象的、理论性的概念或心理特质，人力资源测评中经常要测量的结构包括智力、人格、职业倾向、成就动机、创造力、胜任特征、态度等方面，它们在理论研究和实际工作中有着重要的作用。这些结构虽然通常无法直接观察到，但都有其心理上的理论基础和客观现实性，可以间接推论其存在。

结构效度的验证，就是要考查一个测验测到某种特质的程度，其过程与对内容效度验证不同，后者把重点放在对测验题目与某一行为领域对应关系的考查上，而这一行为领域的范围，一般是比较清晰的。结构效度的重点则在测验本身，它取决于测验开发所依赖的理论以及测验测到这种理论结构或特质的能力。比如一个智力测验，它是测验开发者基于某种智力理论或其头脑中对于智力的认识而编制出来的，但所编制出的测验和题目，究竟有没有测到，或者说在多大程度上测到开发者想要测量的智力水平，就是结构效度关注的问题。

2. 结构效度的评估

（1）验证结构效度的一般程序。结构效度的验证一般包含三个步骤：首先是对结构的定义，即建立起理论框架，作为测验开发的理论依据。通常要说明某一特质的心理学意义是什么。比如，它具体包含哪些成分或维度；它的稳定性如何；跟其他心理特质有什么样的关系；它随个体年龄的增长有怎样的发展趋势；它受哪些因素的影响等。

其次，根据理论框架推论出若干逻辑上合理的假设。比如，我们要编制一个能够测量焦虑程度的测验并验证其结构效度，首先就要对“焦虑”这一心理特质加以定义，并建立相关理论。根据其定义，我们可以推论出一些合理的假设：焦虑可以分为状态焦虑和特质焦虑，二者有中等程度的相关；当人处于应激状态时，焦虑程度会升高；焦虑程度与个体完成任务的成绩具有非线性的相关；长时间的焦虑会导致身体健康受损；社会支持能够缓解个体的焦虑水平等。

最后，收集资料以验证关于测验分数的假设。比如，通过因素分析等统计技术，来验证测验中的题目是否测量了状态焦虑和特质焦虑这两个维度；将个体置于竞争性的情境，测量其焦虑水平是否会升高，并考查焦虑程度与任务绩效的关系；通过相关分析，考查焦虑分数与罹患消化道溃疡的相关性等。如果假设均得到证实，则说明测验具有较好的结构效度。但是，实际的观察结果也可能与预先的假设不相符，这说明测验没能很好地测量受测的心理结构或特质，测验需要改进或修订，直到结果与假设一致为止。当然，另一个可能的原因是关于心理结构的理论本身有不完善的地方，甚至是错误的。这时就要回过头去研究心理结构本身，修改和完善理论。还有一种最坏的可能，即关于心理结构的理论和根据理论编制的测验都有问题，这时两者都需要改进。

（2）收集效度证据的常用方法。①测验的内部相关性。如果一个测验测的是单一的特质，那么测验各部分乃至各个题目之间，都应有较高的相关；如果一个测验所测的特质本身包含多个维度，测量同一维度的题目间的相关应该较高，而测量不同维度的题目间应该相关较低。有些测验，特别是人格测验，多以内部一致性作为结构效度的指标。如果测验中的题目被证明具有较高的一致性，则说明它们都是针对某种人格结构的。基于这样的标准，与测验总分或分量表总分相关低的题目，在项目分析的过程中会被删除。因素分析是分析测验题目的内部相关性最为常用的统计技术，其原理较为复杂，但现在已有很多统计软件能够帮助我们轻松地对测验的结构效度进行验证，读者可以根据需要参考有关统计书籍。②跟其他测验的相关。如果两个测验都测量同一结构或特质，那么两个测验分数之间应该有较高的相关。因此可以用两个测验分数间的相关作为衡量两者是否具有结构效度的标准，这时它们的相关系数又称作聚合效度，但这种相关也不能非常高，而是适度的高。如果相关不高，说明至少其中一个测验没有很好地测到目标特质；但如果一个新测验与已有测验的相关很高，而且内容和施测过程也没有简化，那就没有编制这个测验的必要。另一方面，如果两个测验测量的是两种相关而不是同一的结构或特质，那么两种测验分数间的相关应该是中度或低度的。这种相关体现出区分效度。倘若测量不同结构或特质的测验之间相关很高，我们就有理由认为它们所测的结构缺乏特殊性或区分性。比如，能力测验不应该和人格测验有高相关，职业倾向测验与认知风格测验也不能有高相关。③发展水平的变化。在儿童期，智力会随着个体年龄的增长而提高，这是一个被广泛认同的观点。如果智力测验有效，测验分数应该反映这种变化。因此，各个智力测验中效度验证最常用的标准就是年龄差异，即考查测验分数是否会随年龄的增加而增加。在实际工作中，人们的经验会随工作时间的增加而增长。因此，如果要验证某项技能测验的效度，可以考查在一定时间范围内，该技能测验的分数是否会随从事该项工作的年限的增加而增加。这个假定实际上也是资历薪酬理论的基础之一，其内在逻辑是：工龄增加，经验和技能都会提升，工作绩效和对组织的贡献自然增大，应该获得更多薪酬。需要指出的是，发展水平的变化并不是在任何时段内都有同样的表现，也不能保证适用于每一个个体，这是在效度验证时应注意的问题。④个体测验时的表现。有的测验在施测过程中，要求应试者一边作答一边口头报告自己解题时的思考过程，这样就能核实测验是否测量了所要测量的心理结构。例如，在进行推理能力测试时，可以通过应试者的言语报告了解其解题思路，看看测题是否测量了预期的推理过程。

（三）效标关联效度

1. 效标关联效度的含义

小辞典

效标是用于考查测验有效性的外在标准，它是独立于测验的、可以被直接测量的指标。

对于一个职业倾向测验，判断其是否有效的标准或准则（效标）可以是个体根据测评结果选择职业后的适应性和满意度。对于一个销售能力测验来说，其效标可以是个体的销售额。

小辞典

效标关联效度是指测验分数与测验外的、作为判断测验有效性标准的效标之间的一致性或相关程度；或者说，利用个体的测验分数预测其在独立于该测验的另一种指标分值的准确程度。

如果测验和外在效标的一致性高，则说明效标关联效度高；反之，则说明效度低。比如，我们要考查高考的效标关联效度，就可以考查高考分数与个体进入大学后学业成就的相关。这里，高考分数就是一个预测源，它可以预测个体在效标变量上的表现。至于预测的好坏，很大程度上由高考的效度决定。

效际关联效度常用于预测性测验。这种测验中，根据测验分数作出的预测一般用于选拔和人事决策，所以，只有证明测验分数确实能够预测效标行为时，才能保证决策的准确性。

2. 效标关联效度的评估

要评估一个测验的效标效度，首先要做的是选取一个有代表性的样本并收集到样本中每个个体的测验分数和效标测量值，然后考查两者的一致性。样本有代表性，得到的相关系数才能推论到总体；同时，样本容量要足够大，如果样本量太少，则求取的相关系数受抽样误差影响大。否则，计算出的效度系数就没有多少意义，或仅限于某一具体情境。

考查作为预测源的测验分数和效标测量值的一致性，最直接的方法就是计算这两组分数的相关系数。根据收集到的资料的性质，如测验分数和效标分数是离散的还是连续的等，可以计算皮尔逊积差相关、等级相关、质量相关、四分相关等相关系数。因此，效标关联效度验证的最终结果，是确定一个高度概括化和数量化的相关系数，这一点与内容效度的验证过程有明显的区别。这个相关系数，就称为效度系数。还有一些方法也可以用于考查效标效度，如观察两种分数的散点图，或比较测验上高分组和低分组在效标测量值上有无显著差异，但它们同相关系数的表达相比都较为粗糙。

3．常用的效标

实际工作中，常用的效标大体包括以下几类：

（1）学业成就。学业成就常被作为入学考试和智力测验的效标，其逻辑假定是：入学考试分数高或智力好的个体，其学习成绩一般较好。相应的效标测量有：在校成绩、学历、标准成就、测验分数、教师对学生成绩的评定等。

（2）工作绩效。人事测评中，个体在实际工作中的表现就成为最重要的效标。这种效标还适用于起选拔作用的智力测验、人格测验及管理能力测验、职业倾向测验等。其具体的效标测量包括绩效评估的结果、工作中的成果、有关的奖励和荣誉等。

（3）特殊训练成绩。例如飞行员选拔测验的效度，可以对照日常飞行训练的成绩来确定。能力倾向测验的效度，可以用个体在相关的职业培训中取得的成绩来验证。

（4）异质群体的比较。即比较两个在效标测量上有差别的团体在预测源分数上的差别。例如，一个音乐能力测验的效度，可以由比较音乐学院学生的分数与一般大学生的分数来获得；一种临床测验的效度，可以通过比较有精神障碍的群体和正常人群体在该测验上得分的差异来验证。

（5）效度已经得到确认的现存测验。在心理测验中，有一些测验是公认的具有较高效度的测验，如人格测验中的16PF、MMPI，智力测验中的斯坦福—比奈量表、韦氏智力测验等，这些经典测验经常用作一些新编测验的效标。不过，既然它们的质量已经被公认，为何还要编制新的测验呢？这是因为这些测验大多结构复杂，题目数量较多，实际工作中为了方便，可以考虑编制一些更简易的测验来替代它们。

4．效标的测量

效标是测验效度验证的标准，它的测量必须科学、准确，否则效标效度的建立就是无的放矢，缺少了方向。

首先，效标要在理论上体现测验有效性的主要方面，即跟所研究的问题有实质性的相关。如果效标跟作为测量目标的心理属性没有实质性的联系，就无法推论测验的有效性。当然，对效标与要测量的心理属性关联程度的判断，也依赖于个体的经验和水平。

其次，效标测量必须是客观的，要避免偏见的影响。比如当效标测量运用等级评定时，要采取措施控制评定者主观印象的干扰，特别是要注意防止效标污染。

小辞典

效标污染，是指由于评定者知道测验分数而影响其效标成绩。

所谓效标污染，是指由于评定者知道测验分数而影响其效标成绩。比如，如果把高中一年级两次期末考试的平均成绩作为高中入学考试成绩的效标，由于任课老师知道学生的入学成绩，因此在批改期末考试试卷时，对入学考试成绩高的学生评得松，而对入学考试成绩低的评得紧，这样就导致了效标污染，使效标效度虚假性增高。避免效标污染的根本办法是采取保密措施，不让效标测量评分者知道预测源分数，等效标评定材料收集完毕后再公布预测源分数。

第三，收集效标资料时，必须注意防止所抽取的代表性样本中个体的流失。一方面，样本容量减小本身会使抽样误差增大，从而降低了效度系数的准确性；另一方面，如果样本中个体的流失不是随机的话，会给效度估计带来更大的危害。

最后，效标测量必须稳定可靠，即有高的信度。

三、影响效度的因素

一个测验的效度高低，很大程度上取决于该测验受无关因素影响的程度。受无关因素影响越小，则效度越高。影响测验效度的主要因素有：测验的信度、测验题目的质量、样本团体、效标的选择以及施测时的干扰因素。其中，信度决定了效度系数的上限，由于信度与效度的关系前面已经有过讨论，这里就不再赘述。

（一）测验题目的质量

题目内容针对性不强、题目难度过大或过小、题目的指导语不明确、题意表达不清楚、题目陈述中提供了额外线索、诱答选项设计不合理、题目数量不恰当等因素都会影响测验的效度，使效度降低。

一般情况下，增加测验的长度可以提高测验的信度，而信度又决定了效度系数的上限，因此，增加测验的题目也能起到提高测验效度的作用。当然，其前提是增加的题目与测量目标一致。

（二）样本组的性质

测验在编制时，均有其目标团体，即其打算应用的对象，而效度的评估往往是通过对样本团体测验分数的各种分析来实现的。因此在进行效度估计时，必须选择能够很好地代表目标团体的测试样组。比如，一个用于选拔高层管理人员的测试，如果选用一批普通员工作为样本组，并根据该样本组的测试结果进行效度验证，显然是不恰当的，也必然会使对效度的估计产生偏差。所以，效度验证时必须保证样本组与目标团体的同质性。

即使是某些适用对象范围广的测验，如果选用不同的样本组进行效度验证，所得的效度系数也会有一定的差别，因为同一测验对不同性质团体的测量精度或预测能力本身就不一样。此外，样本组的异质性对效度也有影响。举一个极端的例子：如果样本组内的个体完全同质，则其测验分数会很接近，进行效标关联效度估计时计算出的相关系数会很小。所以，在其他条件不变的情况下，增大样本的异质性，也能提高效度系数。

（三）效标的选择

选拔性测试的效度验证依赖于效标的选择。如果效标选取得不恰当，与所要测量的属性或特质没有实质性关系，必然会使原测验分数与效标的相关降低，从而无法得到准确的效标与效度资料。从前面的分析中我们还知道，两次测验分数的相关小于等于两次测验信度之积的平方根。所以效度的估计一方面受到测验本身信度的影响，另一方面也会受到效标测量信度的影响。因此，在进行效度验证时，必须保证效标测量的稳定型和准确性。

一言以蔽之，验证效标效度的关键在于：选择有效的效标并准确地测量。

（四）施测时的干扰因素

测评的具体情境，如温度、湿度、照明、噪音、场地布置、材料准备、测评组织者的表现等因素，如果和标准化的施测要求有一定距离，就会引起测量误差，从而对测评的效度产生一定程度的影响。因此，无论是在收集效度资料的过程中，还是在正式使用时，都必须保证良好的环境，并按标准化的程序施测。

第三节　项目分析

项目就是测验中的题目，项目分析就是对测验中题目的质量进行分析。

小辞典

项目分析就是根据测试结果对组成测验的各个题目性能进行分析，从而评价和筛选题目，改善和提高测验的信、效度的方法。

项目分析可以分为定性分析和定量分析。定性分析是指分析测题的内容和形式，主要考查题目的表达方面；定量分析则采用统计方法来分析测题，主要考查题目难度、鉴别力及多项选择题的选项分布是否适当等，这里主要讨论量的分析。

一、题目的难度

（一）题目难度的含义

小辞典

所谓难度，即题目的难易程度。定量描述难度的量数，叫难度系数，用符号P表示。

针对一个测验题目，如果大多数人都可以答对，那么该题目的难度偏低；如果大部分人都答错，则说明该题目难度偏高。难度一般用于能力测验中题目难易水平的衡量。对于非能力测验（如人格测验），题目答案不存在正误之分，计算出的难度系数更多地体现了题目的“通俗性”或“流行性”。下面主要介绍能力测验的难度分析。

（二）难度的估计方法

选取题目难度计算方法之前，首先要确定该测验题目采用何种记分法。

1. 二值记分题目的难度

（1）通过率法。如果忽略应试者作答时的猜测成分，二值记分的测验题目难度一般用通过率表示，即答对或通过该题目的人数占总人数的比：

$$P = \frac{R}{N}$$

其中，P 代表题目难度，N 为参加测验的应试者总数，R 为答对或通过该题目的人数。例如，在 100 个回答某题的学生中，70 人答对，则该题目难度为 0.70。

当用通过率 P 表示难度时，取值在0.00 ~ 1.00之间，P 值越大意味着通过的人数比例大，难度越小；P 值越小，则通过人数比例越小，难度越大。实际上 P 表示的是“容易度”，与我们理解的“难度”刚好相反，所以也有人建议用失分率 Q 来表示难度：

$$Q = 1 - P$$

Q 越大，通过的人数比例越小，题目越难。但国际上通常用 P 表示难度，故本书也采用 P 来表示难度。

（2）高低分组法。当应试者人数较多的时候，可以根据测验总成绩将应试者分为高、中、低三组，总分最高的27%应试者组成高分组（N_H），总分最低的27%应试者组成低分组（N_L），分别计算高分组和低分组的通过率，然后根据以下公式去计算题目难度：

$$P = \frac{P_H + P_L}{2}$$

其中，P_H 和 P_L 分别表示高分组和低分组的通过率，R_H 和 R_L 分别表示高分组和低分组通过或做对该题目的人数，N_H 和 N_L 分别表示高分组和低分组的人数。

例如，共有500名应试者参加了某个测验，其中高分组和低分组各有135人，针对某一测验题目，高分组有108人答对，低分组有27人答对，则这个测验题目的难度系数为：

$$P = \frac{1}{2} \times \left(\frac{108}{135} + \frac{27}{135}\right) = \frac{1}{2} \times (0.80 + 0.20) = 0.50$$

2. 非二值记分的题目难度计算

很多测验题目是按多级方式计分的，比如论述题，有从零分到满分之间的多种可能结果。对于这类非二值记分的题目，通常用平均得分率表示难度，公式如下：

$$P = \frac{\bar{x}}{x_{\max}}$$

其中，$\bar{x}$ 为应试者在某一题目上的平均得分，$x_{\max}$ 为这个测验题目的满分。例如，某一测验题目的满分是15分，在这个题目上应试者的平均得分是12分，则这个测验题目的难度系数是0.80。

3. 猜测修正

当测验题目是客观选择题时，由于存在猜测机会，应试者的最后得分可能高于其实际水平。在是非题、配对题以及选项比较少的选择题中，应试者的成绩被夸大得尤其严重。为了平衡猜测对难度的影响，可以采用以下难度校正公式：

$$CP = \frac{KP - 1}{K - 1}$$

其中：CP 为校正后的题目难度，P 为实际通过率，K 为备选答案数目，$Q = 1 - P$。如果两个选项数目不同的题目，需要分别用公式校正它们的难度，才可以进行比较。

例如，有A、B两个测验题目，A是3项选择题，通过率为0.60；B是4项选择题，通过率为0.58，比较A、B两题的难度。

首先，利用公式分别对A、B两题目的难度进行校正，得出：

$$CP_A = \frac{KP - 1}{K - 1} = \frac{3 \times 0.60 - 1}{3 - 1} = 0.40$$

$$CP_{\mathrm{B}} = \frac{KP - 1}{K - 1} = \frac{4 \times 0.58 - 1}{4 - 1} = 0.44$$

如果不进行校正，看上去是 A 题目的难度大于 B 题目。而校正后的结果刚好相反，实际上是 B 题目难度大于 A 题目。可见，猜测几率对不同选项数的选择题难度影响不容忽视。

4. 等距变换

以通过率作为难度系数，只能指出题目难度的顺序或相对难度的高低。例如 3 个测验题目 A、B、C 的通过率 P 分别为0.30、0.40、0.50，我们只能说三个题目中，题目 A 最难，其次是题目 B，题目 C 最简单。虽然它们难度系数的差值均为0.10，我们却不能确定题目 A 与 B 之间的难度差别是否等于题目 B 与 C 之间的差别。在需要比较题目难度差异的情况下，就需要把它们转换成等距的难度指标。

当样本容量较大时，测验分数的分布一般接近正态分布。可以根据正态曲线表，将试题的难度 P 做正态曲线下的面积，转换成具有相等单位的等距量表，即 Z 分数。在正态分布中，平均数之上或之下一个标准差的距离约占全体人数的34%。因此，如果在一个测验中，某题目 A 通过率为0.84，从下图中可以看出该题难度在平均数以下一个标准差处，所以难度为 −1；若某题目通过率为0.50，则这个题目的难度为0。这样转化后的难度值具有相同单位，变为等距变量，便于进一步的分析。

但是 Z 分数有小数点和负值，不便于理解和计算，因此需要进一步转换为另一种等距量表。较常用的是美国教育测验服务中心（ETS）采用的难度指标：

$$\Delta = 13 + 4Z$$

其中，Δ 表示题目难度，Z 为由 P 转换来的标准分数，例如，$P = 0.84$ 时，$Z = -1$，$\Delta = 9$。根据正态分布的性质，Z 的取值范围大约在 −3 到 +3 之间，所以 Δ 的取值范围大致为 1～25，Δ 值越大，难度越高，Δ 值越小，难度越低。

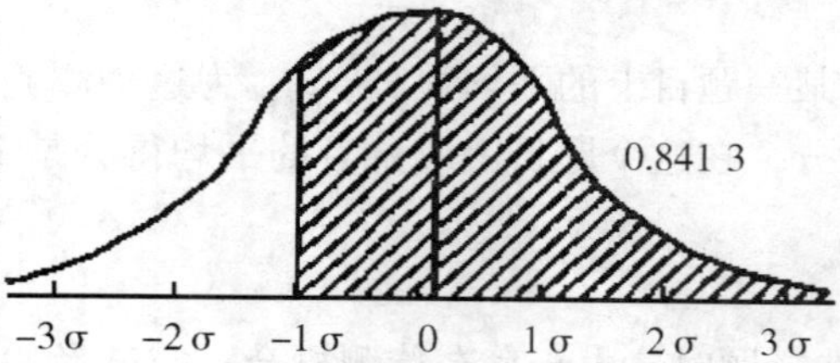

图 3－1　正态分布的概率密度曲线

5. 难度水平的确定

难度分析的主要目的是进行题目分析和题目筛选，难度水平取决于测验的性质、目的及题目的形式。

如果测验的目的是了解应试者对某方面技能掌握的情况，则不用过多地考虑难度，只要施测者认为有必要的内容都可以选取。

如果测验的目的是筛选和选拔人员，题目过于简单或过于难，即 P 值接近 1 或 0 时，测验结果就无法体现个体间的差异。当题目难度 $P = 0.50$ 时，分数方差最大，题目区别力最大，所以一般将难度控制在0.50 左右。在很多选拔性测验中，可以把难度控制在录取率附近。

整个测验的难度依赖于组成测验的各个题目的难度。通过考查测验分数的分布，可以直观地分析整个测验的难度。一般来说，如果测验题目难度偏高，则大多数应试者得分较低，测验分数分布呈正偏态，应当增加简单些的题目或减少难题；如果测验题目太简单，应试者得分集中在高分区，测验分数呈负偏态分布，则应当增加题目难度或减少简单题目的数量。

当然，测验成绩的分布也不必然应该是正态的。这取决于所测量心理特质的性质和测验本身的性质，比如在很多标准参照测验或选拔性测验中，测验分数呈现偏态也是合理的。

二、题目的鉴别力

（一）题目鉴别力的含义

小辞典

题目的鉴别力又叫区分度，是指测验题目对应试者心理特性的鉴别能力和区分程度。

评价测验题目的区分度必须找一个可以确定应试者水平高低的标准。理想的办法是找一个客观的标准（即效标），比如用一个不依赖于测验成绩的外部标准来评判应试者能力的高低，再考查应试者在该测验上的得分与客观标准的一致性程度。但实际上，这种测验很难找，而且如果已经有了能力高低排序的话，测验似乎就没有开发的必要了。所以，通常用测验总分作为考查题目区分度的内部效标。

（二）鉴别力的估计方法

根据题目分数和测验总分这两个变量的性质不同，题目鉴别力估计的方法也不同，有时可以同时采用几种方法互相验证。

1. 高低分组法

从分数分布两端各取27%的应试者，分别组成高分组和低分组。计算出这两组在每个测验题目上的得分率（对二值记分题目相当于通过率）P_H 和 P_L，两组在题目上的通过率之差就是鉴别力指数（D），即：

$$D = P_H - P_L$$

D 值是鉴别题目测量有效性的重要指标，D 值取值范围在0～1之间，D 值越高，题目区分能力越强，即题目越有效。1965年，美国测验专家艾伯尔根据长期经验，提出用鉴别力指数作为评价题目有效性的标准。如表3－3所示。

表3－3　题目鉴别力指数的评价标准

鉴别力指数 D	题目评价
0.40以上	性能上佳
0.30～0.39	性能良好
0.20～0.29	性能尚可、仍需修改
0.19以下	应当淘汰

在之前计算题目难度的时候，也曾提到过高分组和低分组的划分。有研究表明，当样本量较大且分数呈正态分布时，这种分配法很有效，既使两个组之间差异尽可能大，又尽可能地扩大了两个组的应试者数。当效标分数的分布较标准正态分布平坦时，两个极端组所占的比率应高于27%，达到33%左右。如果比率太小则容易夸大两者间的差异。当总体样本数太少时，则不能再沿用27%规则，应当放大极端组人数比例，甚至以50%为分界点，分为高低分两组。

2．相关法

一般情况下，测验总分可以反映出应试者在某种心理特质上的水平。所以当应试者测验总分高时，其在某个具有区分能力的题目上所得分数也应该倾向于高；反之，当应试者测验总分低时，其在某个具有区分能力的题目上所得分数也应该倾向于低。因此，题目分数与测验总分的相关，也经常被用作题目鉴别力的指标。根据题目记分法的不同，可以采用不同的相关计算方法。

（1）积差相关。如果测验总分和题目分数都是连续变量，则可以直接计算两者的皮尔逊积差相关系数并以此作为题目鉴别力的指标。对于论述、论文式的题目以及一些分值较多的分析、计算题目，由于题目得分具有连续性，因此当应试者数目足够多时，可以认为题目分数近似服从正态分布。这时可以计算题目得分和测验总分的积差相关系数来表征题目区分度。公式如下：

$$r_{x_1x_2} = \frac{\sum (x_1 - \bar{x}_1)(x_2 - \bar{x}_2)}{ns_{x_1}s_{x_2}}$$

其中，x_1、x_2 分别表示测验分数和题目分数，$\bar{x}_1$、$\bar{x}_2$ 分别表示测验分数和题目分数的平均数，s_{x_1}、s_{x_2} 则表示测验分数和题目分数的标准差，n 表示测验中包含的题目数量。

（2）点二列相关。适用于题目是二值记分的、总分是连续变量时二者的相关。计算公式为：

$$r_{pq} = \frac{\bar{x}_p - \bar{x}_q}{s_t}\sqrt{pq}$$

其中：r_{pq} 是点二列相关系数，$\bar{x}_p$ 为通过该题目应试者的平均效标分数，$\bar{x}_q$ 为未通过该题目的应试者的平均效标分数，S_t 为全体应试者效标分数的标准差，p 为通过该题目人数的百分比，q 为未通过该题目人数的百分比。

（3）二列相关。适用于测验总分和题目分数，都是连续变量，但其中一个被人为地分为两类。例如，测验总分被人为地分为及格、不及格两类；或者题目得分被人为地分为通过、不通过时，都可以采用二列相关系数作为题目鉴别力的指标。

计算二列相关的前提是：被二分的连续变量原先是正态分布，如果样本不是正态，总体也应该是正态分布。对于连续变量，至少要是单峰且对称分布。公式为：

$$r_b = \frac{\bar{x}_p - \bar{x}_q}{s_t}\sqrt{\frac{pq}{y}}$$

其中，r_b 为二列相关系数，y 为标准正态分布下 p 和 q 分界点处正态曲线的高度，$\bar{x}_p$，$\bar{x}_q$，s_t，p，q 的意义同点二列相关公式。

三、难度与鉴别力的关系

根据难度计算公式 $P = \frac{P_H + P_L}{2}$ 和鉴别力指数公式 $D = P_H - P_L$ 可见，难度与鉴别度有着密切的联系。例如某题目的通过率 P 接近于 1.00 或 0，则表明高分组与低分组一样几乎全部通过或几乎全部不通过，这样就形成了“天花板效应”或“地板效应”，此时两组的通过率差异即鉴别力指数 D 没有差异。如果通过率 $P=0.50$，则当 $P_H = 1.00, P_L = 0$ 时，鉴别力指数 D 达到最大值 1.00。

表 3－4　　题目难度系数 P 与鉴别力指数 D 最大值的关系

难度系数 P	鉴别力指数 D 的最大值
1.00	0.00
0.90	0.20
0.70	0.60
0.60	0.80
0.50	1.00
0.40	0.80
0.30	0.60
0.10	0.20
0.00	0.00

（资料来源：戴海崎．心理与教育测量学．广州：暨南大学出版社，1999）

从表中可以看出，难度越接近 0.50，题目潜在的区分度越大，而难度接近 1.00 或 0.00 时，题目潜在区分度最小。所以在常模参照测验中，题目难度要保持中等。但只有在所有测验题目内在相关为 0，所有题目难度都为 0.50 的时候，整个测验分数才呈正态分布。但在实际测验中，同一个测验中的题目大多存在某种程度的相关，如果所有题目完全相关，即 $r=1$，且 $P=0.50$，那么在一个题目上通过的人，必将在其他所有题目上通过，在一个题目上未通过的人，在其他题目上也通不过。如果这样，测验便没有意义。而且，如果测验中都是中等难度的题目，则对水平较高和水平较低的应试者群体而言，都是缺乏鉴别力的。所以实际测验中，题目难度应当分布得广一些，以中等难度为主，适当辅以难度较大和比较容易的题目，难度均值保持在 0.50 左右，才能把不同水平的人都区分开。

四、选择题的选项分析

多项单选题由于客观性强，评分方便，能够测量较为复杂的目标，而且相对于是非判断题能更好地控制猜测因素，因而广受欢迎。对于这种选择题而言，除了要考查题目的难度、鉴别力以外，还应该对应试者的题目作答反应进行分析。选择题目设计主要应注意以下几个方面：

（1）如果所有应试者都能选到正确的选项，说明该题目难度太低或者存在某种暗示，使答案过于明显。

（2）如果某个错误选项没有任何应试者选择，说明该选项没有迷惑性，除延长阅读时间外不起任何作用。一般至少要有5%左右的应试者选择某选项，否则应直接删除该选项。

（3）如果应试者都选了同一个错误答案，则可能是测验题目编制有误，或者测验前都受到误导。

（4）如果高分组选择集中在两个答案上，则两个答案之间有一定的内在一致性。

（5）如果高分组对正确选项的选择率等于或低于低分组，说明该题目考查的内容与测验无关，应当删除。

（6）对于非速度测验，如果一个题目大多数应试者未作回答，或各选项选择人数均等，可能使该题题意不清，导致应试者无法作答，只能靠猜测。

五、项目分析举例

（一）分析步骤

（1）取样和施测。

（2）按照测验总分排序，选取分数最高的27%的应试者组成高分组；选取分数最低的27%的应试者组成低分组。

（3）分别计算高分组、低分组在每一个题目的通过率（或得分率）P_H 和 P_L。

（4）根据高低分组法，算出每一题目的难度系数 P 和鉴别力指数 D。

（5）比较高分组和低分组在每个测验题目上的作答反应模式。

（6）根据题目的难度系数、鉴别力指数和选项分析结果，修改和筛选题目。

（二）实例

（1）选取370名有代表性的应试者做某一测验。将测验总分按照高低排序，分别取排名前27%和后27%各100名应试者，将他们在测验中某四个题目上的反应情况汇总如表3－5，并计算这四个测题的难度和区分度值。

表3－5　　**项目分析实例**

题号	组别	选答人数					正确答案	难度	区分度	
		A	B	C	D	未答		P	r_b	D
1	高分组	5	90	2	3	0	B	0.70	0.53	0.40
	低分组	21	50	12	17	0				
2	高分组	58	10	15	16	1	A	0.42	0.33	0.32
	低分组	26	21	15	36	2				
3	高分组	16	15	28	29	12	D	0.31	−0.01	−0.02
	低分组	26	11	19	33	11				
4	高分组	1	44	14	36	5	C	0.12	0.08	0.04
	低分组	1	56	10	28	5				

（2）分析与筛选

难度：P 值一般控制在 0.50 左右为好，但就整个测试而言，应当是难度 0.50 的测题占大部分，同时也有一些难度系数高于和低于 0.50 的题目，但难度系数高于 0.90 或低于 0.10 的题目应少些。所以，上述 4 个题目的难度均可接受。

鉴别力：按照鉴别力指数的评价标准，D 值大于 0.30 的测验题目是比较好的。1、2 两题可以采用；第 3 题的鉴别力指数为负，应删除该题并考查其原因；第 4 题的鉴别力指数太小，可能试题太难，建议修改或删除。

选项分析：第 1 题和第 2 题选项分布比较正常。第 3 题未作答的人数太多，可能题意不够清楚，结合题目鉴别力考虑，应该删除或修改。第 4 题选 A 的人很少，说明诱答项错误过于明显，不具有迷惑性。

本章小结

1. 衡量测评质量的技术指标主要有测评的信度、效度以及题目的难度和鉴别力。

2. 信度是指测评结果的稳定性或可靠性程度，它在数值上等于真分数方差与实测分数方差之比。它主要受测评中随机误差大小的影响。

3. 评估测评信度的主要角度有：重测信度、复本信度、内部一致性信度、评分者信度。

4. 效度是指测评工具测到所要测量目标的程度，简言之就是测评的正确性、有效性程度。

5. 根据使用时的目的和情境，一般可以将效度分为内容效度、结构效度和效标关联效度。

6. 高信度是高效度的必要条件，高效度是高信度的充分条件。

7. 难度即题目的难易程度。题目难度通常用难度系数定量描述，一般可以用题目的通过率或得分率来表示，也可以用高分组和低分组得分率的均值表示。

8. 题目的鉴别力又叫区分度，是指测验题目对应试者心理特性的鉴别能力和区分程度。一般用题分与总分的相关，或者高分组和低分组得分率之差进行估计。

思考题

1. 什么是信度？信度受哪些因素影响？
2. 信度有哪些类型？如何评估？
3. 什么是效度？效度受哪些因素影响？
4. 效度的种类有哪些？如何评估？
5. 信度和效度的关系如何？
6. 常用的效标有哪些？效标测量中需要注意哪些问题？
7. 如何评估题目的难度？
8. 如何评估题目的鉴别力？
9. 题目的难度和题目的鉴别力有何关系？

第四章

人力资源测评的流程

本章提要

- 人力资源测评的一般步骤
- 人力资源测评的目标确定及测评工具的建立
- 人力资源测评指标体系的设计
- 人力资源测评的实施、计分及结果解释

引 言

人力资源测评是心理测量技术在人力资源管理领域的应用，它以心理测量为基础，针对特定的管理目的如招聘、安置、考核、晋升、培训等，对人的素质进行多方面的系统评价，从而为人力资源管理工作提供参考依据。要保证人力资源测评的科学性和准确性，就必须严格遵循心理测验的标准化流程，包括测验工具的设计、测评指标的界定、测验施测、计分以及结果解释等。

第一节 人力资源测评的步骤

一、人力资源测评的一般步骤

应用人力资源测评的方法和步骤依据测量目的的不同而有所不同，一般可以按照以下四个步骤进行：

（一）明确需求

要应用测评，第一步是明确测评的需求，做到有的放矢。比如，是将测评应用到哪项工作？是选拔高层管理者、招聘应届毕业生，还是员工职业发展？弄清了应用目标后，下一步还要明确需要应用测验评估哪些内容。例如，如果是用于应届毕业生招聘，就需要确定哪些素质对做好招聘岗位的工作是必须具备的：敏锐的洞察力？出色的人际沟通协调能力？还是关注并完善细节的能力？更进一步的，还要考虑“度”的问题：这些素质要达到什么程度才能胜任这个职位？是越高越好，还是中等即可？这些问题的答案可以从公司的职位要求、工作说明书、胜任力素质模型等渠道中获得，也可以从绩优员工、或者对职位有充分了解的上级主管处获取这些信息。如果是以员工普查、员工发展为目的，确定内容就相对简单，不一定需要设定统一的标准。

（二）选择可信有效的测评工具

在确定了考查的需求点之后，就可以针对性地去选择相应的测评方式和工具。衡量测验的准确有效性如何，可以从信度、效度资料着手进行判断，同时，还要注意测验的常模是否有代表性以及是否经过了本土化的修定等。

（三）分析和应用测验结果

在应用测验结果时需要注意的是，心理测验中测量的很多素质，并不是一般所认为的越高越好。例如，“挫折承受”指的是人们面临已知的或可能存在的困难与障碍、压力与失败时的心理感受。如果有位应聘者“挫折承受”的百分位等级达到98（表明他的挫折承受水平比人群中98%的人都高），是不是就表明他这方面的素质非常优秀呢？答案并非如此，这样的高分意味着他可能有行事莽撞、办事不计后果的倾向，这对于一些需要谨慎周全的职位是不太适合的——例如财务部门。同样，像成功愿望、影响愿望、计划性、外向性等很多看上去“好”的特质，分数过高也并不适合某些职位的要求。所以，在根据测验结果对人员作出评价的时候，关键要看得分是否与职位要求相匹配，而不是一味追求越高越好。

在参考测量结果作出相关决策时应该注意，测量结果只是决策信息的一部分，在利用人事测量辅助决策时，例如人员的选拔任命等，也要通盘考虑其他因素和其他渠道获得的信息。另外，决策应该由企业中的相关人员作出，而不能由测验中给出的分数或者等级代替决策者作出决定，因为每个组织有其自身的特点，而且决策所带来的任何后果的承担者也是组织本身，而不是心理测验本身。

（四）跟踪检验和反馈

人事测评的应用是一项长期的工作，在多数情况下，还需要对测量结果及相关的决策结果进行跟踪。例如对于招聘中运用心理测量，要根据录用人员的工作绩效进行检验并进行测评的效果研究。比如有位员工工作绩效不高，或者几个月后就离职了，那么这位员工的问题出在哪里？是否由于测评中考查的内容不够全面而遗漏了某些重要的素质？还是对某项素质的要求标准有所偏差？这就为前面的工作提供了重要的反馈。这个步骤是非常重要的，可以不断修正测评的应用过程，逐步提升应用人事测评辅助相关的人力资源工作的准确性，使测评在组织中发挥更大作用。

二、确定测量目标

人力资源测评工具的设计，分为两种情况：一是选择已有的标准化测验工具；二是自己编制测验工具。无论是哪一种情况，都首先必须明确测量目标。

测量目标是对测量工具的作用的说明。根据测量目的是显示个体的行为特点还是预测其将来的行为表现，可以把测量分为：

（1）显示性测量——反映被测者具有什么样的知识和特点，能完成什么样任务。如成就测验、态度测验等。

（2）预测性测量——预测个体在不同情境下的行为。如各种能力倾向测验可以预测个体将来的工作绩效。

目标分析与测量目标是密切相关的。根据测量目标的不同，有以下三种情况：

（1）预测性测量工具的主要任务，是要对所预测的行为活动作具体分析，称之为任务分析（Task Analysis）或工作分析。这种分析包括两个步骤：首先，确定为了所预测的活动达到成功，需要哪些心理特质和行为。例如职业能力性向测验的编制，若某项工作包括打字，那么测量工具的编制者可以假定手指的灵活性、手眼协调等能力是必需的。这种确定可以通过参阅前人的工作从理论上分析，也可以通过对在某项活动中已经录用或已经成功的从业人员的行为进行分析后得出。当测验编制者确定某项工作需要哪些能力、技能或特质之后，他就可以编制测量这些能力或特质的测量工具。其次，建立衡量被试成功与否的标准，这个标准称之为效标（Criterion）。效标可以作为鉴别测量工具的预测是否有效的重要指标。

（2）如果测量工具用于测量一种特殊的心理品质或特质，那么首先就必须给所要测量的心理和行为特质下定义，然后找出该特质往往通过什么行为表现出来。例如创造力的测量，有人将创造力定义为发散性思维的能力，即对规定的刺激产生大量的、变化的、独特的反应的能力。根据这个操作性定义，创造能力则可以从反应的流畅性、灵活性、独创性和详尽性这四个方面来测量。

（3）如果测量工具是描述性的显示测验，它的目标分析的主要任务则是确定所要显示的内容和技能，从中取样。成就测验就是一种典型的描述性显示测验，它的内容分析可以利用双向细目表来完成。双向细目表（Two Way Checklist）是一个由测量的内容材料维度和行为技能维度所构成的表格，它能帮助成就测量工具的编制者决定应该选择哪些方面的题目以及各类题目应占的比例。例如，学习成就测验的编制计划通常是一张双向细目表，其中一个维度是内容，就是某一学科教材中的各个课题，另一个纬度是在教学中要达到的行为目标。美国心理学家布鲁姆（B. S. Bloom）最早提出教育目标的分类问题。他把学习的心理活动分成认知、精神运动和情感三个领域，又把认知领域具体分为知识、理解、应用、分析、综合、评价 6 个层次。在布鲁姆等人编写的《教育目标的分类》一书中，为每个认知层次提供了许多题目范例。后来人们一般依据布鲁姆的认知性行为目标编拟学科试题，以测量学生的学习效果。

三、测验工具的建立

（一）测验题目的来源

一个测验的好坏与测验材料的选择适当与否有密切关系，因此测验题目的来源至关重要。测验题目的来源有多种，包括从现成的测验中选取、按照现有理论设计、请专家设计等。

在收集题目时应注意几个问题：

（1）资料要丰富。资料收集越齐全，设计题目编制越顺利，这样测验内容便不致有所偏颇，而且能提高行为样本的代表性。如编制人格测验，收集的资料应包括：人格的主要理论、用于描述人格的术语、临床观察的资料以及其他人格测验的题目等。

（2）资料要有普遍性。所选择的材料对测验对象要尽可能公平，即被试都有相等的学习机会。譬如，编制标准化的学科成就测验时，要以统一的教学大纲和统编教材作为题目来源，不能只考虑个别教师的意见，要考虑大多数教师和专家的意见。

（3）在编制智力或能力等本身不应体现文化影响的内容的测量题目时，要尽量避免文化背景差异的影响。

（二）测验题目编写的原则

测验题目的编写要遵从一些原则，包括内容、语言、表达与理解四个方面。

1. 针对题目内容的原则

（1）题目的内容符合测量工具的目的，避免因贪多而乱出题目。

（2）内容取样要有代表性，符合测量工具计划的内容。

（3）各个试题必须彼此独立，不可互相重复或牵连，切忌一个题目的答案影响对另一个题目的回答。

2. 针对题目语言的原则

（1）使用准确的当代语言，不要使用深奥难懂的词句。

（2）文句须简明扼要，既要避免与解题无关的陈述，又不要遗漏解题的必要条件。

（3）最好一句话说明一个概念，不要使用两个或两个以上的概念。

（4）意义必须明确，不得暧昧或含糊，尽量避免使用双重否定句。

3. 针对题目表达的原则

（1）尽量避免主观性和情绪化的字句。

（2）不要伤害被试感情，避免涉及社会禁忌或隐私。

（3）避免诱导和暗示答案。

（4）避免令被试为难的问题（被试没有明确结论或羞于启齿的问题）。

在人格和态度测验问卷中，会出现社会赞许性倾向现象。所谓社会赞许性倾向，指被试对一些敏感性问题（如撒谎）附和社会规范，作出有利于自我形象的虚假回答。为了解决社会赞许性倾向问题，菲力普斯（Derek L. Phillips）列举了几条防止出现规范性答案的策略：

A. 因为从心理上讲，否定一个答案比肯定它更为困难，所以命题假定他具有某种行为，使他不得不在确实未有该行为时才予以否定。例如，“你多久才会出现上班迟到行为？每天一次？每周一次？每月一次？从不？”

B. 假定对规范无一致意见。例如，“有些医生认为饮酒有害，而其他一些医生则认为有益，你认为如何？”

C. 指出该行为不是异常的而是普遍的，即使它可能有违规范，也是常见的。例如，“多数人都有过撒谎行为，你呢？”

4. 针对题目理解的原则

（1）题目应有确切答案，不应具有引起争议的可能（创造力测验、人格类测验除外）。

（2）题目内容不要超出受测团体的知识和能力范围。

（3）题目的格式不要引起误解。

（三）选择题目形式

测验编制者还必须测定测验内容的表现形式：是书面测验还是操作测验？是只要被试确认正确答案，还是需要他自己给出正确答案？因此，在选择题目形式时要考虑以下几点：

（1）测验的目的和材料的性质。如果要考查学生对概念和原理的记忆，宜用简答题；要考查对事物的辨别和判断的能力，宜用选择题；要考查综合运用知识的能力，宜用论述题。

（2）接受测验的团体的特点。如对幼儿宜用口头测验，对于文盲或识字不多的人不宜采用要求读和写的题目，而对有言语缺陷的人（如聋哑、口吃）则要尽量采用实际操作题目。

（3）各种实际因素。在考虑各种因素的情况下，譬如人数的多少、时间的长短、经费的多少以及实验仪器和设备等因素，选择测验形式时要注意：被试容易明了测验的做法；测验时不会弄错；做法简明、省时；计分省时、省力、经济。

（四）编写和修订题目

修订题目的过程包括写出、编辑、预测和修改等一系列过程。在获得一个令人满意的题目之前，这些步骤是不断重复的。在这个过程中，编制者和有关方面专家要对题目反复审查修订，修改意义不明确的词语，取消一些重复的和不适用的题目，然后将初步选定的题目汇集起来组成一个预备测验。

编写题目要注意以下几个问题：①题目的范围要与测验计划相一致；②题目的数量要比最后所需的数目多一倍以上；③题目的难度必须符合测验目的的需要；④题目的说明必须清楚。

（五）题目的试测和分析

初步筛选出的题目虽然在内容和形式上符合要求，但是是否具有适当的难度与鉴别作用，必须通过实践来检验，也就是要通过预测进行题目分析，为进一步筛选题目提供客观依据。

1. 预测

题目性能之优劣，不能仅凭测验编制者主观臆测来决定，必须将初步筛选出的题目组合成一种或几种预备测验，经过实际的试测而获得客观性资料。

预测应注意以下几个问题：①预测对象应取自将来正式测验准备应用的群体，取样人数不必太多，也不能太少，一般不应少于30人；②预测的实施过程与情境应力求与正式测试的情境相似；③预测的时限可适当放宽，最好使得每个被试都能将题目做完，以收集较充分的反应资料，使统计分析的结果更为可靠；④在预测过程中，应随时记录被试的反应情况，如在不同时限内一般被试所完成的题数、题意不清之处及其他有关问题。

预测的目的在于获得被试对题目如何反应的资料。它既能提供哪些题目意义不清、容易引起误解等质量方面的信息，又能提供关于题目好坏的数量指标，而且通过预测还可以发现一些原来预料不到的情况，如检验时限多长才合适、在施测过程中还有哪些条件需要进一步控制等。

2. 项目分析

对项目分析包括质的分析和量的分析两个方面。前者是从内容取样的适当性、题目的思想性以及表达是否清楚等方面加以分析；后者是对预测结果进行统计分析，确定题目的难度、区分度、备选答案的适宜性等。

编制一套测验，只依据一次预测的结果所作的项目分析是不够的。由于预测的被试样本可能会有取样误差，故由此得到的项目分析结果未必完全可靠。为了检验所选出的题目的性能是否真正符合要求，有时需要选取来自同一总体的另一样本再测一次，并根据结果进行第二次项目分析，看两次分析结果是否一致。如果某个题目的测试结果前后相差较大，说明该题目性能值得怀疑。这种在两个独立样本中进行项目分析的过程叫做复核。

（六）合成测验

经过预测和项目分析，对各个题目的性能已有可靠的资料作为评价的根据，下一步就可以选出性能优良的题目，加以适当编排，组合成测验。

1. 题目的选择

选择题目时，不但要考虑项目分析所提供的资料，还要考虑测验的目的、性质与功能。最好的题目就是只测定所需要的特征，并能对该特征加以有效区分的难度合适的题目。一般来说，题目的区分度越高越好，而难度多大才合适并无一个统一的标准，要根据测验目的来确定。

2. 题目的编排

题目选出后，必须根据测验的目的与性质，并考虑被试作答时的心理反应加以合理安排。一般来讲，对题目编排的总原则是由易到难。具体形式包括：

（1）并列直进式。即将整个测验按题目内容或形式分为若干份测验，属同一份测验的题目，则依其难度由易到难排列。

（2）混合螺旋式。先将各类题目依难度分成若干不同的层次，再将不同性质的题目予以组合，作交叉式的排列，其难度则渐次上升。此种排列的优点是被试对答题题目循序作答，从而维持作答的兴趣。

题目编排的一般原则是：

（1）将测量相同因素的测试题排列在一起。

（2）尽可能将同一类型的测试题组合在一起。

（3）难度测验的题目应该按由易到难的次序排列。

（4）人格测验中，应尽量避免将测量统一特质的题目编排在一起，以免被试猜测出题目所要测查的因素。

3. 编制复本

为了提高实际的效用，一种测验有时需要有两个以上的等值型，称作复本。复本越多，使用起来越便利。如果测验只有一份，用两次就难免受练习的影响，两次测验结果的差异不能完全代表进步的大小。要是有几个复本替换使用，就可以克服这种困难。测验的各份复本必须等值。所谓等值，需符合下列几个条件：

（1）各份测验测量的是同一心理特质。

（2）各份测验包含相同的内容范围，但不应有重复。

（3）各份测验题型相同、题目数量相等，并且有大体相同的难度分布。

第二节　人力资源测评指标体系的设计

一、人力资源测评指标的含义

人力资源测评指标指能反映被测对象特征的一系列特定考查维度，是测评人员进行人力资源测评时所依据的统一测评准则。它是由一群特定组合、彼此关联的测评指标组成的。确定人力资源测评指标，就是确定测评的维度和用来衡量这些维度的“尺子”。评价的维度相当于下面所说的测评要素，而衡量测评维度的“尺子”则相当于下面所说的测评标志和测评标度。

人力资源测评有两种测评方式：绝对测评和相对测评。所谓绝对测评，是指测评人员根据不同的被测对象，使用与之相对应的统一测评参照标准，对被测对象进行“度量”和评价。相对测评与绝对测评不同，测评人员没有统一、明确的测评参照指标，而是不同测评人员使用自己心目中的标准去对测评对象进行测评。

二、人力资源测评指标的构成

每个人力资源测评都应该有自己的测评指标，因为只有通过它才能把测评客体、测评对象、测评主体、测评方法和测评结果融为一体。一个完整的人力资源测评指标体系如图 4－1 所示。

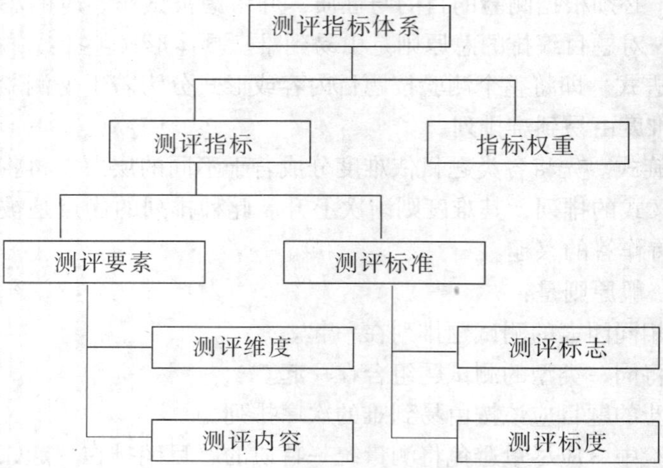

图 4－1　人力资源测评指标体系

（一）测评指标

测评指标是测评体系的基本单位，它包括测评要素和测评标准两大部分。

1. 测评要素

测评要素是指测评内容的细化条目，即对所要测评的素质要素用规范化的行为特征进行描述和规定。测评要素包括以下两个层次：一是测评维度，指测评所指向的具体对象和范围，往往由多个维度组成，反映了该测评体系所测的对象的各类素质的宽度、深度和层次关系；二是测评内容，指对测评维度的明确规定和细化。在测评指标体系结构中的每一个素质结构成分（也叫一级指标）又由相应的测评亚指标（也叫二级指标）组成，甚至有时还有三级指标。

测评要素范例如表 4－1 所示。

表 4－1　　测评要素范例

一级指标	二级指标	三级指标
测评维度	测评内容	
管理能力	协调能力	语言表达能力 倾听能力 说服能力
	感召能力	……
	决策能力	……
	……	……

2．测评标准

测评标准指测评的内在规定性，使各项测评要素层层分解并导向可操作化，即对测评结果进行评判的方式。测评标准包括两个组成部分：测评标志和测评标度。

（1）测评标志。测评标志是为每一个测评要素确立的关键性考核标准，要求必须具备可辨别、易操作的特征，通常一个测评要素要由多个测评标志来说明。

测评标志的表述形式有三种：评语短句式、问题提示式和方向指示式。评语短句式标志是指用对测评要素的简短判断与评论的短句来作为测评标志，多为动宾词组或动补词组，有的还加入具体的量词。如面试中需要测评被试的“语言表达能力”，确立出的测评要素之一是“叙述流畅性”，它的测评标志就可以设为这样一组短句：

“少有不当间断的情形，且持续时间只有数十秒；

偶有不当间断的情形，但持续时间在1分钟以内；

常有不当间断的情形，且持续时间有1分钟以上；

多次出现不当间断的情形，且持续时间较长。”

问题提示式标志是指以具体的问题来提示测评者注意某个测评要素的特征。表4－2就是一个实际的问题提示式测评标志的范例。

表4－2　　职业道德测评指标设计范例（问题提示式）

测评要素	测评标志	测评标度
职业道德	1．能遵守合同并信守诺言吗 2．能为达到目标而尽责尽职吗 3．能把工作安排得有条不紊吗 4．工作时大多数时候都能小心谨慎吗	完全能　有时能　不能 完全能　有时能　不能 完全能　有时能　不能 完全能　有时能　不能

方向指示式测评标志指只规定了测评要素特征应考查哪些主要方面，并没有具体规定测评的标志与标度，让测评者在大方向已知的情况下自己去把握细微的操作。这种测评在传统的测评中经常被采用，其优点是指标确立迅速、方便，而缺点就是很难避免测评者因不同的主观判断标准造成的差异。表4－3就是一个具体的例子。

表4－3　　业务经验测评指标设计范例（方向指示式）

测评要素	测评标志	测评标度
业务经验	主要从应聘者的业务年限、熟悉程度、有无重要成果等方面进行测评	根据具体情况具体把握

（2）测评标度。测评标度是对素质行为特征或表现的范围、强度和频率的规定。一般表现形式有等级式、数量式、符号式、数轴式、图表式和综合式等几种。

等级式标度是用一些等级顺序明确，具有程度差异的字词、字母或数字来揭示测评标志特征状况的刻度形式。如“A”、“B”、“C”、“总是”、“多数是”、“偶尔是”、“从来不”、“优”、“良”、“中”、“很差”等。等级与等级之间应该具有顺序关系，等级之间的距离要适当。距离太大了，测评结果太粗，区分度差；距离太小了，测评过细，有可能使测评工作量过于繁琐，不好把握与操作。研究表明，等级数超过九，程度间的区别难以把握；等级数在五以内，测评效果最佳。目前常用到的有三等级标度、四等级标度和五等级标度。等级式标度可以相应地进行赋分，以便进行测评后期的数量统计分析工作。赋分包括正向赋分和反向赋分两种，以避免被试投机取巧式的猜测因素，即有些题按由大到小的顺序赋分，有些题按由小到大的顺序赋分。如三等级的标度，当正向赋分时，三个等级就分别是 1、2、3 分，而反向赋分时，三个等级的分数就分别是 3、2、1 分，依此类推。

数量式标度是指直接以分数来揭示测评标志水平变化的一种刻度。它有连续区间型和离散点标型两种形式。前者的标度是设定一些数量变化的区域，允许用此区域中的任一数量表示标志的水平，如表 4－4 所示。而离散点标型标度是指用一些规定好的离散数量（一般是整数）来标度标志的水平，数量之间没有其他的过渡水平，如表 4－5 所示。

表 4－4　　**连续型标度示例**

测评内容	测评标志				
	3 以下	3～3.5	3.5～4	4～4.5	4.5～5
合作性	不合作	尚能合作	愿意合作	积极合作	亲密合作

表 4－5　　**离散点标式标度示例**

测评内容	测评标志	测评标度
综合分析能力	能抓住实质、分析透彻	5 分
	接触到实质，分析较为透彻	3 分
	抓不住实质，分析不透彻	0 分

符号式标度是以一种简便的符号来表示测评标志的不同水平，如用“□”、“△”、“○”来表示“上”、“中”、“下”三个水平，用“√”、“×”表示“是”、“否”等。这种标度形式的作用既能避免差异刺激的负面影响，而且形象、直观，同时不受语种和文化程度差异的影响。

数轴式标度是指用一个带有刻度的数轴来表示测评标志的不同水平。这种标度方式直观而有变化，能在较大程度上允许测评者根据具体的差异加以自主变化。如图 4－2 所示。

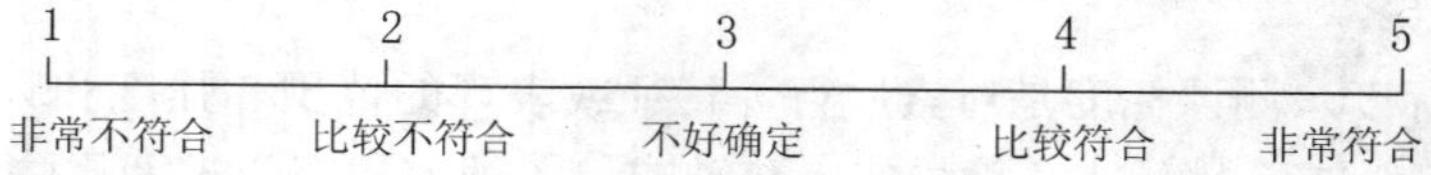

图 4－2　数轴式标度示例

图表式标度是用图形与表格相结合的形式来表示测评标志的水平状态，优点是便于统计和比较。

综合式标度是综合上述两种以上的标度形式来表示测评标志的不同水平。

（二）测评权重

1. 测评权重的含义

所谓权重，即测评指标在测评体系中的重要性或测评指标在总分中应占的比重，其数量表示即为权数。

测评指标的记分在相当程度上依赖于测评对象和测评目的，同样的测评指标在不同对象的测评中，其解释和记分是不一样的。如“语言表达能力”这一测评指标，在招聘研发人员、行政人员和市场销售人员时的要求是不一样的。即使是对于同一类人员，若这一指标同时在笔试、面试和小组讨论中被检测，则其对最后总分结果的影响因各种测评方法对不同指标的适用性的不同，也是存在差异的。为体现这一差异，通常在一个测评体系内，按不同的测评对象、目的或方法，对测评指标赋予不同的权重。

对测评指标权重的分配，多数取决于测评使用者对其组织文化的主观经验。不同组织对不同测评指标强调的重点是不一样的，如不同的组织所有制性质，或组织的不同的发展阶段等。

2. 测评指标的加权形式

（1）赋分形式，体现为直接的各不相同的绝对分数，就是把一定数量的总分按照一定的比例分派到不同层次的测评指标上的过程。赋分的关键在于分派的法则与形式。分派的法则既可以主观臆定，也可以按经验确定或根据科学研究成果确定。分派的形式可以是静态的，也可以是动态的；既可以一次确定，也可以反复多次试调后再定；既可以事先确定也可以测评后自动生成。

（2）权重系数的形式，就是依据测评指标体系中各部分指标相对总体的不同“分量”赋予不同的百分数，以区分测评指标在总体中的重要性。加权系数可以看作是一种隐形的赋分形式。赋分一般是非常明显地把总分逐一分配到测评指标体系的各个指标上，被赋予的是绝对性的分数量，而加权系数过程实际上是把总权重分数分配到各个指标上的过程。若把总分乘以权重系数即得到每个测评指标的赋分。

三、测评指标的设计步骤

制定一个成功的测评指标是需要多次反复实践才能达到较为理想的效果，而测评指标的制定过程也是一个系统的过程，其流程图如图 4－3 所示。

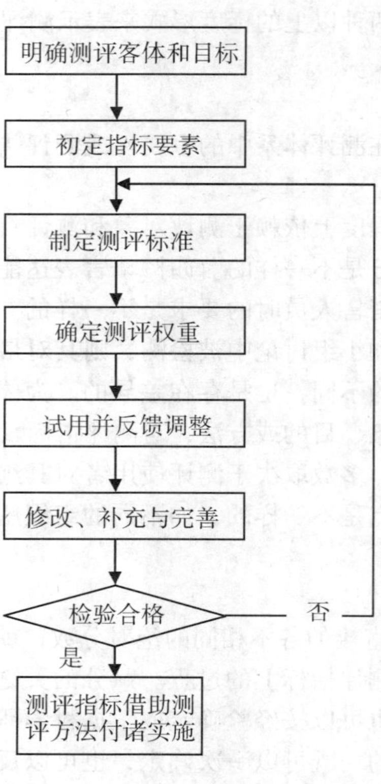

图4－3　测评指标设计流程

1．明确测评的客体和目标

测评指标的设计，首先必须要求以一定的客体为对象，以一定的目的为根据。客体的特点不同，测评指标也就不同。即使是同一客体，若目的不同，则所制定的测评指标也不尽相同。测评客体的特点一般由行业性质和职位特点决定，组织一般员工和组织高级管理人员的测评指标显然完全不同，测评目的为选拔型的测评指标显然也有别于配置型的测评指标。

2．初定指标要素

测评指标的制定者首先要根据不同的测评目的、测评类型、测评客体与对象结构，借助一定的方法，收集有关的内容，推论出符合理论原理和已有经验资料及工作实际需要的测评指标和体系构想。比如通过一些文献资料的收集，借助国际标准和国内标准，结合企业的特点推导而来。

3．制定测评标准

这一步实际上是对测评指标进行清楚、准确地表述和界定。测评标志是进行文字意义和情景意义上的定性表述和界定；测评标度是进行数量等级或程度上的表述和界定。这是使测评指标和指标体系具有可操作性的关键步骤。

4．确定测评权重

在对每一个指标进行意义界定和程度表述后，还需要根据指标体系中的每个指标在整个测评指标体系中所处的地位和作用，有根据地、适当地增大或减小有关测评指标在总分中的比重，而不能把每个测评指标的结果简单累计总评。因为各个测评指标相对不同的测评对象和测评目的来说，会有不同的地位与作用，因此要根据各测评指标对测评对象反映的不同程度恰当地分配与确定不同的权重。

确定测评指标权重的执行者通常是组织人力资源部的资深人事主管或顾问，若聘请专家来参与确定测评指标的权重，专家可以是组织内务部门经理领导，也可以是资深人事主管，也可以是专业测评公司或研究机构的顾问等。

5. 试用并反馈调整

这个过程中要注意试用的主体和客体的选择、情景控制和对偶发情况的记录。一般而言，应该选择指标设计者自己较为熟悉的测评客体做检验，这样有利于将试用结果与实际情况对比分析，要尽可能选择各种层次的有代表性的客体进行试用，数量一般要大于或等于30，试用的场景要与将来正式场景无实质差别，试用中如果发生诸如操作时间、误解误用等情况，需要即时进行详细记录，以便修改时参考。

6. 修改、补充与完善

根据上一步试用的结果，对不理想的指标进行调整。有时在理论上推理出的指标体系构想看上去很不错，但试用中得到的因素分析资料却有可能显示某些指标并不是独立的，某些指标的实际效度并不理想。这时就应当对原来的指标体系进行调整并修改。

7. 检验合格

根据实践效果和各种测量学指标对指标和指标体系进行检验也很重要，如果指标经检验不合格，则需返回设计步骤的起始阶段，一一检验，找到出错环节，及时加以修正。在这之后才能把合格的测评指标连同配套的人才测评工具付诸实施。

8. 测评指标借助测评方法付诸实施

在确定测评指标后，通过测评方法的选择和测评试题的编制来进行测评实践。

四、测评指标的确定

（一）测评要素的确定方法

1. 结构模块法

制定者首先要根据不同的测评目的、测评类型、测评客体与对象结构搜集有关的内容，并设置不同的测评要素块，然后条块分割，各自独立，各自按不同风格拟订具体要素。实际操作中可能要采用一些统计方法来帮助确定要素模块，如因素分析、聚类分析等并从众多的测评内容中归纳出代表性的结构来。

2. 样例分析法

这种方法是从特定的测评对象范围内，重点对某个调查对象或调查对象的某个方面的特征进行研究、分析，并从中寻找出测评要素。这种方法是先对少数典型的人员或工作岗位的要求、特征进行归纳，然后从中把握测评对象的特征，最终达到事半功倍的效果。具体的操作过程：首先明确测评目的与对象，然后依据测评目的与对象，在应调查的总体范围中选择一个或几个有代表性的单位或个体，作为典型的样例进行调查，再从这些样例身上分析出典型的特征，最后在众多的特征内容中找出最主要的特征，确认为最为实质的测评要素。这样既能对每个调查对象进行深入细致的解构，形成比较切合实际的要素，又能节省人力、物力和时间，操作性较强，能以较小的代价获得较大的收效，具有较高的时效性。但实施时要确保这种分析是科学而适当的，保证分析是有针对性而且透彻的。

应用案例

20世纪90年代初，美国的《财富》杂志曾对比了美国历史上包括盖茨和洛克菲勒在内的100名首富，发现他们具有一些共同特征，如具有强烈的成就动机和竞争欲，一心要干出一番事业等。美国丹纳公司的培训发展部主任就依据这个总结结果在自己的一个经理培训计划中加入了一个培训目标，即培养经理们的成就动机，具体内容概括为四个方面：①目的明确，实现目标并达到要求的欲望非常强烈；②制定的目标要求高，敢于冒风险；③主动寻找减少不稳定因素的信息，千方百计地把工作做得更好；④善于学习，以提高工作业绩。

3. 培训目标分析法

有些测评是在特定培训结束之后进行的，所以可以根据培训的目标来搜寻有关的测评要素。一般来说，在培训目标中，常常可以找到有关的任职要求和职责内容，这些都可以作为拟订测评要素的素材。例如我们可以在一个优秀服务者的培训计划中看到以下四条要求：

（1）理解顾客的需求，为其提供满意的服务或商品。

（2）采取不同措施让顾客称心如意，为其提供满意的服务或商品。

（3）乐于提供其他的配套服务。

（4）能抓住顾客的想法，提供令人信赖的建议忠告。

而这四个要求稍加分析、提炼就可以作为四个测评要素：

（1）能否准确理解顾客需求。

（2）能否灵活应变，使顾客完全满意。

（3）能否主动提供额外的配套服务。

（4）能否有针对性地向顾客提供有效的建议和忠告。

4. 调查咨询法

调查咨询法有问卷调查、座谈讨论、个别谈话和专家咨询等形式。在设计人力资源测评要素体系时，调查的内容很广泛，工作中的每一个环节都不能遗漏，要面面俱到，否则就会影响人力资源测评的某一方面内容。编制测评要素的调查内容时要根据测评目的和对象有所偏重地征集意见，广泛地加以调查、分析并条理化。在调查咨询法中，德尔菲法是一种较为常用的专家意见征询法。德尔菲是古代太阳神和预言神阿波罗的所在地，阿波罗每年都会邀请众神到德尔菲来预测未来，故后人把这种通过专家预测的方法叫做德尔菲法。和一般的专家座谈会不同的是，采用德尔菲法是由一名中间人来传递信息的，专家之间并不见面，由中间人收集专家的看法并汇总再反馈给各个专家，再让他们进行进一步的预测。一般德尔菲法会邀请30名左右在某个领域非常擅长的专家们，先给他们有关预测话题的背景资料和信息，然后请他们作出初步预测。中间人将这些初步意见收集后再将汇总过的结果传递给每个专家，让每位专家再进行第二轮的预测，经过几个来回后，预测结果一般都相当准确。采用德尔菲法，避免了专家们面对面讨论时的群体压力和从众心理，从而更易于获得正确的信息。

5. 头脑风暴法

这种方法是邀请一些了解测评对象、研究测评方法的专家学者或管理人员，请他们聚在一起集思广益，毫无顾虑地提出所有可以想到的测评要素，不要去干涉别人的观点，可以受他人观点的启示而提出新的测评要素。使用这种方法时会议主持者要注意对一切意见均持赞赏态度并积极引导。由于与会者所学专业、所处背景、需要、价值观和所考虑的角度不同，所提出的测评要素难免会大相径庭，而这一点恰恰能有效地实现测评要素收集的全面性。因此，这个会议的主要作用是调查和分析，还需要会后主持人对众多的测评要素进行综合考评，最终选出合理的测评要素。

6. 文献查阅法

文献查阅法主张从相关的文献资料中查寻有关的测评要素，利用前人的研究成果来建构合适的测评要素。如某企业要测评中层管理者的社交技能，测评者收集已有的关于企业对中层管理者社交技能的理解和要求等信息，并在此基础上定出中层管理者应有的社交技能，即一定的感召力、鼓动力和权威性，并能顺利与他人交流、灵活处理冲突等。换成测评要素的形式就可以表述成：社交技能的5个测评要素分别是感召力（有效地说服及争取支持）、交流能力（发出的信息明白无误，易被接受）、控制冲突的能力（善于沟通不同意见，解决分歧）、领导能力（能鼓励激励他人，引导他人）和促变能力（善于改变话题，控制变化节奏）。

目前，不少国家都有《职业分类字典》、《专业技术鉴定标准》等专门资料可供查阅。《职业分类字典》中明确说明了各类职业、具体岗位的实际工作内容以及相应的教育与职业培训要求，还有职业能力倾向和职业性格模式等，这些都是确定测评要素的重要资料。

7. 职务说明书查阅法

职务说明书上一般包括任职资格与职责内容，可以通过查阅相关的职务说明书来搜寻所需要的测评要素。

8. 理论推导法

理论推导法即从某些理论出发来逐步推导测评要素。理论推导法的理论来源有二：一是心理学、生理学、运动学、社会学等有关人的学科理论，如个性心理学中的个性心理结构、个性类型论和特质论等理论。这些理论可以让我们知道从哪些维度来衡量一个人或一群人。二是与岗位相关的专业理论。这些专业理论有助于我们确定与岗位相关的岗位知识和岗位能力以及职业道德等。如我们可以从管理的有关理论来确定一个技术管理人员应该具有哪些专业知识、实践经验和实践能力；可以从市场营销学的理论来确定销售人员需要的人格、岗位知识和能力；可以从医学的有关理解确定一个消化内科医生应该具有哪些专业知识和实际能力。

有时测评要素的确定有更严格的要求，如情景模拟测验中要分解出选拔管理人员的测评要素，事先需要有大量的调查，作出初步的要素分析，然后试测。根据得到的数据进行因素分析，在初步的要素中进一步筛选，最终得出经过实际验证的具有代表性的测评要素。有的测评要素的确定则需要结合多种方法进行。

（二）测评权重的确定方式

1. 主观加权法

主观加权法是指依据主观的经验，权衡每个指标的重要性大小，直接赋予每项指标不同的权重系数。在运用主观加权法时要注意以下几个原则：第一，权重分配的合理性，即权重分配要反映被测对象的内部结构和规律，防止因权重分配不当而脱离实际或产生偏向。第二，权重分配的变通性。即权重分配要符合客观实际的需要，可以根据测评目的与具体要求而适当变通分配。第三，权重数值的模糊性。即对权重的分配不必十分精确，可以为方便测评而模糊一点，实际上有些测评指标根本无法做到精确，只能模糊一点。第四，权重数值的归一性。即各个测评指标的权数和应为 1 或 100。

2. 专家加权法

聘请数名专家各自独立地对评价指标体系加权，然后用他们的结果的平均数作为权重指标。

3. 德尔菲咨询法

所谓德尔菲法，即反复向各位专家分发咨询表，每位专家独立地就每个测评指标的重要性在五点量表（“非常重要”、“有点重要”、“一般”、“不太重要”、“很不重要”）上打分，然后将专家意见集中作统计处理。统计的内容有两个：一是每一项指标权重系数的平均估计值；二是每一位专家的估计值与平均估计值的偏差（无偏估计）。第一轮咨询处理完毕，再进行第二轮咨询。在进行第二轮咨询时，要将第一轮的统计分析情况反馈给专家，并邀请偏差较大的专家尽量作出新的判断。这样，通过几轮的反复比较后，一般可以得到较为一致的权重系数。

4. 简单比较加权法

首先确定指标中重要程度最小的指标，把其他指标与它一一进行比较，作出是它的多少倍重要程度的判断，然后进行归一化处理。

5. 对偶比较法

把指标两两配对比较计分，由此得出各个指标的权重系数。

6. 回归分析法

用以往测验获得的数据作为自变量，用效标数据作为因变量进行回归分析，所得各自变量的回归系数即为它们各自的权重。

应用案例

几种常见岗位的测评指标

秘书岗位的测评指标：

①书面表达；②合作精神；③敏感性；④工作高标准；⑤行政管理能力；⑥主动性；⑦学习能力等。

成功经理的测评指标（美国）：

①工作有效性；②工作主动性；③逻辑思维；④创造性；⑤判断力；⑥自信心；⑦辅导他人的能力；⑧ 为人师表；⑨ 善于使用个人的能力；⑩善于动用群众的力量；⑪利用交谈做工作；⑫人际关系技能；⑬乐观；⑭团队协作；⑮自制力；⑯果断性；⑰客观性；⑱善于自我批评；⑲勤俭艰苦和灵活性。

客户服务人员的测评指标：

①商业触觉：能洞察市场及竞争对手的动态趋势，预测盈利的可能性，能预见自己的行为和决定对公司盈利的影响；②客户意识：为客户着想，乐意为客户服务，满足客户的需要，能照顾客户的利益；③待客技巧：容易与客户建立友好的关系，能与各类客户融洽相处；④独立性：积极承担责任，能独立作决定，自主行动；⑤影响性：善于谈判和说服，据理力争，能影响他人；⑥面

接技巧：谈话自然流畅，善于控制说话的速度和交谈的内容，能迅速理解他人，吸引他人；⑦书面沟通：书写流畅、清晰，言简意赅，表达准确，并能根据需要灵活变换书写风格；⑧专业知识：与职业相关的基本知识、专门知识，充分掌握产品及服务的特性；⑨信息收集：懂得如何寻找有用的资料，查核数据，对资料进行加工，能判断信息的价值；⑩解决问题技巧：预见发展趋势，辨别潜在危机和原因，能作出理性的判断，制定切实可行的解决方案。⑪坚毅性：自律、自控，面对压力和难题能保持冷静，能应对难题和挫折；⑫组织计划性：有效地管理时间及制定工作日程，处事有条理，计划执行有力，办事效率高；⑬可靠性：尽忠职守，依照上司的指引和遵循公司的政策和程序工作，办事可靠；⑭团队精神：能适应团队工作，与同事互助互励，发挥团队高效率。

（三）基于工作分析的人事测评指标

人力资源管理的核心原则是人岗匹配，实现因岗择人、人适其岗。由此，人力资源测评的指标确定，必须从工作本身的要求出发，进行工作分析，保证测评指标与岗位要求相一致。在测评指标确定的过程中采用工作分析法，既可以根据已有的工作分析结果（主要是工作规范），亦即工作岗位对任职者的素质要求来确定测评指标，也可以直接针对要测评的工作岗位进行工作分析。不过，这时所进行的工作分析，并不一定要求最后形成职位说明书与工作规范。它既不需要阐述各个职位的具体工作性质与内容，也不需要详细分析过程和具体行为。最为关键的是分析从事某一职位工作的人需要具备哪些素质条件，履行职责与完成工作任务应以什么指标来评价，同时提出这些素质条件与评价指标中哪些更为重要，哪些相对不太重要等。

为了制定人事测评指标而进行工作分析，其步骤如下：

（1）根据测评目的与工作要求，确定需要调查的职位范围，制订调查提纲与计划。

（2）采用一定方法广泛收集有关职位任职者的主要工作要求与工作内容素材。

（3）通过一些方法（定性）筛选，形成内容全面的测评要素调查表，包括品德、智能、知识、经验与资历要求等方面的调查内容。

（4）在更大的范围内进行调查，要求被调查者对调查表上的内容进行评价、补充。

（5）对调查结果进行多元统计分析（定量），筛选主要项目，包括测评要素及其对应的测评标志。

（6）对筛选出的主要测评项目进行试测或专家咨询，以保证人事测评指标的质量。

（四）基于胜任力的人事测评指标体系

胜任力是“能区分在特定的工作岗位和组织环境中绩效水平的个人特征”（麦克莱伦等，1973）。胜任力模型更关注把相关指标与组织的战略要求联系起来，因此胜任力特征分析法构建测评指标体系一般应经过以下步骤：

第一步，确认企业战略，需要对组织面临的竞争挑战和组织的文化进行研究。同时明确胜任力模型将主要运用在何处，是侧重于绩效考评、选拔，还是职业发展或培训。只有了解企业的远景，才能了解组织与员工的目标与共同利益，建立出符合企业文化和员工可接受的有效胜任力模型。

第二步，数据收集，需要选择合适的方法来收集模型构建中必要的数据信息，这将是构建过程中的主要工作。通过此法了解到胜任力的主要模块和指标体系。方法主要包括：

（1）行为事件访谈：这是构建资质模型时最为常见的方法。主要是与高绩效者面谈——有时也会找一些普通绩效的员工作为对比——以引发他们讲述自己的成功故事。面谈的目的是为了识别导致高绩效的行为。通过与一批成功者的面谈并比较他们的成功故事，对照成功者中的细微绩效差距，我们可以找出关键的支持高绩效的行为。

（2）个人访谈：有时，高绩效的行为事件难以归纳，而且随着组织的变化，过去的成功并不意味着现在乃至预知未来的成功。在这种时候，往往需要与关键管理岗位和股东进行面谈，了解导致成功的行为。

（3）焦点小组：让一些来自于不同层次的员工组成小组，让他们列出高绩效者普遍具备的胜任力项目，或者提供足够的事例。这种方法比访谈拥有更广的信息来源，而且更加有效地集中于未来导向的成功因素。

（4）问卷调查：将系列行为书面列出，加以描述，要求被调查者指出哪些行为是组织中高绩效者才有的，这对于修正适合与组织的模型十分有效。

（5）专家数据库：从已有的胜任力模型中找出专家意见，在类似的模型环境中寻找出重要的资料信息。在数据收集过程中，不可能只选择一种方法，而一般都会寻求一个方法的组合，保证其有效性、可靠性和广泛性的平衡。

第三步，数据集成，需要将已收集的数据进行归纳，经常会采用一些统计方法，得出上文所示的成组的资质模型。

第四步，有效性分析，模型初具规模之后，构建过程并没有结束，还需要通过绩效考评进行效度验证。只有在一定时间后，员工的绩效符合资质模型中的预测，才能证明此模型是有效的。而这一步往往被很多企业所忽视，构建出的模型因此失去了其区分绩效的效用。

胜任力模型建立了，也就实现了测评指标的确定。

第三节　人力资源测评的实施、计分和解释

人力资源测量的目的是对受测者作出尽可能准确和公平的评估，这在很大程度上依赖于心理测验的公平实施、正确计分和合理解释。任何一个步骤出现问题，都会影响到结果的准确性。

一、测评的实施

（一）标准化指导语

测验的实施过程中，标准化的第一步是指导语的标准化，即测验实施过程中应该使用统一的指导语。对受测者的指导语应力求清晰简单，说明他应该做什么，如何对题目作出反应。指导语可以写在测验的开头部分让受测者自己阅读，也可以由测验的施测者朗读。例如，“北森职业锚测验”的指导语为：

本问卷的目的在于帮助您思索自己的能力、动机及价值观从而找出影响您作出职业决策的最重要的因素。下面给出了一系列描述，每个题目有6级判

断，分别表示“非常不同意、不同意、不太同意、有点同意、同意、非常同意”。请对每个选项进行6级评判，并选择相应选项。

例题：我希望工作能为我带来很高的收入。

A	B	C	D	E	F
非常不同意	不同意	不太同意	有点同意	同意	非常同意

如果你对此描述“有点同意”，则请点选“有点同意”。

注意：所有选项均没有对错、好坏、高低之分，与您的生活和工作也没有任何利害关系，请放心地根据您自己的实际情况和真实想法作答，不要考虑应该选择什么或别人希望自己选择什么。

（二）标准时限

关于测验时限的确定，最重要的考虑因素是测量的目标。例如以典型行为作为主要考查方式的人格测验，受测者的反应速度就不十分重要，但像能力测验属于最高作为测验，速度是需要考虑的重要因素之一。

（三）测验的环境条件

测验环境也会影响测验的结果。良好的物理环境包括安静而宽敞的地点、适当的光线和通风条件，还要防止干扰。如果测验环境有任何意外因素，需要记录在案，以备解释结果时把意外因素考虑在内。

（四）计算机辅助的测验实施

计算机实施测验，指导语可以通过视觉或录音呈现，并自动记录测验反应。计算机辅助测验控制更严格，更为标准化，其优势有以下几点：①严格遵守计划和时间；②能按照受测者的表现选择题目，例如回答正确后呈现更高难度的题目；③不受施测人员疲劳、厌烦、注意力涣散和记忆误差的影响，计算机能公正、一致地对待受测者；④能迅速准确地计分。

（五）施测者的职责

施测者需要在测验前做好准备工作，包括通知受测者测验的时间、地点、大致内容等，以便受测者做好必要的准备，还要熟悉测验指导语和测验的具体程序，准备测验材料，并确保合适的测验条件，防止作弊。在测验实施过程中，施测者还需要保证公平、一致地对待所有受测者，不作任何暗示和提示，并和受测者建立起一种友好的、合作的、能促进受测者最大限度地做好测验的关系。

（六）影响受测者反应的因素

受测者对测验题目作答时，很多因素会影响到受测者的反应，这些因素需要在选择和使用测验时加以注意和避免，或者在参考测验结果作出相关决策时把它们考虑在内。

1. 测验的技巧与练习因素

综合各种研究成果，练习的影响仅限于第一次和第二次重测，以后的影响就微不足道了。平均而言，练习的影响幅度约在0.2个标准差以下。

2. 动机因素

动机过高或过低都可能影响受测者的反应。在测量人格、兴趣、态度、价值观等典型行为的测验中，动机高的受测者为了给别人留下好印象，会产生社会赞许性作答的倾向，这样会降低测量的有效性。如果受测者的动机不强，在能力测验中，可能不会尽力作答，能力就会被低估，在人格类测验中会导致结果准确性降低。告知受测者测验的目的以及测验结果对受测者的影响有助于引起受测者的兴趣。

3. 反应定势

反应定势指的是受测者在回答问题时有特定的习惯，比如大多数人偏好正面的叙述，偏好较长的选项等。好的测验应该在题目编制上尽量避免受到反应定势的影响。

二、测评的计分

准确测量的另一个要求是客观计分，可理解为两个或两个以上受过训练的合格评分者之间所评结果具有一致性，如果能达到90%以上就是较为客观的。只有计分是客观的，才能把分数的差异归因于受测者的差异。

客观题的计分可以使用计分板或机器计分，这样能够很好地保证有效客观。计算总分时也可以根据评价者所认为的重要性，在不同的题目上赋予不同的权重。例如一套测验测量了创新意识、严谨性、团队合作、计划性等多项素质，在计算总分时可以根据对绩效影响的大小给各项素质赋予不同的权重。

对于主观题的计分，首先要记录受测者的反应。有些情境类的测量方式，如无领导小组讨论，可用录像记录，以避免记忆困难和记忆错误。然后将受测者的反应和标准答案加以比较，将受测者的作答归类并赋予分值。当评分者的判断可能成为影响分数的一个因素时（例如问答题、论文题），就需要对评分规则作详细的说明，可能的话由两位以上的评分者共同评分，然后取其平均值。

三、测评结果的解释

人力资源测评结果的解释不同于测量的施测和计分，它们是测量中两个相对独立的部分，测量过程和结果解释是分离的。测量的解释是一个相当复杂的系统程序，它以一系列的统计工作为基础，并依赖于解释者的专业性。

从测验中直接获得的分数称为原始分数（Row Score），是通过受测者的反应与标准答案比较获得的，其本身的意义并不大。例如某位受测者的逻辑推理能力是25分，我们并不知道他的这项能力优秀与否，与平均水平相比是低还是高。我们必须有具有可比性的分数标准，也就是常模。常模来自于测验的目标人群总体的分数分布及其特征。原始分通过与常模的比较，可以转换成等值的分数，叫做标准分（Standard Score）。标准分是有意义的，也是具有可比性的。例如智商IQ就是标准分，从智商得分可以判断出人们的智力水平在人群中的位置。如果IQ分为100，就意味着智力中等，高于人群中50%的人。如果IQ得分115，就意味着智力水平高于人群中84%的人。这种由测量的原始分数通过与常模的对照得到导出分数的过程，就是常模参照解释（Norm Reference Explanation）的方法。另外一种方法是效标参照解释（Criterion Reference Explanation），它是根据外在的标准来对受测者的分数进行解释。两者的区别在于，前者是将受测者的分数与同类群体的其他人进行比较，例如，实施一项机械技术考试后，如果将受测者的成绩与其他人的成绩进行比较，可以知道受测者在人群当中的位置，这就是常模参照解释；如果将受测者的成绩与机械师等级标准进行比较，可以知道是否达到了某一级机械师的水平，这就是效标参照解释。

对于常模参照解释的测验，常模的选取是结果解释准确与否的重要因素。常模的选择必须能够代表测验目标人群的总体水平，取样要具有代表性，而且达到一定的数量。常模的大小并没有明确的指标，一般是从经济或实用的可能性和减小误差这两方面来综合考虑常模大小的。常模的时间性也是需要注意的，需要定期更新，一般 5 年更新一次，否则可能会给结果的解释带来偏差。在选择测验时，常模的情况也是衡量测验优劣的一个重要标准。

常用的常模有百分位常模和标准分常模。使用百分位常模的测验分数用百分位等级（Percentile Rank）来表示，它表示人群中低于这个分数的人数百分比。例如，一位受测者的情绪稳定性的百分位等级为 85，则表示他的情绪稳定性比 85% 的人要高。百分位等级的分数非常简单明了，但其缺点是单位不等。如果原始分数的分布接近正态分布①，则平均数附近的分数转换为百分位等级时，差异将被夸大。相反地，处于高分和低分两端的原始分数之间的差异将被缩小。例如在某个测验中，原始分数为 80 和 85 的两名高分受测者，百分位等级得分相差 3，而原始分数为 55 和 60 的两名分数居中的受测者，同样是原始分数相差 5 分，百分位等级得分相差了 20。在实际工作中，这个问题在应用百分位等级时需要加以注意和考虑的。

标准分的特点是有相等的单位，有确定的平均数和标准差。标准分常模有好几种，比如常用的韦氏智力量表使用的智商 IQ 就是一种标准分数，平均数是 100，标准差是 15，又因为智商分数呈正态分布，所以从 IQ 分数可以清楚地看出一个人的分数在人群中的位置。例如 IQ 分数在 85 ~ 115 之间的人，都处于平均数附近 1 个标准差的范围之内，基本上属于正常水平；如果 IQ 得分 70，则对鉴别智力落后是有意义的。

效标参照的测验也有多种表示方法，比如使用受测者答对题目的百分比。另外，在有些管理技能的测验中，可以根据测验分数判断受测者达到某一水平的绩效有多大的可能性，例如，获得 65 ~ 69 分的受测者有 94% 的可能性达到绩效 C 等。

本章小结

1. 人力资源测评一般可以按照以下四个步骤进行：明确需求、选择可信有效的测评工具、分析和应用测验结果、跟踪检验和反馈。

2. 根据测量目标，可以把人力资源测评分为两种类型：显示性测量和预测性测量。

3. 建立人力资源测评工具需要考虑以下问题：测验题目的来源、题目编写的原则、题目的形式、题目的预测和分析、题目的合成。

4. 人力资源测评指标指能反映被测对象特征的一系列特定考查维度，是测评人员进行人力资源测评时所依据的统一测评准则，主要包括测评要素、测评标志和测评标度。

5. 制定测评要素的方法有结构模块法、样例分析法、培训目标法、头脑风暴法、调查咨询法、文献查阅法、职务说明书查阅法和理论推导法。

6. 制定测评指标的步骤大致为：准备—确定测评要素—确定测评标志和测评标度—试用和反馈调整—修改和补充、检验—实施成套的人事测评工具。其中试用和验证的过程不可缺少。

---

①正态分布的函数为 $\varphi(x) = \frac{1}{\sqrt{2\pi}\sigma}e^{\frac{(x-\mu)^2}{2\sigma^2}}$。在自然界和人类社会中大量现象均按正态形式分布，例如能力高低、行为表现、社会态度等。正态分布的基本特征是对称的，而且平均数点最高，然后逐渐向两侧下降。

7. 测评标志是指针对每一个测评要素确立的可辨别、易操作的考核标准，其表述形式分为三种：评语短句式、问题提示和方向指示式。

8. 测评标度是指描述测评要素或要素标志的程度差异与状态水平的顺序和度量。它的形式可以分为等级式、数量式、符号式、数轴式、图表式和综合式等几种。

9. 工作分析中对各职务的特点和要求的分析为人事测评指标提供了可靠的参考依据。

10. 胜任力模型给人事测评提供了一个更为广义的测评体系。

11. 人力资源测评的实施需要注意以下几个方面：①标准化指导语；②标准时限；③测验的环境条件；④计算机辅助测验问题；⑤施测者的职责；⑥影响受测者反应的因素；⑦测验的技巧与练习因素。

12. 人力资源测评结果的解释分为：常模参照解释和效标参照解释。

思考题

1. 人力资源测评的制定过程是怎样的？应注意哪些事项？
2. 试比较绝对测评和相对测评的优缺点，并从此角度说明制定人力资源测评指标的必要性。
3. 测评标志和测评标度的形式有哪几种？各有什么特点？
4. 制定人力资源测评要素的各种方法在使用时分别应注意些什么？
5. 胜任力模型对人力资源测评指标的制定有什么贡献？
6. 常模参照解释和效标参照解释有何异同？
7. 请根据下述人力资源部经理的岗位说明书，编制相应的测评指标。

岗位说明书（人力资源部经理）　　　　岗位编号：

<table>
<tr><td>岗位名称</td><td>人力资源部经理</td><td>所属部门</td><td>人力资源部</td></tr>
<tr><td>直接主管</td><td colspan="3">人事管理办公室主任</td></tr>
<tr><td>直接下属</td><td colspan="3">人力资源专员</td></tr>
<tr><td colspan="4">工作目的
为了保证企业人力资源的持续发展，为管理者提供人力资源管理服务和支持，在国家有关企业人力资源管理的政策法规和企业人力资源政策的指引下，领导人力资源部建立和健全人力资源开发和管理体系，组织实施人力资源管理的各项工作</td></tr>
<tr><td colspan="2">工作职责</td><td colspan="2">衡量标准</td></tr>
<tr><td colspan="2">1. 拟定人力资源规划和人力资源管理规范</td><td colspan="2">人员管理的各项工作有章可循</td></tr>
<tr><td colspan="2">2. 建立人力资源管理体系、机制，并组织人力资源管理的各项工作的开展、实施
√ 实施工作分析，确定岗位职责与岗位编制
√ 建立人员招聘体系与人才库
√ 建立与完善绩效考核体系
√ 建立与完善薪酬福利体系
√ 建立与完善人员培训与发展体系</td><td colspan="2">企业经营活动能得到持续、有效的人力资源支持</td></tr>
<tr><td colspan="2">3. 为有关部门提供人力资源状况信息</td><td colspan="2">信息提供及时、准确
其他部门的反馈</td></tr>
<tr><td colspan="2">4. 对本部门员工进行任务的分派、工作指导、监督、考核和人员调配</td><td colspan="2">部门内员工的绩效</td></tr>
</table>

（续上表）

重要工作联系
1. 公司内部：各部门；2. 公司外部：相关研究咨询机构
该职位的晋升、轮换与替代
1. 该职位可以晋升为人事管理办公室主任，可以由人力资源专员晋升而至； 2. 该职位可以由人事管理办公室主任临时替代。
权限 1. 财务权限： （1）日常报销：对人力资源部预算内日常报销金额小于　　元进行审批，对于超过此金额或预算外的日常报销可先行报批； （2）大额资金使用：对人力资源部预算内大额资金使用小于　　元的可进行审批，对于超过此金额或预算外的资金使用可先行报批； （3）办公用品申购：对人力资源部预算内办公用品申购金额小于　　元的可进行审批，对于超过此金额或预算外的办公用品申请购买可先行报批。 2. 人事权限： （1）薪资变更：对人力资源部基层员工的薪资变更具有审批权； （2）绩效考核：对人力资源部基层员工的绩效考核具有执行权； （3）请假：对人力资源部内基层员工少于　　天的请假申请具有审批权。 3. 业务权限： 对于人力资源部管理制度的执行情况实施监督。
任职者基本要求 1. 所需知识技能 （1）人力资源管理、组织管理的有关知识与操作技能； （2）了解国家有关人事管理政策。 2. 教育培训 （1）大学本科及以上学历，人力资源管理相关专业； （2）接受过有关人力资源管理的各项培训。 3. 经验 （1）相关工作经验五年以上； （2）担任过本部门的副职两年以上。

第二篇

人力资源测评的工具

第五章

能力测验

本章提要

- 能力的含义及其类型
- 智力测验
- 特殊能力测验
- 行政职业能力倾向测验
- 创造力测验

引　言

在当今充满竞争的全球化商业世界里，稳定的资金来源、先进的技术、优秀的产品是企业进入市场的前提条件。要使公司真正获得竞争力，关键在于拥有优秀的员工，只有当员工有足够的能力使用技术的时候，技术的价值才能实现；只有当员工把产品的信息有效地传达给客户后，产品的价值才能被认同。从这个意义上说，人员的能力是企业成功的最重要因素，也是人力资源的重要性所在。

个人能力倾向对于其选择职业和公司招聘员工都具有非常重要的意义。能力测验对于人事招聘和选拔具有很好的预测效度。目前，能力测验作为人才心理素质测评的最基本技术之一，在测评领域发挥着极为重要的作用。国外比较著名的能力倾向测验有美国研究生入学考试用的 GRE、美国就业服务中心编制的《一般能力倾向成套测验（GATB)》以及美国心理公司出版的《特殊职业能力测验（DAT)》等。国内比较正规的能力倾向测验有《北森能力倾向测验》等。

第一节　能力概述

一、什么是能力

（一）能力的定义

能力是直接影响活动效率，使活动、任务得以完成的个性心理特征。例如，我们通常所说的一个人解决问题速度快、任务完成质量高，都是指这个人的能力强。能力总是和人的活动联系在一起，是在具体活动中体现出来的。

能力有两种涵义：其一是指个人实际“所能为者”(Actual Ability)，即一个人的实际能力；其二是指个人将来“可能为者”(Potential Ability)，即一个人的潜在能力。

小辞典

能力是人们成功地完成某种活动所必须具备的个性心理特征。

对能力概念的理解，可以从如下几方面入手：

第一，能力总是和人的某种活动相联系并表现在活动的全部过程之中；

第二，能力是顺利完成某种活动所必须具备的心理特征，但活动中表现出来的心理特征并不都是能力。完成某种复杂活动，通常需要几种心理特征的综合运用；

第三，能力是保证取得成功的基本条件和必要条件，但不是唯一条件。任何活动能否成功，除能力外，还取决于操作技能、情感态度、人际关系等因素；

能力和人的职业活动密不可分。每一类职业活动都要求特定的能力组合，具备这种能力组合，就能很好地胜任这种职业。

（二）与能力相关的概念

1. 能力与智力

人们通常把智力与能力两个概念等同使用，但在严格意义上能力与智力是有区别的。能力一般分为认识能力和操作能力。认识能力是指在完成某种活动中最基本的心理条件，在各种活动中都不能缺少它。比如，不能感知外界声响的聋哑人不可能成为音乐家，不能辨别颜色和失去空间知觉的人不可能成为画家等；操作能力是指心身并用去完成实际工作的能力，如进行各项体育活动都属于这方面的能力。智力一般指人在认识过程方面所表现出来的能力，包括注意力、感受力、观察力、记忆力、思维力、想象力和创造力等，可以说，智力是认识活动的综合能力。

2. 能力和个性

人的能力绝不只是一般的认识特点或操作特点，不单纯是由固定的智力方面的因素所组成，它属于活生生的个体的能力。它和每个人所具有的个性相联系，是由个性把个人能力的各个特征有机地整合在一起，在每个人身上表现出自己独特的风格，表现出个性差异，成为个性的一个侧面。因此，在考查能力时，既要注意能力本身的特点，同时也要放在个性结构之中，和个性联系起来考查。

3. 能力与知识、技能

能力与知识、技能之间的关系表现为：①能力是掌握知识、技能的必要前提，能力的高低直接影响着掌握知识、技能的难易、速度和程度，也决定着对知识、技能的运用及解决问题的程度；②知识和技能又是能力形成的基础，一个人掌握了一定的知识和技能，也会促进其能力的提高。某种水平的知识、技能所提供的可能性的实现，为高水平能力的发展开辟了新的可能；③具有同等水平知识、技能的人，并不一定具有同等水平的能力。文凭只反映一个人具备了一定的一般知识和技能或某种专业知识和技能，并不反映其具备从事特定专业的特殊能力。所以，在人才测评中，不能把文凭和能力划等号，否则就混淆了知识和能力的界限。

4. 能力与资历

所谓资历，是指个体接受某种专业知识教育以及从事某项工作（社会实践）的时间经历。由于教育和实践是形成能力的前提条件，所以资历的深浅和能力的大小有一定的关联。一般而言，接受教育和实践活动时间越长，人的能力就越强。所以选拔人才要讲一定的资历，要让人才有提高能力的机会，有获得新的知识及能力的学习时间和实践年限。但是，资历并不能等同于能力，表现为：具有相同资历的人，有的能力强，有的能力弱；甚至有些资历较浅的人，其能力却比资历较深的人强。所以，在人才测评和选拔实践中论资排辈、以资历取人是不对的。

二、能力的类型

按不同标准对能力可以作不同划分。

(一) 按能力的功能划分，可分为认知能力、操作能力和社交能力

(1) 认知能力：指接收、加工、储存和应用信息的能力。它是人们成功地完成活动最重要的心理条件。知觉、记忆、注意、思维和想象的能力都被认为是认知能力。

(2) 操作能力：指操纵、制作和运动的能力。劳动能力、艺术表现能力、体育运动能力、实验操作能力都被认为是操作能力。

(3) 社交能力：指人们在社会交往活动中所表现出来的能力。组织管理能力、言语感染能力等都被认为是社交能力。

(二) 按能力参与其中的活动的性质划分，可分为模仿能力和创造能力

(1) 模仿能力：指仿效他人的言行举止而引起的与之相类似的行为活动的能力。美国心理学家班图拉（A. Bandum）认为，模仿是人们彼此之间相互影响的重要方式，是实现个体行为社会化的基本历程之一。他指出：通过模仿能使原有的行为巩固或改变，使原来潜伏的行为表现出来或习得新的行为动作。

(2) 创造能力：指产生新思想，发现和创造新事物的能力。创造能力是成功地完成某种创造性活动所必需的条件，在创造能力中创造思维和创造想象起着十分重要的作用。美国心理学家吉尔福特等人认为，发散性思维表现于外部行为就代表个人的创造能力。人们在进行创造思维时，整个过程反复交织着发散思维和集中思维。

(三) 按能力的内容，可分为一般能力和特殊能力

(1) 一般能力：又称普通能力，指大多数活动所共同需要的能力，是人们所共有的最基本的能力，适用于广泛的活动范围，符合多种活动的要求，并确保人们比较容易且有效地掌握知识。一般能力和认识活动紧密地联系在一起。观察能力、注意能力、记忆能力、思维能力、想象能力、操作能力等都是一般能力。一般能力的综合体就是通常所说的智力。

(2) 特殊能力：指从事某种专业工作所必需的专门能力或几种专门能力的结合体。任何一种专门活动都要求与该专业内容相符合的几种能力组合。特殊能力是建立在一般能力基础上的，任何特殊能力都是经过一般能力的专业性培训发展而得来的。

三、能力理论

能力理论即智力理论。有关能力的理论很多，这里仅介绍几种因素分析理论，包括：斯皮尔曼的“二因素理论”，塞斯顿的“群因素理论”，吉尔福特的“三维结构模型”，卡特尔的“流体智力”和“晶体智力理论”。

(一) 斯皮尔曼的“二因素理论”

英国心理学家斯皮尔曼（Spearman，1904）认为，要完成任何一种作业，需要具备两种能力：

(1) 一般能力因素（G 因素）：代表个人的普通智力，是一切心智活动的主体和智力的基础，它包括认知过程的各个方面：感知能力、记忆力、思维能力。个体间智力的差异决定于 G 因素量的多寡。

（2）特殊能力因素（S 因素）：指完成某种作业应具备的特殊心理条件，它代表个人的特殊智力，即心理过程的某一方面所达到的发展水平，这种发展水平在不同个体之间存在一个广阔的差异范围。斯皮尔曼认为，完成任何一项简单的作业，认知过程的各方面的发展都必须达到一定水平。

（二）塞斯顿的“群因素理论”

美国心理学家瑟斯顿认为，能力可以分成数目相对有限的群体因素，每一个群体因素包含着若干个密切相关的智慧能力。瑟斯顿用因素分析方法得到一个结论，认为人的大多数智慧能量可用七种智力来解释，即语文理解（V）、语词流畅（W）、数字运算（N）、空间关系（S）、机械记忆（M）、知觉速度（P）、一般推理（R 或 I）。瑟斯顿的七种首要智力清单，可以直接纳入认知过程的范畴。

（三）吉尔福特的“三维结构模型”

美国著名心理学家吉尔福特（J. P. Guilford，1959）用内容、操作和产品三个维度建构了智力结构的立体式模型。

（1）内容维度：指引起个体心智活动的各种刺激物，包括四个从属范畴：图形，符号，语义，行为。

（2）操作维度：指各种刺激所引起的智力活动的方式，即智力实现的过程和方式。它又可细分为五类：评价，发散思维，聚合思维，记忆，认知。

（3）产品维度：指智力活动的结果，共分为六种：单位，类别，关系，系统，转换，蕴涵。

（四）卡特尔的流体智力和晶体智力理论

美国心理学家卡特尔（R. B. Cattell）于 1963 年到 1971 年间，相继完整地提出了“流体智力”和“晶体智力理论”。

（1）流体智力：指信息加工和问题解决过程中洞察复杂关系的能力。如：对关系的认识、类比、演绎推理的能力及形成抽象概念的能力等。流体智力在不同的环境和条件下都会显示出来，因而是一种普遍性能力。它更多地依赖于遗传，在个体发育的早期就有明显地发展，14 岁左右达到高峰，成年后逐渐衰退。

（2）晶体智力：指知识与技能有效结合的一种能力，主要用于完成某种固定的任务。晶体智力更多地依赖于环境的作用，取决于后天的学习，与社会文化有密切的关系。晶体智力在人的一生中都在发展，但到 25 ~ 30 岁之后，发展的速度渐趋平缓。

第二节　能力测验

能力测验一般包括：智力测验，特殊能力测验，创造力测验。

一、智力测验

（一）智力的定义

小辞典

智力指人们认识、理解客观事物并运用知识、经验等解决问题的一般能力，它包括观察能力、注意能力、记忆能力、思维能力、想象能力、操作能力等。

心理学中用智商（IQ）来衡量人的智力的高低，通常把人们的智力分为如下层次（见表5－1）。

表5－1　　　　智力分类

智商	类别
140以上	天才（Genius）
120～140	上智（Very，Superior）
110～120	聪颖（Superior）
90～110	中材（Average Intelligence）
80～90	迟钝（Dull）
70～80	近愚（Borderline Case）
50～70	低能（Moron）
25～50	无能（Imbecile）
25以下	白痴（Idiot）

智力的个体差异在一般人口中所占的比例呈常态曲线分布，即两头小，中间大。推孟（L. M. Terman）指出，智商为100分左右的人约占全部测试者的46%；130分以上的人少于3%；70分以下的也少于3%。

（二）智力测验

智力测验是通过测验的方法来衡量人的智力水平高低的一种科学方法。智力被看作人的各种基本能力的综合，因此智力测验又称为普通能力测验。

正式智力测验量表的编制起源于法国。1905年，法国人比奈（A. Binet）与助手西蒙（T. Simon）总结了自己的一系列研究成果后，发表了第一个测量智力的工具，即比奈—西蒙量表。后来美国心理学家韦克斯勒（Wechsler）编制了新的智力量表。

目前国际上常用的智力测验量表主要有：斯坦福—比奈智力测验、韦克斯勒智力测验、瑞文标准推理测验。

1．斯坦福—比奈智力测验

斯坦福—比奈智力测验的来源是1905年的比奈—西蒙量表，该量表共有30个题目，按照难度由浅入深排列，以答对题数的多少作为鉴别智力高低的标准，主要测查判断、理解和推理能力。比奈—西蒙量表1908年经过首次修订，题目增加到59个，并按年龄从3～13岁进行分组，启用了智力年龄的概念。1911年该量表第三次修订，增设了一个成人组。比奈—西蒙量表的出版，曾引起美、英、德、比、瑞士以及意大利等国心理学家的注意并加以研究和采用。1911年，高尔德（Godard）把第一个比奈—西蒙量表传到美国，很受美国心理学界的欢迎，并且有很多人对它作了修订，而其中尤以斯坦福大学教授推孟所主持修订的斯坦福—比奈量表最为著名。

斯坦福—比奈量表的第一次修订是在1916年，该量表共有90个题目，其中51个为原来比奈—西蒙量表所有，有39个为新增加的，使用年龄范围从3～13岁，并附有普通成人和优秀成人两组测验题。该量表首次采用了智商的概念来表示智力水平。

1937年，斯坦福—比奈量表作第二次修订，使用年龄范围扩展到2～18岁，并编制了测验复本，分别为L型和M型。

1956 年推孟去世，但其生前所规划的第三次修订工作仍于 1960 年如期完成。1960 年量表共有 100 多个项目，划分为 20 个年龄组。

该量表在 1986 年进行了第四次修订，把智力分为三个层次：一般智力因素层次；晶体能力、流体——分析能力和短时记忆层次；语言推理、数量推理和抽象/视觉推理层次。分为 15 个分测验：词汇，珠子记忆，算术，语句，图形分析，理解，谬误，数字记忆，仿造和仿画，物品记忆，矩阵，数列，折纸，语文关系和等式，用以评估 4 个领域的认知技能：①语言推理；②数量推理；③抽象—视觉的推理；④短时记忆。

我国心理学家陆志伟在 1924 年就发表了他所修订的《中国比奈—西蒙智力测验》。其修订本包括 65 个测验题，其中 48 个采用原测验题，另外新增加了 17 题。1936 年陆志伟和吴天敏又对此量表进行修订，名为《第二次修订中国比奈—西蒙智力测验》。1982 年吴天敏出版了第三次修订的《中国比奈测验》，对 1936 年的版本增删了部分项目，测试对象扩大为 2～18 岁，每岁 3 个项目，共 51 个项目，如表 5－2 所示。在结果的解释上，采用了将个人成绩与同龄组平均成绩相比较的离差智商法。

表 5－2　**第三次修订的中国比奈测验**

1. 比圆形	18. 找寻数目 •	35. 方形分析（二）
2. 说出物名	19. 找寻图样	36. 记故事
3. 比长短线	20. 对比	37. 说出共同点
4. 拼长方形	21. 造语句	38. 语句重组（一） •
5. 辨别图形	22. 正确答案	39. 倒背数目
6. 数纽扣 13 个	23. 对答问句	40. 说反义词
7. 问手指数	24. 描画图样	41. 拼字
8. 上午和下午	25. 剪纸	42. 评判语句
9. 简单迷津	26. 指出谬误	43. 数立方体
10. 解说图物	27. 数学巧术 •	44. 几何形分析
11. 找寻失物	28. 方形分析（一） •	45. 说明含义
12. 倒数二十至一	29. 心算（三） •	46. 填数
13. 心算（一）	30. 迷津	47. 语句重组（二）
14. 说反义词	31. 时间计算	48. 核正错数
15. 推断结果	32. 填字	49. 解释成语
16. 指出缺点	33. 盒子计算	50. 明确对比关系
17. 心算（二）	34. 对比关系	51. 区别词义

《中国比奈测验》是一个标准化的智力测验，对主试须知、施测必备、施测方法、具体的记分方法及各年龄开始测验的项目、结束项目、IQ 表查法、年龄计算方法都作了具体的规定。在使用时，必须严格遵循。施测时应当首先计算被试的实足年龄，然后根据实足年龄从测验指导书附表中查找开始的题目（例如，实足年龄为 10 岁，就应当直接从 18 题开始），并严格遵守指导书的记分标准记分。答对 1 题得 1 分，连续 5 题未通过即停止。计算测验总分时，除了累加答对的题目分外，还要补加一定的分数（例如对于 10 岁的儿童，就应当加上 18 题以前的 17 分）。最后根据实足年龄和总分，从智商量表中查出相应的智商分数。

此外，吴天敏又根据临床的实际需要，编制了《中国比奈测验简编》，由8个题目组成，皆选自《中国比奈测验第三次修订本》（见表5-2中带●者）。

2. 韦克斯勒智力测验

韦氏智力量表是由美国心理学家韦克斯勒编制的一组成套智力量表。韦克斯勒认为，智力是个体有目的地行动、理智地思考以及有效地应付环境的整体的或综合的能力。该量表有三种：韦克斯勒学前和初小儿童智力量表（WPPSI）；韦克斯勒儿童智力量表（WISC）；韦克斯勒成人智力量表（WAIS）。

韦克斯勒学前和初小儿童智力量表发表于1967年，适用于4~6岁半儿童。

韦克斯勒儿童智力量表初版发表于1949年，适用于6~16岁的儿童，修订本发表于1974年，1991年韦克斯勒儿童智力量表的第三版出版（WISC-Ⅲ）。该版本版包含12个分测验，具体如表5-3所示。

表5-3　　WISC-Ⅲ中的12个分测验和智力因素

因素Ⅰ	因素Ⅱ	因素Ⅲ	因素Ⅳ
知识 相似性 词汇 理解	图画补缺 图片排列 积木图案 物体拼配	算术 数字记忆广度	译码 符号搜索

韦克斯勒成人智力测验发表于1955年，适用于17~74岁的成人。韦克斯勒认为："智力是个人有目的的行动、理智的思考以及有效的应付环境的整体的或综合的能力"。基于这一定义，他在韦氏成人智力量表中设计了11个分测验，包括26种能力和速度组合，其中第1、3、5、7、9、11个分测验组成言语量表；第2、4、6、8、10个分测验组成操作量表，分项测试题难度由小到大排列。每个分测验的内容见表5-4。

表5-4　　韦克斯勒成人智力量表的名称和内容

分测验名称		所要测的内容
语言量表	常识	知识的广度、一般学习能力及对日常事物的认识能力
	背数	注意力和短时记忆能力
	词汇	言语理解能力
	算数	数学推理能力、计算和解决问题能力
	理解	判断能力和理解能力
	类同	逻辑思维和抽象概括能力
操作量表	填图	视觉记忆、辨认能力、有视觉理解能力
	图片排列	知觉组织能力和对社会情境的理解能力
	积木图	分析综合能力、知觉组织及视动协调能力
	图形拼凑	概括思维能力与知觉组织能力
	数学符号	知觉辨别速度与灵活性

韦氏测试的对象是成人，把成人从16岁到75岁划分为9个不同年龄组。因为技术、图画排列、积木、拼图、数字符号等项测验有时间限制，测试时间并不长，通常需要40～60分钟。

韦氏测验的言语智商信度为0.95～0.97，操作智商信度为0.88～0.94，全部量表智商信度为0.96～0.98。

在韦氏测验中，每个分测验均可单独得分。所有分测验的原始分数都要转化成平均分数为10、标准差为3的标准分。将标准分数相加，我们便可得到言语量表、操作量表的分数和总分数。这些分数可与同一个年龄组的常模团体相比较，以便了解被试在他们同龄组中的相对位置。

我国学者对上述三个量表进行了修订，1979～1980年由龚耀先主持、全国56个单位协作修订的WAIS，称为WAIS－RC；1980～1986年由林传鼎和张厚粲主持、全国22个单位协作修订的WISC，称为WISC－CR；同年由龚耀先、戴晓阳主持，全国63个单位协作修订的WPPSI，称为C－WYCSI。韦氏智力量表的内容根据不同的使用对象会有所变化，但测验都分为言语测验（简称Y）和操作测验（简称P）两类。这里我们主要介绍我国修订的韦氏成人智力量表（WAIS－RC）。

我国修订的韦氏成人智力量表（WAIS－RC）分为城市和农村两种，各包括11个分测验。其中言语测验包括常识、理解、算术、类同、数字广度、词汇6个分测验；操作测验包括数字符号、填图、积木图案、图片排列、物体拼凑5个分测验。有人认为，言语测验的效度较好，对高层管理人员的选拔尤为适合。以上言语量表和操作量表交替进行，每个分测验都有各自的计分方法，但分测验的原始分不一。在本量表中，所有的分测验分数都将转化为平均分数为10、标准差为3的标准分数（又叫量表分）。此外，11个分测验量表分数可合并为言语分、操作分和全量表分，再查看相应年龄的IQ表，便可得到三个智力商数：言语智商（VIQ）、操作智商（PIQ）和全量表智商（FIQ），这三个商数均是以100为平均数、15为标准差的离差智商。这样就可以比较不同的被测人员的智力水平了。

3. 瑞文测验

瑞文推理测验（Raven's Progressive Matrices），也叫瑞文渐进矩阵，它是由英国心理学家瑞（J. C. Raven）于1938年设计的一套非文字智力测验。该测验的编制依据为斯皮尔曼的智力二因素论，主要测量智力的G因素，尤其与人的问题解决、清晰知觉、思维，发现和利用自己所需信息以及有效地适应社会生活的能力有关。

瑞文测验包括三个测验：标准型、彩色型和高级型。

渐进矩阵标准型（Standard Progressive Matrices，SPM）是瑞文测验的基本型，于1938年问世，适用于8岁到成人被试。它有5个黑白系列，由A、B、C、D、E五个单元构成，每单元包括12个测题，共60题。每个测题由一张抽象的图案或一系列无意义的图形构成一个方阵（2×2或3×3），方阵的右下方缺失一块（即空档）。测题要求被试从呈现在下面的另外6小块（或8小块）供选择的图片中，挑选一块符合方阵整体结构的图片填补上去，其中只有一块是正确的，它能使图案或方阵成为一个完美的整体，如图5－1所示。

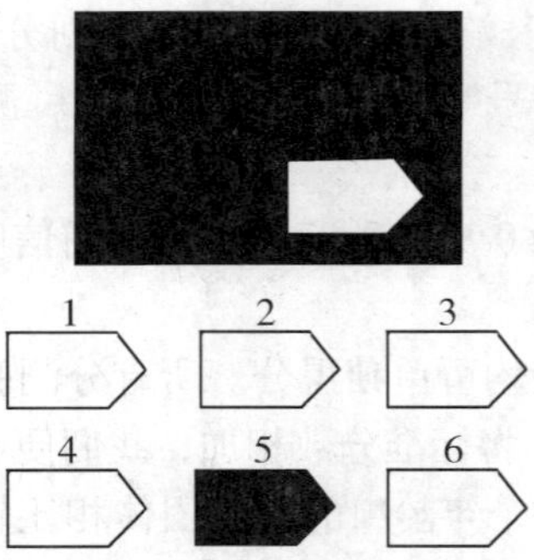

图 5－1　瑞文标准测验图例

该测题是按从易到难的原则依次排列的，每单元在智慧活动的要求上也各不相同。总的说来，矩阵的结构越来越复杂，从一个层次到多个层次的演变，所要求的思维操作也是从直接观察到间接抽象推理的渐进过程。其中 A、B 单元的测题主要是测量儿童直接观察辨别的能力。A 单元是辨认一个完整图形的内部关系的匹配性；B 单元则是由 4 个既独立又有联系的图形构成。这要求儿童既能辨认单个图形的形状，又要将它们看作是在空间上有联系的知觉整体。而 C、D、E 三个单元主要是测验一个人对矩阵（3×3）的系列关系进行类比推理的能力，但这三个单元的构图也表现出不同的深度。C 单元基本上是单一层次的演变，关系较明显，如 C4、C5 是数的递增关系，C7、C8 是位移关系，C6、C12 是组合关系等；D 单元的图形则是几个层次重叠的结构，要求被试分解出各层次及其演变规则，如 D6、D7 是由外形和内花两层结合起来变化的，D11、D12 则是三种形状三种变式交叉；E 单元主要是图形套合与互换关系，或是叠加（如 E1、E2），或是递减（如 E4、E5）。E 单元最后几题为本测验难度最大的测题，它们不只是一般的套合，还要求被试从中发现正反相消的关系，如 E12 的关系是同向相加，异向相减。

彩色型（Color Progressive Matrices，CPM）编制于 1947 年，是为适应测量幼儿及智力低下者而设计的。它是将原来黑白的标准型中的 A、B 两单元加上彩色以突出图形的鲜明性，并插入一个彩色 A_B 单元（12 题），共三单元 36 题，适用于 5.5 岁到 11 岁的儿童及智力低下的成人。

渐进矩阵高级型包括渐进矩阵Ⅰ型（12 题）及Ⅱ型（48 题），主要适用于智力超常者。

瑞文测验联合型（Combined Raven's Test，简称 CRT）是由原瑞文的渐进矩阵标准型与彩色型联合而成、由 72 幅图案构成 72 个测题的一本图册，内分六单元（A、A_B、B、C、D、E），每单元 12 题，前三单元为彩色，后三单元为黑白。该测验适用于 5～75 岁以内的幼儿、儿童、成年人及老年人。一般可团体（10～50 人左右）进行测验，幼儿以及智力低下和不能自行书写的老年人可个别施测。这个测验可用作有言语障碍者的智力测量，亦可作为不同民族、不同语种间的跨文化研究的工具。

1986 年，由张厚粲及全国 27 个单位组成的协作组完成了对瑞文标准测验的修订，出版了瑞文标准测验中国城市修订版。1989 年，李丹、王栋等分别完成了彩色型和标准型的合并本——联合型瑞文测验（Combined Raven's Test，简称 CRT）中国修订版的城市、成人、农村三个常模的制定工作。1996 年，王栋等人开始了联合型瑞文测验的再修订工作，目前新修订版也已完成。

瑞文推理测验施测过程简单，给每个被试发一本题册和一张答题纸即可。测试过程中，只需主试用例题做一下示范，被试就能明白测验规则，接着被试可以自己进行下去。测验结果须先计算出原始分数，然后按常模资料来确定被试的智力等级，一般用百分位常模来表示。整个测验一般 40 分钟左右就可完成。

二、能力倾向测试

（一）能力倾向的含义

小辞典

所谓能力倾向，是一种潜在的、特殊的能力，是一些对于不同职业的成功，在不同程度上有所表现的心理因素。

能力倾向具有以下特点：

第一，潜在而非现实性。能力倾向表现为一种成功的可能性，而不是已有的水平和现实性。一个人的机械推理能力强，我们可以预期他在许多与机械操作密切的活动领域中有取得成功的可能，但这仅是可能而已，这个人也许并没有机会表现他的优势。

第二，相对稳定性。能力倾向是相对稳定的，它不像人的智力水平一样，几乎很难改变，又不同于具体的专业知识技能那样容易通过强化训练而在短期内提高或由于遗忘而丧失。比如，人的手指灵巧与否，不是通过练习就可以很快提高的，但纺织女工接线头的技能却可以很快掌握。

第三，相对广泛性。智力的高低几乎影响人的一切活动的效率，但这是一种间接的影响。能力倾向影响到一个人在某一职业领域中多种活动的效率，而专业知识技能则仅仅影响某一有限或具体的活动。例如，人的手指灵巧性这一能力倾向，指一种快速而正确地活动手指、用手指准确地操作细小东西的能力。它有利于从事手指活动的一系列职业活动，如计算机录入、打字、制版、描图甚至舞蹈，而通过教育或训练获得的如“绣花”这样的技能，则不过就是绣花的技能而已。

（二）能力倾向测验

1. 普通能力倾向成套测验

1934 年美国劳动部就业服务处研制出普通能力倾向成套测验（General Attitude Test Battery，简称 GATB），用于对许多职位所必需的 9 种能力倾向进行测试。其中测试项目共有 15 项，分别是：A——工具匹配测验；B——名词比较测验；C——划纵线测验；D——计算测验；E——平面图判断测验；F——打点速度测验；G——立体图判断测验；H——算术应用测验；I——语义；J——打记号；K——形状匹配测验；M——插入；N——调换；O——组织；P——分解。其中，A—K 是纸笔测试项目，M—P 是操作测验。

GATB 测验可以测试的 9 种能力为：G——智能，指一般的学习能力；N——数理能力；R——语言能力；Q——书写知觉；S——空间判断能力；P——形状知觉；F——手指灵巧度；M——手腕灵巧度；K——动作协调度。

根据 GATB 对 9 种能力的测验，可以组合成 15 种职业能力结构，如表 5 -5 所示。

表 5－5　　GATB 测验内容

序号	职业	职业能力倾向类型
1	人文系统的专门职业	G－V－N
2	特别需要语言能力的事务职业	G－N－Q
3	自然科学系统的专门职业	G－N－S
4	需要数学能力的一般事务职业	G－N－Q
5	机械装置的操纵运转及警备保安职业	G－Q－M
6	机械事务的职业	G－Q－K
7	需要一般性判断和注意力的职业	G－Q
8	美术作业能力	G－S－P
9	设计、制图作业及电器职业	N－S－M
10	制版、描图的职业	Q－P－F
11	检查分类职业	Q－P
12	造型手指作业的职业	S－P－F
13	造型手臂作业的职业	S－P－F
14	手臂作业的职业	P－M
15	看视作业、立体性作业的职业	K－F－M

GATB 测试程序是：用 2～3 小时进行全套测验，其中纸笔测验可集体进行，操作测验可个别进行。记分后，将各种能力分数换算成标准分数，然后绘制个人能力倾向剖析图，并与职业能力倾向结构分类表相对照，这样就可以判断被试最适合的职业领域。

2. 特殊能力倾向测验

小辞典

特殊能力又称专门能力，指从事某项专门活动所必须具备的能力。

国际上主要的特殊能力测验有以下几种：

（1）音乐能力测验。美国心理学家、衣阿华大学西肖尔（C. E. Seashore）等人对音乐能力进行了开创性研究，1939 年编制了最早的音乐能力测验。该测验主要是测量听觉辨别力的 6 个方面：音高、响度、节拍、音色、节奏和音调记忆，他们认为这些能力是音乐全面发展的基础。后来，维格（H. D. Wing）等人编制了维格音乐能力标准化测验，该测验从 8 个方面计分：和弦分析、音高变化、记忆、节奏重音、和声、强度、短句和总体评价，适合于 8 岁以上的儿童。又如戈登（E. Gordon）等人编制的音乐能力倾向测验，测量三种基本音乐因素：音乐表达、听知觉和音乐情感动觉。

（2）美术能力测验。美术能力测验可以分为美术欣赏能力测验和美术创作能力测验。美术欣赏能力测验一般要求被试比较两幅图画，从中指出哪一幅美些。如梅尔（N. C. Meier）美术测验中有 100 对著名的艺术图片，每对中有一张是原作，另一张是经过改动的作品，要求被试判断哪一张更好。美术创作能力测验一般要求被试对所提供的线索性轮廓加以补充，使之成为图画。

（3）数学能力测验。前苏联心理学家克鲁捷茨基等人编制了数学能力测验。他根据中小学生不同年级的水平，编制了26个系列的题目，包括具有多种多样解法的题目、正向和逆向的题目、序列题目、与空间概念有关的题目等，用来测量学生数学能力的发展水平。

（4）文书能力测验。文书能力测验包括与智力测验类似的题目以及测量知觉速度和准确性的题目，这是因为文书工作中需要言语、数学能力和动作敏捷性以及觉察异同的快速性等能力。

（5）机械能力测验。机械能力包括：空间知觉、机械理解和动力敏捷性等多种成分。机械能力测验主要有：明尼苏达空间关系测验和贝内特机械理解测验。有人认为，存在着机械能力的普遍因素。在机械能力测验时，男性在空间知觉和机械理解上得分高，女性在动作敏捷性上得分高。

（6）飞行能力测验。飞行能力与一个人的感知辨别、反应灵活性、注意力分配、手脚动作协调等心理品质有密切关系。研究发现，优秀飞行员在感知觉判断、注意力分配、反映灵活性、记忆、思维灵活性、手足动作协调性、动作量控制、情绪稳定性、意志、飞行兴趣等方面表现都很突出。

3. 职业能力倾向测试

小辞典

职业能力倾向指经过适当学习或训练后或被置于一定条件下时，能完成某种职业活动的可能性或潜力。

职业能力倾向测验可以有效地测量人的某种潜能，从而预测个人在一定职业领域中成功的可能性，或者筛除在该职业领域中没有成功可能性的个体。人们编制了许多针对不同职业领域的能力倾向测验，用于人员的选拔、安置和职业设计。下面以公务员考试中的行政职业能力倾向测验为例加以说明。

《行政职业能力倾向测验》是由原人事部考录司组织心理学、管理学等学科的专家研制而成的，主要用于国家行政机关招考主任科员以下非领导职务公务员。它既不同于一般的智力测验，也不同于行政职业通用基础知识或具体专业知识技能的测验，而是专门用来测量与行政职业上的能力有关的一系列心理潜能的考试，其功能是在通过测量一系列心理潜能，进而预测应试者在行政职业领域内的多种职位上取得成功的可能性。

行政职业能力倾向测验基本分为5大部分：数量关系、言语理解、判断推理、常识判断、资料分析。具体见表5－6。

表5－6　行政职业能力倾向测验的内容结构

部分	内容	题数/组	时限/分钟
一	数量关系	15	15
二	言语理解	30	30
三	判断推理	30	30
四	常识判断	40	25
五	资料分析	15	20
合计		130	120

（1）数量关系。主要考查应试者解决算数问题的能力，它包括数字序列推理和科学计算等，涉及的知识和所用的材料一般不超过高中范围，甚至多数是小学或初中水平的。以此为媒介，考查应试者对数量关系的理解和计算能力。题型包括：数字推理，数学运算。

（2）言语理解。考查应试者对文字材料的理解、分析与运用的能力。它包括字词理解能力、句段意义的理解能力、语法的运用能力、字词拼写能力等。题型有：词语替换，选词填空，语句表达，阅读理解。

（3）判断推理。考查应试者逻辑推理能力，涉及对数字、图形、词语概念、事件关系和文字资料的认知理解、比较、组合、演绎、归纳、分析综合判断等能力。测验材料主要是文字和图形，测验特点是从已知的零碎、细微的材料中，整理、推断出完整的结论，或得出正确的判断。测验题型有：事件排序，定义判断，演绎推理，图形推理，机械推理。

（4）常识判断。主要测查应试者的知识面，试题取材广泛，从古至今，从无机物到人类，从自然到社会，因此不存在专业歧视。大致范围涉及政治、经济、法律、管理、科学技术、历史、国情、国力及公文写作处理等多方面的内容。考生要在短时间内提高常识判断能力的水平是很难的，主要在于平时的观察、思考和积累。

常识判断类试题一般为单选题和多选题，或者两种题型的组合。它要求考生对一些事物间的联系依据常识作出判断，主要考查对常见现象或事物产生的原因以及某一现象发生、引起的后果进行分析、归纳、推理的能力。

（5）资料分析。主要考查考生对各种资料（主要是统计资料，包括图表和文字资料）进行准确理解和分析综合的能力。测验方式是：首先提供一组资料，这组资料或是一个统计表，或是一个统计图，或是一段文字。在资料之后有几个问题，要求考生根据资料中所提供的信息，进行分析、比较、计算、处理，然后从问题后面的备选答案中选出一个符合题意的答案。试题难度一般分为三个等级：第一级是容易题，可以在资料中直接找到答案；第二级是中等难度的题，往往要经过一定的运算或对资料进行一定的分析综合之后，才能得出答案；第三级是较难的题，这类题往往是给出一组判断，要求考生判断其正误。这样的问题往往具有一定的综合性，要对资料进行比较复杂的分析和综合，甚至要用到资料上没有直接给出的相关背景资料才能得出正确的答案。基本题型有：统计表，统计图，文字资料。

三、创造力测验

创造力测验用来测量人们的创造性思维水平的高低。

（一）创造性思维的含义

小辞典

创造性思维——以新颖独创的方法解决问题的思维过程。

创造性思维有如下特点：①新颖性；②发散思维和聚合思维相结合；③创造性想象的积极参与；④灵感状态。

衡量创造性思维的指标是：

（1）思维的流畅性。即在限定时间内产生观念数量的多少。吉尔福特（Guiford，1954）把思维流畅性分为四种形式：用词的流畅性；联想的流畅性；表达的流畅性；观念的流畅性。

（2）思维的变通性。也叫思维的灵活性，是指摈弃旧的习惯思维方法，开创不同思维方向的能力。

（3）思维的独特性。即产生不寻常的反应和不落常规的能力，以及重新定义或按新的方式对所见所闻加以组织的能力。

（4）思维的敏感性。即及时把握住独特新颖观念的能力。

（二）创造力测验

国际上主要的创造力测验有：

1. 南加利福尼亚大学发散性思维测验

美国南加利福尼亚大学的吉尔福特和他的同事编制了一套发散性思维测验。测验的项目有：语词流畅性、观念流畅性、联想流畅性、表达流畅性、非常用途、解释比喻、用途测验、故事命题、事件后果的估计、职业象征、组成对象、绘画、火柴问题、装饰。前10项要求言语反应，后4项则使用图形内容反应。该测验适用于中学教育水平以上的人，主要从流畅性、变通性和独特性方面记分（有时也根据精细性记分）。例如，“组成对象”是要求被试用一些简单的图形（如圆形、长方形、三角形、梯形）画出指定的事物。在画物体时，可以重复使用任何一个图形，也可以改变其大小，但不能添加其他图形或线条。

2. 托兰斯创造思维测验

美国明尼苏达大学的托兰斯（E. P. Torrance）等人编制了另一个著名的创造力测验量表，该测验分为3套、12个分测验：①语词创造思维测验；②图画创造思维测验；③声音语词创造思维测验。测验时根据4个标准评分：流利（中肯反应的数目）；灵活（由一种意义转到另一种意义的数目）；独特性（反应的罕见性）和精密（反应的详细和特殊性）。被试从整个测验中得到一个总的创造力指数，代表该个体创造性思维的水平。该测验适用从幼儿到研究生的文化水平，普遍采用集体测试的方法，对于小学4年级以下学生，一般用个别口头测试。

3. 芝加哥大学创造力测验

美国芝加哥大学的心理学家盖泽尔斯（J. W. Getzels）和杰克逊（P. W. Jackson）等人根据吉尔福特的思想对青少年的创造力进行了深入的研究后，在20世纪60年代编制了这套测验。这套测验包括下列5个项目：①语词联想测验；②用途测验；③隐蔽图形测验；④完成寓言测验；⑤组成问题测验。该套测验适用于从小学高年级至高中阶段的青少年团体施测，有时间限制。

小测试

威廉斯创造力倾向测验

说明：下列句子中，如果你发现某些句子所描述的情形很适合你，则请在题后的表格里“完全符合”的选项内打勾；若有些句子只是部分适合你，则在“部分符合”的选项内打勾；如果有些句子对你来说是根本不可能的，则在“完全不符合”的选项内打勾。

注意：①每题都要做，不要花太多时间去想；②所有题目都没有所谓的“正确答案”，凭你读完每一句后的第一印象回答；③虽然没有时间限制，但尽可能以较快的速度完成；④一定要凭真实感觉回答，在最符合自己的选项内打勾；⑤每题只能打一个勾。

1. 在学校里，我喜欢试着对事情或问题作猜测，即使不一定都猜对也无所谓。
2. 我喜欢仔细观察我没有见过的东西，以了解其详细的情形。
3. 我喜欢变化多端和富有想象力的故事。
4. 画图时我喜欢临摹别人的作品。
5. 我喜欢利用旧报纸、旧日历及旧罐头盒等废物来做成各种好玩的东西。
6. 我喜欢幻想一些我想知道或想做的事。
7. 如果事情不能一次完成，我会继续尝试，直到成功为止。
8. 做功课时我喜欢参考不同的资料，以便得到多方面的了解。
9. 我喜欢用相同的方法做事情，不喜欢去找其他新的方法。
10. 我喜欢探究事情的真假。
11. 我喜欢做许多新鲜的事。
12. 我不喜欢交新朋友。
13. 我喜欢想象一些不会发生在我身上的事。
14. 我喜欢想象有一天能成为艺术家、音乐家或诗人。
15. 我会因为一些令人兴奋的念头而忘记了其他事。
16. 我宁愿生活在太空站，也不喜欢住在地球上。
17. 我认为所有问题都有固定的答案。
18. 我喜欢与众不同的事情。
19. 我常想知道别人正在想什么。
20. 我喜欢故事或电视节目所讲述的事。
21. 我喜欢和朋友在一起，让他们分享我的想法。
22. 如果一本故事书的最后一页被撕掉了，我就自己编造一个故事，把结果补上去。
23. 我长大后，想做一些别人从没想过的事情。
24. 尝试新的游戏和活动是一件有趣的事。
25. 我不喜欢受太多的规则限制。
26. 我喜欢解决问题，即使没有正确的答案也没关系。
27. 有很多事情我都很想亲自去尝试。
28. 我喜欢唱没有人知道的新歌。
29. 我不喜欢在班上同学面前发表意见。
30. 当我读小说或看电视时，我喜欢把自己想象成故事里的人物。
31. 我喜欢幻想 200 年前人类生活的情形。
32. 我常想自己编一首新歌。
33. 我喜欢翻箱倒柜，看看有什么东西在里面。
34. 画图时，我很喜欢改变各种东西的颜色和形状。
35. 我不敢肯定我对事情的看法都是对的。
36. 对于一件事情先猜猜看，然后再看是不是猜对了，这种方法很有趣。
37. 玩猜谜之类的游戏很有趣，因为我想知道结果如何。
38. 我对机器感兴趣，也很想知道它的里面是什么样子以及它是怎样转动的。

39. 我喜欢可以拆开来玩的玩具。
40. 我喜欢想一些新点子，即使用不着也无所谓。
41. 一篇好的文章应该包含许多不同的意见和观点。
42. 为将来可能发生的问题找答案，是一件令人兴奋的事情。
43. 我喜欢尝试新的事情，目的只是为了想知道会有什么结果。
44. 玩游戏时，我通常都有兴趣参加而不在乎输赢。
45. 我喜欢想一些别人已经谈过的事情。
46. 当我看到一张陌生人的照片时，我喜欢去猜测他是怎样的一个人。
47. 我喜欢翻阅书籍杂志，但只想大致了解一下。
48. 我不喜欢探寻事情发生的各种原因。
49. 我喜欢问一些别人没有想到的问题。
50. 无论在家里还是在学校，我总是喜欢做许多有趣的事。

计分表

题目	完全符合	部分符合	完全不符合	题目	完全符合	部分符合	完全不符合
1				26			
2				27			
3				28			
4				29			
5				30			
6				31			
7				32			
8				33			
9				34			
10				35			
11				36			
12				37			
13				38			
14				39			
15				40			
16				41			
17				42			
18				43			
19				44			
20				45			
21				46			
22				47			
23				48			
24				49			
25				50			

评分方法：

本量表共50道题，包括冒险性、好奇性、想象力、挑战性4项。

（1）冒险性：包含1、5、21、24、25、28、29、35、36、43、44这11道题，其中29、35为反面题目。得分顺序分别为：正面题目，完全符合3分，部分符合2分，完全不符合1分；反面题目，完全符合1分，部分符合2分，完全不符合3分。

（2）好奇性：包含2、8、11、12、19、27、32、34、37、38、39、47、48、49这14道题，其中12、48为反面题目，其余为正面题目。计分方法同冒险性部分。

（3）想象力：包含6、13、14、16、20、22、23、30、31、32、40、45、46这13道题，其中45题为反面题目，其余为正面题目。计分方法同冒险性部分。

（4）挑战性：包含3、4、7、9、10、15、17、18、26、41、42、50这12道题，其中4、9、17为反面题目，其余为正面题目。计分方法同前述。

计算最后得分，得分越高说明能力越强，得分越低则说明能力越弱。

实用工具

北森能力倾向测验

“北森能力倾向测验”的理论基础是“能力因素理论”，它以斯皮尔曼“二因素理论”、瑟斯顿“群因素理论”以及吉尔福特的“三维结构模型”为基础，同时参考国内经典的能力测试编制而成。主要从言语理解、言语推理、思维策略、数字推理、数学运算、空间能力、抽象推理、图形推理、资料分析等九个方面考查应试者的综合素质。

这九个方面的维度定义如下：

- 言语理解：考查个体对语言文字材料的感知、理解及表达方面的综合运用能力，包括词语辨析、完成句子、文字表达、阅读理解等。
- 言语推理：考查测试者对言语信息的理解、判断、分析、整合、推理和类比等日常逻辑思维能力。
- 数学运算：测量个体迅速而正确地从事数字计算的能力，考查个体对数学规律、数学情景的分析理解能力以及应用数学思维解决问题的能力。
- 数字推理：考查个体对数字的敏感性，数字观察、分析和推理的能力，思维灵活性。
- 图形推理：考查测试者对图形信息的理解、判断、分析、整合、推理和类比等日常逻辑思维能力。
- 空间能力：包括对空间模式进行观察和比较、理解二维或三维空间中物体的移动和旋转、想象空间物体以及操作想象中的物体的能力。空间能力决定了人们把握周围世界的精确程度。
- 抽象推理：考查在不同符号之间建立联系，发现内在规律的学习能力以及对事物的抽象、概括的逻辑分析能力。
- 资料分析：考查图表、文字理解方面的能力以及准确把握体现于图表中的内在关系，并实现图表与文字资料之间转换的能力。
- 思维策略：考查思维过程的逻辑严密性，思路清晰性，以及思维的创新性、发散性、灵活性等，反映了人们快速、巧妙、准确地解决问题的能力。

北森能力倾向测验的九个分测验，除思维策略测验是15道题目外，其余测验均为20道题目。每个部分的测验都有多种形式。各个分量表中的题目基本上采用常用0、1计分的方式，即正确回答计1分，错误回答计0分，但对于不同难度的项目，在评分上有不同的权重。最后给出了每个分维度和总分的原始分和根据常模转化的百分位数以及等级数。分维度的最高分为25分，最低分为0分；总分的最高分为100分，最低分为0分。

题目示例——数学运算

赛车场的跑道有400米长，现有A，B，C三辆车比赛，A车1分钟跑2圈，B车1分钟跑3圈，C车1分钟跑4圈。如果这三辆车并排在起跑线上，同时往一个方向跑，请问经过几分钟，这三辆车自出发后第一次并排在起跑线上？

A. 1/2　B. 1　C. 6　D. 12

题目示例——逻辑推理

某学校有四名专家，分别来自美国、加拿大、韩国和中国。他们分别在电子、机械和生物三个系工作，其中：

① 中国专家单独在机械系；② 韩国专家不在电子系；③ 美国专家和另外某个专家同在某个系；④ 加拿大专家不和美国专家同在一个系。

从以上条件可以推出美国专家所在的系为

A. 电子

B. 机械系

C. 生物系

D. 电子系或生物系

“北森能力倾向测验”采用百分位及四等等级两种形式。“百分位”反映了在某个测试维度上，测试者的得分在人群中的位置。例如，如果测试者在言语理解上百分数是80%，代表在参照人群中，他的得分比80%的人要高。四等等级是根据常模的分数分布趋势，将得分划分为4个等级，可以更加直观地表达某一分数在群体中的位置。

根据各个维度的百分位，将每一个维度分数以及总分都划分成4个等级。其中，百分比在73%～100%为A等；50%～72%为B等；28%～49%为C等；0～27%为D等。

得分解释示例：

1. 数学运算

• A等

能够很好地把握数量关系，善于解决工作中的各种数学情境问题。

• B等

有较好的数学运算能力，掌握了大部分的数学规律。

• C等

数学运算能力一般，掌握了基本的数学规律。

• D 等

数学理解能力不强，不能解决复杂情境下的数学问题。

• E 等

数学基础比较弱，数量关系的把握能力比较差。

2. 思维策略

• A 等

分析问题时思路非常清晰，能提出很多新颖、巧妙的解决办法。

• B 等

问题解决能力较强，善于从多个角度考虑问题。

• C 等

面对一般性问题时通常能判断出关键之处，创新性和灵活性一般。

• D 等

能够对简单常规的问题进行分析和判断，对解决较为复杂的问题感到困难。

• E 等

分析问题时思路不够清晰，思维比较单一和固定。

应用案例

某通信公司是一家高新技术企业，随着公司业务的扩展，在全国各地都设有分公司。公司现在需要招聘4名营销主管，派驻到各地的分公司，主管当地的销售事务。

人力资源部门首先在网上发布招聘启事，结果很快收到上百份简历。根据要求，应聘人员的学历应在大学专科以上、年龄在35周岁以下、具有规定年限以上的工作经验。以上这些条件，通过条件检索系统都能够轻松实现。经过筛选，留下89份有效简历然后对这89个人安排笔试。笔试包括能力倾向测验、市场营销的基本知识以及管理技能的基本知识。其中，能力测验的比例占40%，市场营销的比例占40%，管理技能占20%。

根据笔试的结果，取笔试成绩占前30%的人进入第一次面试。由销售经理以及主管营销的副总经理共同对候选人进行面试，主要考查应聘者对职位的理解、个人工作目标以及以往的工作经验。根据第一次面试结果，有10个人进入第二次面试。第二次面试由外部的专业人力资源咨询公司介入，采用评价中心的方法即无领导小组讨论、公文筐、演讲等。咨询公司将10个人的详细结果反馈到公司，由公司高层最终确定4个人。

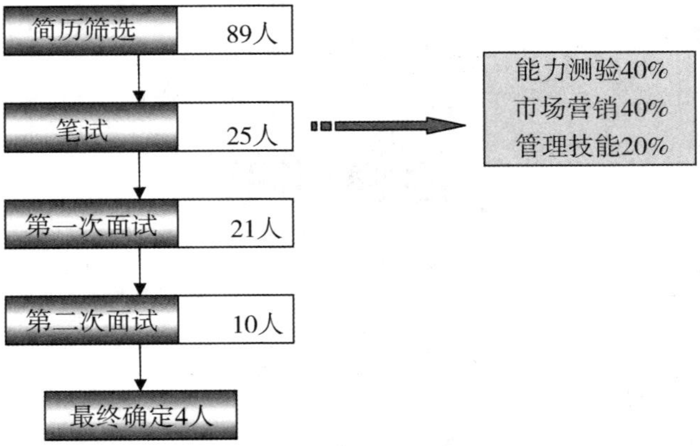

图 5－2　招聘流程图

本章小结

1. 能力是人们成功地完成某种活动所必须具备的个性心理特征，它包含两层涵义：一是实际能力；二是潜在能力。

2. 能力测验一般包括：智力测验，特殊能力测验，创造力测验。

3. 国际上常用的智力测验量表主要有：斯坦福—比奈智力测验，韦克斯勒智力测验，瑞文标准推理测验。

4. 特殊能力测验一般包括：音乐能力测验，美术能力测验，数学能力测验，文书能力测验，机械能力测验，飞行能力测验等。

5. 行政职业能力倾向测验基本分为 5 大部分：数量关系，言语理解，推理判断，常识判断，资料分析。

6. 创造力测验主要有：南加利福尼亚大学发散性思维测验，托兰斯创造思维测验，芝加哥大学创造力测验，威廉斯创造力倾向测验。

思考题

1. 什么是能力？能力与智力，能力与知识、技能，能力与资历的关系如何？
2. 能力可以分为哪些类型？
3. 能力倾向对工作会有哪些方面的影响？请举例说明。
4. 能力测验的主要理论有哪些？
5. 试分析行政职业能力倾向测验中包括哪几个方面？
6. 创造力思维的特征和指标是什么？

第六章

性格测验

本章提要

- 性格的含义及其特征
- 明尼苏达多相个性问卷
- 卡特尔 16 种人格因素测验
- 艾森克人格问卷
- 加州心理调查表（CPI）
- MBTI 测验
- 投射测验

引　言

一个人的性格，一般来说没有绝对的好坏之分。每个人的性格，一般都有最适合他的职业。理论研究和实践也都证明，正是性格、价值观、职业兴趣以及认知判断思维能力等这些“看不见”的特质，和一个人将来的工作表现有很大关系。

如何判断和识别应聘者的素质，一直是企业人力资源工作中的重点和难点。一个人的素质有如浮在海里的冰山，露在海面上的小部分技能和知识容易考查，而其自我认知、动机、性格等个人品质这些东西，都潜藏在海面以下，难以判断和识别。性格测验可以帮助企业了解和认识个人的性格特征，从而有的放矢地做好人力资源管理工作。

第一节　性格概述

一个人无论做出多少件事来，我们都可以在里面认出同样的性格。

——［美］爱默生

性格也称为人格特质，是一个人在生活中对人、对事、对自己、对外在环境所表现出来的一致性反应方式。每个人在其成长经历中，受到遗传、生理、家庭教养、文化、生活经历等因素的综合作用的影响，从而形成自己独特的性格，在不同情境中表现出特定的反应方式。

课堂活动

各有天性

（1）让每个学生伸出双手，自然交叉（如图 6-1，图 6-2）。观察一下自己的大拇指哪个在上，哪个在下？如果换过来有什么感受？

（2）请几个学生发言，分享自己交换过程的感受，这说明了什么？

（3）教师总结。

图6-1　右手拇指在左手上面

图6-2　左手拇指在右手上面

注：这个活动说明：①先天的倾向对人的行为有着广泛而且深入的影响；②很多时候，我们表现出的行为是天性使然，以至于自己觉察不到行为背后的性格原因，也想不到他人可能有另外的反应方式；③如果要做出违背自身性格特点的事情，人们会觉得别扭、不习惯。工作中也是如此。

一、性格的定义

生活中，我们经常对他人进行评价：“×××热情开朗，为人豪爽。”“×××胆小怕事，对人冷淡。”我们的这种评价，实际上说的就是人的性格特征。那么，什么是性格？要在心理学上给它下个准备的定义，并不是一件容易的事。性格研究的权威奥尔波曾说：性格的定义几乎同下定义的学者人数一样多。

小辞典

性格是人对现实的稳定的态度和习惯化了的行为方式中所表现出来的个性心理特征。

性格的内涵可以从两个方面理解：①做什么——反映对现实的态度；②怎么做——反映人的行为方式。

二、性格的特征

（一）性格的态度特征

性格的态度特征主要是指处理各种社会关系方面表现的性格特征。主要有：

（1）对社会、集体和他人的态度的特征。属于这方面的特征主要有：公而忘私或假公济私；忠心耿耿或三心二意；善于交际或行为孤僻；热爱集体或自私自利；礼貌或粗暴；正直或虚伪；富有同情心或冷酷无情等。

（2）对工作和学习的态度的特征。属于这方面的特征主要有：勤劳或懒惰；认真或马虎；细致或粗心；创新或墨守成规；节俭或浪费等。

（3）对自己的态度的特征。属于这方面的特征主要有：谦虚或骄傲；自尊或自卑；严于律己或放任自流等。

（二）性格的意志特征

性格的意志特征，是指人在对自己行为的自觉调节方式和水平方面表现的性格特征。主要有：

（1）对行为目的明确程度的特征。属于这方面的特征主要有：目的性或盲目性；独立性或易受暗示性；纪律性或散漫性等。

（2）对行为的自觉控制水平的特征。属于这方面的特征主要有：主动性或被动性；自制力或缺乏自制力、冲动性等。

（3）在长期工作中表现出来的特征。属于这方面的特征主要有：恒心、坚韧性或见异思迁、虎头蛇尾等。

（4）在紧急或困难情况下表现出来的特征。属于这方面的特征主要有：勇敢或怯懦；沉着镇定或惊慌失措；果断或优柔寡断等。

（三）性格的情绪特征

性格的情绪特征，是指人的情绪活动在强度、稳定性、持续性和主导心境等方面表现出来的性格特征。主要有：

（1）情绪强度特征，表现为个人受情绪影响程度和情绪受意志控制的程度。例如，有人情绪体验比较微弱，容易用意志控制；有人情绪体验比较强烈，难以用意志控制。

（2）情绪稳定性特征，表现为情绪起伏波动的程度。例如，有人不论在成功或失败时，情绪都比较稳定，对情绪的控制也比较容易；有人成功时则沾沾自喜，失败时则垂头丧气，对情绪的控制也比较困难。

（3）情绪持久性特征，表现为个人受情绪影响时间久暂的程度。例如，有人遇到愉快的事，当时很高兴，事后很快恢复平静；有人愉快的情绪则会持续很久。

（4）主导心境特征，表现为不同的主导心境在一个人身上表现的程度。例如，有人经常愉快，有人经常忧伤；有人受主导心境支配的时间长（主导心境稳定性大），有人受主导心境支配的时间短（主导心境的稳定性小）。

（四）性格的理智特征

性格的理智特征，是指人在认知过程中的性格特征。人的认知水平的差异称为能力特征，人的认知活动特点与风格称为性格的理智特征。主要有：

（1）感知方面的性格特征。人在感觉和知觉方面的个别差异可以区分出：主动观察型和被动观察型；记录型和解释型；罗列型和概括型；快速型和精确型等。

（2）记忆方面的性格特征。人在记忆方面的个别差异可以区分出：主动记忆型和被动记忆型；直观形象记忆型和逻辑思维记忆型；在识记上有快慢之分；在保持上有长短之分等。

（3）想象方面的性格特征。人在想象方面的个别差异可以区分出：主动想象型和被动想象型；幻想型和现实型；敢于想象型和想象受阻型；狭窄想象型和广阔想象型等。

（4）思维方面的性格特征。人在思维方面的个别差异可以区分出：独立型和依赖型；分析型和综合型等。

在以上四个方面的性格特征中，最主要的是性格的态度特征和性格的意志特征，其中又以性格的态度特征更为重要。因为它直接体现了一个人对事物所特有的、稳定的倾向，也是一个人的本质属性和世界观的反映。性格的上述各个方面的特征并不是孤立的，而是相互联系的，在个体身上结合为独特的统一体，从而形成一个人不同于他人的性格特征。

每一种职业都对性格品质有特定的要求，要适应这一职业，就必须具备这一职业所要求的性格特征。没有良好的与职业要求相适应的性格，就很难做好工作。如驾驶员要求具备注意稳定、动作敏捷的职业性格特征；医生要求具备耐心细致、热情待人的职业性格特征。所以，个人在选择职业时，通常应根据自己的性格特点，选择适合个人特点的职业和工作。

应用案例

柳传志：是军营塑造了我

柳传志，1944 年 4 月 29 日生于江苏镇江市，1961～1967 年在西安军事电讯工程学院学习，1984 年创办了中科院计算所新技术发展公司（联想前身）；现任联想控股公司总裁、联想集团董事局主席。截至 2003 年 12 月，联想控股有限公司共上缴国家各种税收 54.5 亿元人民币。

柳传志，当今这位中国企业界“教父”级人物从来也不讳言：是军营塑造了他。柳传志说：“企业成功跟我有一定的关系，但不是全部。这一定的关系之中，跟我在军队里养成的性格又有一定的关系。”

柳传志在多个场合讲到：“我在军事院校时的班主任讲的一些故事，对我有非常大的影响。在辽沈战役中，班主任所在的部队总觉得自己是战斗力很强的一个团，有一次到某首长的总队里去配合作战。这位首长跟该团团长约定好占领某制高点的时间，到达目标时，全军发动总攻。但在真打起来时，该团却怎么也拿不下来，眼看时间快到了，再不行的话就要影响总攻了。这位首长大怒，当场就把团长给撤了，换上了自己的精锐部队，结果迅速拿下了这个制高点。他的那些战士根本不怕死，一个个往上冲。部队这种冲的劲头不得了，为达到目标不顾一切。我们在联想办企业的时候，也有这样的口号——‘把 5% 的希望变成 100% 的现实’。就是说当你全心要做某件事的时候，就得一往无前，不顾一切。”

所谓一往无前，在柳传志眼中不是盲目地一往无前，而是要把事情想明白，判断是不是一定能攻得下，一旦下了决心就要一往无前。

事实上，从创业开始联想就在不停地一往无前。从 1984 年以 20 万元人民币投资创办中科院计算所新技术发展公司开始；到 1992 年，面对国外品牌的纷纷进入，联想开始扯起了“民族工业”的大旗做自己品牌的机器；到后来的 1996 年正式提出了“贸工技”路线……这种一往无前体现得淋漓尽致。

（摘自：《中国经济周刊》，2004 年 8 月 9 日）

第二节　性格测量

性格测量的方法主要有自然实验法、问卷法和投射测验法三种。

一、自然实验法

自然实验法是实验法在自然条件下的运用，它兼有实验室实验法的控制条件和观察法的自然真实两方面的优点，对测量性格相当有效。下面是几个有名的自然实验。

（一）哈尔霍恩（Hartshorne）和梅（May）的品德测验

品德测验可以用来测量诚实、自我控制等行为特点。如在考试时，试题多而简单，考试后将试卷复印，要求学生批改自己的试卷，并附有标准答案。收回试卷后再将两种试卷对照，即可发现学生是否为了提高分数而修改答案。又如，另一种测量诚实的方法，被称为“不可能的成绩”。在测验时，要求学生闭目用笔把点画在10个圆圈内，连做3次，每次点10点，点中1个得1分。如果被试确实遵从指示紧闭双目，3次画点的部分不会超过13分（这是因为经过多次测定，每次最多点中4～5个）。如果超过13分，说明被试可能不诚实（测试时没有闭目而是偷看）。

（二）前苏联心理学家阿格法诺夫（Т. И. Агафонов）的“拾柴禾”实验

这个实验用来测量儿童的勇敢性。实验者以保育院40个儿童为对象，实验时把一些湿的柴放在宿舍近的地方，而把一些干柴放在较远的山沟里。在冬天的夜晚要求儿童去取柴烤火，实验者发现有些孩子勇敢地到山沟里取柴，有的边走边埋怨，大部分孩子怕黑，宁愿就近取柴。然后对孩子进行一定的教育，接受教育后，去山沟里取柴的孩子逐渐多起来了，但仍有20多个孩子没有太大变化。在9个月的时间内，研究者观察到儿童在勇敢方面的差异：有的是勇敢的，有的是动摇的，有的是畏缩、贪图方便的，有的是胆怯的。

（三）前苏联心理学家谢列布列亚科娃的教育实验

为了测量儿童的自信心，谢列布亚科娃设计了一个教育实验。该实验要求被试对3组难、易、中程度不同的9道算术题作出选择性地回答。她发现学生在挑选问题时，大体上有3种情况：一部分学生在挑选问题时是稳定而适当的，这部分学生的性格被认为是有自信心的；另一部分学生挑选不能胜任的问题，这部分学生的性格被认为是自负的；再有一部分学生不敢挑选稍难而只挑能够回答的问题，这部分学生的性格被认为是缺乏自信心。然后，根据学生的性格特征分别进行不同的教育。

二、问卷法

问卷法是测量性格时常用的方法之一，通常在问卷上列出许多问题，由被试去回答，题目多数是是非题和选择题。这种方法使用极为方便，题目、记分、评分都具有标准化。但是，被试的回答是主观的回答，有真有假，也可能有意回避一些问题。在有些问卷中，会编制一些题目来测验被试回答的可靠性。问卷法可以个别测验，也可以团体测验；有些问卷测量一个性格特征，有些问卷测量几个性格特征。常用的问卷有下列几种：

（一）明尼苏达多相个性问卷

明尼苏达多相个性问卷（Minnesota Mutiphasic Personality Inventory，MMPI）是美国明尼苏达大学教授哈萨威（S. R. Hawthaway）和迈金利（T. C. Mackinley）于20世纪40年代编制的，因为它可以同时测量性格的许多特征，因此被称为多相个性问卷。经过几十年的不断应用和筛选，它在临床和研究中的应用愈来愈广。20世纪80年代初，中国科学院心理所宋维真曾将MMPI引入我国，称为明尼苏达多相个性调查表。

该量表有566个项目，其中有16个是重复项目（用于测查被试反应的一致性）。这些项目的内容涉及很广，包括身体体验、精神状态以及对家庭、社会、婚姻、宗教、政治、法律的态度等26类题目（见表6－1），在结构上组成这个量表的14个分量表，其中效度量表有 4 个，临床量表有 10 个（见表6－2，表 6－3）。答题纸上有 3 种答案：是；否；不作记号。

表 6－1　　MMPI 的项目内容和项目数

项目分类	项目数	项目分类	项目数
1. 一般健康	9	14. 关于性的态度	16
2. 一般神经症状	19	15. 关于宗教态度	19
3. 脑神经	11	16. 政治态度——法律和秩序	46
4. 运动和协调动作	6	17. 关于社会的态度	72
5. 敏感性	5	18. 抑郁感情	32
6. 血管运动、营养、言语、分泌腺	10	19. 狂躁感情	24
7. 呼吸循环系统	5	20. 强迫状态	15
8. 消化系统	11	21. 妄想、幻想、错觉、关系疑虑	31
9. 生殖泌尿系统	5	22. 恐惧症	29
10. 习惯	19	23. 施虐狂、受虐狂	7
11. 家庭婚姻	26	24. 志气	33
12. 职业关系	25	25. 男女性度	55
13. 教育关系	12	26. 想把自己表现得好些的态度	15

表 6－2　　MMPI 的 10 个临床量表及其高分解释

序号	临床量表	略号	高分解释
1	疑病	Hs	强调身体疾病
2	抑郁	D	不快乐、抑郁
3	歇斯底里	Hy	对应激的反应是否有问题
4	精神病态	Pd	与社会缺乏一致；经常处于法律纠纷之中
5	男性化—女性化	Mf	男子女性倾向；女子男性倾向
6	妄想狂	Pa	多疑
7	精神衰弱	Pt	烦恼、焦虑
8	精神分裂症	Sc	孤独、古怪思想
9	轻躁狂	Ma	冲动、激动
10	社会内向	Si	内向、害羞

表 6－3　　MMPI 的效度量表

序 号	效度量表	略 号
1	疑问量表	?
2	说谎量表	L
3	效度量表	F
4	校正量表	K

MMPI 适用于 16 岁以上的成人，被试必须具备小学以上的文化水平且没有影响测验

结果的生理缺陷，测验必须由受过专业训练的主试承担。MMPI 测验无时间限制，正常人一般在 45 分钟左右就可以完成。

（二）卡特尔 16 种人格因素测验（16PF）

16PF 是美国伊利诺伊州立大学及能力测验研究所卡特尔（R. B. Catell）教授编制的。他根据自己对人格特质因素分析，得到了 16 个因素，从而编制了 16 种人格因素测验（Sixteen Personality Factor Questionnaire，简称 16PF）。卡特尔认为 16PF 中有些特质是由遗传决定的，称为体质根源特质；而有些特质来源于经验，因此称为环境塑造特质。

16PF 中的 16 个因素分别为：乐群性（A）；聪慧性（B）；稳定性（C）；持强性（E）；兴奋性（F）；有恒性（G）；敢为性（H）；敏感性（I）；怀疑性（L）；幻想性（M）；世故性（N）；忧虑性（O）；实验性（Q1）；独立性（Q2）；自律性（Q3）；紧张性（Q4）。对 16 个因素进行不同组合，还可以计算出人格类型的 4 个次元素（人格二元特征）：适应与焦虑性、内向与外向性、感情用事与安详机警性、果断与懦弱性，及由此推出的 4 个综合个性应用评价：情绪心理状态健康者的人格因素，专注职业而有成就者的个性因素，富于发明创造能力者的人格因素，在新环境中有成长力的人格因素。

16PF 有 187 道选择题，每题有 3 个备选答案，分别记为 0 分、1 分及 2 分。测验要求被试根据自己的情况或推理选出符合自己情况或意愿的一个答案填在答案纸上，用记分套板统计出每个因素的原始分，在相应的群体常模上查到标准分并描记到剖析图上，最后将各点连成曲线，即可得到一个人的人格轮廓图。如图 6－3 所示。

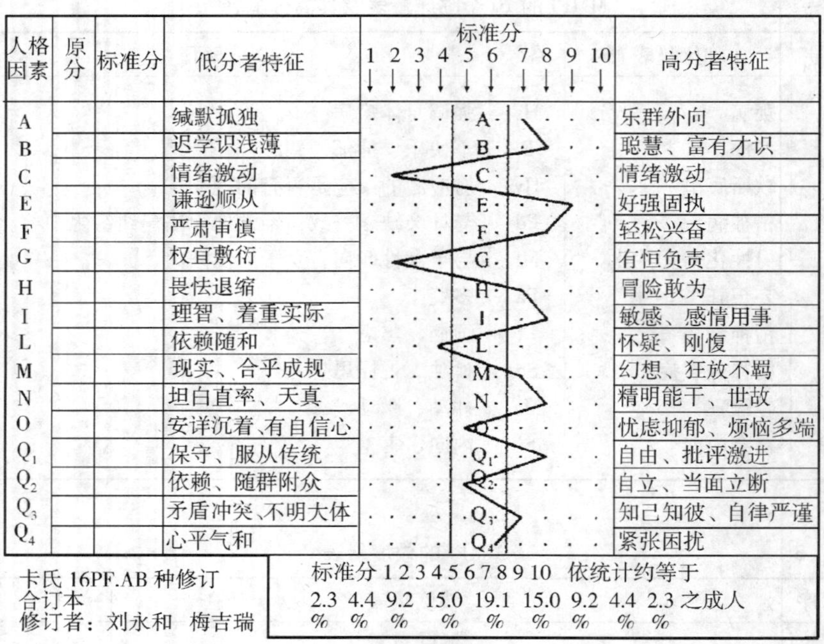

图 6－3 16PF 的轮廓图

该测验适用于 16 岁以上各类人员，对被试的职业、级别、年龄、性别、文化等方面均无限制。测验可以了解被试在环境适应、专业成就和心理健康等方面的表现。在人事管理中，16PF 能够预测被试的工作稳定性、工作效率和压力承受能力等。

（三）艾森克人格问卷（EPQ）

艾森克人格问卷（Eysenck Personality Questionaire，EPQ）是英国伦敦大学心理系和精神研究所的艾森克教授（H. J. Eysenck）及其夫人编制的，分为成人问卷和青少年问卷两种形式。英国原版的成人问卷中共有 90 题，青少年问卷共有 81 题。中国修订本（1982，1985，陈仲庚等和龚耀先等）的成人问卷和青少年问卷均为 88 题。

该量表包括四个结构成分：

（1）E 量表（内外向）：与中枢神经系统的兴奋、抑制的强度密切相关。

（2）N 量表（情绪的稳定性，又称神经质）：与植物性神经的不稳定性密切相关。

（3）P 量表（精神质）：测量精神倔强性。

（4）L 量表（效度）：测量受测者的“掩饰”倾向，同时反映了受测者的纯朴性。

每个测题只要求受测者回答“是”或“否”。测试结果可以用剖析图来显示，将受测者各量表原始分数在与其性别和年龄相应的 T 分表上查出 T 分数，在剖析图各量表位置上标明，然后将各量表标志点连结，便得到一个量表剖析图（图 6－4）。据此可以立即判断出受测者的内外向性以及情绪稳定性，还有其气质类型，可以制作 E、N 关系坐标图（如图 6－5 所示）。

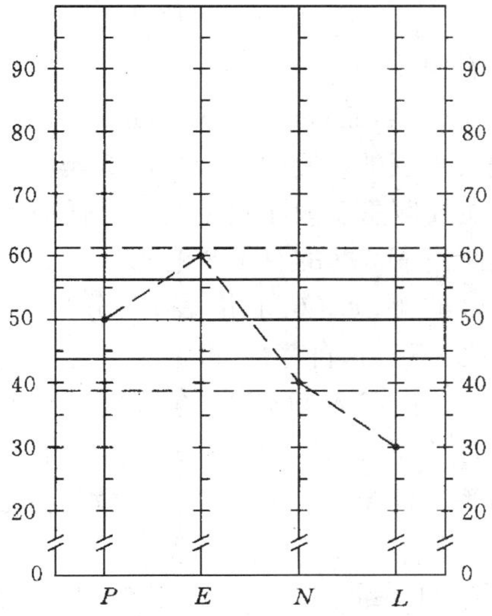

图 6－4　EPQ 量表剖析图

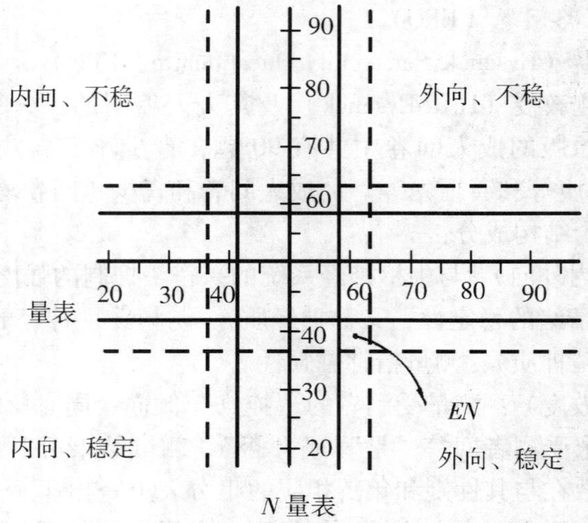

（注：张××的 *EN* 相交图倾向于外向稳定型人格）

图 6-5　EPQ 量表 EN 二维关系图

（引自：金瑜．心理测量．上海：华东师范大学出版社，2001）

（四）加州心理调查表（CPI）

加州心理测验（Clifornia Psychological Inventory，CPI）是美国心理学家高夫（H. G. Gough）于 1951 年编制出版的。测验可以反映人类正常社会行为方式，预测个人在特定场合下的社会行为，主要侧重于人际关系或社会适应的测量。

该量表共 480 题（主要来自 MMPI 的有 178 题），包括 18 个分量表：

（1）人际关系适应能力的测验（6 个量表）。分别为：支配性（Do），上进心（Cs），社交性（Sy），自在性（Sp），自尊性（Sa），幸福感（Wb）。

（2）社会化、成熟度、责任心及价值观的测验（6 个量表）。分别为：责任心（Re），社会化（So），自制力（Sc），好印象（Gi），从众性（Cm）。

（3）成就潜能与智能效率的测量（3 个量表）。分别为：遵循成就（Ac），独立成就（Ai），智能效率（Ie）。

（4）个人生活态度与倾向的测量（3 个量表）。分别为：心理性或共鸣性（Py），灵活性（Fx），女性化（Fe）。

此外，CPI 还包括 3 个效度量表：Gi（好印象）、Wb（幸福感）和 Cm（从众性）。

CPI 的中文修订版含 462 个测题，由三个部分组成：

（1）通俗概念量表。该部分由 20 个概念量表（因素）组成，它们分别是：支配性；进取能力；社交性；社交风度；自我接受；独立性；通情；责任心；社会化；自我控制；好印象；同众性：适意感；宽容性；顺从成就；独立成就；智力效率；心理感受性；灵活性；女/男性化。

（2）结构量表。包括三个维度：V. 1 是外向—内向；V. 2 是规范问题—规范遵从；V. 3 是自我实现或个人整合。

（3）特殊目的和研究量表。包括 12 个量表：管理潜能（MP）；工作取向（WO）；研究和学术高水平创造性（CT）等。

CPI 的中文修订版的解释是以 V. 1 为横轴，V. 2 为纵轴，在两轴十字交叉情况下划出以下四种基本人格类型：① Alpha 型（外向规范取向型），特点是 V. 1 低而 V. 2 高；② Beta 型（内向规范取向型），特点是 V. 1 高 V. 2 也高；③ Gamma 型（外向规范问题型），特点是 V. 1 低 V. 2 也低；④Delta 型（内向规范问题型），特点是 V. 1 高而 V. 2 低。每种基本类型又可以根据 V. 3 划分为 7 个自我水平。

（五）MBTI 测验

MBTI（Myers－Briggs Type Indicator）以瑞士著名心理学家荣格（Carl G. Jung）的心理类型理论为基础。荣格在他的著作《心理类型》（Psychological Types）中提出了这一理论，嘉芙莲·谷嘉·碧瑞斯（Katharine Cook Briggs）和她的女儿伊莎贝·碧瑞斯·麦尔（Iasbel Briggs Myers）对此产生了极大的兴趣，她们潜心研读荣格的著作，进行了 20 年研究，最终发展和完善了心理类型理论，并且编制了相应的测量工具——MBTI 测验。

1. MBTI 的维度

MBTI 理论从四个方面来反映人的性格：我们与世界相互作用的方式以及注意力和能量集中的方向；我们习惯性留意的信息类型；我们做决定的方式；我们处理事情时是喜欢结构性强还是喜欢自由随意。人类性格的这些方面在心理学中称为“维度”。每个维度都有两个相反的方向，如表 6－4 所示：

表 6－4　MBTI 的维度和偏好

我们与世界相互作用的方式	（E）外向——＋——内向（I）
我们获取信息的主要方式	（S）感觉——＋——直觉（N）
我们的决策方式	（T）思考——＋——情感（F）
我们的做事方式	（J）判断——＋——感觉（P）

每个人的性格都包含于四个维度的这一边或者那一边，每种维度的两边称为“偏好”。例如，如果你落在外向的那边，你就具有外向的偏好；如果你落在内向的那边，你就具有内向的偏好。实际上，在生活中所有人都会用到每个维度的两个偏好，但仍会有一种天生的，倾向于这一边或者那一边的偏好，运用自己的偏好会让自己更舒服。

课堂活动

理解“偏好”

1. 请学生像平常一样在纸上签名，然后换一只手签名。然后思考：感觉有何不同？（见图 6－6，图 6－7）

2. 请几个学生谈谈他们的感想。

3. 教师总结。

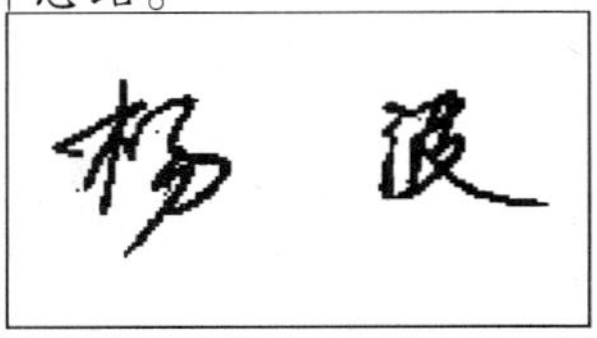

图 6－6　右手写的签名

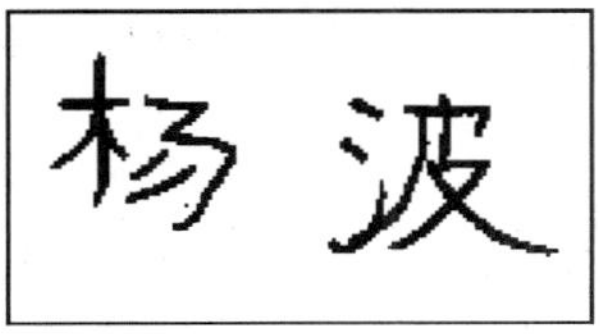

图 6－7　左手写的签名

注：这个活动说明：①在 MBTI 的四个维度上，每个人都有自己的偏好，就像习惯用右手还是左手写字，当使用自己的偏好时会更舒服、更容易成功，而用与自己偏好相反的功能时，就会感到别扭。例如，如果一个有着情感偏好的人在作决策时用到理性思考的方式，他会感到不适应、不习惯、要花费更多的努力，就像已经习惯用右手写字的人用左手签名一样；②这些相对的偏好，没有对错好坏之分，它们分别反映了一些人们正常的和有价值的行为方式。

（1）外向（E）/内向（I）。性格类型的第一个维度是关于我们喜欢怎样与世界相互作用以及我们向何处释放能量。每个人都有自然的倾向于外部或内部世界的偏好。外向者主要定位于外部世界，倾向于集中在人和事上，他们具有易沟通、好交际的特点；他们易适应环境，随环境变化随时调整自己，自然地被外部的人和物所吸引；外向者趋向于通过感受来了解世界，会更趋于参加许多活动，喜欢成为活动的焦点，而且容易接近。内向者则主要定位于内部世界，倾向于把知觉和判断集中于观念和思想上，他们更多地依赖于持久的观念而不是暂时的外部事件；他们总是避免成为注意的中心，而且他们一般要比外向者沉默一些。例如一位外向者这样描述自己：“对我来说，与人交往，特别是与朋友交往，是非常快乐并且令人振奋的事情。我喜欢走到哪里都能遇见很多熟人。”而一位内向者则截然相反：“我喜欢人，但我不太看重迅速而肤浅的交往，我觉得参加各种团体活动和聚会是累人的事，与那些我连名字都记不起或再也不会见面的人交谈，有什么意思呢？”

很多人认为，“外向”是“健谈”的意思，“内向”意味着“腼腆”，但在心理学理论中，内向、外向的含义远远超出健谈、腼腆的范畴。下表列出了外向与内向者诸多方面的差异。

表 6－5 内向外向

外向（E，Extraversion）	内向（I，Introversion）
• 善于表达	• 通常保留
• 自由地表达情绪和想法	• 情绪和想法不轻易流露
• 听、说、想同时进行	• 先听，后想，再说
• 朋友圈大	• 固定的朋友
• 主动参与	• 静静反思
• 大家	• 个人
• 许多	• 少数
• 广度	• 深度

课堂活动

你问我答

1. 教师请认为自己内向的同学举右手，认为自己外向的同学举左手（可以根据测评报告）。

2. 为了更好地了解外向的同学，请内向的学生向外向学生提问。同样，为了更好地了解内向的同学，请外向的同学向内向的同学提问。

3. 教师从同学的表达中总结外向者与内向者的不同。

（2）感觉（S）/直觉（N）。性格类型的第二个维度关注于我们习惯性注意的信息类型。感觉型的人关注“是什么”，而直觉型的人则关注“可能是什么”。感觉型的人倾向于通过收集具体、特殊的信息了解外在世界，通常具有善于观察、对细节敏感、关注事物的现实性等特点。他们专注于看到、听到、感觉到、闻到及尝到的事物；他们信赖自己的经验，关注此时此刻发生的事情。感觉型的人看到一个情况时就会想精确地知道发生了什么。直觉型的人倾向于感知外界环境的全貌或整体，关注事物的现状及发展变化，通常具有反应敏捷、思维跳跃、追求变化等特点；注重暗示和推理，信赖自己的灵感和预感，注重将来，喜欢预测事物，并总想改变事物。直觉型的人看到一个情况时，就想知道这意味着什么，结果是怎样的。例如，一个直觉型的人抱怨道：“我是个很有主意的人，我最喜欢的就是接手一个烂摊子，然后给出解决问题的方法，但是整个公司没有一个人有远见，尤其是我的老板，他的注意力从未超出过他的办公桌！每当我向他提出一个能对公司未来产生深远影响的好提议时，他只知道问：成本如何？需要多久？在你干新工作时谁来接替你？”而这位朋友的老板看问题的角度则不同：“也许他确实比我富有创造力吧，但问题是他的大多数想法都不切实际，他需要给出经过深思熟虑的成本收益分析以及对公司预期的影响，这一切都需要认真而有计划的研究。但他常常忽略这些重要的东西。”表 6-6 详细地说明了这两种偏好的人各有哪些相反的特点。

表 6-6　　感觉和直觉

感觉（S，Sensing）	直觉（N，Intuition）
• 明确、可测量	• 可发明、改革
• 细节、细致	• 风格、方向
• 现实、现在	• 革新、将来
• 看到、听到、闻到	• 第六感
• 连续的	• 任意的
• 重复	• 变化
• 享受现在	• 预测将来
• 基于事实、经验	• 基于想象、灵感

（3）思考（T）/情感（F）。第三个维度与我们如何作出决定有关。思考型的人主要是以逻辑推理为基础，通过理智思考进行活动和决策。分析问题的解决是否符合公认的标准，具有客观、理性、有条理等特点。情感型的人主要是通过权衡问题的相对价值和利益进行决策，他们判断时依赖于对个人价值观或社会价值观的理解，在决策时往往照顾他人的感受，具有同情心、渴望和谐。就如前面提到的，每个人都会用到这两种偏好，思考型的人也有感情和个人价值，情感型的人也可以非常客观和有逻辑。然而，每个人都会更自然、更经常、更成功的倾向于其中之一。表 6-7 更详细地说明了两种偏好的人有哪些相反的特点。

课堂活动

年度篮球先生

1. 学生阅读故事背景。

想象一下：你是一个篮球队的队长，你必须选择一名队员作为“年度篮球先生”。最后有两个候选人：Josh 和 Tom。那么你倾向于哪一位?

对于 Josh，很明显，他是一个明星队员。虽然他还是一个低年级学生，但是他为球队赢得了许多分数，并使得全队获得年度金奖。虽说 Josh 是天生的运动健将，但他还是非常尽力地打好每场比赛。所以，为了公平起见，就必须仅仅根据赛场表现作出选择。否则，如果有偏袒，会开一个不好的先例。当然，相信所有的人都会毫无异议地同意 Josh 获得这个荣誉。

Tom 虽然不是最佳的球手，但是他应该得到这个荣誉。他付出了超出常人的努力去练好球，他总是拿出 150% 的努力打好每一场比赛。在每一场比赛里，他都热情高涨，并且能够很好地鼓励其他的战友共同努力，发挥出最佳的战绩。Tom 是一个高年级学生，因为家境问题，他高中毕业后要去找份工作做，而不能进入大学学习。所以，这次评选可能是他篮球生涯的结束，也是他唯一一次获得如此荣誉的机会。

2. 请同学回答自己的决定和理由。
3. 教师总结。

表 6－7　　思考和情感

思考（T，Thinking）	情感（F，Feeling）
• 客观、公正	• 主观、仁慈
• 批评，不感情用事	• 赏识，也喜欢被表扬
• 清晰	• 协调
• 基于分析的	• 基于体验的
• 关注事情和联系	• 关注人和关系
• 理智、冷酷	• 善良、善解人意
• 头脑	• 心灵
• 原则、规范	• 价值、人情
• 法不容恕	• 情有可原

（4）判断（J）/知觉（P）。性格类型的最后一个维度是关于我们喜欢结构严谨（做决定）的方式还是自由宽松（获得信息）的方式。判断型的人喜欢井然有序的感觉，而且当他们的生活被规划好、事情被解决好时，他们是最快乐的。判断型的人想方设法管理和控制生活，具有善于组织、有目的性、有决断性等特点，通常在获得行动所必要的信息后，就不再寻求新的信息而直接付诸行动。知觉型的人以一种比较宽松的方式生活，并且当生活很有余地时，他们感到最快乐。知觉型的人试图去理解生活而不是控制它，具有比较开放、适应性强、灵活多变、不拘小节等特点，通常喜欢随遇而安，思考多于行动，对规则和约束反感。例如，一个知觉型的人，他的房间经常是杂乱无章的，

衣服、书包、水杯、书、食物……这些物品到处摆放，凌乱而随意，找起东西来总是免不了要大费周折，尽管他们会辩解自己能找到任何需要的东西；而一个判断型的人，他的房间在大部分时间是整洁有序的，所有的物品都有属于它们自己固定的位置，一切都井井有条。以此类推，像橱柜、钱包、桌面，这些地方的状况都可以反映出主人的性格特点。

表 6-8　　判断和知觉

判断（J，Judging）	知觉（P，Perceiving）
• 按部就班 • 随时控制 • 明确规则和结构 • 有计划、有条理 • 快速判断、决定 • 清晰 • 确定 • 最终期限 • 避免“燃眉之急”的压力	• 随遇而安 • 不断体验 • 确定基本方向 • 灵活的、即兴的 • 喜欢开放、获取 • 协调 • 好奇 • 新的发现 • 从最后关头压力中得到动力

课堂活动

复习还是聚会？

（1）学生阅读故事背景：今天是周六，你周一上午有个重要的考试，如果不过就拿不到学位，你正在紧张地复习，这时，你接到一个好朋友的电话，他/她约你今天晚上吃饭聚会。去还是不去，你如何决定？

（2）请同学回答，并说明理由。

（3）教师总结。

2. MBTI 的类型

MBTI 用四个维度上代表偏好的字母来表示一个人的类型。例如，一个人的偏好依次是外向、感觉、情感、知觉，那么他的类型则用 ESFP 来表示。由于每个维度上各有两种偏好，共四个维度，所以所有的类型组合共有 $2\times2\times2\times2=16$ 种。这里需要强调的是，由于各个维度之间存在交互作用，因此每个类型所蕴含的内容远远多于四个偏好的简单叠加。

表 6-9 MBTI 的类型

ISTJ 稽查员	ISFJ 保护者	INFJ 咨询师	INFP 治疗师/导师
ESTJ 督导	ESFJ 供给者/销售员	ENFJ 教师	ENFP 倡导者/激发者
ISTP 操作者/演奏者	ISFP 作曲家/艺术家	INTJ 智多星/科学家	INTP 建筑师/设计师
ESTP 发起者/创造者	ESFP 表演者/演示者	ENTJ 统帅/调度者	ENTP 企业家、发明家

心理学家大卫·凯尔西将这 16 种类型归纳为四种性格，分别为 NF、NT、SP、SJ，如表 6-9 所示，每一种性格对应着四个 MBTI 类型。

NF："理想主义者"。寻找独一无二的特征和意义；懂得考虑对方，珍惜人际关系；通常很有热忱，希望使世界变得更美好；相信本身的直觉和想象力，思考时从整合和相似之处着手；专注于发展别人的潜能，寻找生活的目标和化解分歧，做到保持真我。通常适合的职业：咨询师、记者、艺术家、心理学家。

NT："概念主义者"。取向以理论为主；寻找途径去理解世界和事物运作的真理；相信逻辑和理由，有怀疑精神和精确性；思考时从差异、类别、定义和框架入手；专注于能够实现长远目标以及能带来进步的策略和设计；看重办事能力和深入的知识。通常适合的职业：科学家、建筑师、工程师、设计师、经理人员。

SP："技术者"。取向以行动和影响为主；对"即兴"有一种渴望；乐观、相信运气和他们的能力能够应付任何事情；投入于目前一刻；洞察人和事，并会适应改变去使事情得以完成；寻求冒险经历和体验，思考时从变化入手；专注于使用技巧去助人和获得期望的结果；要求有自由去选择下一步。通常适合的职业：表演者、企业家、排除故障者、自由职业者、抢险队员。

SJ："监护者"。渴望责任和预见性；喜欢以标准的操作流程作保障和保护，很严谨；相信过往经验、传统和权威，思考时从比较、次序和关联入手；专注于行政安排和去支持别人，维持组织和实现目标；要求安全感、稳定性和归属感。通常适合的职业：经理人员、会计、警察、医生、教师。

在理解 MBTI 的类型时，需要注意以下几点：

（1）性格类型没有对错，而且在工作或人际关系上，也没有更好或更坏的类型。每一种性格类型都能有独特的优点。

（2）一个人属于哪一种性格类型，是由他/她自己来作最后判断的。测验得出的 MBTI 结果是根据受测者对问题的回答，判断出受测者最可能属于哪一种性格类型，但是，只有自己才知道自己真正的性格类型。

（3）要留意自己对类型的偏见，避免负面地将别人定型。

三、投射测验

（一）什么是投射测验

小辞典

投射测验是指以没有结构性的测题，引起被试的反应，赖以考察其所投射的人格特征。

投射测验与其他人格测验的差异在于：

（1）投射测验就是给被试一个模糊而暧昧的刺激情境，使被试有机会表现出内心的需求以及许多特殊的知觉和对该情境所作的许多解释。

（2）人格调查测验是有若干标准化的问题，要被试回答其在一些不同的情境中有何感情和活动。而投射测验不能告诉被试测验的目的，只告诉这是一种想象测验，它只是提供给被试相当自由的情境，使其有充分表示知觉上个别差异的机会，可以让被试间接地说明他自己。

（3）投射测验注重整体人格的分析，而一般的人格测验，往往只能测量某些人格特征。

此外，投射技术可以用来考查个人的智能、创造力、解决问题的能力。

（二）投射测验的类型

投射测验的类型包括：①联想型；②构造型；③完成型；④选排型；⑤表露型。

常见的投射测验有：①罗夏墨迹测验；②主题统觉测验；③完成句子测验；④绘画测验。

1．罗夏墨迹测验

罗夏墨迹测验是由瑞士精神病学家罗夏（H. Rorschach）于 1921 年编制的，它主要是通过观察被试对一些标准化的墨迹图形的自由反应，以评估被试所投射出来的个性特征。其编制方法是：在一张纸的中央滴一摊墨汁，然后将纸对折并用力压下，使墨汁四下流开，形成沿折线两边对称但形状不定的图形；用数千种这样制作出的墨迹图对各种精神病患者、低能者、正常人、艺术家等进行测试，比较他们的不同反应，最后选定其中 10 张作为测验材料，其中 5 张是黑白的（1、4、5、6、7），各张墨色深浅不一；2 张主要是黑白墨色加以红色斑点（2、3）；3 张由彩色构成（8、9、10）。

图 6－8　罗夏墨迹测验图例

测验开始前，有一个标准指导语，要求被试诚实回答。测验的实施分为 4 个阶段：

（1）自由（联想）反应阶段。主试一般不作其他的说明或暗示，对被试的反应一般也不予干涉，但要把被试的每一回答尽可能完整地记录下来。主要任务为：①逐句记录反应的语句；②每张图片从出现到开始第一个反应所需的时间；③各反应之间较长的停顿时间；④每张图片中反应的全部时间；⑤被试在图片里最敏感的反应位置；⑥被试附带动作、情绪及重要的行为；⑦被试在反应过程中某种重复出现的反应倾向等。

（2）提问阶段。提问包括：①每一反应是根据图片中的哪一部分做出的；②引起该反应的因素是什么（形状、颜色、阴影等）。

（3）类比阶段。主要询问被试的某种考虑是否与其他一些反应相类似。

（4）极限测试阶段。直接问被试是否能看到某种具体的东西。例如："别人从这张图片上可以看出两只熊，你能看到吗？"

罗夏墨迹测验的记分及其解释：

①反应的部位。被试对墨迹图的反应着重的部位，可以分为：

W（整体反应）被试对墨迹的全部或几乎全部进行反应。W 表示有高度的组织能力和抽象思考的能力，W 分数过高可能提示被试思维有过分概括的倾向，或愿望过高；W 分数过低或没有，表示被试缺乏综合能力。要区分有独创性的 W 和一般的 W。

D（明显局部反应）被试对墨迹图的空白、浓淡或色彩所隔开的大部分进行反应。D 分数表示有具体的、实际的、少创见性的心理能力。有较多数量 D 答案的被试可能表示有良好的常识。

d（细微局部反应）被试对墨迹图的空白、浓淡或色彩所隔开的部分进行反应。

Dd（特殊局部反应）被试对墨迹的极小的或不同一般方式分割的一部分进行反应。Dd 表示有特殊的知觉，有时表示有精确的批评能力。如果表现极端，则表示注意琐事，提示被试有刻板或不按习俗的思维习惯。

S（空白部分反应）被试将墨迹图作为背景，将空白部分作为对象，对白色空间作出反应。

②反应的决定因素。被试进行反应的决定因素是什么？是墨迹的形状还是颜色？把图形看成静的还是动的？一般应注意下列 4 个因素：

F（形状）知觉由形状或形式决定。被试反应与墨迹形状甚为接近，表示被试具有现实性的思维；极差的外形相似性可能意味着被试思维过程混乱。被试如有 F + 或 F，表示被试对于心智的过程和做事有控制能力。分裂型的人，其行为无组织，对事曲解，故常有 F - 分。F 分过高，表示在情绪上和社会适应性上会受限制。

M（运动）被试在墨迹中看到人或动物在运动。有 M 分表示有丰富的社会生活和理想生活。若单有运动反应而无色彩反应，表示有内心的生活，而对外在的事物无感情，即外向人格。适应有困难的人有 M 分表示有幻想生活。躁狂症的人有 M 分则表示自我中心的愿望满足。M 分多表示情感丰富，M 分少可能意味着人际关系差，M 也是内向性的符号。

C（彩色反应）被试的反应由墨迹的色彩决定。C 分高表示外向情绪不稳定。被试只是反应色彩（或色彩和形状结合），则表示其冲动行为以及情绪上对环境的关系，FC 表示具有情绪上的控制和社会适应的能力；CF 表示冲动和自我中心；C 则表示情绪激动。色彩震惊（color shock），则表示被试由于焦急、神经症或受严重的损伤而导致的情绪的不平衡。

K（阴影反应）被试的反应决定于墨迹的阴影部分，表示被试有情绪上的需求，但也可以视为与焦虑、压抑以及不满足感有连带关系。

③反应的内容。被试把墨迹看成什么。罗夏墨迹测验的反应内容及记号如表 6－10 所示。

表 6－10　罗夏墨迹测验的反应内容及记号

记号	意义	记号	意义
H	人	Pl	植物
(H)	非现实的人	Na	自然
Hd	人的部分	Obj	物体
(Hd)	非现实的人的部分	Arch	建筑物
At	人的解剖	Map	地图
Sex	性	Lds	风景
A	动物	Art	艺术
(A)	非现实的动物	Abst	抽象
Ad	动物的部分	Bl	血液
(Ad)	非现实的动物的部分	Cl	云、烟
Aodj	动物制品	Fire	火
A. At	动物解剖	Expl	爆发

有 H 表示与别人关系密切的可能性。有 A 是正常的，但看到太多动物可能表示不成熟。有 AT 可能意味着焦虑或用身体不适来进行心理自卫的倾向。

④反应的普遍性。被试的反应与一般人的反应是否相同？一般分为两种：普遍反应（P）表示多数人共有的反应，独特反应（O）表示比较特殊的反应。如果被试的反应与一般人不同，则可能表示被试有独特的见解，智力比较高，或者是有意歪曲事实，有不易与社会相融的倾向。与一般人有许多雷同的地方，则可能表示他的智力一般，或者社会适应性良好。

罗夏墨迹测验是一种普遍使用的有效的临床心理工具，它在克服被试的心理防卫方面有积极效果，但该测验在解释上有较大的主观性，效度不甚可靠。其计分和实施比较复杂。

2. 默瑞主题统觉测验（TAT）

主题统觉测验（Thematic Apperception Test，TAT）是默瑞（H. A. Murray）及其同事摩根（Morgan）于 1938 年在哈佛大学编制，主要任务是让被试根据所呈现的图片自由联想并编造故事，如图 6－9。1943 年第三套修订版使用最为广泛。

图6－9　主题统觉测验图示

主题统觉测验共有30张内容隐晦的黑白图片，另有空白卡片一张，图片的内容以人物或景物为主。30张图片组合成4套，分别适用于成年男性、成年女性、男孩和女孩。其中，每组专用的图片各一张，成年组与非成年组共有的图片各一张。男女共有的各7张，各组通用的共10张。施测时，按照男、女、男孩、女孩，分成四组，每个组测20张（包括一张空白片），依照规定顺序分两次实施。一般后10张图片内容奇特，容易引起情绪反应。

TAT的解释从6个方面入手：

（1）主角本身。分析一个故事，首先要辨别被试对故事中认同的角色，如领袖、隐士、罪犯等。有时故事里的主人公不止一个。

（2）主角的动机倾向和情感。分析时要注意主人公的行为，特别是非常行为，被试提到的次数多，就是强烈的表示。主人公身上所表现出来的需要和情绪的强度，都可以进行等级评定。

（3）主角的环境力量。主人公所处的环境力量有时是图画中没有的，而是被试自己杜撰出来的。

（4）结果。把主人公的力量和环境的力量进行对比：经历了多少困难和挫折，结果是成功还是失败？快乐还是不快乐？

（5）主题。主人公的需要与环境压力相互作用与故事结局一起构成一个简单主题，简单主题的联合，就形成复杂主题。主试者要从中分析出被试最严重、最普遍的难题是来自环境压力，还是来自自身的需要。

（6）兴趣和情操。被试的兴趣和情操常常反映在对图片中各种人物的比喻上，如将老年妇女经常比喻为母亲，将老年男人经常比喻为父亲等。

主题统觉测验解释的主观性很强，因此最好由两三位经验丰富的临床专家共同评估。

3．其他类型的投射测验

（1）语句完成测验。这种方法是给被试一些未完成的句子，要他填上几个字，使之成为一个完整的句子。例如，我喜欢________。常见的语句完成测验有：罗特（J. B. Rotter）的“未完成的语句填充测验”和塞克斯（J. W. Sacks）的“塞克斯语句完成测验”。

（2）画人测验（Draw – a – Person Test）。马乔弗尔画人测验（D – A – P）测验时给被试一枝铅笔，一张 8 ×11 寸的白纸，在良好的照明条件下，让被试舒适地坐着，要求被试画一个人。当画完之后，再要求被试画一个与第一个性别相异的人。主试就以这两张画为评分和解释的依据。其评分依据是：人像的大小、构图的位置、线条的粗细轻重、正面或侧面、身体各部分的情况（头、手、脚等）。对于没有画出来的部位、比率、阴影、细节、增添、对称、涂擦等都有特殊的解释。另外，详细讨论身体每一个主要部位的特征。

（3）画树测验。该测验是由瑞士心理学家卡尔柯齐设计。其方法是让被试随意画一棵果树，将画好的树与卡氏所定的 20 种标准比较，看他画的树和哪一棵标准最接近，便可以分析被试的人格特征。例如，画的树有根则表示被试稳重、不投机、不作轻率之举；树无根且无横线来表示地面，则说明被试缺乏自觉，行动无一定规律；树干短、树冠大，则表示被试有雄心、有要求赞许的态度倾向；树干由两根平行直线构成，则表示被试斤斤计较、实事求是、少有想象力、倔强固执；树冠由同心圆组成，表示被试富有神秘感、缺乏灵活性、自满自大、性格内向；树倾向右边，表示好交际、易激动、对于将来具有信心等。

（4）逆境对话测验。本测验是由罗桑兹（Rosenzeweig）在 1941 年编制的，原名为罗桑兹挫折画图研究（Rosenzweig Picture Frustration Sturdy），分为成人用和儿童用两种。测验由一些图片组成，每一张都画有两个面对着的人物漫画，其中一个人对另一个人说了几句逆耳的话，这些话是用来引起另一个人生气或陷入挫折情境。被试扮演后者的角色，必须对这些逆耳的话作出反应。如图 6 – 10 所示。

图 6 – 10　逆境对话测验图例

该测验依照投射原理编制而成。这种方法假定：被试在反应时，是将自己的想法投射到图片中受挫折的人物身上，而替“他”回答。因此，从那些答案的性质便可预测出被试在遭遇挫折时的反应倾向。评分时，分为 6 种挫折反应方式和攻击行为：“自我防卫”（为自己辩论）；“强调障碍”（强调困难所在）；“坚持需要”（提出解决问题的途径，以克服障碍）；“责人反应”（朝向他人或外界事物，即责怪别人）；“责己反应”（归咎自己）；“免责反应”（设法避开所面临的问题）。

（5）团体人格投射测验。该测验由凯塞尔（Cassel）、凯恩（Kahn）合编，共有 90 张图片。图片中的人物和情景都由极简单的线条绘制而成并附有 5 个答案，被试选择其中之一，作为该图情景的解释（如图 6－11）。

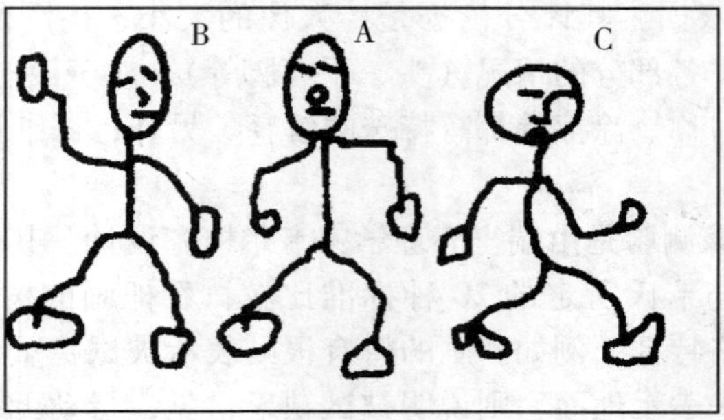

图 6－11　团队人格投射测验图示

问题：图中究竟是怎么回事？

选项：a. 三个朋友

b. A 是 B 和 C 上司，他正在对他们讲话

c. A 想挑拨 B 和 C 争吵

d. 他们三个是一家人

e. A 是 B 和 C 两个孩子的母亲

实用工具

智维通用人才选拔系统

“智维通用人才选拔系统”以西方经典的人格理论 CPI 为基础，结合国内企业的胜任力模型，运用“实证标准法”确定量表的 12 个维度，能在较短时间内对企业应聘者及在职人员的思维风格、人际交往、个性成熟度、性格特征等方面有一个全面、客观的了解。

“智维通用人才选拔系统”包含 3 个组成部分，12 个维度以及 1 个社会称许性指标，各维度的具体解释如下：

1. 成熟度与自我管理

● 进取心

与获取成就或地位有关的一些个人品质和因素，包括毅力、自主、进取心和自信心。

● 责任心

对工作认真负责、可靠、理智、自控等品质。

● 自我控制

自我控制和调节情绪，避免冲动的程度。

● 自信心

自我价值感，自我接纳，独立思考和行动的能力等。

2. 思维与行为风格

● 洞察力

对他人行为的洞察力，准确地感知他人的内在需要与动机的品质。

● 创造性

从新的角度去认识、组织事物和信息，形成新的观点和方法。

● 灵活性

灵活、适应的能力和思想、行为、脾性等的可塑性程度。

● 独立性

能够在没有外界监控和帮助的条件下独立开展工作。

3. 人际处理与个性特质

● 支配愿望

测量领导能力和社会主动性，包含支配和影响他人、控制情境、自信、主动、言语流畅、说服等特征。

● 社交能力

测量个人在社会交往中泰然自若的程度以及自信心、交往中的热情和主动性。

● 宽容性

一个人宽容和接纳他人的程度。

● 敏感性

自己对别人情绪、情感、评价的敏感或在意程度。

智维通用人才选拔问卷共 137 题，作答时间在 15 分钟左右。

题目示例：

聚会中，我喜欢待在一旁看别人活动

1	2	3	4	5
非常不符合	比较不符合	不好确定	比较符合	非常符合

得分解释：

1. 责任心（Responsibility）

即对工作认真负责，具备可靠、理智、自控等品质。

● 高分者

做事负责，严肃认真，可靠，值得信赖，会为了群体的利益而牺牲个人的需要，肯为自己的行为结果负责。有社会责任感，遵守自己作出的承诺。

● 平均水平

在大多数情况下能够按时完成预定的任务，对自己的职责有比较明确的认识，但有时目标意识较为淡薄，有时无法区分事情的轻重缓急，对自我行为的管理和控制可能有所欠缺。

● 低分者

行为冲动、不负责任、敷衍、缺乏自律，易于疏忽和遗漏要做的事，有时不能恪守职责，遇到问题时逃避责任，不能保证按时完成预定任务。

2. 自我控制（Self－Control）

即自我控制和调节，避免冲动的程度。

● 高分者

行为有清晰的目的，情绪控制良好，有耐心，不冲动，处事不惊，善于调整自己的状态。

● 平均水平

在大多数场合能很好地控制自己的行为和情绪，做事比较谨慎细致，但有时也有情绪化的倾向，容易影响工作的状态。

● 低分者

情绪不稳定、容易激动、行事容易冲动、有强烈的情绪和感情，难以控制情绪，这种人常常以自我中心，喜欢追求个人快乐。

3. 进取心（Capacity for status）

指与获取地位有关的一些个人品质，包括毅力、自主、进取心和自信等。

● 高分者

进取、自信、追求成就、有洞察力、有独立的见解和广泛的兴趣，做事主动，富于想象力。

● 平均水平

进取心一般，具有一定程度的目标导向，相当高的成就动机，愿意在某种程度上改变和调整自己的生活以获取地位。

● 低分者

缺乏自主性，不愿作出较大的自我牺牲以获得权力、声望或高收入。对周围环境缺乏兴趣和好奇心，不愿参与竞争，遇到困难时容易放弃和退缩。思维简单，没有新意。

4. 自信心（Self－Acceptance）

指自我价值感，自我接纳，独立思考和行动的能力等。

● 高分者

自我评价较高，自信、果断，认为自己是有能力的，对他人有吸引力。

● 平均水平

自信心一般，大多数时候对自己的能力比较满意，能够接受生活中的挑战。正确面对自己的优势和劣势，但偶尔也会有自卑感，怀疑自己的能力。

● 低分者

缺乏自信，经常自我怀疑，放大自己的缺点。生活中缺乏安全感，退缩，拘谨，不敢接受挑战，遇到挫折时容易自责，认为别人比自己强。别人的评价会影响对自己的判断。

5. 洞察力（Insight）

指对他人行为的洞察力，准确感知他人的内在需要与动机的品质。

● 高分者

喜欢推断别人做事的动机，对抽象的事物感兴趣，能较好地判断他人的需要和情感，人际敏感性较高。

● 平均水平

比较注意观察周围的人和事，能较好地判断他们的需要和情绪，但有时看问题只能看到表面现象。

● 低分者

对具体的、实际的事物比对抽象的事物更感兴趣，更关注人们如何去做的而不是人们的想法和内心的感受，判断事物往往只依据表面现象。

6. 创造性（Creativity）

指从新的角度去认识、组织事物和信息，形成新的观点和方法。

● 高分者

喜欢挑战和创新，不喜欢墨守成规；有丰富的想象力，敏锐的直觉；有旺盛的求知欲以及强烈的好奇心；有高度的自觉性和独立性；能排除外界干扰，长时间地专注于某个感兴趣的问题上。

● 平均水平

比较循规蹈矩，尊重传统观念与行为标准。一般是依靠现成的方法做事，有时也有创造和学习新东西的愿望，但很少冒险尝试新的做法与观念。

● 低分者

工作作风保守，强调按既定方法行事的重要性。喜欢常规性的工作，不喜欢经常变化的东西，认为每个事物都有固定的解决办法和答案。行为经常受规则的束缚和他人看法的影响；对于学习新的东西没有强烈的愿望。

7. 灵活性（Flexibility）

指灵活、适应和思想、行为、观念等的可塑性程度。

● 高分者

灵活多变，不喜欢将一切安排得非常有条理，不拘泥于常规，对例行的常规性事物感到厌烦，容易不耐烦。

● 平均水平

工作时追求事物的条理性和稳定性。做事有计划性，喜欢有规律的生活，不善于解决突发状况。

● 低分者

做事比较规范和刻板，缺乏变通性，容易依从权威、习俗和传统，有时容易钻牛角尖，并且很难改变自己固有的行为模式。对新的环境和事物适应较慢。

8. 独立性（Independence）

指能够在没有外界监控和帮助的条件下开展工作。

● 高分者

倾向于独立解决问题并做出自己的选择和决定，能够独立承担整个事情；喜欢独自筹划和决策，不喜欢别人的干涉和包办。

● 平均水平

一般情况能够独立解决问题和作出自己的选择和决定，但有时不愿意承担需要独自完成的任务，希望参考别人的意见。

● 低分者

缺乏自信和独立性，容易依赖他人，遇到困难时喜欢寻求别人的支持。他们不愿意承担需要独自完成的任务，希望成为组织中的一员，常常不能独立地做出决定，非常依赖于他人。

9. 支配愿望（Dominance）

指领导能力和社会主动性，包含支配和影响他人、控制情境、自信、主动、言语流畅、说服等特征。

• 高分者

愿意做领导者而不是追随者，能够在群体中自然而然地充当领导者；喜欢用自己的思想影响他人，主动参与活动并成为核心人物；具有清晰的目标导向，设置团队工作的目标，有计划性，果断，清晰而直接地表达自己的需求和观点。

• 平均水平

有充当领导者的潜质，但在通常情况下，并不刻意寻找当领导者的机会。

• 低分者

很好的服从者，愿意充当跟从者的角色，在被要求充当领导者角色时会感到不舒服；比较顺从，希望被别人控制和指引，自信心不足。

10. 社交能力（Sociability）

指一个人在社会交往中泰然自若的程度，交往中的热情和主动性等。

• 高分者

爱交际，喜欢人多的场合，在社交场合下主动、健谈、不拘束、合群、开朗坦率，通常有很好的社交技能并给人留下较好的印象。

• 平均水平

开朗合群、人际关系融洽，在社交场合大多数情况下能够泰然自若，有一定的社交技能，但有时在公开场合有些紧张和不安。

• 低分者

倾向于独处，不希望成为众人注意的中心，在陌生的社交场合下会感到焦虑和不安，缺乏自信，回避社交情境，退缩，羞怯。

11. 宽容性（Tolerance）

指一个人宽容和接纳他人的程度。

• 高分者

对人宽容大度，能够相信他人，容易接受不同的观念和方式；兴趣广泛、公正、不带有偏见，很容易原谅别人。

• 平均水平

对人和事均比较宽容，能够接受不同的观念和价值观，但有时对人和事接纳度不高。

• 低分者

待人苛刻，带有偏见，不容易接受意见不同的人和事。

12. 敏感性（Sensitive）

指对别人情绪、情感、评价的敏感或在意程度。

• 高分者

对周围的人和事比较敏感，做事时较为情绪化，情绪波动比较大；倾向于用个人观点解释事物，情感丰富且比较脆弱，在意别人的评价。

- 平均水平

比较关心周围的人和事，对事物的变化比较敏感，有时容易受事情的触动，情绪易被影响。

- 低分者

做事时理智，一般以行动和结果为导向，很少受情绪和别人评价的影响，注重实际，冷静，不易动感情。

课堂活动

心理学与生活

这个活动是为了让同学们更好地理解“智维”量表中的维度定义。

1. 将全班同学分为 3 个组。

2. 让每个组的同学分别讨论相关维度的具体例证。例如，可以让第一组的同学讨论“人际处理与个性特质”中四个维度（例如“支配愿望”）的具体例证。可以举身边同学或者自身的例子。

3. 每个组派一个代表进行总结陈述，看看哪个组所举的例子个数较多且比较贴切。

注：很多时候，一个行为可能会包含多个维度。例如，一个人能够经常有一些别人没有的、新的想法，那么这既可以反映他创新性强，也同时说明了这个人思维比较灵活。

应用案例

女销售员的困境

有位女销售员在工作中一直有力不从心之感，尽管她很努力地工作，但销售业绩总是不尽如人意，这也影响了她所在团队的绩效。她感受到了巨大的压力，正在考虑是否该换个职业。

职业生涯发展辅导人员在了解了她的困境以后，建议她先通过 MBTI 测验来了解自己的性格。结果显示她的类型是 INTP，也就是内向、直觉、思考、知觉，这个结果也得到了她本人的认同。

接下来，辅导人员从这位销售员的性格着手，和她一起分析了她的工作表现——P 型的人通常不太关心“最终期限”，计划性不强，这就是为什么很多 P 型的人都喜欢在最后一刻把工作一举做完，而销售工作经常需要在多家客户之间协调和安排，客户的长期跟进也需要较好的计划。NT 一般使人在交谈中更倾向于注意对方的问题而非情绪、感受，也不太关注细节，因此，如果客户总是提出各种各样的要求，有些 NT 型人的反应有时就会让人觉得不那么贴切，甚至完全相反。另一方面，NT 的影响可能还会波及销售员对代销产品的兴趣，他们会更喜欢那些科技含量高的产品。最后，I 型告诉我们，与客户迅速地建立起关系、频繁地与不同的客户打交道对她而言可能并不是一件轻松的事。总的来看，INTP 的性格可能会使人显得讲究公平，表现出较强的逻辑思考能力；另一方面，在工作的组织性、系统性方面则不那么突出。一些 INTP

型性格的人似乎很少在行事之前周密策划，自我反省的主动性与习惯性也不是很强。而且因为具有批判性又性格直率，有时不太关注他人的情绪反应，可能会在无意中惹人不高兴。从她的性格来看，从事销售工作确实需要她付出大量的心力。在市场开发、品牌建设和咨询等工作岗位上，INTP型性格的人往往显得游刃有余，而从事强调感受力、执行力或社交能力的工作就可能需要其中的某些人付出更大的努力。

对这位销售员的性格进行详细的分析，并不是说性格决定一切，但是由各种各样的因素相互作用造成了现实中的困境，性格是其中的一个重要因素。至少在统计学意义上，特定的性格类型会使人的行为表现出某种“特点”。

所以，有这样几条途径来摆脱目前的困境：

·重新择业，选择更适合自身性格类型的工作；

·仍从事销售行业，但应针对性格中的薄弱环节进行自我完善；

·切忌盲目补习个别技能。

现在这位销售员明白，自己面临的问题并不是加强职业技能培训就可以解决的，其背后另有深刻的性格动因。天性固然，难以改变，而追求适合自己性格、能够最大限度地发挥自身潜能的工作则永远为时不晚——如果有机会重新择业，那么我们建议她可以尝试更适合INTP型性格的工作。譬如在销售经验的基础上，转向相关行业的市场开发、品牌建设或者咨询等，那样她将能扬长避短，得心应手。

然而，更换工作要付出的代价也是不容忽视的，要放弃熟悉的一切，进入一个陌生的领域，谈何容易？对于那些如今已35岁上下、具备10年左右工作经验且收入稳定的人来说，更是难以取舍。这位销售员能不能通过努力，自我调整适应现在的销售工作呢？回答是肯定的。性格类型可以影响个人能力的发挥，但是并不足以决定一个人是否能从事何种工作。工作乃至人生的成败交织着家庭背景、个人经历、教育程度、工作经验、人际关系、社会环境甚至机遇等因素的共同作用，性格动因只是其中之一。因此，这位销售员也可以善始善终，通过有效的自我发展来改善自己的工作表现。例如，发展自己的社交技能、体察他人情绪感受的能力、提高计划性等。关键在于，个人必须针对性格中不利于工作的薄弱环节有的放矢地进行修炼和培养，而非盲目补习个别技能；更应该认识到，困境缘于自身性格优势与工作要求的错位，采取适当的方法不仅可以使自己摆脱困境，还能合理利用自身与众不同的性格优势为团队作出独特的贡献。

本章小结

1. 性格是人对现实的稳定的态度和习惯化了的行为方式中所表现出来的个性心理特征。

2. 性格测量的方法主要有自然实验法、问卷法和投射测验法三种。

3. 常用的性格测验问卷有：明尼苏达多相个性问卷（MMPI），卡特尔16种人格因素测验（16PF），艾森克人格问卷（EPQ），加州心理调查表（CPI），MBTI测验。

4. 投射测验是指以没有结构性的测题引起被试者的反应，从而考查其所投射的人格特征。

5. 常用的投射测验量表有：罗夏墨迹测验和主题统觉测验（TAT）。

思考题

1. 什么是性格？性格对职业有哪些方面的影响？

2. 性格的特征表现在哪些方面？

3. 比较 16PF 和智维测验的异同。

4. MBTI 理论中表示各偏好的词语的含义，如感觉、知觉等，与我们日常生活中的使用和理解有何不同？

5. 完成“智维通用人才选拔系统”的测验，分析测验报告是否符合对自己的认识，对自己有哪些新的发现？

第七章

职业适应性测验

本章提要

- 兴趣的含义、差异表现及其形成过程
- 霍兰德职业兴趣测验
- 动机及其测验
- 职业锚的类型及其测验

引　言

知识经济时代，要求从业者具备终身学习能力，从业者面临的职业压力加剧，职业困惑增多，由此必须具有很好的职业适应性。提高职业适应性，首先需要从业者对自我的兴趣、需要、动机、价值观等有一个清晰的认识，然后才可能在职业选择时做到有的放矢，为后续的职业活动打下良好的基础。本章主要讲述职业选择中的兴趣测验、动机测验、职业锚测验等相关理论知识和实践技能。

第一节　兴趣测验

课堂活动

现代鲁滨逊

（1）请想象在长年的紧张工作和学习之后，你现在要给自己放一个长假，换个环境到一个远方的岛屿上度过一年的时光。度假地点将在以下6个岛屿中选择，你希望选择哪一个？要知道，这些岛屿相对封闭和遥远，一旦到达，将很少有机会能和外界联系，更换岛屿度假更是不可能。请按一、二、三的顺序挑选出3个岛屿。

岛屿R：自然原始的岛屿。岛上保留有原始森林，自然生态保持得很好，有各种各样的野生动物。岛上居民生活状态还相当原始，他们以手工见长，自己种植花果蔬菜、修缮房屋、打造器物、制作工具，喜欢户外运动。

岛屿I：深思冥想的岛屿。岛上人迹较少，建筑物多僻处一隅，平畴绿野，适合夜观星象。岛上有多处天文馆、科技博览馆以及藏书丰富的科学图书馆等。岛上居民喜好观察、学习、探究、分析，崇尚和追求真知，常有机会和来自各地的哲学家、科学家、心理学家等交换心得。

岛屿A：美丽浪漫的岛屿。岛上充满了美术馆、音乐厅，街头雕塑和街边艺人，弥漫着浓厚的艺术文化气息。当地的居民具有艺术、创新和直觉能力，他们保留了传统的舞蹈、音乐与绘画，许多文艺界的朋友都喜欢来这里找寻灵感。

岛屿 S：友善亲切的岛屿。岛上居民个性温和、十分友善、乐于助人，社区均自成一个密切互动的服务网络。人们重视互助合作，重视教育，关怀他人，充满人文气息。

岛屿 E：显赫富庶的岛屿。岛上的居民善于企业经营和贸易，能言善道，以口才见长。岛上的经济高度发展，处处是高级饭店、俱乐部、高尔夫球场。来往者多是企业家、经理人、政治家、律师等，曾数次在这里召开财富论坛和其他行业高峰会议。

岛屿 C：现代、井然的岛屿。岛上建筑十分现代化，是进步的都市形态，以完善的户政管理、地政管理、金融管理见长。岛上居民个性冷静保守，处事有条不紊，善于组织规划，细心高效。

(2) 选择同一岛屿作为首选度假目标的学生为一组展开交流：自己为什么选择这个岛屿，看看大家有什么共同的兴趣爱好。

(3) 每个小组请一位同学在全班分享一下自己小组成员共同的特点，从中总结出 6 个类型最突出的特点。

(4) 请同学自己思考：自己的选择正确吗？是否有选错的情况？走错了地方的感觉如何？那么，正确的选择应该是什么？

一、兴趣概述

(一) 什么是兴趣

我国古代文学家翁森曾写有这样一首诗：

四时读书乐

读书之乐乐何如，绿满窗前草不除。
读书之乐乐无穷，瑶琴一曲来熏风。
读书之乐乐陶陶，起弄明月霜天高。
读书之乐何处寻？数点梅花天地心。

这首诗分别赞美春季、夏季、秋季、冬季的读书乐趣，抒发了诗人对读书的浓厚兴趣。

兴趣是个体力求认识某种事物或从事某项活动的心理倾向，它表现为个体对某种事物或从事某种活动的选择性态度和积极的情绪反应。

小辞典

兴趣是人对客观事物的选择性态度，是人对需要的情绪表现。

兴趣是职业成功的重要推动力。美籍华人杨振宁说：“成功的真正秘诀是兴趣。”一个人如果做自己感兴趣的工作，往往能将自己的潜能最大限度地调动起来，会表现得孜孜不倦、废寝忘食，很容易取得优异成绩；而如果一个人的职业与兴趣不吻合，那么他就很难表现出积极主动性，工作上只是勉强应付，自然难以有所作为，更毋论成功的人生了。因此在进行人才测评时，也必须充分考虑其职业兴趣，进行有效的职业兴趣测评。

应用案例

小王的兴趣与专业发展

小王的父母期望他能成为一个工程师，希望他选择以工程学为专业，所以当他上大学的时候，小王就选择了工程学。但是，他很快就发现，自己很讨厌这种专业，自学习这门专业以来，他一直都闷闷不乐。在班上，他的成绩也很不好，最后，他不得不退出了这个专业。当小王重新开始的时候，他选择了心理学。他发现自己对这门课程充满兴趣，学得也很容易，在期末时得了一个“A”。于是，他认为自己在这个领域一定有发展前途。他继续学习，拿了学士学位、硕士学位，一直念到博士学位。现在，他自己拥有了一家咨询公司，专门给企业提供各种建议，包括培训管理人员如何做一个真正有效的面试官，如何面试应聘者，使自己得到满意的员工等。如今，他的公司效益不错，事业也很成功。

分析：生活中很多人都有业余爱好，但他们却从来不认为自己的爱好应该是择业基础。有的人下班后急着赶回家去干自己喜欢干的事，这说明他（她）的事业选择错了。在众多的社会职业中，想从事某种职业的愿望，往往也表明了你的职业兴趣。

（二）兴趣的形成过程

兴趣的形成一般要经历这样一个过程：有趣—乐趣—志趣。

第一阶段：有趣。这也是兴趣发展的低级水平。例如有些人的职业兴趣变化多端，今天想当一名教师，明天想当一名服装设计师，后天又想成为导游，如此等等。这种职业兴趣是短暂的，往往转瞬即逝，易起易落。

第二阶段：乐趣。乐趣又称为爱好，它是在有趣的基础上定向发展形成的，是兴趣发展的中级水平。在这一阶段或水平上，人们的兴趣会向专一、深入的方向发展。如一个人对无线电深有乐趣，他不但会学习这方面的知识，还会亲自装配和修理，并参加有关的活动。

第三阶段：志趣。当人的乐趣与人的社会责任感、理想、奋斗目标结合起来时，便由乐趣转为志趣，它是兴趣发展的高级水平。志趣具有社会性、自觉性和方向性的特点。

小看板

美国芝加哥大学心理学教授 Mihaly Csikszentmihalyi 花了几十年的时间进行了大量的访谈，研究是什么东西真正令人们感到幸福和满足。他发现，和人们通常想的不同，人们感到最为快乐和满足的时候不是很放松、什么事也不做的时候（比如看电视），而是专心致志地、积极地从事某种活动以致忘记了时空和自己的时候。他将这种状态称之为“FLOW”（流）。

（三）兴趣差异

人的职业兴趣差异主要表现在以下 5 个方面：

（1）兴趣对象的差异。有的人偏重于物质生活需要产生的兴趣，在择业时追求物质生活待遇；有的人偏重于精神生活需要产生的兴趣，在择业时追求精神生活待遇；有的人可能对某种职业活动本身感兴趣；而有的人则可能对某种职业活动的目的、任务或产生的结果感兴趣。

（2）兴趣空间的差异。有的人兴趣较广，对许多事物都兴趣盎然，乐于探索；有的人则兴趣比较单调，把自己的注意力局限在狭小的圈子里，对除此之外的事都不感兴趣。

（3）兴趣稳定性的差异。有的人在短时期内对某一种活动的兴趣很浓，如醉如痴，但不持久，过段日子就会被另一种活动的兴趣取而代之；有的人则不同，兴趣持久稳定，数年甚至于数十年都有增无减。

（4）兴趣效能的差异。兴趣的效能指兴趣在择业中能够产生的效果，包括就业准备和求职行为。它体现于兴趣的力度，取决于兴趣的性质。如果是出于乐趣，作用力较小，心理和行为呈现期望和等待的状态，不能取得实效；如果是出于志趣，则作用力较大，会主动积极地择业，克服各种困难，实现职业理想。

（5）兴趣的可行性差异。有的人职业兴趣脱离主观条件，过于浪漫，往往想得好，做不到；有的人的职业兴趣建立在切实可行的基础上，因此很容易心想事成。

二、兴趣测验

兴趣测验的基本原理是：具有一定兴趣模式的你更倾向于寻找特定的职业类型，并且一旦从事这种职业，你会比其他人适应得更好。因而如果你所表现的兴趣和爱好同在某种职业生涯中取得成功的人相似，那么你就很可能在该种职业中得到满足。兴趣测验就是向你提出一系列问题，要求指出对诸如职业、学习、娱乐、业务活动等是否喜欢或喜欢的程度，再根据测试结果进行分析，最后确定被试的兴趣类型或兴趣倾向。

小看板

最早的职业兴趣测验诞生于 1927 年，以斯特朗编制的第一个职业兴趣测验为标志，即斯特朗职业兴趣调查表（简称 SVIB）。它是根据经验测验编制的测验，取两组测试者，一组代表专门从事某种工作的人，另一组代表一般人，让两组被测试者对测试题进行回答。由于这些人存在差异，故其反应不完全一样，将两组被测反应不同的题目合在一起，构成特定的职业量表。

职业兴趣测验类型很多，其中最有名、最常用的是霍兰德职业兴趣测验。

三、霍兰德职业兴趣测验

美国心理学家霍兰德（John L. Holland）一生都在研究职业兴趣以及相对应的职业类型划分，他的广为人知的“职业兴趣六边形模型（RIASEC）”奠定了他在职业咨询和职业发展领域的重要地位，在工业组织心理学领域也产生了深远影响。

（一）六种人格和职业类型

二战期间，霍兰德在军队做人事工作，他发现士兵以前的工作经历仅用几个类型就可以概括，之后，他便着手对职业进行分类。在大学从事职业咨询工作的时候，霍兰德认识到兴趣是人格的一个方面，它具有稳定、持久的特征，兴趣类型实际上反映着人格类型。接着，霍兰德开始考虑人格和职业的匹配问题，他利用"斯特朗兴趣调查表"（Strong Interest Inventory）为工具，描绘了不同职业人群的人格特征，试图在人格类型与职业类型间建立关系。1959年，霍兰德提出了他的职业兴趣理论，将职业环境和人格以同样的维度分为6个类型，即现实型（Realistic）、研究型（Investigative）、艺术型（Artistic）、社会型（Social）、企业型（Enterprising）、常规型（Conventional）。一个人的职业是否成功，是否稳定，是否顺心如意，在很大程度上取决于其人格类型与职业类型之间的匹配情况。

表7-1　霍兰德兴趣理论的6个类型

类型	喜欢的活动	重视	职业环境要求	典型职业
现实型R	用手、工具、机器制造或修理东西。愿意从事实物性的工作、体力活动，喜欢户外活动或操作机器，而不喜欢在办公室工作	具体实际的事物，诚实，有常识	使用手工或机械技能对物体、工具、机器、动物等进行操作，与"事物"工作的能力比与"人"打交道的能力更为重要	园艺师、木匠、汽车修理工、工程师、军官、兽医、足球教练员
研究型I	喜欢探索和理解事物，学习研究那些需要分析、思考的抽象问题，喜欢阅读和讨论有关科学性的论题，喜欢独立工作，对未知问题充满兴趣	知识，学习，成就，独立	分析研究问题、运用复杂和抽象的思考创造性地解决问题的能力，谨慎缜密，能运用智慧独立地工作，一定的写作能力	实验室工作人员、生物学家、化学家、心理学家、工程设计师、大学教授
艺术型A	喜欢自我表达，喜欢文学、音乐、艺术和表演等具有创造性、变化性的工作，重视作品的原创性和创意	有创意的想法，自我表达，自由，美	创造力，对情感的表现能力，以非传统的方式来表现自己；相当自由、开放	作家、编辑、音乐家、摄影师、厨师、漫画家、导演、室内装潢设计师
社会型S	喜欢与人合作，热情关心他人的幸福，愿意帮助别人成长或解决困难、为他人提供服务	服务社会与他人，公正，理解，平等，理想	人际交往能力，教导、医治、帮助他人等方面的技能，对他人表现出精神上的关爱，愿意担负社会责任	教师、社会工作者、牧师、心理咨询师、护士
企业型E	喜欢领导和支配别人，通过领导、劝说他人或推销自己的观念、产品而达到个人或组织的目标，希望成就一番事业	经济和社会地位上的成功，忠诚，冒险精神，责任	说服他人或支配他人的能力，敢于承担风险，目标导向	律师、政治运动领袖、营销商、市场部经理、电视制片人、保险代理
常规型C	喜欢固定的、有秩序的工作或活动，希望确切地知道工作的要求和标准，愿意在一个大的机构中处于从属地位，对文字、数据和事物进行细致有序的系统处理以达到特定的标准	准确、有条理、节俭、盈利	文书技巧，组织能力，听取并遵从指示的能力，能够按时完成工作并达到严格的标准，有组织有计划	文字编辑、会计师、银行家、簿记员、办事员、税务员和计算机操作员

（二）六边形模型

1969 年，霍兰德等提出了兴趣类型的六边形模型，反映了 6 种人格/职业环境类型之间的关系。在六边形模型中，6 种类型的职业兴趣位于正六边形的 6 个顶点上，按照 RIASEC 依次排列。在六边形上任何两种类型之间的距离越近，其职业环境及人格特质的相似程度就越高。例如，企业型和社会型在六边形模型上的距离最近，它们的相似性也最高，如社会型和企业型的人都比其他类型的人喜欢与人打交道；而企业型和研究型在模型上正好相对，这就意味着它们的相似程度最低；企业型和实用型则具有中等程度的相似性。六边形模型可以帮助我们对人格特质类型与职业环境类型之间的适配性（Congruence）进行评估，如果人格类型与职业环境匹配，如一个社会型人格特质的人在社会型的职业环境中工作，就有可能取得令人满意的结果：如增加职业满意度，带来职业成就感和提高职业稳定性等。因此，占主导地位的特质类型可以为个人选择职业和工作环境提供方向。

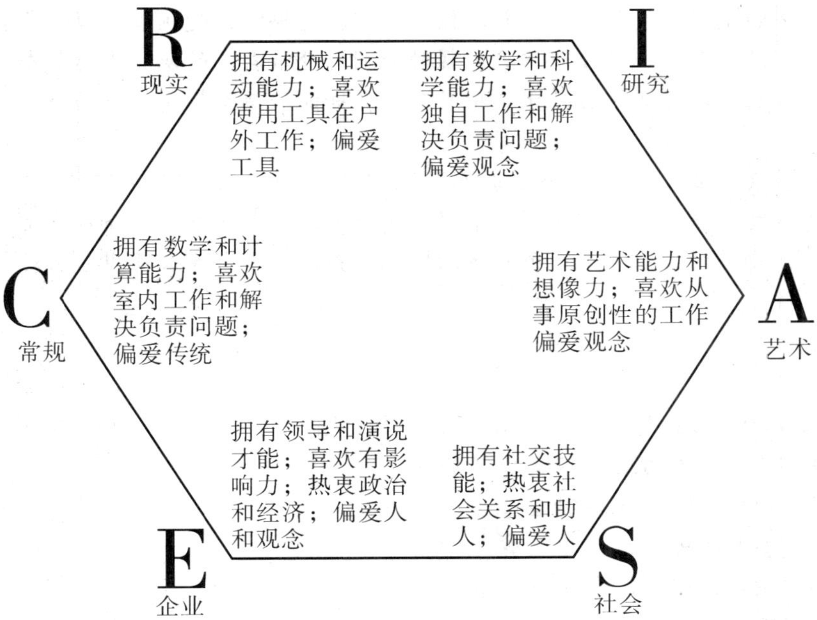

图 7－1　霍兰德兴趣六边形模型

霍兰德认为，个人的职业兴趣往往是多方面的，很少只是集中在某一种类型上，每个人都是这六种类型的不同组合，只是占主导地位的类型不同。因此，为了比较全面地描绘个人的职业兴趣，通常用三个字母的代码来表示一个人的职业兴趣，这个代码就称为“霍兰德代码”（Holland Code）。这三个字母间的顺序按照兴趣递减排列，表示了兴趣强弱程度的不同。比如，SAI 和 ASI 的人具有相似的兴趣，但是他们对同一类型事务的兴趣强弱程度是不同的。SAI 的人对社会型事务的兴趣最大，其次是艺术型；而 ASI 的人对艺术型事务的兴趣最大，其次是社会型。相应地，具体职业也采用上述三个字母代码的方式来描述其职业性质和工作氛围。例如，建筑师这一职业的代码是 AIR，意味着该职业的艺术型成分更多一些，研究型其次，而现实型更少，该代码同时也说明了建筑师这一职业较少社会型、企业型和事务型的职业氛围。

霍兰德的理论自提出以后，在职业咨询、职业生涯发展、组织行为学等领域得到了广泛的应用。有许多使用频率很高的测量工具都是依据霍兰德的六边形模型编制而成的，如霍兰德本人编制的“自我探索量表”（Self—Directed Search，SDS）、库德兴趣量表（Kuder General Interest Survey）和电脑职业生涯辅助系统“发现”（Discover）等。国内有“北森职业兴趣测验”以及 SDS 的本土化版本等。经过测评，通常会得出一个霍兰德代码以及与这一代码相匹配的一些职业评定。上述兴趣测评的基本假设是：不仅个人的职业兴趣可以通过霍兰德代码表示，职业环境也可以如此分类，从而寻求两者之间的匹配。

实用工具

北森职业兴趣测验

“北森职业兴趣测验”基于霍兰德职业兴趣理论编制而成，主要用于考查受测者对特定工作、职业的兴趣和偏好。测验能够提供受测者对现代各类职业的喜好程度及职业兴趣分布状况，帮助受测者澄清自己的职业兴趣所在，认识自己的职业兴趣分布是否过于集中或分散，并能从侧面提供一定的个性方面的信息。

测验包含 25 道题目，答题时间约 30 分钟，测量了受测者在现实型、研究型、艺术型、社会型、企业型、常规型六个方面的兴趣程度。题目采用情境题的形式，每道题目描述了一个具体的情境，并设有 6 个备选项，分别对应六种职业兴趣。

题目示例

组织野营活动的时候，下列活动你最喜欢做的是：

A. 考察周围的地理环境（研究型）

B. 动手搭帐篷（现实型）

C. 整理安排物品（常规型）

D. 照顾体弱的同伴（社会型）

E. 设计好玩的小游戏，增加活动乐趣（艺术型）

F. 整个活动的筹备组织（企业型）

受测者在做测验时从这六个备选项中按顺序选出最感兴趣的三种，按照三个选项兴趣程度的不同，分别在相应的兴趣类型上记不同的分数，最后得到受测者在 6 个兴趣类型上的得分，取得分最高的前两个类型作为霍兰德代码。测验采取的是自比的方式，而不是与常模对比，这样更有利于帮助受测者了解自己的职业兴趣特征。测验报告中，综合受测者各个兴趣类型的得分，给出兴趣特点、适宜工作类型、优势与不足、发展方向等方面的分析与建议。

应用案例

霍兰德代码破译顾客满意率

上任刚满一年的人力资源部经理陈先生带着兴奋的心情走出总经理办公室，总经理刚刚肯定了人力资源部使用“职业兴趣理论”来解决顾客满意度持续偏低问题所作出的突出贡献，并暗示陈先生很快会被提升为人力资源总监。

陈经理所在的公司是广州一家外资 IT 公司。该公司在人力资源部提议改革后的六个月中，平均顾客评分提高了 21%。九个月以前，为了解决困扰公司已久的顾客对一线员工的投诉问题，公司专门召开部门经理会议，总经理要求人力资源部门也介入调查，并在一个月内找出答案——是员工的素质问题？还是领导方法有问题？或者是管理制度有问题？

这是个让部门经理们束手无策的难题，对刚上任不到 3 个月的陈先生确实是一个不小的挑战。他经过初步调查，就有一个奇怪的发现：公司销售部、售后服务部、咨询部共 200 多名一线员工中，得到上级主管好评的，有相当一部分顾客评分较低；相反，顾客评分较高的一线员工，也有很大一部分的上级主管评分较低。为什么上司喜爱的员工却受到客户的抱怨呢？

公司实行的是主管考评的绩效管理制度。对直接服务顾客的一线员工进行顾客满意度的跟踪调查：针对每个员工，公司每个月请 25 位顾客就所接受服务的质量打分，这样一年 12 个月下来，每个员工得到了 300 位顾客的评分。通过统计这些数据，陈经理发现，上级主管考评与顾客评分之间实际上并无显著联系。

正当陈经理感到茫然无措时，通过专业测评公司，他接触到了“职业兴趣理论”。这个由美国著名职业指导专家霍兰德提出的理论，其主要观点是“人职匹配”。霍兰德把人的职业兴趣和所有职业都归为六种类型：现实型、研究型、艺术型、社会型、企业型、常规型。人格类型与职业类型之间的匹配情况很大程度上决定了工作的积极性和绩效。这个理论给了陈经理新的思路，他尝试着应用这个理论来检视和解决公司的问题，他运用职业兴趣测验对每个一线员工进行了测试，以掌握他们的霍兰德代码。

调查结果显示，得到顾客较高评分的 83 位员工中，社会型员工占 93%，企业型的员工占 84%；而得到上级主管较高评分的 87 位员工中，常规型的员工占 90%。这个结果说明：社会型和企业型的员工容易受到顾客的好评，而常规型的员工则容易受到上级主管的好评。按照霍兰德的职业兴趣理论不难理解：社会型的人喜欢帮助他人和提供服务，有很强的人际交往能力，待人亲善。企业型的人善交际、口才好，能影响他人。因此社会型和企业型的员工善于和顾客建立关系，能更好地提供服务，当然能得到顾客的好评。而常规型的人尊重权威、习惯接受他人指挥和领导，工作踏实，忠诚可靠，受到上级主管喜欢也就不足为奇了。

这时陈经理的感觉真可以用拨云见日来形容。要提高顾客满意度，根本的解决方法是提高社会型和企业型员工的比例，同时，针对一线员工，主管考评的制度并不适合，应该将顾客满意度评估作为评价的标准，这样才能通过绩效考评激励员工提高服务质量（而不是仅仅获得上级的认可），从而提高顾客满意率。他提交了建议调整绩效管理制度和招聘制度的报告：①摈弃主管考评制度，将比较客观的业绩评估——顾客满意度评分作为重要指标；②把职业兴趣为社会型或企业型作为招聘服务顾客的一线员工的标准之一；③同时，将招聘程序改为：首先通过职业兴趣测试，挑选出社会型或企业型的候选人。人力资源部将这些候选人推荐给部门经理，再由部门经理确定最后的人选。进行以上改革后的半年内，公司社会型和创业型的一线员工的比例增加了26%，顾客满意度也随之大大提高。

第二节　动机测验

课堂讨论

1999年，自行车手兰斯·阿姆斯特朗（Lance Armstrong）赢得了环法自行车赛的冠军——填补了体育史上的一个空白。1996年阿姆斯特朗被诊断为患有睾丸癌并已扩散到了肺部和脑部。在承受了高强度的化疗后，阿姆斯特朗作出了重回训练场的决定。在接下来的3年时间里，他完成了运动生涯中最辉煌的事件。阿姆斯特朗于2000年再一次赢得了环法自行车赛的冠军。他的反对者们曾断言他在1999年获得冠军已是强弩之末，然而他在2000年的胜利证明他能打败世界上最优秀的自行车选手。一直到2005年，他获得了环法自行车赛的七连冠，成为自行车运动的传奇人物。是什么心理因素激发了他的这种行为？

一、动机概述

（一）动机的含义

小辞典

动机是指引起、维持和指引人们从事某种活动的内在动力。

需要和诱因是形成动机的必要条件，但是，在动机的内在条件和外在条件所起的作用上，心理学家所强调的侧面是有所不同的：即所谓“拉”和“推”的理论。“拉”的理论强调动机中的环境的作用，“推”的理论强调动机中个体内部力量。一般认为，有些动机形成时需要的作用强些，有些动机形成时诱因的作用强些。例如，人在某些时候并不很饿，但看到美味的食物时，也会有进食的动机和行为。

（二）动机的类型

哈佛大学的戴维·C·麦克莱兰（David C. McClelland）提出了一个动机的分类框架，强调了工作情境中最主要的三种动机：成就动机、权力动机和亲和动机。

1. 成就动机（achievement motivation）

成就动机是一些人所具有的试图追求和达到目标的内在动力。拥有这种动机的个体希望能够达到目标，并且向着成功前进。成功对于个体的重要性在于其本身，而不是随之而来的报酬。

成就动机理论包括两个最基本的概念：一个是追求成功的动机，意为追求目标的最大化；一个是回避失败的动机，意为回避风险和困难的倾向性。追求成功的动机越强，回避失败的动机越弱，则个体的心理动力水平越强。

研究表明，成就动机高的人比成就动机低的人往往能获得更大的成就。高成就动机者具有如下特点：①事业心强，比较实际，敢冒一定程度的风险；②有较高的实际工作绩效，要求及时得到工作的信息反馈；③一旦选定目标，就会全力以赴地投入工作，直至成功地完成任务；④把个人成就看得比金钱更重要，从成就中得到的鼓励超过物质鼓励的作用，把报酬看作是对成就的一种承认。

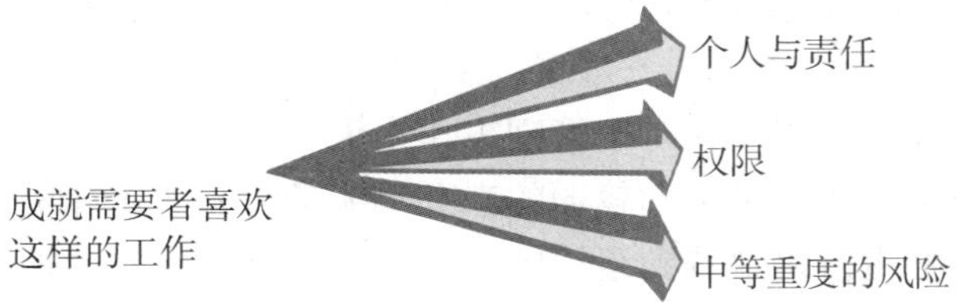

图 7－2　高成就动机者的工作特点

小游戏

测测你的成就动机水平

名称：投圈游戏

工具：半径为 5cm 的圆圈 3 个；空酒瓶 3 个。

方法：空酒瓶随意摆放在地面，参加者手拿圆圈，依次把圈投出去，使它们套在酒瓶上。

规则：投圈时参加者与酒瓶的距离可以自由选择；正式比赛前，可以先个人试验来确定投圈时与酒瓶的距离。

胜负标准：每人投 3 次，累计投中最多者为胜者。

解释：大部分人都会随便把圈儿扔出去，开头站得很近，可能后来又往回撤一点。而成就动机高的人则会仔细揣摩站在哪儿最能有成就感——不能太近，否则完成任务就太容易了；也不能太远，那样就投不中了。他们会定下有一定难度但又能够达到的目标。

2．亲和动机（affiliation motivation）

亲和动机是争取与他人进行社会性交往的内在动力。比较成就动机高的员工和亲和动机高的员工，可以说明两种动机模式是分别如何影响行为的。成就取向型员工会在主管为工作行为提供了详细的评价时更努力的工作；而亲和动机高的员工则会在他们因良好的态度和合作得到赞扬时更加努力工作。成就取向的人选择助手时，更多考虑技术上的能力，而较少考虑个人对他们的感觉；亲和取向的人则倾向于选择周围的朋友，他们由于能够与朋友们友好相处而得到内心的满足，并且他们需要在工作中自由发展这些关系。具有强烈亲和需要的管理者也许很难成为有效的管理者，虽然高度关注积极的社会关系通常可以建立合作性的工作环境，在这之中的员工的确愿意共同工作，但是，在管理上过分强调社会关系会干扰完成工作的正常程序。对亲和取向型管理者来说，分配挑战性的工作，指导工作活动及监督工作的有效性会存在困难。

3. 权力动机（power motivation）

权力动机是试图影响他人和改变环境的内在动力。具有权力动机的人希望对组织产生影响，并且愿意为此承担风险。一旦得到了这一权力，他们可能会建设性或破坏性地使用它。如果权力动机高的人是希望获得机构权力，而不是个人权力，他们会成为优秀的管理者。机构权力是为了整个组织的利益而影响他人行为的需要，具有这种需要的人通过正常手段获取权力，通过成功的表现提升到领导岗位，于是，他们也就能够得到别人的认可。但是，如果员工的动机是个人权力，这个人往往不会成为成功的组织领导者。

麦克莱兰的研究结果表明，对于管理工作来说，那些权力动机超过成就动机的管理者，尤其是具有很强的权力动机和较弱的亲和动机的经理人通常是最优秀的，他们的下属责任感更强，能够更清楚地看到组织的目标，也更富有团队精神。

课堂活动 *

拉小提琴的女孩

(1) 请学生根据这张图片编一个故事，说明图片中发生了什么事件，并描述其可能的结果。

(2) 教师讲解：同学们编的故事如何反映其成就动机？

(3) 请愿意与大家分享的同学给大家讲述他们编写的故事，并加以点评。

例1：反映“高成就动机”的故事：这个女孩刚学完了她的小提琴课程。她对自己的进步感到开心，而且开始相信她所有的进步将证明她所作出的牺牲是值得的。要成为一位在音乐会上演奏的小提琴家，她每天不得不放弃大部分的课余时间来练习数小时。尽管她知道如果继承父亲的事业可能会挣很多钱，但她更愿意成为一名小提琴家并用她的音乐给人们带来欢乐。她坚持她的个人理想，无论需要付出什么。

例2：反映“低成就动机”的故事：这个女孩拿着她哥哥的小提琴并试着

---

* 本活动运用了主题统觉测验（Thematic Apperception Test，TAT）。编故事的人往往把自己的价值观、兴趣和动机投射到这些故事中，通过对故事的分析，可了解编故事者的内心活动。

演奏它，但是她认为不值得花费时间、精力和金钱去学习小提琴课程。她为哥哥感到遗憾，因为他放弃了生活中所有快乐的事情，只是练习、练习、再练习。要是有一天能出名，成为一位一流的音乐家就太棒了，但是事实并非如此。现实就是枯燥的练习，没有乐趣，而且很可能成为又一个在小城市的乐队里演奏的人。

二、动机测验

北森动力测验以麦克莱兰的动机理论为基础，从成功愿望、影响愿望、挫折承受、人际交往四个维度来考查测试者的心理动力模式。

◆ 成功愿望

成功愿望是指个体面对任务情境时，给自己设定高标准、有挑战性的工作目标，并为实现这一目标艰苦努力，希望获得优秀成绩的欲望。

高分特征：

- 做事主动、意志坚强，不达目的不罢休
- 对自己有较高的期望值，重大局，不贪小利，较少感情用事
- 有较强的责任心
- 做事有较强的目标方向性

低分特征：

- 做事的主动性较弱，不愿主动承担责任
- 追求个人高目标的愿望不强，心态平和，对事情要求不高
- 倾向于容忍自己的较低追求或失败
- 喜欢较为轻松、没有压力的生活

◆ 影响愿望

影响愿望是指在组织行为过程中，力图获得巩固和利用权力的需要，试图以自己的思想、意图影响和控制他人、控制环境的愿望。

高分特征：

- 愿意主动影响、控制或引导他人
- 愿意干预他人的情绪、做事方式、进度，期望结果可控
- 希望处于那些能够表现个人影响力的职位上
- 非常在意自己行为的影响力和在他人心目中的位置

低分特征：

- 不愿意影响、控制或引导他人，希望每个人按他们自己的方式做事
- 满足于现状，不希望与他人进行权力之争
- 如果是管理人员，团队规范化程度不高

◆ 挫折承受

挫折承受是指个体面临已知的或可能有的困难与障碍、压力与失败时的心理感受。用来考查被试在不确定的情境下是否愿意承担风险和责任；在遇到挫折和困难时是否能坚持努力、不放弃。它反映了个体挑战逆境的决心和动力。

高分特征：

- 意志顽强，在逆境中不失斗志
- 在新的或不确定的情境下敢于探索，不惧怕失败
- 对情绪能进行很好的自我调节

低分特征：

- 做事小心谨慎，尽量避免出现差错
- 过分在意结果，做没有把握的事情时犹豫不决
- 压力感受强，易于受情境影响

◆ 人际交往

人际交往主要考查被试对人际关系的关注与重视程度，以及在与他人合作过程中的行为表现。人际交往可以反映被试是否善于利用人际资源、取得他人的信任和支持。

高分特征：

- 重视人际关系，愿意在人际关系上投入时间和精力
- 能够获得广泛的人际支持
- 具有良好的人际交往技巧

低分特征：

- 更愿意依靠自己的力量完成事情，注重自己在人群中的独立地位
- 喜欢与少数兴趣相投的人保持交往
- 在人际交往中一般不采取主动，而是顺其自然发展

◆ 社会称许性

社会称许性用来考查被试的作答是否反应了其真实情况。社会称许性高的人存在一定的“装好”倾向，其测验结果不能完全真实地反映其实际情况。

“北森动力测验”共 99 道题目，作答时间 15 ~ 20 分钟。该测试采用 5 点量表作为应答方式，被试判断每道题目的陈述与自己的符合程度，并选择一个数字表示这种符合程度。1 到 5 代表符合程度依次增加（1 代表完全不符合，2 代表基本不符合，3 代表不清楚，4 代表基本符合，5 代表完全符合），其中有些题目是反向计分。测验结果是常模参照（Normative）分数，为了便于理解，采用了百分位形式的常模，它反映了在某个测试维度上，被试的得分在人群中的位置。例如，如果被试成功愿望的百分数是 80%，代表在参照人群中，他的得分比 80% 的人要高。

表 7 – 2　　**动机测验题目示例**

维度	题目数量	题目示例
成功愿望	19	我更愿意选择必须竭尽全力才能实现的目标
影响愿望	17	在群体决策时，我希望自己能发挥重要的作用
挫折承受	31	如果周末不愉快，星期一便很难集中精力工作（反向计分）
人际交往	25	我能很快和新朋友建立稳固的关系
社会赞许性	7	我从未产生令人难以启齿的不好的念头

应用案例

好销售必然是好销售主管吗?

张先生是北京一家大公司的销售部门经理，负责管理面向大客户的销售人员，他从销售人员提升到这个管理职位已有三年了。然而，公司最近进行的一项针对管理者绩效的调查结果让他感到震惊。调查结果显示，张先生是一名非常不称职的管理者，对下属几乎没有积极的影响。他的下属认为他几乎没有给他们任何奖励，只是不断地批评他们，销售部处于混乱、无序的状态。总之，相对于全国的平均销售业绩，张先生管理的销售部大约在其10%~15%之间。

问题出在哪里呢?张先生填写的管理调查问卷表明，他能清楚地认识到工作对他提出的要求，也就是他应该更多地去影响、促进别人的成功，而不是自己单独实现新目标或者和下属打成一片。然而，他在动力测验中的结果却显示，他并不在意自己的影响力。实际上，他的成功愿望很高，高于90%，而他的影响愿望却很低，大约在15%。张先生强烈的成就需要并不令人感到奇怪，毕竟他曾经是一名非常成功的销售人员。但是很显然，他对影响力的欲望远远不够，他所从事的管理工作要求他必须对影响力有更强烈的欲望。看到评估结果，张先生有点不安，但他认为，也许是评估方法不够准确，他的实际情况和理想值的差距实际上并没有那么大。

当他与一位测评专家讨论测验结果时，他变得越来越心烦意乱。然而他最终承认调查结果证实了他的感觉，而他一直害怕向他自己或他人承认：几年来，他在管理岗位上一直苦不堪言。现在，他知道了原因，那就是因为他根本不愿意而且也没有能力去影响和管理他人。当回想往事时，他认识到，每次他影响员工的努力都以失败告终，这让他感到糟糕透顶。

对于失败，张先生的反应是制定很高的标准——他所在部门的任务指标定在98%——并且试图自己包揽绝大部分工作，而这几乎是不可能成功的。他总是事必躬亲，从不授权给他人，结果使得他的员工士气低落。张先生是成就需要强烈，但却是缺乏权力欲望的典型代表。这种人也许会成为很成功的销售人员，但遗憾的是他们根本就不能胜任管理工作。

张先生发现，自己工作做得不好，原因在于他对影响别人几乎没有兴趣，尽管他知道要进行怎样的改进才能胜任目前的工作，但并不愿意作出这样的改变。所以他认为自己该换一个工作，在上级主管的帮助下，他最后决定重新回到自己最喜欢的销售岗位。

张先生转向做积压产品的销售，帮助零售商店处理前一年的库存，以便这些商店能销售每年的新款产品。他在这个新岗位上干得非常成功，及时地独立担当起销售公司陈货的责任，降低了成本，增加了销售收入，令公司非常满意。而对于张先生自己来说，他再也不用费劲地去管理任何人了。

第三节　职业锚测验

一、职业锚理论

职业锚理论是美国麻省理工学院思隆管理学院埃德加·H·施恩（Edgar H. Schein）教授发明的，该理论是从斯隆管理学院毕业生的纵向研究中形成。施恩教授在1961年、1962和1963年对斯隆管理学院的44名硕士毕业生进行了最初的访谈，当时这批学生正在二年级（总共两年的学习时间）。在这批学生毕业六个月及毕业一年后，在各自的工作地点对所有的人进行了重复访谈，这些访谈揭示了从学校到组织转变过程中的大量问题。所有参与者在毕业五年后完成了一份调查问卷。1973年，在这些参与者毕业10到12年后，又对他们进行了一项跟踪访谈。访谈要求参与者按时间详细回顾自己的职业生涯历史，不仅要求他们识别关键职业选择和事件，而且让他们思考作出决定的原因及每次变动的感受。他们从访谈中发现，尽管每个参与者的职业经历大不相同，但从职业决策的原因和对事件的各种感受中，却发现了惊人的一致性。个人潜在的自我意识来自于早期学习过程所获得的成长经验，当他们从事与自己不适合的工作时，一种意识会将他们拉回到使感觉更好的方向（职业）上——这就是“职业锚”。

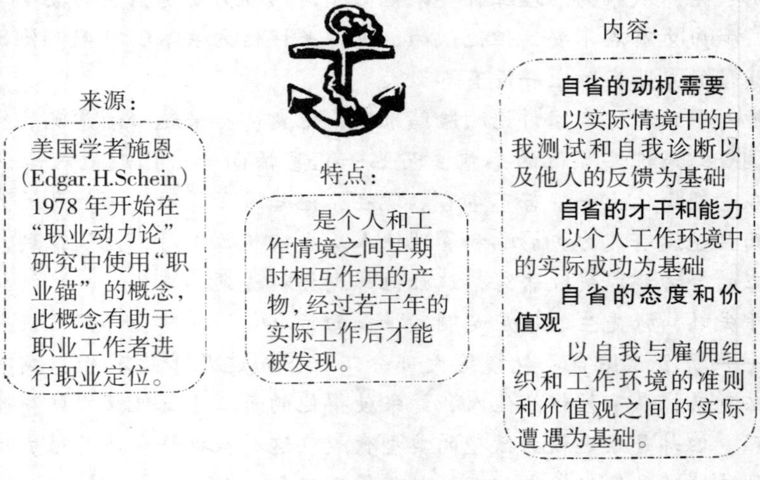

图7-3　职业锚示意图

（引自：程社明，卜欣欣，戴洁．人生发展与职业生涯规划．北京：团结出版社，2003）

（一）职业锚的含义

小辞典

职业锚是指员工在早期工作中逐渐对自我加以认识，发展出的更加清晰全面的职业自我观，是一个人无论如何都不会放弃的最重要的东西。

自我观主要包含三部分内容，共同组成“职业锚”。

（1）自省才干和能力——以多种作业环境中的实际成功为基础。

（2）自省的动机和需要——以实际环境中的自我测试和自我诊断的机会以及他人的

反馈为基础。

（3）自省的态度和价值——以自我与雇用组织和工作环境的准则和价值观之间的实际遭遇为基础。

“职业锚”概念有以下五个特点：

（1）“职业锚”定义工作价值观、工作动机的概念更具体且更明确。“职业锚”产生于最初的工作价值观和工作动机之上，但又受到实践工作经验和自我认识的不断强化。

（2）由于实践工作成果的偶然性，“职业锚”不可能凭各种测试来预测。“职业锚”是个人同工作环境互动作用的产物。在学校中表现出的潜在才干和能力，在经过实际工作的多次确认和强化之前，并不能成为“职业锚”的一部分。个体的一系列偶然性职业选择，体现出从不适应、无法满足需要的工作环境向更和谐环境移动的必然性。在实践中选择、认知和强化，这就是“职业锚”的比喻。

（3）“职业锚”强调了能力、动机和价值观的互动作用。我们可能喜欢某类职业，从而不断提高能力，对此职业的擅长又使我们更喜欢它。或者，我们可能发现自己擅长某职业，渐渐培养起兴趣和感情，后来就越发精通了。职业取向中单独的动机、能力、价值观概念是意义不大的，重要的是突出三者之间相互作用的整合作用。

（4）“职业锚”在正式工作若干年后才可能被发现。即“职业锚”的确定需要各种情境下实践工作的反复验证方可确认。职业取向的必然性需要一定时间内的变化的偶然性的累积方可突现。

（5）“职业锚”概念倾向于寻求个人稳定的成长区域，它并不意味着个人停止变化或成长，“职业锚”本身就会发生变化。

小看板

施恩（Edgar H. Schein）博士是麻省理工学院的名誉教授，获得美国心理学联合学会认证的工业/组织心理专家头衔，也是美国心理协会的会员。作为培训师，施恩博士曾就职于美国国家训练学院，在多家美国和欧洲公司担任过组织发展及管理开发和组织文化方面的咨询顾问。他曾经受聘的公司包括壳牌、宝洁、通用食品、IBM、苹果、宝丽来以及其他很多国际知名公司。施恩博士所获的荣誉有：Gordon Hardwick Award；Social Science Council Auxiliary Research Award；ASTD Award for Outstanding Contribution to Organizational Development。除了“职业锚”相关的畅销出版物以外，施恩博士还写过大量的作品。例如“职业生存”，“组织发展”，“组织的文化与领导”，“企业文化生存指南”等。

（二）职业锚的类型*

施恩教授总结出八种类型的“职业锚”：

1. 技术/职能型

技术/职能型的人追求在技术/职能领域的成长以及技能的不断提高，希望在工作中

* 本节内容摘引自：（美）埃德加·施恩．职业锚．北森测评网译．北京：中国财政经济出版社，2004

实践并应用这种技术/职能。他们对自己的认可来自于他们的专业水平，他们喜欢面对专业领域内的挑战。通常，他们不喜欢从事一般的管理工作，因为这意味着他们不得不放弃在技术/职能领域内的成就。例如，一位工程师非常擅长设计；一位销售员发现自己在销售方面的天赋和对销售的强烈愿望；一位教师非常高兴自己在专业领域中更加突出。因此，他们都更愿意从事专业领域的工作而不是做管理。

工作类型：技术/职能型职业锚的人期望从事具有一定挑战性的工作，如果一项工作不能考验他们的能力和技术水平，那么很快他们就会对这份工作失去兴趣。由于他们的自尊取决于才能的施展水平，所以他们需要能够展现自己才能的工作。

薪酬补贴：技术/职能型职业锚的人希望能够按照教育背景和工作经验确定技术等级和报酬。他们倾向于关注外在平等，即与其他组织中具有同等技术水平的人比较收入的高低。如果他们的收入偏低，即使是本组织内部薪水最高的，他们也认为自己没有得到公平待遇。

工作晋升：技术/职能型职业锚的人看重技术和专业等级，而非职位的晋升，他们不愿接受行政或管理岗位的晋升。这一点不管是在研发部门、工程部门还是在组织中的其他职能部门，例如财务、市场、制造或者销售部门，都是非常适用的。尽管如此，很少有组织会设立适合该类型人的职业发展阶梯。

认可方式：技术/职能型职业锚的人更加需要同行专业人士的认可，而非管理者的表扬。另外一种认可的形式，是得到在专业领域继续学习和发展的机会。接受培训的机会，组织提供的休假，鼓励参加专业性的会议，提供购买资料和设备的经费都是非常有价值的认可方式。除了继续学习，他们喜欢的认可方式还有一种，就是成为某种协会或者团体的专家。

2. 管理型

管理型的人追求并致力于职位晋升，倾心于全面管理，独立负责一个部分，可以跨部门整合其他人的努力成果。他们想承担整体的责任，并将公司的成功与否看作衡量自己工作好坏的标准。具体的技术/职能工作仅仅被看作是通向全面管理层的必经之路。

要想成为管理型的人，需要整合三个方面的能力和技巧。第一是分析能力。管理者能够在信息不全面和不确定的情况下，识别、分析、归纳信息以解决问题；第二是人际和团队能力。管理者必须能够影响、监督、领导、操纵和管理组织的各级人员，从而实现组织目标；第三是情感管理能力。管理者必须为情绪、人际关系和危机所激励而不是被压倒，要有承担高度责任的能力，果断地使用权力作出决策。

工作类型：管理型职业锚的人希望承担更大的责任，喜欢有挑战性的、多变的和综合性的工作，渴望有领导机会，看重对组织的贡献。对组织成功起重要作用的工作，对他们越具有吸引力。

薪酬补贴：管理型职业锚的人通常把收入水平作为衡量自己成功的标准，期望有相当高的收入。与技术/职能型职业锚的人不同的是，他们倾向于内在的公平而不是外在的公平。他们希望收入要远远高于他们的下级，也希望得到短期奖励，例如实现某个组织目标的奖励。

工作晋升：管理型职业锚的人期望晋升应该基于个人的贡献、可量化的绩效和工作成绩。尽管他们承认性格、方式、资历和其他因素在晋升中的重要作用，但管理人员仍然坚持达到目标的能力才是最为关键的标准。

认可方式：对于管理型职业锚的人来说，提升到有更大管理责任的职位无疑是最好的认可方式。他们以级别、头衔、薪水、下属数量、预算规模和一些无形的因素（如所负责的项目、部门或区域，对公司发展的重要性等）的组合来衡量自己的地位。他们期望不断地得到提升，如果在一个职位上待的时间过长，他们就会觉得自己表现得不够好。这一类型的人也非常重视金钱形式的认同，像加薪、奖金和股票期权，喜欢头衔、地位象征（例如很大的办公室、轿车或者特权），最重要的是得到上司的认可。

3．自主/独立型：

自主/独立型的人希望随心所欲地安排自己的工作和生活。追求能施展个人能力的工作环境，最大限度地摆脱组织的限制和制约。他们宁愿放弃职位提升或工作发展的机会，也不愿意放弃自由与独立。

工作倾向：自主/独立型职业锚的人喜欢专业领域内职责描述清晰、时间明确的工作。承包式或项目式工作，全职、兼职或者临时性的工作都是可以接受的。这种类型的人倾向于有明确的工作目标，并且不限制工作完成方式的组织，他们不能忍受别人在旁边指手画脚。自主/独立型职业锚的人会慢慢将工作转向自主性比较强的职业，例如对商业和管理感兴趣的人，他们可能会从事咨询和培训。如果在大型的公司中工作，他们会选择一些相对独立的职位，例如研发部门、区域销售、数据处理、市场调研、财务分析等。

薪酬补贴：自主/独立型职业锚的人更加倾向于基于工作绩效的工资、奖金，并且当时付清，没有附加条件的报酬方式。

工作晋升：自主/独立型职业锚的人倾向于基于以往成就的晋升，希望从新的职业中获取更多的自主权。如果新的职位带来更高的头衔和更多责任却减少了自由度，则会令自主/独立型职业锚的人感到恐惧。例如，如果一个自主/独立型职业锚的销售代表认为成为销售经理会降低他的自主性，他就会拒绝晋升机会。

认可方式：自主/独立型职业锚的人最喜欢直接的表扬和认可。对于自主/独立型职业锚的人来说，勋章、证书、推荐信、奖品、证书等奖励方式比晋升、获得头衔甚至金钱更具有吸引力。多数组织的激励机制并不适合自主/独立型职业锚的员工，他们经常因为不能忍受组织的制度而辞职。

4．安全/稳定型

安全/稳定型的人追求工作中的安全感与稳定感。他们因为能够预测到稳定的将来而感到放松。他们关心财务安全，对公司忠诚，能够完成老板交代的工作。他们并不关心具体的职位和具体的工作内容是什么，只要职位与工作内容比较稳定，他们就会感到比较放松。

工作类型：安全/稳定型职业锚的人愿意从事安全、稳定、可预见的职业。相比工作本身，他们更加关心的是工作的内容。工作环境、工作挑战等内在激励方式不如直接加薪、改善收益状况更有效。许多组织工作具有这方面的特性，而每个组织都在很大程度上依赖员工中高比例的安全/稳定型职业锚的员工和技术/职能型的员工。这种类型的人通常会选择提供终身雇佣、从不辞退员工、有良好的退休金计划和福利体系，同时看上去强大而可靠的公司。因此，政府部门和事业单位对这类人来说很有吸引力。他们会为自己的组织感到自豪。

薪酬补贴：安全/稳定型职业锚的人希望薪酬基于工作年限、并可预测地稳定增长。

他们倾向于强调保险和养老金的薪酬方案。

工作晋升：安全/稳定型职业锚的人喜欢基于过去资历的提升方式，喜欢有明确晋升周期的公开的等级系统。显然，这种类型的人偏爱学校这类提供终身雇佣的组织。

认可方式：安全/稳定型职业锚的人希望因为忠诚和稳定的绩效而被认可，并且希望得到稳定和连续的雇佣保证。最重要的是，他们相信，“忠诚”会给组织绩效带来实质贡献。这种类型的人适合大多数的人事系统。

5．创造/创业型

对于创造/创业型职业锚的人来说，最重要的是建立或设计某种完全属于自己的东西，例如，以自己名字命名的产品或服务；建立或投资新的公司；收购其他公司，并按照自己的意愿进行改造。创造/创业型职业锚的人渴望向别人证明：通过自己的努力能够创建新的企业、产品或服务，并使之发展下去。

创造/创业型与自主/独立型的区别：自主/独立型职业锚的人发展自己的生意，是源于自主独立的需要；相反，创造/创业型职业锚的人是想证明自己能够创立属于自己的企业，这意味着在创业的早期阶段牺牲自由和稳定，直到事业获得成功。在创业没有成功之前，他们会从事传统的职业，同时寻找创业的可行性方案。

工作类型：创造/创业型职业锚的人喜欢实现创造的需求，容易对过去的事情感到厌倦。在自己的企业中，他们仍会不断地创造新的产品或服务。当他们失去兴趣时就把这个企业卖掉再创建一个新的企业，他们需要不断地接受新的挑战。

薪酬补贴：创造/创业型职业锚的人最看重的就是所有权。通常他们并不为自己支付很多工资，但控制着自己公司的股票。如果他们开发出新的产品，那么他们希望自己拥有该产品的专利。希望能够留住这类人的大公司，经常会误解他们的内在需求。除非他们拥有新公司的控制权和多数的股票，否则一个创造/创业型职业锚的人不会留在这个公司。他们积累财富并非完全为了自己，而是一种向他人证明成功的方式。

工作晋升：创造/创业型职业锚的人希望职业能够允许他们去做自己想做的事情，有一定的权力和自由去扮演任何角色，以满足自己不断进行创新变化的需求。例如，研发主管、董事会主席等。

认可方式：创造财富和一定规模的企业是创造/创业型职业锚的人获取认可最重要的方式。此外，创造/创业型职业锚的人通常以自我为中心，要求很高的知名度和公众认可，喜欢用自己的名字命名产品和公司。

6．服务型

服务型职业锚的人希望职业能够体现个人价值观，他们关注工作带来的价值而不在意是否能发挥自己的才能或能力。他们的职业决策通常基于能否让世界变得更加美好。那些帮助性的职业最能得到此类人的认同，例如护理、社会工作者、教育和公共管理等。此外，在公司中也存在以服务为导向的职业，例如，采取积极行动的人力资源专家，致力于提高劳资关系的劳动法律师，研究新药物的科学家，或是为提高某一方面的社会现状而进入公共服务领域的经理人。能够体现助人为乐、为人类服务和为国家服务等价值观的工作是他们职业的首选。

当然，并非所有在帮助性行业中工作的人都希望去服务别人。如一些医生、律师、社会工作者可能是技术/职能型的、自主/独立型的或安全/稳定型的。

工作类型：服务型职业锚的人希望职业允许他以自己的价值观影响雇用他的组织或

社会。

薪酬补贴：服务型职业锚的人对组织忠诚，希望得到基于贡献的、公平的薪酬，钱并不是他们追求的根本。

工作晋升：比金钱更重要的是认可他们的贡献，给他们更多的权力和自由来体现他们自己的价值。

7. 挑战型

挑战型职业锚的人认为他们可以征服任何事情和任何人，并且将成功定义为“克服不可能的障碍，解决不可能解决的问题，战胜强硬的对手”。随着自己的进步，他们喜欢寻找越来越强大的“挑战”，希望在工作中面临越来越艰巨的任务。挑战型与技术/职能型的差别在于技术/职能型的人只关注某一专业领域内的挑战，高层次的战略咨询顾问可以归于挑战型职业锚，因为工作需要他们去解决一个比一个困难的战略任务。

对于挑战型职业锚的人来说，一定水平的挑战是至关重要的。缺少挑战自我的工作会使他们变得厌倦和急躁。对他们而言，职业中的变化非常重要，管理工作吸引他们的一个主要原因是管理工作的多变性和面临的强大挑战性。

如何激励和发展挑战型职业锚的人是一个非常复杂的管理问题，他们一方面有强烈的自我发展动机，对带给他们挑战机会的雇主非常忠诚；但同时，他们意志坚定，可能给其他不同价值观的同事制造麻烦。

8. 生活型

生活型职业锚的人希望将生活的各个主要方面整合为一个整体，喜欢平衡个人的、家庭的和职业的需要，因此，生活型的人需要一个能够提供“足够弹性”的工作环境来实现这一目标。生活型的人甚至可以牺牲职业的一些方面，例如放弃职位的提升或调动来换取三者的平衡。相对于具体的工作环境、工作内容，生活型的人更关注自己如何生活、在哪里居住、如何处理家庭事务及怎样提升自我等。

生活型职业锚的人喜欢为其提供灵活选择的组织工作，这些选择包括：在家庭条件允许的情况下出差；在生活需要的时候非全职工作；休假、产假，提供日托；提供弹性工作制；在家办公等。生活型职业锚的人关注组织文化是否尊重个人和家庭的需要。

课堂活动

识别你的需求

请对你理想的职业特点做一个描述性列表，该列表要完全将你对自己职业的“要求”描述出来，直到你觉得满意。你需要投入你的全部精力，努力而认真地思考，否则下面的活动会使你觉得难以进行，做完后也会觉得没什么收获。

第一，确定您所写的每个要求是“必须”，还是“希望”（可以填写 10 个）；

职业要求	必须/希望
1.	
2.	
3.	
……	
9.	
10.	

第二，所有的“要求”都写完后，分析你选择它们的原因及其重要性；

职业要求（按重要等级排序）	
1.	重要
2.	↑
3.	
4.	重要等级
5.	
6.	
7.	
8.	
9.	
10.	次要

第三，请认真考虑，当你一个一个失去它们的时候，你的感受会是怎样，并把它们写下来；

第四，请把你不愿放弃的“要求”综合起来考虑，看哪些是你最不愿放弃的，并将它们排序；

第五，根据以上你对自己职业要求的排序，结合职业锚类型的描述，考查自己属于哪种类型。

课堂讨论

一个人是否可以拥有多个职业锚？

“职业锚”是指当一个人面临职业选择时，他无论如何都不肯放弃的内心最深层次的东西。这种定义说明一个人只能有一种“职业锚”——个人才能、动机和价值观中最高优先级的组合。然而实际上，许多职业可以同时满足个人几种不同的才能、动机和价值观的组合，而不需要在他们中间进行取舍。例如，一个职能部门经理在家长式作风的公司中，可以同时实现安全/稳定、自主/独立、技术/职能、管理甚至生活的多种需要。只有假设有多种职业可能，并强迫自己进行职业选择，才有可能明确自己的职业锚。例如，一个管理者要决定去分公司做总经理，还是留在总公司中做职能部门经理？当个人进入一个不得不进行职业选择的情景中时，才可能明确自己真正的职业锚。

如果职业锚不清晰，一个可能的原因是：不具备足够的生活经验来发现对他而言什么是最重要的。在这种情况下，首先确定大概是哪种职业锚，然后在不同的工作情境中测试自己的反应。例如，如果一个人不知道自己是否对管理工作感兴趣，是否具有相关的能力，而且没有机会去进行尝试，那么他可以自愿地发起一个项目并担任项目组长，通过这种方式来获得经验。也可以去找具有相关工作经历的人，通过面谈得到某一职位的具体工作内容和工作细节。

二、职业锚测验

“职业锚测验”共60道题，每个题目有6级判断，分别表示“非常不同意、不同意、不太同意、有点同意、同意、非常同意”。所有选项均没有对错、好坏、高低之分，与生活和工作也没有任何利害关系。根据自己的实际情况和真实想法作答，不要考虑应该选择什么或别人希望自己选择什么。

题目示例

安全感与稳定感是我选择单位时的重要标准。

A	B	C	D	E	F
非常不同意	不同意	不太同意	有点同意	同意	非常同意

小练习

职业定位问卷

这份问卷的目的在于帮助你思索自己的能力、动机和价值观。下面给出了40个问题，根据你的实际情况，从1~6中选择一个数字。数字越大，表示这种描述越符合你的实际情况。例如，“我梦想成为公司的总裁”，你可以做出如下的选择：

选“1”代表这种描述完全不符合你的想法；选“2”或“3”代表你偶尔（或者有时）这么想；选“4”或“5”代表你经常（或者频繁）这么想；选“6”代表这种描述完全符合你的日常想法。

请尽可能真实并迅速地回答下列问题。除非你非常明确，否则不要作出极端的选择，例如：“从不”或者“总是”。

1. 从不　2. 偶尔　3. 有时　4. 经常　5. 频繁　6. 总是

(1) 我希望做我擅长的工作，这样我的内行建议可以不断被采纳。

(2) 当我整合并管理其他人的工作时，我非常有成就感。

(3) 我希望我的工作能让我用自己的方式，按自己的计划去开展。

(4) 对我而言，安定与稳定比自由和自主更重要。

(5) 我一直在寻找可以让我创立自己事业（公司）的创意（点子）。

(6) 我认为只有对社会作出真正贡献的职业才算是成功的职业。

(7) 在工作中，我希望去解决那些有挑战性的问题，并且胜出。

(8) 我宁愿离开公司，也不愿从事需要个人和家庭作出一定牺牲的工作。

(9) 将我的技术和专业水平发展到一个更具有竞争力的层次是成功职业的必要条件。

(10) 我希望能够管理一个大的公司（组织），我的决策将会影响许多人。

(11) 如果职业允许自由地决定自己的工作内容、计划、过程，我会非常满意。

(12) 如果工作的结果使我丧失了自己在组织中的安全稳定感，我宁愿离开这个工作岗位。

(13) 对我而言，创办自己的公司比在其他的公司中争取一个高的管理职位更有意义。

(14) 我的职业满足来自于我可以用自己的才能去为他人提供服务。

(15) 我认为职业的成就感来自于克服自己面临的非常有挑战性的困难。

(16) 我希望我的职业能够兼顾个人、家庭和工作的需要。

(17) 对我而言，在我喜欢的专业领域内做资深专家比总经理更具有吸引力。

(18) 只有在我成为公司的总经理后，我才认为我的职业人生是成功的。

(19) 成功的职业应该允许我有完全的自主与自由。

(20) 我愿意在能给我安全感、稳定感的公司中工作。

(21) 当通过自己的努力或想法完成工作时，我的工作成就感最强。

(22) 对我而言，利用自己的才能使这个世界变得更适合生活或居住，比争取一个高的管理职位更重要。

(23) 当我解决了看上去不可能解决的问题，或者在必输无疑的竞赛中胜出，我会非常有成就感。

(24) 我认为只有很好地平衡了个人、家庭、职业三者的关系，生活才能算是成功的。

(25) 我宁愿离开公司，也不愿频繁接受那些不属于我专业领域的工作。

(26) 对我而言，做一个全面管理者比在我喜欢的专业领域内做资深专家更有吸引力。

(27) 对我而言，用我自己的方式不受约束地完成工作，比安全、稳定更加重要。

(28) 只有当我的收入和工作有保障时，我才会对工作感到满意。

(29) 在我职业生涯中，如果我能成功地创造或实现完全属于自己的产品或点子，我会感到非常成功。

(30) 我希望从事对人类和社会真正有贡献的工作。

(31) 我希望工作中有很多的机会，可以不断挑战我解决问题的能力（或竞争力）。

(32) 能很好地平衡个人生活与工作，比达到一个高的管理职位更重要。

(33) 如果在工作中能经常用到我特别的技巧和才能，我会感到特别满意。

(34) 我宁愿离开公司，也不愿意接受让我离开全面管理的工作。

（35）我宁愿离开公司，也不愿意接受约束我自由和自主控制权的工作。

（36）我希望有一份让我有安全感和稳定感的工作。

（37）我梦想着创建属于自己的事业。

（38）如果工作限制了我为他人提供帮助或服务，我宁愿离开公司。

（39）去解决那些几乎无法解决的难题，比获得一个较高的管理职位更有意义。

（40）我一直在寻找一份能最小化个人和家庭之间冲突的工作。

现在重新看一下你给分较高的描述，从中挑选出与你的日常想法最为吻合的三个，在原来评分的基础上，将这三个题目的得分再各加上4分（例如：原来得分为5，则调整后的得分为9）。然后就可以开始评分了。

计分方法：

将每一题的分数填入下面的空白表格（计分表）中，然后按照“列”进行分数累加得到一个总分，将每列的总分除以5得到每列的平均分，填入表格。记住：在计算平均分和总分前，不要忘记将最符合你日常想法的三项，额外加上4分。

计分表：

TF	GM	AU	SE	EC	SV	CH	LS
1	2	3	4	5	6	7	8
9	10	11	12	13	14	15	16
17	18	19	20	21	22	23	24
25	26	27	28	29	30	31	32
33	34	35	36	37	38	39	40

总分：

平均分：

解释：

①技术/职能型职业锚（TF列）

如果你的职业锚是技术/职能型，你始终不肯放弃的是在专业领域中展示自己的技能，并不断把自己的技术发展到更高层次的机会。你希望通过施展自己的技能以获取别人的认可，并乐于接受来自于专业领域的挑战，你可能愿意成为技术/职能领域的管理者，但管理本身不能给你带来乐趣，你极力避免全面管理的职位，因为这意味你可能会脱离自己擅长的专业领域。

②管理型职业锚（GM列）

如果你的职业锚是管理型，你始终不肯放弃的是升迁到组织中更高的管理职位，这样你能够整合其他人的工作，并对组织中某项工作的绩效承担责任。你希望为最终的结果承担责任，并把组织的成功看作是自己的责任。如果你目前在技术/职能部门工作，你会将此看成积累经验的必经过程。你的目标是尽快得到一个全面管理的职位，因为你对技术/职能部门的管理不感兴趣。

③自主/独立型职业锚（AU列）

如果你的职业锚是自主/独立型的，你始终不肯放弃的是按照自己的方式工作和生活，你希望留在能够提供足够的灵活性，并由自己来决定何时及如何工作的组织中。如果你无法忍受任何程度上的公司约束，就会去寻找一些有足够自由的职业，如教育、咨询工作等。你宁可放弃升职加薪的机会，也不愿意丧失自己的自主独立性。为了能有最大限度的自主和独立，你可能创立自己的公司，但你的创业动机是与后面叙述的创业家的动机是不同的。

④安全/稳定型职业锚（SE 列）

如果你的职业锚是安全/稳定型的，你始终不肯放弃的是稳定的或终身雇佣制的职位。你希望有成功的感觉，这样你才可以放松下来。你关注财务安全（如养老金和退休金方案）和就业安全。你对组织忠诚，对雇主言听计从，希望以此换取终身雇用的承诺。虽然你可以到达更高的职位，但你对工作的内容和在组织内的等级地位并不关心。任何人（包括自主/独立型）都有安全和稳定的需要，在财务负担加重或面临退休时，这种需要会更加明显。安全/稳定型职业锚取向的人总是关注安全和稳定问题，并把自我认知建立在如何确保安全与稳定上。

⑤创造/创业型职业锚（EC 列）

如果你的职业锚是创造/创业型的，你始终不肯放弃的是凭借自己的能力和冒险愿望，扫除障碍，创立属于自己的公司或组织。你希望向世界证明你有能力创建一家企业，现在你可能在某一组织中为别人工作，但同时你会学习并评估未来的机会，一旦你认为时机成熟，就会尽快开始自己的创业历程。你希望自己的企业有非常高的现金收入，以证明你的能力。

⑥服务型职业锚（SV 列）

如果你的职业锚是服务型的，你始终不肯放弃的是做一些有价值的事情，比如：让世界更适合人类居住，解决环境问题，增进人与人之间的和谐，帮助他人，增强人们的安全感，用新产品治疗疾病等。你宁愿离开原来的组织，也不会放弃对这些工作机会的追求。同样，你也会拒绝任何使你离开这些工作的调动和晋升。

⑦挑战型职业锚（CH 列）

如果你的职业锚是挑战型的，你始终不肯放弃的是去解决看上去无法解决的问题、战胜强硬的对手或克服面临的困难。对你而言，职业的意义在于允许你战胜不可能的事情，有的人在需要高智商的职业中发现这种纯粹的挑战，例如仅仅对高难度、不可能实现的设计感兴趣的工程师。有些人发现处理多层次的复杂的情况是一项挑战，例如战略咨询仅对面临破产、资源耗尽的客户感兴趣。还有一些人将人际竞争看成挑战，例如职业运动员，或将销售定义为非赢即输的销售人员。新奇、多变和困难是挑战的决定因素，如果一件事情非常容易，它马上会令你厌倦。

⑧生活型职业锚（LS 列）

如果你的职业锚是生活型的，你始终不肯放弃的是平衡并整合个人的、家庭的和职业的需要。你希望生活中的各个部分能够协调统一向前发展，因此你希望职业有足够的弹性允许你来实现这种整合。你可能不得不放弃职业中的某些方面（例如晋升带来跨地区调动，可能打乱你的生活）。你与众不同的地方在于过自己的生活，包括居住在什么地方、如何处理家庭事务及在某一组织内如何发展自己。

本章小结

1. 兴趣是人对客观事物的选择性态度，是人对需要的情绪表现。

2. 兴趣的形成一般要经历有趣—乐趣—志趣的过程。

3. 霍兰德职业兴趣测验包括6个类型，即现实型、研究型、艺术型、社会型、企业型、常规型。

4. 动机是指引起、维持和指引人们从事某种活动的内在动力。

5. 麦克莱兰提出了三种工作情境动机：成就动机、权力动机和亲和动机。

6. 职业锚是指员工在早期工作中逐渐对自我加以认识，发展出的更加清晰全面的职业自我观，是一个人无论如何都不会放弃的最重要的东西。

7. 施恩教授总结出八种类型的“职业锚”：技术/职能型；管理型；自主/独立型；安全/稳定型；创造/创业型；服务/奉献型；挑战型；生活型。

思考题

1. 在霍兰德职业兴趣类型中，企业型的人是否只适合在企业中工作？为什么？

2. 李先生是一家IT公司研发部门的项目主管，因工作业绩出色，近期刚刚获得了职务升迁的机会，李先生面临两条职业发展通道：一是专业技术类通道，专注于专业技术方面的提升，职称可逐步升至最高级别的高级工程师；一是行政管理类通道，这个通道的职位最高可能升迁至公司总经理。李先生感到很困惑，不知道怎样选择才能获得最好的职业发展前景。为此他参加了职业兴趣测验，报告中显示他的霍兰德代码是RIC，从测验结果的角度，你认为李先生选择哪一条职业发展通道更为合适？为什么？如果要作出选择，还需要考虑哪些其他的因素？

3. 为什么对于管理职位来说，亲和动机过高是不适合的？

4. 作为体育委员，每次学校开运动会前需要周全考虑以下内容：

· 各个项目的报名运动员，与班长和团支书配合动员同学参加，并组织训练。

· 与宣传委员配合将广播稿件分配下去，并落实到宿舍的舍长；准备旗帜和宣传标语。

· 与文艺委员一起组织现场的拉拉队，确定班级需要唱的歌、喊的口号，记录会场同学的相关表现。

· 与生活委员配合准备运动员的水、食品、奖品等，并选定运动员的服务人员。

· 落实运动会的服装及需要带的桌椅板凳、旗帜、海报、纸笔等。

· 确定走方队的人员并及时训练。

· 现场的人员组织调动等，与大家共同完成。

有A、B、C、D、E五位同学，在“北森动力测验”中的得分分别如下：

代号	成功愿望	影响愿望	挫折承受	人际交往
A	高	低	适当	适当
B	低	高	适当	适当
C	低	低	低	低
D	高	高	低	低
E	高	高	适当	较高

哪位同学最适合体育委员的这项运动会组织工作?

5. 你认为影响一个人职业锚形成的因素有哪些?请列举出几个例子。

6. 请班级中几种不同职业锚的人讲述自己理想中的工作,包括工作环境、公司类型、工作类型等,并比较其异同。

第八章

领导效能测验

本章提要

- 情境领导模型
- 领导风格测验
- 领导方式行为论
- 领导行为测验
- 团队角色测验

引 言

领导者是组织的“火车头”，一个组织的成败很大程度上决定于该组织领导者的素质。领导者素质的内涵极其丰富，既包括领导者的成就动机水平、风险意识、挑战精神、团队合作观念等个性素质，也包括领导者的组织、计划、协调、沟通、控制等管理素质。本章主要从领导风格、领导行为和团队合作三个角度，来讲述领导效能的测验理论和方法。

第一节　领导风格测验

一、情境领导模型

保罗·赫塞（Paul Hersey）和肯尼思·布兰查德（Kenneth Blanchard）提出的情境领导（Situational Leadership）模型认为，领导者应该根据具体情境运用相应的领导方式。这里的“领导”被定义为影响个人或团体行为而作出的任何努力。情境领导要求领导者对所处情境进行准确分析，根据下属在工作中表现出来的能力和信心，采取因人而异的领导方式，即便对待同一名员工，不同时期、不同场合下的领导方法也要有所不同。

（一）领导风格

情境领导模型认为，从管理行为的角度分析，领导者的行为可分为两种——工作（任务）行为和关系行为。

工作行为是指领导者清楚地说明个人或组织的责任，这种行为包括告诉下属做什么、如何做、什么时候做、在哪里做、由谁来做，并且密切监督下属的工作表现。值得注意的是，工作行为并不意味着言辞粗鲁或者脾气暴躁，其重要特征是从领导者到下属的单向沟通。

关系行为是指领导者与一个或者多个下属进行双向沟通或者多向沟通。这种行为包括倾听、鼓励、协助、提供工作说明以及给予社会方面的支持等。

情境领导模型通过组合工作行为和关系行为（又称为指导行为和支持行为）将领导风格分为以下四种，这里领导风格指的是他人所感觉到的领导者的行为模式，包括语言和行动。

S1 指导型（Directing）：高工作、低关系。领导者为下属制定角色、安排任务，并给予具体指示和严格监督。所有决定由领导者作出，沟通是单向的。

举例：消防队长负责扑灭一场大火。为了及时灭火，挽救人们的生命，队长对队员的领导是命令性的，没作任何解释，同时密切关注他的队员是否严格按照指示来完成工作。

S2 教练型（Coaching）：高工作，高关系。仍然由领导者为下属制定角色、安排任务，但允许讨论，并听取下属的意见和建议。最终决策仍由领导作出，但增加了双向沟通。

举例：一位员工刚刚晋升到一个新的工作岗位上，虽然他不确定该从何处着手，但急于开展工作。经理仔细地向他解释该做些什么以及为什么每个步骤都非常重要。而且在会谈结束之前，这位员工有机会提出问题，并得到经理的回答。

S3 支持型（Supporting）：低工作，高关系。领导者将例行的决策权力如工作安排、流程部署交予下属。领导者协调促进下属展开决策讨论，并协助其自行作出决策。

举例：有位新的销售人员将首次单独去拜访客户，但他对此没有信心。经理对他很有信心，认为他能做得很好，因此鼓励他并给予大量的支持。拜访结束之后，他还与经理进行了讨论。

S4 授权型（Delegating）：低工作，低关系。领导者仍然参与下属的讨论，但控制权由下属掌握。由下属决定在何时、何种情况下领导者需要参与决策讨论。

举例：你的老板知道你明白该如何准备每月的报告，也知道以前你都能准时完成这项工作。因此他让你自己去做这项工作，而没有插手或命令你去做什么。

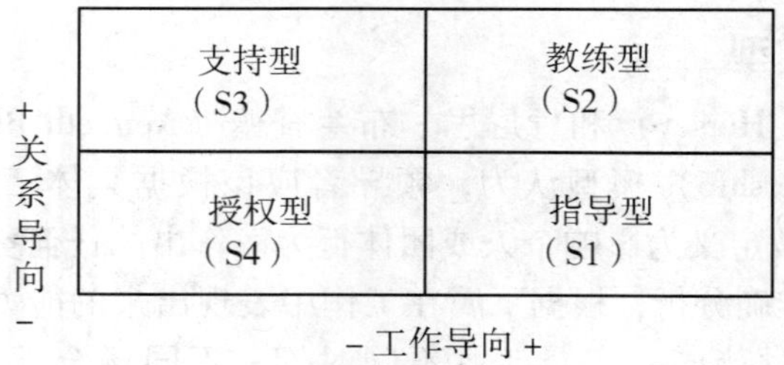

图 8－1　四种领导风格

（二）下属准备度水平

没有哪一种领导方式是永远正确的。高效能领导者能够根据不同的情境，在这四种模式之间适时变换，选择最佳的领导方式。在选择适宜的领导风格时，所考虑的因素中最重要的就是下属的准备度水平。下属的准备度水平是由下属的能力和意愿共同决定的。共有 4 种水平，如表 8－1 所示。

表 8－1　4 种下属准备度水平

下属准备度	具体表现
R1	（A）工作能力不足，而且缺乏工作的动机。 举例：一位员工需要学习使用一种新机器，他不知道怎样操作，而且也没有兴趣和意愿去学习怎么使用它。 （B）工作能力不足，而且缺乏自信。 举例：某人第一次上飞行课，他对于在驾驶室该做什么一无所知，而且对自己控制飞机的能力也缺乏信心。
R2	（A）缺乏能力，但愿意付出努力。 举例：那位员工仍然不能熟练地使用那台机器，但他正在努力使自己成为合格的操作员。 （B）缺乏能力，但有信心。 举例：在上了几节课后，那个飞行员仍不能独立驾驶飞机，但只要飞行教练坐在驾驶舱内，他就充满了学习的热情并充满自信。
R3	（A）有能力，但缺乏工作动机。 举例：那位员工现在已经能熟练地操作这台机器，但是他对这项工作厌倦了。 （B）有能力，但缺乏自信。 举例：尽管这位飞行员在教练的指导训练下已成为合格的飞行员，但在第一次单独飞行前，他对自己独立驾驶飞机仍有些紧张和忧虑。
R4	（A）有能力，而且有动机。 举例：那位员工不但能熟练使用这台机器，而且对操作它感到很开心。 （B）有能力，而且有自信。 举例：在独自飞行 100 小时以后，那位飞行员现在已经能够非常自信地独自完成飞行了。

员工的准备度水平要结合具体情境进行分析和判断。同一名员工可能在某项工作上具有高超的技能，表现出十足的信心，但很可能在另外一项工作上就完全相反。

（三）领导风格与准备度水平的匹配

情境领导模型认为，领导者要能够根据员工所处的准备度水平（R1～R4），调整和运用自己的领导方式（S1～S4）。领导者通过采取与员工状态相适应的领导方式，达到期望的结果：工作任务顺利完成；良好的人际关系在组织内构建起来。尤为重要的是，员工的状态也会随之向 R4 发展，真正实现共赢的局面。领导风格与下属准备度水平的配对如表 8－2 所示。

表 8－2　　领导风格与下属准备度水平的配对

下属准备度	领导风格	描述	示例
R1 没能力没意愿或不自信	S1 高工作低关系	进行详细指示并密切监督绩效	一线领导负责管理没有经验的新员工，他们发现命令和严格的监督是最有效的领导策略
R2 没能力有意愿或自信	S2 高工作高关系	解释决策并给予澄清的机会	那些渴望提高技能的员工对领导的指导和支持反应热烈
R3 有能力没意愿或不自信	S3 高关系低工作	交换意见并辅助下属制定决策	那些具备工作所必需的知识和技能，但不敢承担责任并缺乏信心的员工，喜欢领导者给予鼓励和支持
R4 有能力有意愿并自信	S4 低关系低工作	交出决策和执行权	对于那些经验丰富并乐于承担责任的员工，如果领导者能够放手让他们自己去做，总能取得理想的结果

对于准备度是 R1 的下属，由于对工作完全没有准备，领导者要明确地告诉他们所有的事情，包括做什么、在哪里做、什么时候做以及怎么做等。此外，领导者不应给予下属过多的支持行为，否则下属会认为是在鼓励他们的不佳表现，或者以为对决策的执行还有商量的余地。但这并不意味着不存在关系行为，领导者需要与下属进行一定的双向沟通，以确保他们清楚地了解下达的命令。因此，最佳的领导行为是大量的工作行为和少量的关系行为，即 S1。

对于准备度是 R2 的下属，虽然缺乏必要的知识与技能，但却对工作负责并渴望学习。由于能力还不足，需要领导者的指导和指示。但因为他们正在努力学习和尝试，领导者必须要给他们以支持和鼓励。在这种情况下，最佳的领导模式是采用大量的工作行为和关系行为，即 S2。

有些下属具备完成某项工作所需的知识和技能，但缺乏信心或动机，处于 R3 水平。此时最有效的领导风格是采用大量的关系行为和少量的工作行为，即 S3。因为他们知道该怎样去完成工作，不需要大量的引导和指示，但为了树立信心，他们需要领导者的支持和鼓励，或者需要通过讨论来解决问题。

在 R4 这种情况下，下属对工作做好了充分准备，此时领导者不需要给他们任何指示，也不需要太多的鼓励和支持，把事情交给他们，让他们自己去做。但这并不是说不需要使用关系行为，领导者需要与下属保持阶段性的接触以确保工作按计划执行，下属也需要得到足够的反馈意见，使他们知道自己所作出的贡献得到了认可和赏识。这种情况下，少量的工作行为和关系行为是适宜的，即 S4。

根据情境领导模型，领导者首先需要对每一名员工的工作状态进行识别，确定员工对于具体工作所处的准备度水平（R1～R4），再针对每一项工作任务，选择适合的领导方式（S1～S4）。领导者还可以与下属就每一个具体情境进行讨论，制订联合计划，或者根据下属的表现和反馈，加以检验和修正。

课堂活动

我所经历过的领导

（1）请学生每两个人一组，互相讲述一个自己经历过的领导他人或者被他人领导的情境，这里领导的含义为：为影响个人或团体行为所作出的任何努力。因此包括父母对子女，教师对学生，上级对下属等。在这个情境中，被领导者处于哪种准备度水平？领导者采用了哪种领导风格？是适宜的吗？影响的结果如何？这个过程中你的感受是怎样的？如果结果不理想，你认为采用哪种领导风格更为恰当？

（2）同一组的两名同学就此领导情境交流自己的想法。

（3）请学生在班上与大家分享自己所经历过的领导情境。

二、领导力测验

北森领导力测验用于评估受测者在不同的情境中灵活运用不同领导风格的能力以及对各种领导风格的使用偏好。这里所测量的领导力适用但不局限于组织中的领导者，同时也适用于父母、教师等所有对他人产生影响的角色。测验可用于企业的招聘、选拔、培训等人力资源环节，对受测者的领导力进行评估，辅助相关决策；同时也能为受测者本人提供有价值的信息，帮助受测者了解自己灵活运用不同领导方式影响他人的能力以及自己常用的领导风格。

领导力测验以情境领导模型为基础，对受测者领导行为的两个方面加以考察：一是恰当运用不同领导风格的能力，即领导力，用一个分数来表示，分数越高，领导力越强；二是受测者对指导型、教练型、支持型、授权型四种领导风格运用的偏好，即领导风格，测验给出受测者在每种风格上的得分，分数的高低表示使用不同风格的偏好程度。

北森领导力测验共12道题目，作答时间10～20分钟。题目采用情境题的形式，每道题目描述了一个具体的领导情境，并设有4个备选项，分别在4种领导风格上记分，选择不同的选项在领导力上的记分是不同的。也就是说，每个情境都对应一个最适宜的领导风格。

题目示例

你正在考虑进行一次重要的变革，你的下属有良好的业绩记录，也理解这次变革的必要性。此时，你会__________。

	备选项	领导风格	领导力
A	让团队成员参与变革的设计，并避免过多指导	支持型	1
B	宣布改革内容，严格监督执行	命令型	－2
C	让团队自己设计并执行变革	授权型	2
D	吸收团队成员的建议，自己指导进行变革	教练型	－1

在上例中，下属既有能力也有意愿，准备度水平处于R4，因此采用S4授权型的领导风格是最适合的。

应用案例

“富有人情味”的一线经理

佟先生在某全国家电连锁销售企业担任一线经理，管理着近10名员工。佟先生认为自己是“富有人情味的人”，对待员工很友善，从不以领导者的身份强制员工。但他领导的部门整体业绩并不高，下属出现了两极分化的现象：一部分人能力很强，而且积极地完成工作，而另一些人则对工作漠不关心，工作质量也比较低。其中有两个典型：张强和吴媛。张强已经工作四年，是个靠得住的人，工作有效率，解决问题的能力很强。佟先生对张强相当放心，他相信张强能在没有监督和指导的情况下完成工作，很少去插手。吴媛的情况则完全不同，她在这个岗位上还不到一年，每天都是第一个下班的人，而且她几乎没有完成超过规定标准75%的工作量。佟先生经常找吴媛谈话，明确地告诉她应该达到的目标和标准，并为她提供支持，但并没有收到什么效果。

在一次沟通技巧培训课程结束后，佟先生决定对每个人更加关心和友善，关注他们的工作情况，并理解他们的感受，尤其是对吴媛等业绩不好的员工，因为他以前给了他们太多的压力。他希望通过这种方式帮助这些员工逐渐成长并进入良好的工作状态。

一个月后，佟先生感到非常沮丧，他在自己领导方法方面所做的改变显然是不成功的，不仅吴媛的业绩没有提高，其他雇员（包括张强在内）的工作业绩与以前相比，也都出现了下滑。眼看“十一”长假的销售黄金周就要来临，正处于关键时刻，佟先生的上级不断地向他施加压力，要求他马上改进。

到底哪里出了问题呢？佟先生感到非常迷茫。正巧他在此时结识了一位从事人才测评工作的朋友高先生，于是向他谈起了自己的困惑，高先生建议他先做一下情境领导力测验。测验结果表明，佟先生最常使用的领导风格是支持型，其次是授权型，而对于教练型和指导型这两种风格，则很少用到。他的领导力得分也较低，这表明他倾向于用同样的领导风格对待不同准备度水平的下属，缺乏灵活性。

通过测验报告和高先生的解释，佟先生终于找到了问题的症结所在：结合情境领导模型，张强处于“R4有能力，有意愿并自信”的准备度水平，而吴媛则是处于“R1没能力，没意愿不自信”的准备度水平。

以前佟先生对处于R1准备度水平的吴媛采用了接近S3支持型的领导风格，告诉她需要达到的目标和要求，提供支持，但问题是吴媛并没有意愿去认真执行，也没有做好工作的能力。仅仅要求工作结果而不提供具体的指导，也没有监督，吴媛是不可能做好工作的。而在沟通培训课后，佟先生给予员工更多的关怀和鼓励，关系导向更加突出了，但是整体上仍然属于S3支持型的领导风格。对于吴媛来说，工作没有做好却得到了更多的理解和关心，所以她更没有动力去提升绩效了。

对于处于“R4有能力，有意愿并自信”的张强，佟先生开始时采用的领导风格属于S4授权型，是正确的，张强出色的业绩也印证了这一点。但是培训课程后，也同样变成了S3支持型。佟先生的“关心、关注、减压”在张强看来，很可能被理解成“干预、插手、不信任”，所以，张强的工作动机也受到了影响，业绩下滑。另外S3支持型和S4授权型领导风格主要是双向沟通，在处理较为紧迫的情况，例如“黄金周假日”这种关键时刻，效果也会比较差。

这样佟先生明白了，他用自己习惯使用的支持型和授权型领导风格去管理所有的下属，并不是对每个人都适用，尤其是对于缺乏经验、能力欠缺的一线员工。从此佟先生对吴媛采用了指导型领导风格，多用单向沟通的方式，提供具体、细致的工作指导，帮助她提升工作技能，而不仅仅是提出目标。佟先生还密切地监督她的工作情况，提供反馈。他对张强仍然采用以前的授权型领导风格。佟先生领导方式的转变收到了很好的效果，吴媛的工作完成得越来越好，而且也表现出了更高的工作热情；张强由于业绩和能力突出，职位得到了提升。佟先生自己也能够越来越灵活地根据下属和环境情况使用适当的领导方式，他管理的部门整体业绩也随之提升到了公司前10%的位置。

第二节　领导行为测验

一、领导方式行为论

(一) 密执安大学的研究

密执安大学的李克特（R. Likert）及其同事把领导者的行为归纳为两大类：

1. 工作（生产）导向型的领导行为

其特征是：①关心工作的过程和结果，并用密切监督和施加压力的办法来获得良好绩效、满意的工作期限和结果评估；②下属是实现目标或任务绩效的工具；③群体任务的完成情况是领导行为的中心。

这种领导行为产生的效果是：绩效虽然不差，但员工的满意度低，离职率和缺勤率都较高。

2. 员工导向型领导行为

其特征是：①关心员工，并有意识地培养与高绩效的工作群体相关的人文因素，重视人际关系；②领导行为集中在对人员的监督，而不是对生产的提高上；③关心员工的需要、晋级和职业生涯的发展。

这种领导行为的成效是：员工的满意度高，离职率和缺勤率都较低。

(二) 俄亥俄州立大学的研究

俄亥俄州立大学的弗莱西曼（E. A. Fleishman）和他的同事研究指出，领导行为可以分为如下两个维度：

第一，关怀维度（consideration）：代表领导者对员工之间以及领导者与追随者之间的关系、相互信任、尊重和友谊的关心，即领导者信任和尊重下属的观念的程度。

第二，定规维度（initiation of structure）：代表领导者构建任务、明察群体之间的关系和明晰沟通渠道的倾向，或者说，为了达到组织目标，领导者界定和构建自己与下属的角色的倾向程度。

根据这两个维度的组合，他们把领导方式分为四种基本类型：

高关怀—高定规：既重视人际关系，又重视抓工作组织；

高关怀—低定规：重视人际关系，但不采用严格控制式的管理；

低关怀—高定规：重视抓工作和组织目标的完成，不太关心下属的需要；

低关怀—低定规：既不重视抓工作，也不关心下属。

他们的研究发现：①两个维度方面皆高的领导者，一般更能使下属达到高绩效和高满意度；②高—高型风格并不总是产生积极效果；③其他三种维度组合类型的领导者行为，普遍与较多的缺勤、事故、抱怨以及离职相连；④领导者的直接上级给领导者的绩效评估等级，与高关怀性呈负相关。

（三）管理方格论

美国得克萨斯大学的布莱克（Blake）和穆顿（Mouton）受俄亥俄学派的启发，构建了管理方格论。首先，他们把管理人员按他们的绩效导向行为（对生产的关心）和维护导向行为（对人员的关心）进行评估，给出等级分值；然后，以此为基础，把分值标注在两个维度坐标界面上，并在这两个维度坐标轴上分别划出9个等级，从而生成81种不同的领导类型。如图8-2所示：

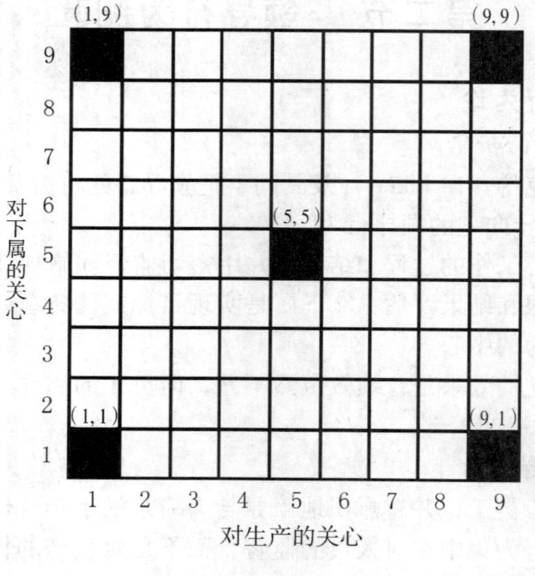

图8-2　管理方格图

图8-2中：

（1，1）型，又称为贫乏型管理。表示领导者付出最小的努力完成工作；

（1，9）型，又称为乡村俱乐部型管理。表示领导者只注重支持和关怀下属而不关心任务和效率；

（5，5）型，又称为中庸之道型管理。表示领导者维持足够的任务效率和令人满意的士气；

（9，1）型，又称为任务型管理。表示领导者只重视任务效果而不重视下属的发展和士气；

(9，9) 型，又称为团队型管理。表示领导者协调和综合工作相关活动而提高任务效率和下属士气。

二、领导行为测验

下面是一份领导行为的测验问卷。

领导行为描述问卷

1. “关心人”项目

(1) 给下属提供私人帮助。
(2) 做一些使下属感到愉快的小事情。
(3) 容易让人了解和熟悉。
(4) 他时常听取下属的意见。
(5) 他信守诺言。
(6) 他关心下属的福利。
(7) 他拒绝解释他的所作行为。
(8) 他不与下属磋商而自行行动。
(9) 他接受新的构想比较缓慢。
(10) 他以平等的态度对待每一个下属。
(11) 他愿意有新改变。
(12) 他平易近人。
(13) 与下属谈话时，能使他们感觉到轻松自然。
(14) 他采纳下属的建议并付诸实施。
(15) 他在推行重要事项之前，先取得下属的赞同。

2. “关心生产”的项目

(1) 对下属清楚地表明他的态度。
(2) 在本单位中试验他的新设想。
(3) 他采用严格的手段进行管理。
(4) 他对工作上表现不好的员工进行批评。
(5) 他常以不容人质疑的口气讲话。
(6) 他分派下属做特别的工作。
(7) 他做事没有计划。
(8) 他坚持一定的作业标准。
(9) 他强调一定要在期限之内完成工作。
(10) 他要求遵循有规律的程序。
(11) 要求所有下属了解他们在组织中的地位。
(12) 要求下属遵守标准化的规则和法令。
(13) 让下属了解他对他们的要求是什么。
(14) 他关注下属是否发挥了自己的能力。
(15) 注意下属的工作是否积极配合。

第三节　团队角色测验

团队组织（包括正式、非正式的组织）是一个系统，在有效的组织系统中，通常包含多种组织角色，他们各自发挥着不同的角色功能。不同的角色功能对人的要求也不同。

在社会和组织活动中，由于认识、能力、个性等差异的影响，每个人在组织角色方面的倾向性是不同的。一般情况下，一个人会自觉或不自觉地在组织角色中扮演某类角色而回避某类角色。

对组织而言，努力追求复合型的人才，不如努力追求复合型的人才团队。而团队的建设，重要的是在知人的基础上进行管理。

一、团队角色理论

在理论上，有许多关于团队角色划分的方法，最早且最有权威的著作是 R. 梅瑞狄斯·贝尔宾（R. Meredith Belbin）1981 年出版的《管理团队：成功或失败的原因》（*Management Teams:Why They Succeed or Fail*）。书中公布了作者对团队取得成功的原因进行研究而得出的结论。他在后来的著作《工作中的团队角色》（*Team Roles at Work,Butterworth - Heinemann,1993*）和《改变我们的工作方式》（*Changing the Way We Work,Butterworth - Heinemann,1997*）中进一步阐述了前期作品中的观点。

贝尔宾公布了两个进行了 9 年的重要实验研究，这些实验是在英国剑桥大学 Henley 管理学院研究人员的指导下完成的。实验结果证实了研究者们的观点，即每个期望成功的团队都必须拥有 9 种角色，这 9 种角色与团队规模无关，因为在很多情况下一个团队成员要承担多种角色。贝尔宾的 9 种角色是：创新者；资源调查者；协调者；塑造者；监控评估者；协作者；执行者；完成者；专家。

课堂活动

大话西游

西游记中，唐僧、孙悟空、沙和尚和猪八戒去西天取经的故事，是大家都熟悉的，许多人会被这个群体中四位性格各异、兴趣不同的人物吸引。他们是一个很好的团队，成功地克服了重重困难，完成了西天取经的任务。请大家讨论西游记中师徒四个人的团队角色分别是什么？同时可以想想自己在团队中的角色是什么，和西游记中的哪一个角色比较类似？

下面介绍各种团队角色的特征以及在团队中的作用。

1. 谋划者——团队中的创造性思维

团队的创造性建议通常来自于谋划者。谋划者思想丰富，思路清晰，具备开发新产品或解决问题的能力。当进入合适的团队时，他能够转化思维，为成功作出巨大的贡献。

谋划者具有下列的特点：他有一双“坦率的眼睛”，但这也可能引发幼稚、缺乏策略的行为；他非常自信却可能过于表现自我；他关注思维的创新但对人以及他们所敏感的事物和动机缺乏兴趣；他注重革新却忽略现实的可行性；他过于相信自己的观点，排斥他人的意见；当他意识到自己的见解遭受非议时，他会表现出极度的敏感。虽然谋划者无法充当有效管理者的角色，但其性格特点使得他能够提高团队的水平，为整个团队的思维带来新的见解，经常带来思维上的重大突破。

2. 外交者——与其他团队保持联系

外交者是更能引起人们关注的“以人为导向”的团队成员，是更加外向的人。从团队外发现资源和创意，建立并保持广泛而有价值的联系，既是他的驱动力，也是他的贡献所在。在团队中，像执行者一样，外交者有助于保持团队的良好的工作关系，并鼓励同事发挥他们的聪明才智，勇于将其想法付诸实践。

他通常是一个表现活跃的人，而且幸运的是，他的天性和成就感与他对团队的贡献有直接联系，这一点通常也会得到大家的认可。令人担忧的是：外交者可能缺乏自律，容易转换兴趣并随时准备放弃项目。他需要变化、挑战、与人交流，为了保持愉快的心情和较高的效率，他需要不断地接受刺激。与谋划者不同，他自己并非创意的源泉，他的贡献在于有能力去激发他人提出创意，从团队外寻求新的机遇，说服并激励同事。如果他失去动力，就会对工作感到厌倦，失去干劲。一旦他找不到工作的重点，就会在一些与工作不相关或琐碎的事情上花费过多的精力。但是没有他的话，团队会变得过于封闭、保守、谨慎，与外界失去联系。

3. 协调者——团队领导角色

协调者在团队中拥有控制和配置资源的能力或权力。他倾向于根据民主和参与的原则进行操作，他准备并且能够在必要的时候，进行更为直接的控制。他擅长发现并使用团体的资源及在优劣中寻求平衡。他能够紧盯目标，指导团队向着目标前进。

他的个性特点是：富有权威性，同时又秉性随和，他能够在不冒犯他人的情况下显示自己的权威。他信任他人，把他们的智慧看作是有价值的资源而不会认为他们会对他的地位构成威胁。他的行为举止充满热情，这使他具有领导的魅力，但他在内心深处却是一个相当内向、冷淡和客观的人。他不太具有创造性，与跳跃性的创造思维相比，他更关注实用性和可行性。他不会对压力过度反应，具备很强的责任感，做事情注重恰到好处。

“协调者”很有可能起着领导的作用，但他并不一定是团队指定的领导。当他发现自己处于一个较低的职位时，他可能需要在不对团队领导构成威胁的前提下对团队的协作和分工提供支持。事实上，协调者可能会具备其他团队角色的诸多素质，会随时准备适应团队的特殊需求。他应该尽量避免以自我为中心的倾向，必须知道在什么时候该做什么。

4. 鞭策者——团队领导角色

鞭策者很像传统模式下的领导者是在前线枪林弹雨中的指挥者。他喜欢个人直接作出决定和行动。他喜欢做事果断、立竿见影，喜欢忠实的拥护者。他会根据形势的需要选择最佳行动方案，他能够使用犀利精确的简短话语和果敢的决定来解决复杂的难题。他会为了干脆利落地完成工作以及为了满足自身处于领导地位的双重需要而进行不懈的努力，说服他人接受他认为是最好的观念。鞭策者不一定会受到大家的欢迎，也并不总能最充分地激发团队的力量，但他得到了想要的结果，而且在很多情况下，他得到的是大家衷心期待的最好的结果。

鞭策者的个性特点是：非常果断，性格外向，充满激情，但同时他又在一定程度上缺乏安全感，精神容易紧张，缺乏自信和自我调适。他讨厌被规章制度所束缚，在面对压力的时候，会迅速作出激烈反应，采取最直接的方式，甚至在必要的时候采取权宜之计来摆脱压力。他是一个怀疑论者，喜欢进行批评，但同时又对他人的批评过度敏感；他比较情绪化，缺乏耐心，有轻度偏执狂的倾向。他喜欢竞争，缺少宽容，喜欢运用强制力。但是，当鞭策者发挥其优点且工作顺利时，会受到他人的尊敬，能够激发大家工作的热情，创造奇迹。

鞭策者最适合经营由同类人组成的非正式的团队。在一个相对正式且分工明确的团队中，协调者的方式通常更加行之有效，而鞭策者则需要自律，更多地扮演协调而不仅仅是领导的角色。

5. 分析家——团队中的批判思维

分析家角色是对谋划者最为有效的补充。他的优点在于他具备批判思考的能力：分析来自团队内部和外部的想法和建议，从团队目标的角度评估它们的可行性和实际价值。他为团队工作带来的不仅仅是敏锐的思考能力，而且还带来了严肃的态度、犀利敏捷的观察力以及谨慎和客观的思维方式。他是一名策略家和评判者，但是同时他也需要吸取别人的建议，更广泛地了解外部世界所发生的事情以及其他团队角色所提供的全面的视角和政策。这样一来，他才能够更好发挥他的评判能力。

从本质上来说，他是一个对事情要求苛刻甚至倾向于全盘否定的人，他缺少说服和动员他人的能力。如果他不小心的话，就会降低团队的士气，疏远谋划者，而他个人则过多地沉浸在否定事物的快乐中，忘记了团队的发展。但是，如果正确地使用自己的能力，他将会防止团队从事一些不可取的项目或者热衷于一些令人激动却不切实际的想法。他能够帮助同事们理解复杂的信息，在大多数管理者通常所面对的模棱两可的数据中作出最好的选择。

他在才智上具有很强的竞争力，这可能会导致他和同事之间发生冲突。尽管事实上他通常是正确的，但这不一定会使情况变得更好。分析家作为团队的领导可能会过多地压制同事，扼杀他们对团队的贡献。如果他担任低级职务，他可能会表现得过于多疑、愤世嫉俗。一旦掌握了说服他人的技巧，他会干得很出色。

6. 凝聚者——团队中的人际关系

协调者、鞭策者、谋划者、分析家以及执行者倾向于把权威、任务、想法、评价和计划置于优先地位。对谋划者和分析家来说，他人可能是对他们美妙、对称思维的一种干扰，但在大部分团队中至少有一人把“人”置于近乎最优先的地位，而且具备把这种优先地位转化为积极的作用，把整个团队凝聚在一起的能力，我们称之为凝聚者。

凝聚者对团队中他人的情感、需要和关心的事物非常敏感。他了解他们的长处和弱点，并且帮助他们扬长避短，这是他的本性。他这样做的结果通常不仅仅体现为团队合作精神的提升，而且体现为团队得以更好地相互协作，整体上令团队的前景更加光明。他对团队效率的贡献可能是低调的和无处不在的，但是一旦介入由谋划者或鞭策者无意间引起的团队摩擦和伤害的时候，他的作用就会凸显出来。他可以避免人们之间（比如说，谋划者和分析家之间，鞭策者和执行者之间）存在的潜在敌意发展成为冲突。

凝聚者通常是稳定的外向型，不具备强烈的竞争意识或对权力的需要。他的性格并不一定总会带来短时间内的职业升迁；他可能会被认为缺乏决断力和果敢性，但是他在危急时刻以及相对的平稳时期对团队的长期贡献却是不可低估的。在高层职位上，他通常会成为出色的授权者，并且致力于对员工的培养。在较低层的职位上，他通常是幕后建设者，他所协助取得的成绩却不都归到他的名下。但是在为了提高效率而需要紧张和制约的情境下，他可能会选择舒适和协调的环境。

7. 执行者——完成工作

协调者、鞭策者、谋划者以及分析家的角色可能构成了团队的核心或中心力量；他们制定政策，进行控制、协调、领导并且作出策略，进行评估。但是团队中还有其他一些成员实际上在做日常工作，我们把他们称为公司的执行者或实干家。这些人遵循团队的规章制度和接受种种限制，在系统内完成产品生产任务。执行者的优点在于他能够把整体的理念和计划转化成实际可行的操作任务，然后以系统的方式实现这一任务。他们并不过多地关注令人激动的想法和革新及可能的选择和决策，他们追求并且在必要的时候阐述明确的目标以及实际可行的操作规程和实际结果。做到这些之后，他们会以认真彻底的态度、坚定的决心以及明智的判断能力来完成任务达到目标。但是，当步骤和目标无法得以清楚地阐述，或者工作中需要高度的灵活性、适应性和快速反应能力，或者需要迅速改变策略且随时准备减少损失的时候，他们可能不会顺利有效地完成工作。

执行者具有较高的诚信度、敬业精神和自律的风格。和协调者一样，他对他人和组织充满信任。但是对于他人和组织的新的想法，对变化和实验的追求以及对于快速而不是彻底的结果的追求，他们有可能犹豫和怀疑。

他的性格优点可能意味着他可以竞争领导职位，他一贯的工作表现通常意味着他可能被提升为高级职务。但是相对而言，他缺少远见，缺乏处理迅速变化的不稳定形势的能力，且本性保守，这些意味着他作为团队的领导不如作为团队的骨干更能发挥有效的作用。

8. 完善者——使团队保持紧张积极的状态

在各种角色中，外交者和凝聚者的个性中存在稳定的外向型特点。有一种角色具备与之相反的特点：他处于高度紧张状态，富有强制力，内向，拘谨；他善于制造紧张的氛围，并能够使其得以有效利用；他在工作中有效地利用自己的忧虑、不安和强制力，使团队能够及时、高标准地完成工作任务。这种角色就是完善者。

如果一个团队缺少完善者，就容易犯任务分配方面的错误或出现工作失误；项目可能难以按计划完成；一些细节上的错误可能会有损最后的产品；一些不太紧急的事情可能会被推迟，甚至在它们变得紧急的时候也没有人记得去做；沾沾自喜的情绪可能会不知不觉地渗透到团队当中。

完善者不会让上述这些错误出现。他关注、担忧一切事情；他会不断地提醒敦促同事，向别人传达一种紧迫感；他是松散懈怠的敌人；他个性中很重要的一个因素是自我控制；他个性强硬，目标明确；他可能比较紧张，但是这种紧张恰到好处，能够产生能量，并能得到良好的控制。

很显然，完善者并不是最容易相处的人，他有可能会降低士气，使自己和团队成员陷入琐碎的细节当中。他可能会激怒他人，使他们变得不安，几乎和他一样紧张。但是，他不会让团队成员变得马虎、自负、拖沓。

二、团队角色测验

“北森团队角色测验”在贝尔宾理论的基础上，将整个团队中的角色分为 8 种：谋划者；外交者；协调者；鞭策者；分析家；凝聚者；执行者；完善者。

表 8－3　　八种团队角色

角色	角色描述	
	对团队的贡献	可容许的缺点
谋划者	有创造力。想象力丰富，不因循守旧。能够解决难题。	忽略细节。过于投入自己的想法而不能有效地进行沟通。
外交者	性格外向，充满热情，善于交流。	过分乐观。一旦起初的热情消失就会失去兴趣。
协调者	成熟、自信。能够明确目标，进行决策，权力分配得当。	可能被认为喜欢操纵他人。可能把分内工作分派给别人。
鞭策者	要求严格，性格强硬，具备足够的能力和勇气克服困难。	可能激怒他人。伤害他人的感情。
分析家	客观冷静，富有策略，观察力敏锐，判断准确。	缺乏激励他人的动力和能力。过于苛刻。
凝聚者	具有合作精神，性格温和，善于倾听，减少摩擦，化解矛盾。	在左右为难的情况下犹豫不决。容易受到他人影响。
执行者	自律，值得信赖，工作效率高。善于把想法转化为实际行动。	一定程度上缺乏灵活性。对新情况的出现反应迟缓。
完善者	努力，忠于职守，善于找出错误和疏漏，及时完成任务。	容易产生不必要的担忧，不愿意进行权力分配。可能过于挑剔。

该测验的核心思想是将各个维度的题目混编，组内互选，各项得分相加为 10 分。这样做既避免了表面效度，又避免了自我高估或低估的心理偏向，能够比较深入地反映测试者自身的真实意图。该测验的结论主要限定在自我比较的范围内，特征表述是相对的，具有统计可靠性。如果测验结果与受测者的自我感知存在差异，可能是由于自我感知的团队角色通常来自与所处团队其他成员的比较，而没有和自己比较。

题目示例

参与集体事务，我所特有的方式是：

A. 我个人保持一种加深对同事了解的兴趣。

B. 我愿意对他人的看法表示质疑，即使处于少数地位也保留自己的看法。

C. 我通常能找到辩论的机会并驳倒不成熟的建议。

D. 我认为当一项计划要求付诸实施时，我有使之实现的本事。

E. 我通常别出心裁地带给大家一个惊奇。

F. 凡是我亲手经办的事我总有点追求尽善尽美。

G. 我乐于运用本单位以外的关系。

H. 当我倾听各种意见时，一旦需要作出决定，我会马上拍板。

应用案例

某公司的员工李强走马上任，担任公司新组建部门的经理，该部门着重研发新产品。在招聘人员的时候，李强先考查了每个人的团队角色。他认为在一个团队中，八种角色应该综合平衡。一个人通常由于其本身的性格、处事方式以及所处的工作岗位不同，而往往倾向于扮演以上8种角色中的一种或几种。一个团队的“梦幻组合”并不是说要具备8个人，而是团队所有成员组合在一起时，总体上必须齐备8种角色倾向。另外，在实践中，他发现了解每个成员的团队角色还有以下好处：

（1）容人短处，用人所长。知人善任是每一个管理者都应具备的基本素质。在实践中，真正成功的管理者，对下属人员的秉性特征的了解都是很透彻的。只有在此基础上组建的团队，才能真正实现气质结构上的优化，成为高绩效的团队。

（2）增强弹性，主动补位。从一般意义上而言，要组建一支成功的团队，必须在团队成员中形成集体决策、相互负责、民主管理、自我督导的氛围，这是团队区别于传统组织及一般群体的关键所在。

除此之外，从团队角色理论的角度出发，还应特别注重培养团队成员的主动补位意识——即当一个团队在上述8种团队角色出现欠缺时，其成员应在条件许可的情况下，主动实现团队角色的转换，这样能够增强弹性，使团队的气质结构从整体上趋于合理，以更好地达成团队共同的绩效目标。事实上，由于多数人在个性、禀赋上存在着双重甚至多重性，也使这种团队角色的转换成为可能。

根据“团队角色测验”的结果，李强挑选自己的下属，建立了自己的“梦幻组合”。

本章小结

1. 情境领导模型认为，领导者的行为可分为两种——工作（任务）行为和关系行为。领导风格可分为S1－S4四种：指导型；教练型；支持型；授权型。下属的准备度水平根据工作能力和意愿分为四种水平：R1没能力，没意愿或不自信；R2没能力，有意愿或自信；R3有能力，没意愿或不自信；R4有能力有意愿并自信。领导者要能够根据员工所处的准备度水平（R1－R4），调整和运用自己的领导方式（S1－S4）。

2. 北森领导力测验可以考查受测者领导行为的两个方面：一是领导力；二是领导风格。

3. 密执安大学的李克特（R. Likert）及其同事把领导者的行为归纳为两大类：工作（生产）导向型的领导行为和员工导向型领导行为。

4. 俄亥俄州立大学的弗莱西曼（E. A. Fleishman）等把领导行为分为两个维度：关怀维度和定规维度。并根据这两个维度的组合，把领导方式分为四种基本类型：高关怀—高定规；高关怀—低定规；低关怀—高定规；低关怀—低定规。

5. 美国得克萨斯大学的布莱克（Blake）和穆顿（Mouton）提出管理方格论：以绩效导向行为和维护导向行为坐标界面，分别划出9个等级，生成81种不同的领导类型。

6. 梅瑞狄斯·贝尔宾提出，每个期望成功的团队都必须拥有9种角色：创新者；资源调查者；协调者；塑造者；监控评估者；协作者；执行者；完成者；专家。

7. "团队角色测验"可以测验8种团队角色：谋划者；外交者；协调者；鞭策者；分析者；凝聚者；执行者；完善者。

思考题

1. 在下列情境中，领导者运用了哪种领导风格？是否恰当？

(1) 会计部要搬到新的办公室去，员工曾经有过这样的经历，而且做得非常好。但经理仍然让大家听他的指挥，由谁来负责将文件档案和记录装箱，谁负责搬运，如何重新归档等。

(2) 一位经理的部下都是一等一的高手。在部门会议上，尽管员工对任务的了解和经理一样深刻，但还是由经理作出了决策，并且他对工作所需的每个程序都作出了详细解释。

(3) 几位新人加入团队，一位老员工负责在开始的几天里为他们提供帮助。老员工让他们坐在电脑前面，交给他们一沓需要当天处理的发货单，然后离开了。

(4) 一位新员工在回答客户的电话询问时遇到了困难。他问老板该如何处理这些问题，但老板回答没有时间帮他。

(5) 主管去度假前，将工作移交给一个有经验的同事。这位主管列出了所有需要完成的任务及如何完成任务的详细计划。

(6) 一个工作小组希望他们的管理者能对一个新签订的项目给出指导性的意见，因为他们不具备与此项目有关的知识与经验。管理者于是将小组成员聚集在一起，征询他们的看法。

(7) 一位经理要求他的下属完成他的周报，但没有提出明确的要求。随后，经理去参加一个会议。员工匆忙赶制报告时漏掉了许多重要内容，下班时他将报告发到了经理的邮箱。第二天，经理看完报告后发现了报告的问题，只好自己重新做这项工作。

2. 不同的领导行为风格与工作绩效的关系如何？

3. 请评价管理方格论中的集中典型类型：(1，1) 型，(1，9) 型，(5，5) 型，(9，1) 型，(9，9) 型。

4. 一个团队应如何平衡不同角色的人之间的冲突？

第九章

面　试

本章提要

- 面试的含义
- 面试的类型
- 面试的特点
- 面试的设计与实施
- 面试中的问题和技巧

引　言

面试是通过考官和应聘者面对面的交谈，来了解应试者各方面素质的一种人力资源测评方法。面试具有双向互动、获取信息全面、内容灵活等特点，几乎是招聘和选拔过程中必用的一种测评方法。本章主要介绍面试的类型与特点，面试题目的组织和实施以及面试过程中容易出现的偏差及其改进方法。通过本章的学习，可以使读者对面试这一重要的人力资源测评方法有较为全面的了解，并能根据需要在实践中灵活和科学地加以运用。

第一节　面试概述

一、面试的含义

当今企事业单位在招聘、选拔、考核人员时，面试是不可或缺的重要一环，那么面试的具体含义是什么呢？

小辞典

面试是一种经过精心设计的、在特定时间地点进行的，通过面对面的交谈与观察，由表及里考查应聘者的性格特点、专业知识、工作能力等方面素质的测评方法。

无论是在传统的人才选拔中，还是在现代的人力资源测评中，面试都是一种非常重要的测评方法，被各种组织广泛应用。通过这种面对面的直接交流方式，考官可以获得对应聘者的整体印象，这是其他测评方式难以做到的。古人说：“百闻不如一见”，就是这个道理。但传统的面试和现代人力资源测评中的面试还是不同的，前者的主观性和随意性较强；而现代人力资源测评中的面试，通常都要经过精心的设计，有相对统一的面试程序、面试内容和评分依据，实施过程的标准化程度较高。与传统的面试相比，现代人力资源测评中的面试更具有较强的科学性和客观性。

二、面试的类型

从不同的角度出发，可以将面试分为不同的类型。

（一）按标准化程度划分

1. 结构化面试

小辞典

结构化面试是指面试的内容、实施程序和评分方法在面试前已经过相当完整的设计并被确定下来的面试。

结构化面试的最大特点就在于面试的内容、实施程序和技法在面试前都已经设计完好。这里的“结构化”主要包括三方面的含义：一是面试程序的结构化，即面试的起始阶段、关键阶段和结尾阶段。考官要做什么、注意什么以及要达到什么目的，都是提前精心策划的；二是面试题目的结构化，即考官围绕自己要考查的内容要素提出哪些问题，在什么时候提，以什么方式提出都已经设计好；三是结果评定的结构化，即从哪些角度评判应聘者的表现，评定等级如何划分，如何打分等问题，在面试前也都会有相应的规定，并且所有考官要有统一的标准。

在结构化面试过程中，必须严格执行预先的设计，对所有应聘者，始终如一地使用事先已确定的一系列问题进行考察。结构化面试的客观性和可比性较强，效度较高，目前比较正规的面试一般都使用结构化面试。但其设计过程较为复杂，需要专业人员精心地组织。

2. 半结构化面试

它是指介于结构化面试和自由化面试之间的一种方法。即在面试前已对面试实施的内容、程序和技术有所设计，但比较粗略。对问题的规划并不十分具体，在面试过程中还可以根据实际情况进行调整，面试过程有较大的自由度。半结构化面试的设计要求不像结构化面试那样严格，花费较少，对于一般岗位也能达到较好的效果，所以也比较受欢迎。

3. 自由化面试

又称为非结构化面试，是指面试的结构和过程未经过系统设计，面试前不确定测评的具体内容，不对应聘者使用固定问题的一种面试。自由化过程比较随意，面试的进程、所要提出的问题以及成绩评定都由考官自己把握，主观性较强。要想有较好的效果，考官必须有丰富的面试经验，对拟聘任岗位也有深入的了解，同时还要有充分的时间保障才行。

一般来说，结构化面试与自由化面试相比，能更加有效地考查应聘者。当然，结构化面试所付出的人力、物力和财力也更大一些，而且一般需要外部专家的协助才能完成。

（二）按实施形式划分

1. 单独面试和小组面试

单独面试是指考官与每个应聘者单独交谈，面试完一个人后再面试另一个人。其优点在于能够提供了解每一个应聘者的机会，双方能够比较深入地交流。单独面试又有两种类型：一种是指一个考官负责整个面试过程。这种方式大多在较小的单位录用较低职位人员时使用。另一种是指多个考官面对每一个应聘者，该形式在国家公务员考试的面试和一些较大型企业的招聘面试中得到广泛使用。

小组面试又叫同时面试，是指考官每次与多个应聘者同时进行面谈。其优点在于当需要从应聘同一个职位的应聘者中挑选一个人时，这种方式可以提供一个进行比较的机会。在小组面试中，可以要求应聘者进行小组讨论或集体解决一个问题，或者让小组成员轮流担任领导主持会议、发表演讲等。但它也有不足之处，即在面试中个别应聘者的表现可能会受到其他应聘者的行为的影响。

2．一次性面试和序列面试

一次性面试是指用人单位对应聘者的面试集中在一次进行。考官是由用人单位的人事部门、业务部门的负责人以及人事测评专家构成的。在这种情形下，应聘者能否被录用，完全取决于一次面试的表现。

序列面试又叫多阶段面试，它是分几次进行的。一般先由人力资源部门负责对应聘者进行初步面试，主要考查一般性的问题，将明显不合适的人员剔除；然后由用人部门负责考查专业知识和业务能力，衡量这些人对拟任工作岗位是否合适，最后再由人力资源测评专家考查应聘者自身与拟任工作岗位有关的心理特质，如情绪稳定性、进取心、成就动机、灵活性、独立性及反应速度等方面。

（三）按题目内容划分

1．行为面试

行为面试主要用来了解应聘者的背景和以往的经验。提问主要涉及应聘者的家庭环境、成长经历、学习和教育经历、兴趣爱好、以往的工作情况和求职动机等。目的是全方位了解应聘者的个人信息，并推论其可能的生活方式、性格特点、专业知识和工作能力。例如下面这些问题：请问你父母的工作和受教育程度；请你谈谈自己近年的个人生活情况；你上大学时最喜欢哪门课程，为什么；请谈谈你在以前的单位里所任的职务和主要工作内容；你业余时间喜欢做什么；当你所做的事情不被上司理解时，你如何调整自己的情绪与行为等。受应聘者个人情况的局限，题目的可替换性相对较小，一般只能围绕单个人的背景来进行。

在行为面试中，考官应注意应聘者回答内容的真实性、逻辑性以及合理性，并依据应聘者在过去的生活经历中做过什么、怎样做的以及做的结果如何，判定该人员能否胜任拟任岗位。这种题目的设计相对容易，但是对考官的要求很高，需要有丰富的经验，能识别答案的真伪或者有方法和技巧去追问、发掘应聘者的回答与其真实行为是否一致。

2．情境面试

如果说背景面试主要是指向过去的话，情境面试则主要指向未来。情境面试是指考官在面试过程中，给应聘者设定一个假设的情境和需要解决问题，让应聘者当场提出自己的解决方法。情境面试中考官提出的问题，通常与应聘者所申请岗位的工作内容有密切联系，所以可以通过应聘者的回答，判断其业务能力和对拟任岗位的适应性。此外，应聘者的综合分析能力、应急能力和逻辑推理能力也是情境性面试所考查的重点。情境性面试中的题目需要结合岗位特点进行精心设计，而且由于情境本身的假设性，应聘者的回答是否真实有效也需要考官凭借经验和智慧来判断。

3．智能面试

它是一种通过询问应聘者对一些复杂问题或社会现象的分析，来考查应聘者的价值观、综合分析能力以及思维的敏锐性。比如下面的问题："你能预测一下十年以后，本行业中排名前列的企业是哪几家吗？为什么？""为什么下水道井盖是圆的？"等。

智能面试中所采用的问题通常没有固定的答案，需要应聘者凭借自身的经验和智慧作出合理的分析和推理。因此，这种方法对考官的要求也很高。考官必须具有很高的综合素质，才能从应聘者给出的可能是五花八门的回答中，推测其各方面的素质。智能面试的评分主观性较强，有时背景不同的考官可能得出不同的结论。

三、面试的特点

与人力资源测评中的其他方法，如笔试、履历分析、心理测试等形式相比，面试具有其独特性，具体表现为以下几个方面：

1．交流的双向性

面试时，考官通过直接的谈话和观察来判断应聘者是否拥有执行某个拟任职位的相关素质，如能力、性格、态度、动机和兴趣等。在面试的过程中，考官与应聘者的接触、交谈和观察是相互的且面对面进行的。这种方式不仅增强了考官与应聘者的沟通效果，而且也能获得许多在笔试中不易获得的应聘者的有关信息。与此同时，应聘者也并不是处于一个消极被动的地位，他们可以主动地采取一些印象管理策略，积极地调整自己的言行举止，从而影响考官对自己能力和素质的判断。

2．信息的综合性

面试的一个很大的优点就在于：它能够提供与应聘职位有关的大量的个人信息，而这一点是其他的人力资源测评手段所无法比拟的。因为在面试的过程中，考官可以综合多种感觉通道，听其言，观其行，闻其声，辨其理，来获取应聘者各方面的信息并加以综合，形成整体印象。而其他的人力资源测评手段只能利用其中的一两种通道的信息，自然也就不能够实现对应聘者形成整体和综合判断的目的。

3．内容的灵活性

虽然通常情况下面试都经过精心的设计，但这并不代表面试的内容都是千篇一律、固定不变的。恰恰相反，之所以在面试的整个过程中需要提前设计很多的问题，就是为了保证考官能够根据应聘者的经历、背景与岗位的不同而能作出相应的调整。即使对同一类型的问题，不同的应聘者可能会作出不同的回答，因此要想使面试具有高质量，获取更多的信息，考官也必须随机应变，根据应聘者的回答情况适时地调整自己的提问方式和提问角度。

4．决策的直觉性

一般来说，面试的实施过程都是经过精心设计的，而且也非常标准化，但是面试成绩的评定在很大程度仍然依赖于考官的直觉判断。因为面试的时间通常是比较有限的，一般在10分钟到1小时之间，要在较短的时间内，通过对应聘者口头回答及其非言语行为的分析，作出录用与否的决策，考官们的直觉和经验必然发挥着重要的作用。因此，面试的质量在很大程度上是由考官的素质和经验决定的。

第二节　面试的设计与实施

一、确定面试要素

小辞典

所谓面试要素就是指面试的内容，它通常包括通用要素和特殊要素。通用要素是指绝大部分面试都需要了解的内容，如个人信息、受教育程度、以往的工作经历等。特殊要素是针对特定职位或人员所需要测评的内容，它主要涉及与岗位和工作密切相关的专业知识、专业技能。

面试中特殊要素的考查，要从专业的角度来了解应聘者掌握专业知识的深度和广度、技能的高低以及专业特长，因而更加具有灵活性和深度，一般由专业人员来进行。

面试的通用要素一般包括以下几个大的方面：

1．个人信息

个人信息是指应聘者个人的主要背景情况，一般包括姓名、年龄、爱好、兴趣、特长、家庭成员、家庭生活条件以及主要的工作经历等。

2．仪表和风度

这是指应聘者的体态外貌、穿着打扮、行为举止、精神状态等一系列外在的特点。对于这些方面一般不需要特别出题，但要有评价的标准。心理学的研究表明：一个人外在的举止风度和其内在心理品质有密切的关系。比如，一个仪表端庄、衣着得体整洁、举止大方稳重的人，做事往往比较严谨、自我约束力强、有一定的责任心。对于某些特定的职业或职位，仪表和风度对于工作效果有重要的影响，如国家公务员、教师、高级管理人员、销售和公关人员。虽然我们不能以貌取人，但整洁的衣服和得体的打扮能给人一种外在的好感，对树立良好的个人及组织形象有很大益处。在实际的面试过程中，应聘者的仪表风度及其给考官留下的第一印象，确实对面试结果有较大影响。

3．教育经历和实践经验

这是面试过程所要考查的重点内容之一。它包括应聘者过去做过的工作或担任过的职务、所得到的成绩和收获、对工作的满意度及人际关系情况等方面。通过了解应聘者的相关背景和工作经历来考查过去工作的有关情况，从而对其所具有的工作经历和实践经验是否适合当前这一工作作出判断。另外，它还能够考查出应聘者的责任感、社会阅历、为人处世的能力、工作能力以及遇到事情时的理智状况等。具体的实施方法是在查阅应聘者的个人简历和求职登记表上的信息之后，对他们进行相关的提问，以便弄清有关的教育及培训背景和过去的工作情况，以补充和证实其所具有的实践经验。

4．专业知识和技能

一般情况下，可以通过考试形式对应聘者的专业知识进行考查，但在面试过程中也可以了解应聘者所掌握专业知识的深度和广度、专业特长以及专业技能的高低，从而对其专业知识是否符合所要录用职位的要求作出有效的判断。因此，在很多情况下，由于某种原因没有进行专业知识的考试，面试就作为对专业知识考试的一种必要且有效的补充。而且面试更具有灵活性，能较好地判断应聘者应用专业知识的能力，因此在人力资源测评中，使用面试方法来考核应聘者的专业知识和技能日益普遍。

5. 言语表达和综合分析能力

由于面试是一种口头言语的交流过程，因此，在面试过程中直接就可以反映出一个人的言语表达能力。通过面试，可以了解应聘者言语表达的清晰度、流畅性、逻辑性、准确性、感染力以及音调的高低、音量的大小、节奏的快慢等特点，可以了解应聘者是否能够将自己的想法、观点、建议和意见等信息用言语简洁、精辟、流利地表达出来。言语表达和人的思维密切相关，通过考查应聘者的言语能力，也能从一个侧面了解应聘者思维的逻辑性和严密性。

综合分析能力考查的是应聘者能否抓住考官提出的问题的本质和要害，是否分析得全面透彻、条理清晰，对众多观点和看法概括得是否准确得当，是否重点突出等，通过这些来了解应聘者的分析判断与综合概括能力。

6. 反应速度与应变能力

反应速度和应变能力不仅是面试考核的主要内容，也是面试中良好测评效果的体现。许多职位都需要这方面能力较强的人，尤其是在信息技术的高科技化和信息传递快捷的今天，思维敏捷、反应灵活和应急能力强的人是社会所急需的。在面试中对于该能力的考查，一般是通过对应聘者提出一些应急性问题或者制造一些应急性情境等方式进行的。主要看应聘者能否迅速、准确地理解并做出恰当的回答，是否善于把握事物之间的联系以及对突发事件的反应是否沉着镇定。考官凭借此结果判断应聘者在工作中是否能迅速准确地理解上级的指示和要求以及恰当地处理意外事件的能力水平。

7. 自我认知和自我控制

自我认知能力是自我意识的重要方面，它在一个人的工作过程中有一定的影响作用，因此面试中往往要求应聘者对自己作一个简单客观的评价。例如，让每个前来应聘的人评价自己的性格特点和主要的优点与不足。然后将他们每个人的自我评价与通过面对面的交流、观察所得到的评价进行对比，分析应聘者的自我认知能力如何，对自己的认识是否清晰、客观、准确。

另外，对自我控制力和情绪稳定性的考查也是一项重要内容。无论从事什么样的工作，这都是非常重要的要素。首先，在面临上司的批评指责、不公平的薪酬待遇、工作的压力和困难以及当个人的利益受到损害时，一个人能否克制自己的愤怒情绪，避免情绪的剧烈波动，而以宽容、谦让的态度理智清醒地面对这一切，将会对他的工作成效产生重要的影响，同时这也是体现一个人的成熟度和社会化程度的重要组成部分。其次，一个人对工作是否有足够的耐心和韧性决定其能否对当前的工作充满信心和动力，能否坚持不懈地认真对待和处理工作中出现的挫折和难题。在面试中，往往是通过给应聘者施加某种特定的压力或精神刺激，来考查其情绪稳定性和自我控制能力。

8. 人际交往能力

在面试中，通过询问应聘者过去的人际交往经验，比如：经常参加的团体活动，在各种活动中所喜欢扮演的角色，喜欢和什么类型的人打交道，喜欢集体活动还是喜欢单独活动以及为人处世的方式等情况；另外，还可以对应聘者提出一些假设的人际交往情境，尤其是一些较为尴尬的、两难的境地，进而可以了解他们的人际交往倾向和技巧。

9. 进取心和成就动机

一个想在事业上有所发展的人，其事业进取心和成就动机一定比较高。这种类型的人往往会通过不懈的努力，将现有的工作任务较好地完成，并且他们通常不安于现状，在工作中勇于开拓创新。在面试中可以询问应聘者一些关于未来的职业规划、奋斗目标、理想抱负、工作意愿、工作要求、薪酬情况等方面的问题，从而判断本单位所提供的职位或工作条件等能否满足其工作要求和期望。

10. 工作态度、求职动机与工作期望

工作态度、求职动机和工作期望往往对应聘者入职后的适应过程起着决定性的作用，对应聘者这方面的考查是十分必要的。在面试过程中，考官不仅要考查他们对过去所承担工作的态度，同时还要询问他们对应聘的工作岗位的态度与期望。通过对前者的了解可以判断这个人是否热爱钻研业务，是否喜欢工作；而通过对后者的了解，可以考查其求职动机是什么。比如说，看看他主要是为了施展个人才华、追求事业上的进展，还是仅仅追求高工资、优厚的福利待遇以及舒适的工作环境等。

由上述内容我们可以发现，面试要素是相当复杂的。要想全面地了解每一个应聘者的多方面素质特征，做出合理的评判结果，需要考官熟练地掌握所有面试要素的考查方式和提问方法。另外，从理论上看，面试几乎可以测评一个人所有的特质，但是任何一种方法都存在优点和不足的。因此，我们应该扬长避短，综合利用人力资源测评中的各种方法，这样才能在人员甄选与测评的实践中取得良好的效果。

二、设计面试题目

（一）面试中的题型

1. 背景性问题

所谓背景性问题主要是关于应聘者个人的、家庭的、教育的和工作背景等方面的问题。研究表明，一个人的生活经历对其未来的职业发展有一定的预测作用。比如，一个人曾经生活的家庭类型及所受的教育，都会影响到其将来的工作。提问背景性问题，一方面是为了求证应聘者简历上所写的内容，或者对简历上表述得不太清楚的内容进行澄清，从而快速了解他们的求职动机、成熟度以及专业背景等要素。另一方面，通过应聘者的回答，面试官可以就自己感兴趣的问题深入提问。比如：有关的求学经历，曾在哪些地方生活和工作过，有哪些兴趣爱好等。这种面试题型强调回答内容的真实性，题目的设计很容易，但对应试者的回答也应有技巧地加以分析，不能盲目相信。

2. 情境性问题

情境性问题，通常是由考官设计一个假想的情境（一般是大多数应聘者没有接触过的），考查其在事先没有准备的情况下，如何应对和解决情境中的问题，从而考查应聘者的应变能力、综合分析能力和解决问题的能力。情境性问题可以考查多种要素和综合素质，有较高的预测效度，但其设计比较复杂，需要对岗位的素质特征进行科学分析后，再由专业人员精心构思。比如以下问题：“公司现在的销售情况不理想，如果由你来做销售部的经理，你打算怎么做？”或者问：“如果你的小组里有两位成员关系不好，经常发生矛盾和口角，以至于影响了你们整个小组的工作，你将如何处理？”如果是选拔高级管理人员的面试，通常还要根据岗位胜任特征编制更为复杂的情境性问题。

3. 智能性问题

智能性问题主要是通过询问应聘者对一些复杂问题或社会现象的看法，来考查他们对一些现象的分析、理解、推断和综合评价的能力。例如：“你对目前我国的农民工子女受教育的问题如何看待”？“你对中美关系的走向有什么看法”？“你认为评价一个人是否成功的标准是什么”？等。它要求考官本人具有较高的综合素质，能够灵活客观地评判应聘者可能出现的多样化回答。智能性问题的题目设计表面上比较容易，但评分难以标准化，必须经过深入分析才能形成科学的评分标准。在实践中，由于所获得的答案千差万别，给考官达成一致意见带来一定的困难。

4. 行为经验性问题

行为经验性问题主要针对的是应聘者过去的行为。通常做法是让应聘者具体地描述自己过去的某一工作或生活经历，特别是其中的成功经验和失败教训，从而了解他们多方面的素质，并由此预测他们在未来工作中的行为表现。

常用的问题有：“请你讲述一下自己在过去的半年里，印象最深刻的一件事情”，“在你的记忆中，哪一个项目是你感到最满意的？”“你在以往工作中遇到的最大困难是什么？”“请谈一谈你负责组织的一项活动，具体是怎样组织和设计的”等。

5. 压力性问题

一般来说，在面试中都尽量要求考官为应聘者创造一种轻松的气氛，目的是使应聘者不产生紧张的情绪，以便他们充分地发挥自己的潜力和水平。但是有些情况，考官还会故意制造一种紧张气氛，给应聘者施加一定的压力，从而考查他们在压力情境下的情绪反应和应变能力。

常见的压力性问题有：“我觉得你好像不太适合从事这一工作，你觉得呢？”“如果我们不聘用你，你下一步打算怎么办？”“通过了解我们得知，你在先前工作单位里的表现并不像你所说的那样好”等。值得一提的是，这类问题常常是直接对应聘者施加压力，将其置于尴尬的境地。鉴于不同个体对压力的承受力不同，因此最好将这类问题放在面试的最后，以免对其他题目的回答产生消极影响。

6. 意向性问题

它指的是通过直接询问应聘者的意向来考查他们的求职动机、进取心、工作期望、工作态度、价值观等要素的一种方式。例如，“请你谈谈自己为什么来应聘这一工作岗位？”“你能经常出差吗？”“你喜欢营销工作吗？”等。

（二）拟订面试提纲

根据面试的要素，拟订更为细化的测评要点和问题，制成面试提纲。下表所示的是一个较为简单的面试提纲。

表 9-1　　　　　　　　　　**某单位面试提纲**

面试要素	面试题目
专业知识	可以根据所应聘职位的不同要求，有针对性地提出。
言语表达能力	在整个面试过程中考查。
教育和工作背景	1. 请简单叙述一下你求学和工作的经历。 2. 你在过去的学习和工作中所取得的主要成绩有哪些？ 3. 请谈谈你在过去的工作中所承担的工作的具体内容？ 4. 你认为过去的工作经验对你目前应聘的工作有什么益处？
综合分析能力	1. 在过去的学习和工作中，你所获得的经验有哪些？ 2. 谈谈你对解决环境污染问题的见解？ 3. 你对中日关系有何看法？ 4. 谈谈你对本行业中几个做得最好的企业的看法？ 5. 你认为如何才能更好地调动员工的积极性？
情绪控制能力	1. 如果在相同的条件下，你的同事被提升为你的上级，而你没有被提升，那么你将怎样对待这件事？ 2. 当你在工作中无缘无故地受到上司的批评时，你会怎样处理？ 3. 如果你的下级未能按要求完成一份重要的工作，你如何处理？
人际交往能力	1. 你最不愿意与什么样的人相处？ 2. 当你进入一个新的工作环境时，你将如何与同事搞好关系？ 3. 如果一个同事背着你向领导说你的坏话或不是，你得知后将怎么办？ 4. 你认为在和上级、同事及下属的关系中，哪一个是最重要的？为什么？
应变能力	1. 你第一次担任某一职务时遇到了什么困难？当时是怎样解决的？ 2. 你在原来的工作中遇到的最大难题是什么？是如何处理的？
求职动机	1. 请问你离开原来工作单位的主要原因是什么？ 2. 你为什么申请这个职位？ 3. 如果你今天没有被录用，今后的打算是什么？
进取心和工作态度	1. 你对自己的职业生涯是怎么规划的？ 2. 如果你被录用，有什么样的短期目标？如何实现？
仪表风度	1. 衣着。 2. 精神面貌。 3. 言谈举止。

三、实施面试

一般来说，面试的实施阶段可以分为以下几个步骤：

（一）选择适当的面试环境

在选择面试地点时，应该考虑到以下几点：尽量给应聘者营造一个比较放松的氛围；确保考官和应聘者双方坐得都很舒服；面试环境应该比较安静，防止他人打扰或意外电话的干扰等。

（二）营造轻松气氛，开始面试

考官应该努力为应聘者营造较为自然、轻松的气氛，以便让应聘者以放松的状态进入面试。开始时，考官可以问一些轻松的问题来打破初次见面时的紧张气氛，如就最近的新闻热点或一些小事作评价。当应聘者心情平静后，面试就可以开始了。可以先让应聘者作自我介绍，收集其所接受过的培训、工作经验方面的信息。

（三）明确应聘者的求职动机和期望

考官应了解应聘者的求职动机和拟招聘岗位的工作要求是否一致。假设一个人的动机有问题，或对未来工作有不适当的期望，则可以考虑加快面试进程，或作适当的解释并中止面试。

（四）根据面试提纲提问

具体来说，考官可以按照预先拟订的面试提纲发问，对应聘者进行全方位的考查，直到考官认为已经获得了足够的信息。

（五）提供职位信息

当考官已经获得关于应聘者足够的信息后，考官可以详细提供有关职位和组织的信息，考官也可以适当地给应聘者一些机会，让其问一些问题。这样有利于避免社会赞许效应。如果应聘者一开始就知道工作的有关要求，有可能按照让考官满意的方式回答问题，从而降低了面试的效度。

（六）结束面试

在结束面试前，考官应该检查一下事先设定的问题是否已经全部问完，是否有相应的记录，然后再向应聘者解释以后将有什么样的程序。最后，考官应该以轻松的语气向应聘者宣布面试结束。

四、评定面试成绩

（一）成绩评定表的设计

面试成绩的评定，一般由多名考官评分。为了尽量减少评分过程中主观因素的干扰，提高评分的标准化程度，通常要事先设计和制定好“面试成绩评定表”，并根据评定表中涉及的面试要素、评价维度和评分方法进行打分。

在设计面试成绩评定表时，要突出面试的重点内容，必要时可以给不同的评价维度赋予不同的权重；评定表的格式要清晰、简洁易懂；记分方法可以采取百分制，也可以按等级评定，如可分为优、良、中、差 4 个等级或好、中、差 3 个等级。

面试成绩评定表的具体形式是多种多样的，采用哪种形式，包含哪些方面的内容主要由面试的具体需求决定。这里我们仅列出两个简单的样例：

表 9－2　　面试成绩评定表（之一）

考官注意：请根据应聘者的行为表现和回答问题的情况，划出适当的评定等级。			
评价项目	评价等级		
1. 仪表和风度是否符合本应聘岗位的要求？	符合	一般	不符合
2. 气质、性格类型是否符合应聘岗位的要求？	符合	一般	不符合
3. 工作经验是否符合要求？	符合	一般	不符合
4. 教育程度是否符合要求？	符合	一般	不符合
5. 专业特长是否符合要求？	符合	一般	不符合
6. 以往的成就如何？	较强	一般	较弱
7. 言语表达能力如何？	较强	一般	较弱
8. 应变能力如何？	较强	一般	较弱
9. 工作热情和成就动机如何？	较强	一般	较弱
10. 交往和沟通能力如何？	较强	一般	较弱
11. 责任意识如何？	较强	一般	较弱
12. 开拓与创新意识如何？	较强	一般	较弱
13. 求职动机是否符合本公司的要求？	较强	一般	较弱
14. 综合素质是否符合这项工作的要求？	符合	一般	不符合
15. 待遇要求是否符合本公司所提供条件？	符合	一般	不符合
	符合	一般	不符合
综合评语及录用建议： 考官签字：			
备注：			

表 9-3　　面试成绩评定表（之二）　　编号：

姓名：		性别：		年龄：	
应聘岗位：		所属部门：		应聘时间：	
评价要素	评价等级（1 级最低，5 级最高）				
	1	2	3	4	5
仪表风度					
言语表达					
教育背景					
专业知识					
工作成绩					
人际交往					
责任意识					
组织能力					
应变能力					
承受压力					
综合分析					
评价和建议	□ 建议录用		□ 进一步考查		□ 建议不录用
备注					
用人部门意见	签字：	人力资源管理部门意见	签字：	主管领导意见	签字：

（二）成绩评定时应注意的事项

1. 成绩汇总

面试中一般都包含多名考官，他们轮流提问，一边提问，一边给应聘者的各方面表现打分。每面试完一个应聘者后，每个考官都要给出各要素和指标的面试成绩以及总的面试成绩和评语。这一点在有多名应聘者面试时很重要，因为如果等到面试工作全部结束才开始评分的话，很可能遗忘某些信息，也难以避免干扰。面试工作结束后，由工作人员将各位考官的评定表收集到一块儿，对成绩进行汇总。具体方法是：将每个考官的评分相加后除以考官的人数，所得结果为应聘者的平均成绩。严格来说，每个评价要素的平均成绩和总平均成绩都应计算。有必要的话，各位考官还要进行讨论，并根据讨论的情况，为每个应聘者写出综合评语。

2．保持标准的一致性

面试评分时，每位考官的评分标准和宽严尺度在整个面试进程中应保持一致，以保证面试的公平性；同时各位考官之间的标准也要基本统一。要做到以上两点，需要对考官提前进行培训，使他们了解应聘职位的细节要求和条件，要求他们根据应聘者的回答和具体表现来评分，而不要受其他信息的影响；其次，在评定完每个应聘者以后，考官要及时交流以便统一评分标准；最后，可以计算考官评分的评分者信度，从量化角度确定考官评分的一致性。

五、结果反馈

面试结束后，应根据考官对每位应聘者面试成绩的综合评定情况给应聘者一个面试结果反馈。它并不是简单地告诉应聘者他被录用或者未被录用这一结果，尤其是对没有被录用的人员的结果反馈更为慎重，一般是采取“缺省处理”的方式，即在面试时告知几天内未通知录用，则说明没有被录用。其实比较规范的做法应该是在发送聘用或试用通知时发出辞谢通知，其措辞要诚恳委婉。

小资料

外企面试“怪招”

（一）赛场赛马

一家知名跨国公司在北大、复旦、上海交大和中欧工商管理学院4所院校举行了简单的招聘宣讲会，然后从600份自荐材料中筛选出40名2001届毕业生参加企划大赛初赛，初赛安排在公司位于上海的中国总部进行。

先是一轮语言基础考试，这些毕业生轮番用英语作了自我介绍并回答问题，紧接着，来自同一院校的学生自由组成4人小组，按顺序比赛，比赛要求在5分钟内完成某种生活用品的电视广告创意，然后4个人合作演示这段广告，并对广告创意作阐述分析。

该公司此次主要招聘市场部员工。招聘主管认为，求职者在设计、演示广告的即兴发挥中，至少可以展示3种素质：广告创意需要个人创造力；演示广告需要表现力和感染力；合作广告需要团队精神。而这3种素质，恰恰是每一个市场销售人员所必备的。

（二）管理游戏

在这类活动中，小组成员各分配一定的任务，必须合作才能较好地完成它。有时引入一些竞争因素，如三两个小组同时进行销售和市场占领。通过应试者在完成任务过程中所表现出来的行为来测评应试者的素质。

1. 键盘销售

6名应试者一组扮演小型企业的管理委员会，对于给定的具有不同利润的键盘，每个小组成员均要对投资、购买、股票控制及销售问题发表意见。主考官通过对应试者行为表现的观察，关注小组讨论中自然形成的领导人以及其他成员的组织能力、思维的敏捷性及压力条件下的工作情况等。

2. 小溪任务

给每一组应试者提供滑轮、铁管、木板、绳索，要求他们把一根粗大的圆木和一块较大的岩石移到小溪的另一边。主考官可以在客观的环境下，有效地观察应试者的领导特征、能力特征、智慧特征和社会关系特征等。

管理游戏的优点是它能够突破实际工作情景时间与空间的限制，模拟内容真实感强，富有竞争性，具有趣味性。作为应试者，在做管理游戏时，既不要太紧张，也不要太随意。

（三）情景考查

1. 分拣跳棋子

有的外企在招收员工时，为测试应聘者的手脚灵活程度，给每个应聘者放一堆跳棋子，要求其在一分钟内挑出混杂在一起的 5 种颜色的跳棋子，并按各色分别排列好。如在规定的时间内没有按要求完成，即被淘汰。

2. 看图说话

外企招聘员工，需测试应聘者的反应能力。有的外企在转动的机器上装上彩色图画，画面上有动物、植物、建筑物、交通工具、家用电器等，在应聘者面前按一定的速度移过，要求应聘者在规定的时间内说出自己所看到的内容。

3. 分蛋糕

有一家外企招聘员工面试时出了这样一道题，要求应聘者把一盒蛋糕切成 8 份，分给 8 个人，但蛋糕盒里还必须留有一份。

4. 冒着烈日长跑

测试应聘者意志、吃苦耐劳精神，常是外企招聘的面试题。有一家外企从应届技校毕业生中招一批员工，面试时，要求应聘者冒着烈日，跑到近郊的一座山再返回。测试结果，有的应聘者投机取巧，未跑到目的地就返回；有的应聘者虽跑到目的地，但在返回途中搭乘出租车；也有的应聘者按规定跑到目的地后再跑回。外企公布录取名单时，前两种人榜上无名，后一种人被录用为员工。

5. 雨中打伞

作为外企的员工，要求具有团结协作精神。因此，一家外企招聘员工时，要求应聘者冒雨到附近指定地点然后返回，但只有一半的应聘者发到伞。应聘者在这场面试中出现这样的情况：有的发到伞的应聘者主动与无伞的应聘者搭档，风雨同伞；有的无伞的应聘者则与有伞的应聘者协商合用一把伞；还有的有伞的应聘者只顾自己不顾别人，独自撑一把伞。结果，独自撑一把伞者被淘汰，而风雨同伞者则被录用。

第三节　面试中的问题与技巧

一、面试中考官常犯的错误

从某种意义上说，考官对每一位应聘者的去留起着决定性的作用，考官的素质维系着面试的质量和成败。他们不仅要有广博的专业知识，还要具备较高的道德素质和心理素质，尽量避免各种因素的干扰。但是，由于面试是一个需要在较短时间内作出决策的信息加工过程，因此不可避免地会有一些偏差或失误，可能影响到面试决策的准确性。了解在面试过程考官易犯的错误，有助于考官的自我提示和警觉，从而保障面试的质量。

（一）首因效应

所谓首因效应就是我们常说的第一印象效应或先入为主效应。心理学研究表明：一个陌生人与我们初次见面时所留下的第一印象，对我们以后的认识过程有很大的影响，它常常造成先入为主的认知偏差。日常生活中，人们总会不自觉地依据第一印象对初次交往的人做出评价，而忽视后来所获得的与之不一致的信息。面试过程中，考官在评判时往往受应聘者最初阶段的表现（主要包括体貌、服饰、言谈举止、表情等方面），而忽略后面其他阶段的表现。一般来说，性格外向、善于表现和推销自己的人常常在一开始就给考官留下很好的印象，但是有些人属于含而不露类型，他们知识未必浅薄、能力也未必一般。因此，考官不能受对应聘者的第一印象的限制，而要全面客观地考虑每个应聘者在整个面试过程中的综合表现。

（二）光环效应

又叫“晕轮效应”，指的是事物某一方面的突出特点会掩盖其他方面的特点。比如我们发现一个人在某一方面的优点后，就好像给他套上了一个光环一样，认为他所有方面都好，其实这是一种认知偏差。在面试中，由于考官对应聘者的具体情况和个性特点没有全面细致的了解，常常会出现这种错误——对某一个维度的评判往往会影响对其他维度的评判，从而做出不符合应聘者综合素质特征的评价。比如，某一应聘者的语言表达能力非常好，考官往往受此影响而武断地认为他在其他方面表现得也很好。同样，如果应聘者在某个问题的回答上有异常表现或令人反感，留给考官的印象自然不好，于是影响他们对这个人的整体评价。

（三）刻板印象

所谓刻板印象是指人们在长期的社会化过程中形成的对某一类人或事物的一种固有的观念和看法，这会影响他们对这些人或事物的客观认识。在面试过程中存在的刻板印象主要有：性别刻板印象和外貌刻板印象等，它们会对面试结果的准确性产生负面影响。

性别刻板印象包含人们对男性和女性在能力、性格、气质、理想、信念、兴趣及价值观等方面上的认知差异。在面试过程中考官也会无意识地受这些固有看法的影响，从而使自己的决策和判断产生偏差。例如，人们倾向于认为男性比女性更能获取显著的成就；把男性与坚强、果断、有雄心壮志、攻击性、独立性等词汇联系在一起，而把女性与温柔、贤惠、优柔寡断、依赖性等词汇相联系。所谓面貌刻板印象实际是一种特殊的晕轮效应，人们通常认为容貌吸引力高的人具有愉快、好交际、聪明、善良、优秀、成功等积极的品质；而容貌吸引力低的人具有悲观、内向、失败、愚笨等消极的品质。

（四）喧宾夺主

所谓喧宾夺主是指在整个面试过程中，考官话语太多，夸夸其谈，发言时间超过了面试时间的一半甚至更多，而应聘者处于洗耳恭听的地位。在有限的时间内，面试者说的多了，倾听的自然就少，从应聘者那里获得的信息也少，不能很好地对他们的能力和其他方面的素质特征进行清晰而有效的判断。而且，考官说得太多难免暴露自己的观点和喜好，使应聘者有了随声附和的目标。因此在有限的面试时间中必须提供给应聘者较多的表现机会，让他们多说，多表达自己的观点，这样才会有更多可供判断的线索。国外有专家曾指出，在面试中应聘者的说话时间应达到整个面试过程的2/3。

（五）主观效应

主观效应是指在认知过程中，认知主体根据自身的兴趣、爱好、价值观、人生经历等来认知客体的一种心理倾向。在面试过程中，主观效应的具体表现为考官在对应聘者进行测评时，自然而然地把自己的个性心理特点投射于其中。比如：有的考官本人严谨慎重，那么在面试中就会对应聘者的每一项要素要求十分苛刻。具有这种倾向的人会把素质优秀的人员评价为中等，而把中等的评价为差等。相反，个性宽容温和的考官人打分则比较宽松，往往把素质一般的评价为较好，把素质较好的评价为优秀。另外，有的考官喜欢性格外向的人，而有的考官喜欢性格内向的人。考官与应聘者关系的远近、性格的相似性等方面都会对面试结果有一定的影响，甚至使得不同的考官对同一个应聘者的打分大相径庭。

（六）诱导倾向

它是指在面试的过程中，有的考官会有意无意地表露出倾向性的意见，对应聘者产生暗示作用，使应聘者按照他们的想法回答问题。这样表面上就得到了考官所期望的答案，但实际上这并不是应聘者的真实想法，只是应聘者隐约猜测到什么是考官期望的答案，于是便作出这种回答来迎合考官。

（七）打分中庸

所谓打分中庸是指一些考官在对应聘者进行评分的时候，会有一种趋于中间的倾向，习惯于给每个应聘者的各项要素打一个处于中间的不高不低的分数。这样就会使得所有应聘者的面试分数都很相近，导致很难对他们进行区分，面试的质量和效果大大地打了折扣。可见这种来自考官的心理效应也是应当控制的。

（八）盲目轻信

它是指考官在面试中，对应聘者的陈述过于轻信，认为他们说的都是真的。而实际上，在面试过程中，很多应聘者都会采用各种印象管理手段，夸大自己的优势与成就，来博取考官的好感。如果不加分析地盲目相信应聘者的陈述，则必然会使浮夸者得逞，而踏实稳重者在面试中处于劣势，最终不能为组织选到合适的人才。

（九）错误归因

所谓归因就是指一个人对自己或其他人的行为、事件的原因进行的推断。人们经常把他人的行为归因于人格或态度等内在特质上，而忽视他们所处情境的重要性。在面试的过程中，基本归因错误主要表现为：考官常把应聘者生活、学习和工作中的一些重要的成功和挫折归于他们自身的一些因素（如良好或不好的性格特点、能力较强或较低等），而对于行为、事件发生的情境给予较少的关注，使得他们对应聘者的性格特点和能力的推断过于武断。比如，应聘者在工作中一个项目的失败，可能更多的是一些外在因素的影响，而考官在没有仔细过问当时的情境就直接地做出推断，认为他们是由于缺乏决策能力才导致了失败，而这方面的能力会影响到他们在这个职位上的绩效，于是拒绝了他们。这种现象在面试中常常出现。

小资料

面试中的印象管理

面试中的印象管理是指应聘者主动采取措施，甚至改变惯常的行为，努力给考官创造一种积极印象的过程。印象管理在日常生活中十分普遍，有时候我们可以利用自己的衣着、话语、神态来制造自己的某种形象。由于面试过程的重要性和时限性，其中的印象管理现象就更为突出。应聘者往往会利用多种印象管理手段，精心地展现自己对工作的兴趣与热忱以及与工作相关的人格、能力等特征，力图给考官一个胜任者的形象。以下这几种印象管理手段是经常为应聘者在面试过程中所使用的：

（1）逢迎讨好。在面试过程中，一些应聘者会故意赞同或附和考官的意见和对问题的看法；或适时赞美考官以及所应聘的公司；或对考官的提问和追问表现出极大的兴趣；或者是违心承诺自己能够按职位要求工作等，从而获取考官的好感。

（2）自我增强。在面试过程中，一些应聘者会极力展示甚至夸大他们的能力与成就，或者是他在某个成功项目中发挥的重要作用，从而让考官产生他的确具有某种正向特质的印象。应用此手段的应聘者可能会强调自己曾有的优良表现和成就；或展现勤勉刻苦、积极热情的工作风格；或强调自己所拥有的专业技能和专长；或强调自己掌握胜任岗位所需的知识和条件。

（3）合理化理由。通过语言对消极事件进行修复性阐述，称为合理化理由技术。这种技术的要旨在于：强调与自己相关的消极事件是由于客观的不可抗力造成的，失败是合理或可以理解的，以减少消极事件对个体形象所造成的不良影响。

在面试中，考官可能会针对应聘者在学习和工作中的一些重大消极事件而提出一些问题，这时，应聘者为了维护自身形象，减少因这些事件留给考官的不良印象，就可能采取合理化理由这一印象管理策略。例如，如果考官问应聘者，为什么在短短几年时间内多次跳槽？应聘者可能会给出非应聘者个人所能把握和控制的，不涉及个人道德品质的一些理由，如由于公司经营目标的调整，把他所在的部门给撤了等。而实际情况可能并非如此。

（4）道歉。现在求职竞争越来越激烈，为了在求职过程中脱颖而出，有一部分应聘者在求职过程中存在说谎行为，这是考官需要注意的。一旦简历中的虚假信息，或者是语言交流过程中的说谎行为被揭穿，有的应聘者意识到继续狡辩毫无作用，转而对自己的行径表示深切的自责和悔恨，诚恳地向考官道歉，并以太期望获得职位为理由，以期获得考官的谅解。

在面试中，求职者大量使用印象管理策略。为了保障面试的有效性，考官必须对应聘者的印象管理策略有所了解，只有这样，才能在面试中做到不走眼，避免被虚假信息所蒙蔽而给组织造成损失。

二、提高面试质量的技巧

（一）精心设计面试要素和题目

面试要素包括一般要素和特殊要素。一般要素是指任何职位选拔录用人员时都需要测评的内容；而特殊要素是特定职位或特殊人员录用时需要测评的内容，它从专业的角度了解应聘者掌握专业知识的深度、广度以及专业技能的高低，并且对专业知识和技能的考查更具有灵活性和深度，所提问题也比较接近岗位或工作对专业能力的要求。

由于面试要素非常复杂，要想全面了解每一个应聘者各方面的素质特征，以便作出合理的评判，需要考官熟练地掌握所有面试要素的考查方式和提问方法。尽管从表面看来面试几乎可以测评一个人所有的特质，但是任何一种方法都存在优点和不足。因此，我们应该扬长避短，综合利用人力资源测评中的各种方法，这样才能在人员甄选与测评的实践中取得良好的效果。

（二）培训考官

面试对考官素质的依赖性比较强，他们素质的高低、经验的多少直接决定着整个面试的质量。考官的素质一般是指经验阅历是否丰富，对拟任职位的要求是否熟悉了解，是否有一定的面试操作经验等。除此之外，还要求面试考官队伍各有专长、结构合理。

面试进行前，考官都应先接受培训，培训时间视需要而定。培训使考官们掌握统一的评价标准和操作方式。重要面试的培训一般包括多个步骤：第一轮是讲解。要求考官了解面试的目的、内容、程序；第二轮是观摩。让他们参加一两次实际面试，观摩面试的程序和技巧，熟悉操作程序及操作方法并进行模拟面试练习；第三轮是研讨。先进行小组讨论，然后要求他们每个人就面试的程序、要点写出自己的心得体会，包括对所观摩案例中考官的评价。

（三）筛选应聘者

面试是一种需要精心设计、认真组织的人力资源测评方法，需要耗费较多的人、财、物力。如果对每一个应聘者都进行面试，其成本是一般的组织难以承受的，考官也没有那么多时间和精力。为此，在正式面试前，一般先通过履历分析、纸笔考试或团体心理测验等手段，筛选出一部分较为优秀的应聘者作为面试的候选人。对这一部分个体，再采用面试方法进行更综合的测评，则可以节约成本，同时测评的准确性也能得到有效保证。

（四）妥善设计面试环境

选择什么样的面试环境是很重要的，因为环境因素也会影响到应聘者的行为表现。具体可分为物理环境和心理环境。

1. 物理环境

面试场所首先要比较安静，让应聘者感到放松、自在，没有令人心烦意乱的噪声，这样才有利于他们正常、真实地表现和发挥。

具体来说，主要包括环境要舒适、整洁；室内的照明光线和温度要适宜，如果光线比较暗淡的，容易使眼睛感到疲劳，难以持久；装饰的色彩要能够使人的心情愉快，因为颜色会影响人的情绪、意识与行为。例如，有些颜色（黄色、橙色、红色）使人产生舒适放松的感觉，而有些颜色（蓝色、紫色与绿色）却令人感到烦闷。因此面试环境中的桌椅、地毯与墙壁的颜色一定要进行很好的协调；温度不宜太高，太高会使人有头昏脑涨的感觉，温度太低也使人感到不舒服；室内空气的湿度也会影响人的舒适与效率。在同样的温度下，潮湿的空气会使人觉得热，干燥的空气会使人觉得冷；另外空气还应保持良好的流通，否则会令人感到昏昏沉沉、极度疲劳。

2. 心理环境

心理环境的好坏主要是指面试时的气氛，通常来说面试时应营造一个轻松的氛围。比如，考官的表情和蔼亲切，简单的寒暄，轻松的导入和开场等。当然，如果应聘者应对压力的能力是有待考查的重要面试要素的话，则另当别论。

(五) 善于倾听、细心观察

1. 如何倾听

在面试过程中，考官大部分时间是在听应聘者讲，他们要理解面试中谈话的内容，准确把握应聘者所陈述内容的含义，并观察他们的情绪反应。因此，作为考官一定要学会倾听，掌握从倾听中获取更多的信息的技巧，不仅要听出弦内之音，还要听出弦外之音。那么如何才能做到更好地倾听呢?

首先，考官要善于使用自己的肢体语言和面部表情等来表达内心的感情。心理学研究表明：在交流过程中，面部表情和肢体语言等非言语信息会对双方产生很大的影响。比如考官在认真听对方讲话的同时，伴以点头、微笑、柔和的目光、和蔼的表情等，一定会使应聘者心情放松、愉快。在必要的时候，也可以表现出深沉、严厉的态度，考验应聘者应对压力的能力。其次，考官要注意把握和调节应聘者的情绪。如果应聘者在面试开始时比较紧张，那么就可先提出一两个简单的导入型问题，使他们松弛下来。

2. 如何观察

在面试的过程中，明察秋毫的观察也是获取应聘者信息的一种非常重要的方式。心理学研究发现，在人们的交流过程中，有大约一半的信息是通过面部表情和手势、姿态等肢体语言来获取的。因此考官在这个过程中一定要对应聘者的非语言信息给予足够的重视。那么怎样才能提高观察效果呢?

(1) 避免以貌取人：我们对一个陌生人的认识是从第一眼看到他的面貌时开始的。由于日常生活中的心理定势，经验不足的考官常常基于应聘者的容貌，产生先入为主的效应，使面试的准确性打了折扣。

(2) 坚持目的性和典型性原则：就是考官在整个过程中要始终围绕事先明确的面试要素来观察，保证在有限的时间内尽快捕捉到关键的实质性信息；而典型性原则是指考官对应聘者做出的种种行为反应进行有效的筛选，只对那些能从本质上揭示他们素质的反应加以注意。

(3) 充分利用感官的综合效应：有效的面试是一个集观、听、问、思于一体的复杂过程，考官要根据自己的经验，发挥直觉的综合性作用。例如，有的应聘者在回答问题时有不真实陈述，一般来说在表情上和动作上多少有不自然反应，有经验的考官能利用感官的综合效应，敏锐地捕捉到异常信息。

(六) 掌握发问技巧

从某种程度上说，考官对应聘者提出问题的方式和技巧的高低，会对面试效果产生很大的影响。因此他们一定要熟练掌握发问的技巧，具体有以下几个方面：

(1) 轻松、自然、亲切地导入：在面试的开始阶段，考官一定要注意提问的方式和语气，多使用亲切、温和、聊天式的形式，比如先问一些无关紧要的小问题，从而让应聘者尽快地消除紧张的心理。

(2) 问题的表述要简明、通俗易懂，并且语气有力：考官在提问应聘者或者与他们谈话时，应尽量使用通俗易懂的语句。除非考查专业知识，否则应避免或尽可能少用晦涩难懂的词语，以免造成对方理解上的错误，耽误时间或者影响面试效果。另外，提问的内容和方式要适合应聘者的接受水平；提问时的声调、语气要有力，使问题有一定的感染力和吸引力。

(3) 问题的顺序一般先易后难、循序渐进：通常面试时所提出的问题都是提前安排好的。尤其是一些基本的或者重要的问题，其被提出的顺序要尽量遵循先易后难、先简单后复杂、由表及里、先具体后抽象的原则，这样有助于应聘者（尤其是那些一开始比较紧张的应聘者）较快地适应环境、进入角色。

（4）多问开放性问题。它指的是考官所提出的问题应尽量是开放性的问题，这样可以让应聘者有更多的自由发挥的余地，从而也提供给考官更多的机会和时间对应聘者进行细致全面的观察。在这个过程中，一定要坚持“以应聘者为中心”的原则，尽量让他们多说话，考官一定不要说得过多或者给予太多的评论性语言。这就要求考官以最简单的词语和开放性的形式，提问实质性的问题，而不要表述得太啰嗦。例如，你是否喜欢与性格比较外向的人交朋友？原因是什么？你对你的上级有怎样的看法？你怎样看待工作中的挑战性？你觉得自己有什么样的优缺点？

总之，面试需要在有限的时间内获取更多的关于应聘者的信息，因此，考官要尽量多提出一些开放性的问题，使应聘者能够作出详细具体的回答，而不是仅仅作出一个简单的“是”或“否”的回答。

（七）做好面试的统筹安排

在很多企业中，往往由心理学家、上级主管和人力资源部组成一个考官团队。人力资源部主要负责面试的相关事宜，其实就是面试的整个过程。但是相关部门的上级主管则是被邀请过来参与面试的，这里就可能存在几个问题。第一，上级主管的工作本来就比较繁忙，可能临时还会有一些突发事件要处理，如果没有统筹的安排，在面试前并没有跟这些主管打好招呼，而临面试时才通知他们参与面试过程，很可能会使他们的工作与该面试相冲突，因此不能安心地参与面试过程。如果他们没有看简历、没有详细了解应聘者的情况，那么面试中只能问一些过于基本的问题。第二，一些相关部门的主管即使参与面试，但由于没有经历面试培训，于是在面试中对于如何进行面试、如何评分等问题往往依靠个人的主观判断。

可见，做好面试的统筹准备工作对于整个面试活动的成功进行具有不可估量的作用和影响。

本章小结

1. 面试是一种经过精心设计的、在特定时间地点进行的，通过面对面的交谈与观察，由表及里考查应聘者的性格特点、专业知识、工作能力等方面素质的测评方法。

2. 面试的类型按不同的标准划分有多种分类。按其标准化程度划分为：结构化面试，半结构化面试，自由化面试；按其实施的形式划分为：单独面试和小组面试，一次性面试和序列面试，按面试的题目内容划分为：行为面试，情境面试，智能面试。

3. 面试的特点：交流的双向性；信息的综合性；内容的灵活性；决策的直觉性。

4. 面试要素就是指面试的内容，它通常包括通用要素和特殊要素。通用要素是指绝大部分面试都需要了解的内容，如个人信息、受教育程度、以往的工作经历等。特殊要素是针对特定职位或人员所需要测评的内容，它主要涉及与岗位和工作密切相关的专业知识、专业技能等。

5. 面试中的题型主要有这些：背景性问题、情境性问题、智能性问题、行为经验性问题、压力性问题、意向性问题等。

6. 实施面试的具体过程主要有以下几步：选择适当的面试环境；打破紧张的气氛，开始面试；明确应聘者的求职动机和对工作的期望；根据事前准备的问题进行提问；为应聘者提供职位信息；结束面试。

7. 面试中考官常犯的错误主要有：首因效应；光环效应；刻板印象；喧宾夺主；主观效应；诱导倾向；打分中庸；盲目轻信；错误归因等。

8. 提高面试质量的主要技巧有：精心设计面试要素和题目；培训考官；筛选应聘者；妥善安排面试环境；善于倾听、细心观察；掌握发问技巧；做好面试的统筹安排。

思考题

1. 什么是面试？
2. 面试的特点有哪些？
3. 面试的类型有哪些？
4. 面试设计的步骤是什么？
5. 面试的要素有哪些？
6. 面试中考官常犯的错误有哪些？
7. 如何提高面试的质量？

第十章

评价中心技术

本章提要

- 评价中心的定义、特点、发展历程及其优势
- 评价中心的一般流程
- 无领导小组讨论的施测技术
- 公文筐测验的施测技术
- 角色扮演的施测技术
- 案例分析和管理游戏的施测技术

引　言

评价中心技术是多种测评手段的综合，它是以情境性评价方法为主的多项测评形式的总称，主要包括：公文筐测验，无领导小组讨论，角色扮演，案例分析等。由于评价中心技术通过多种测评手段的总和，避免了单一的测评方法的局限性，所以评价中心技术的预测效度在各种人才测评手段中是最好的。评价中心技术特别适用于中、高级职位的管理人员与技术人员的选拔与评估。

第一节　评价中心概述

一、什么是评价中心技术

评价中心是人事测评的一种综合性方法，是通过一系列科学测评手段对候选人的心理和行为特点进行评价的活动和方法。

评价中心具有如下显著特点：

1. 综合性

评价中心采取了多种测评的手段，综合各种测评手段的优越之处，从不同的角度对受测者进行观察，故能对受测者各个方面的特点进行较为全面的观察与评价。各种测评手段之间可以相互验证，如果从各种不同的测评手段中得出了受测者在某方面较为一致的特征，则有助于作出较为明确的评价。

2. 动态性

评价中心采取一些动态的测评手段，在受测者的某些行动中对其进行评价。对实际行动的观察往往比受测者的自陈更为准确有效。而且，在这些动态的测评当中，受测者之间可以进行相互作用，在这种相互作用之中，受测者的某些特征会得到更加清晰的暴露，更有利于对其进行评价。

3. 真实性

评价中心所采取的测评手段很多是对真实情境的模拟，而且很多情境是与拟任工作相关的情境。在这种情况下，受测者的表现比较接近真实的情况，并且在复杂的任务之下，受测者也不易作出伪装。因而受测者在情境性测验中的表现有很大的可迁移性，对受测者未来的表现有较好的预测效果。

4. 复杂性

在评价中心技术所采用的情境性测验中，评价的主观性程度较高，制定统一的标准化的评价标准比较困难。并且这种测验形式由于其任务的复杂程度较高，任务的设计和实施中的控制也比较困难。评价中心技术对评价者的要求也较高，需要对评价者进行比较系统的培训。

二、评价中心的发展历史

情景模拟技术最早起源于德国心理学家哈茨霍恩等人的个性研究，后来被德国一些军事心理学家用来挑选军官。二战期间，美国战略情报局（OSS）将此方法用于挑选特工人员获得了成功。战后，许多军事心理学家和军官加入到公司企业中从事小规模的人员测评活动，情境模拟技术的研究得到进一步的发展、完善，逐步形成包括多种评价方法与形式的测评系统——评价中心。

评价中心技术最早是由美国电话电报公司（AT&T）从军事领域引入商业领域的。1956 年，美国电话电报公司的评价中心对 422 名员工进行了评价，其中有 274 名大学毕业生和 148 名非大学毕业生。此次评价综合应用了文件筐、情景模拟等评价手段。在把评价结果对公司的高层管理者保密了 8 年之后，将员工实际发展情况与评价结果进行核对，发现以前预测会晋升的候选人中已经有近 64% 的人被提升为中层主管，以前预测不会晋升的候选人中，只有 32% 的人上升为中层主管；在被提升到中层主管的员工中，有 78% 与评价中心的评价鉴定是一致的。在未被提升的员工中，有 95% 与评价中心在 8 年前作出的缺乏潜在管理能力的判断是吻合的。该结果有力地证明了此次测评采用的技术的有效性，并将此次测评所使用的各项测评技术统称为评价中心技术。此后，评价中心技术得以迅速发展，并在许多大公司开始应用。美国通用电气公司、福特汽车、柯达、国内税收署纷纷应用评价中心选拔人才。据统计，目前美国每年有数千万人接受评价中心的测评，其中绝大多数是经理和高级管理人才。为了规范评价中心技术的测评，美国还专门制定了《评价中心实施标准和道德准则》。英国、法国、加拿大、澳大利亚、日本、前苏联等国也采用这种方法进行人才测评。

我国近几年来也在不断开发并在企事业单位尝试采用此方法。

第二节　评价中心的测评过程

一、评价中心测评的一般程序

通常情况下，评价中心要使用 4 ~ 6 种测评方式和练习来进行测评，主要形式有公文处理、无领导小组讨论、管理游戏、案例分析等。

评价中心所需时间随评价的层次而变化。在评价基层管理职位时，通常只需要一天的时间；对中高级管理者的评价则需要2~3天。当评价与训练活动结合时，该方案则需要5~6天。在规模方面，某些评价中心一次只有6个人，最多的可能有12个人。评价者与参与者的比例在3∶1到1∶1之间。

评价中心测评的程序如图10－1所示。

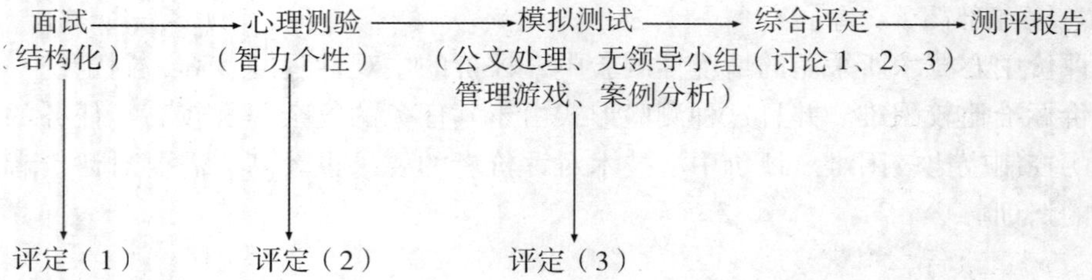

图10－1　测评的一般程序

下面介绍一个比较典型的评价中心程序及内容。

1. 第一天

（1）情况介绍。简要介绍测评程序和安排，说明测评注意事项和要求，为正式开展测评作准备。

（2）面试。通过主试与被试的交谈、回答、观察，评价被试的言谈、举止、气质风度等外部行为特征和表达能力、应变能力、自信心、控制力等智能因素以及工作动机、学习、工作经历、个性追求等内容，对被试作初步的评价。

（3）管理游戏："组建集团公司"。将被试按4人一组分成几个小组，形成若干个公司董事会，给董事会一些关于市场状况和本公司下属单位情况的资料，要求他们研究确定进行内部结构优化的目标，并做好计划与组织工作。与其他公司董事会谈判，转让不利于公司发展的部门，买进本公司需要的企业或单位或者控股权，完成调整任务，以组建结构合理、有发展潜力的新的集团公司。

（4）案例分析讨论："管理问题"。主试给4人小组提供4个不同类型的小型案例，分别考查管理人员的不同方面的能力。如决策、计划、组织、控制、激励及创新等能力。要求他们作为企业的高级顾问，在一小时内分析、讨论、解决案例中所提出的问题，并形成一致意见，提出书面建议。

（5）角色扮演："研究预算"。被试被告知自己刚刚被任命为部门经理，接替突然因故离职的原经理。新任命经理收到一份简要的情况介绍，是关于近期前任经理拒绝给一项研究提供资金的说明。然而这项研究的负责人一直要求经理改变这个决定，继续提供资金以完成该项研究。被试有15分钟的提问时间，可以深入了解有关文件事情的各种信息，帮助自己发现问题、分析问题。在此后的一段时间内，被试不但要作出具体决策，还要口头说明自己发现、分析问题的过程及决策的理由和依据，并回答主试提出的各种相关问题。

2. 第二天

（1）公文处理："部门经理"。要求被试模拟某公司一个部门经理处理各种信函、报告、备忘录、申请书、电话记录等公文。被试要浏览所有文件，分清各种工作重要性和紧迫程度，依次处理，并按照自己权限将情况分别对待：或向上级主管上报，或自行处理，或授权下级解决。同时做好计划、组织、监督工作，使各种文件得到相应的处理。

主试在观察公文的处理过程，审阅被试处理办法和处理意见后，同被试进行一个小时的面谈，详细了解其在处理每一件公文时的想法和理由，以获得更多的信息。

（2）分角色小组讨论："薪金委员会"。某公司董事会决定每月拿出 8 000 元非指定性地给公司内部 5 个中级管理人员加薪。被试分别模拟公司各个部门，如生产部门、销售部门、财务部门、人事部门等部门主管，组成薪金委员会，评选出 5 名中级职员。要求各部门主管尽最大努力为本部门的职员争取到这个奖励，并且在委员会中发挥作用，使委员会最合理、最有效地使用这项奖励基金。

（3）无领导小组讨论："财务问题"。被试作为某食品公司的高级顾问，去帮助解决两个问题：①该公司一个分支机构的财务混乱、资金流失的问题；②根据公司的财务状况和市场调查报告，决定是否应该扩大生产规模，怎样筹集扩大生产所需资金等。主试给出该公司各种财务资料和其他有关信息，要求被试提出解决问题的办法和方案，分别在 8 分钟内口头说明。然后再将被试分成小组进行讨论，最后形成统一的建议报告。

3．第三天、第四天

各主试人集中在一起，研究讨论各自对每一名被试人的评价结果，形成一致意见后，写出书面报告，对被试人被测评的各方面素质和发展潜力进行综合评价。

评价中心在结束对被评价人的素质测量后，要写出经过所有评价人员认可的详细的评价报告。评价报告是对被评价人的各项得分的一个系统的总结。报告的内容包括对各项能力的评价与最后的总评价。

在对被试人作最终评价时，一般都是由主试人集体研究、讨论，形成一致意见后，再对被试人作出评价。这种集体评价的好处是可以最大限度地避免个别主试人作评价时持有的个人偏见所带来的偏差。由于和个人评价相比，集体评价显得更为有效和可靠，所以采用这种评价方式会使评价的准确性得到进一步的提高。

二、评价维度及标准的选择

测验的手段是为评价的维度和标准服务的。评价中心旨在对管理人员进行选拔，选择什么样的评价维度，依据什么样的评价标准进行选拔是很重要的。评价的维度和标准是选拔的基础，也就是说只有在制定好评价维度和标准的前提下才能进行选拔。

评价维度和标准的制定随企业、职位的不同而有所不同，因而各个评价中心测量的指标是有所不同的。一般要通过工作分析确定一个被评的职位有哪些要求特征，然后选择一些能够测量出这些关键性特质的测评手段。评价的维度是指对某个岗位的候选人应从哪几个方面进行评价，评价的标准是指在该职位上的合适人选在每个维度上应具有什么样的特点。针对不同的职位，应制定不同的评价维度和标准。

例如，对一个高级管理人员的评价，我们可能会注重以下这些方面，并有一些参考的标准：

- 系统性：能够从全局整体出发去考虑问题，对事物的轻重缓急有良好的知觉，能统摄全局。
- 独立性：在各种事务面前能够不依赖于外界，即有自己独立的清晰的判断，又能独立地处理事务。
- 决策能力：善于从已有信息中得出结论，作出充分的、深思熟虑的判断。

• 风险精神：敢于迎接挑战，对自己的能力有足够的自信，有勇气去面对环境中的变化和风险。

• 处理冲突的能力：当团队中出现不同的意见和看法的时候，能够从矛盾中寻求一致性，并有巧妙的化解矛盾的方法。

• 民主性：在作出决策之前，能主动听取来自下属和其他各方面的意见，广泛收集来自不同方面的信息。

• 说服能力：用具有说服力的证据清晰地阐述自己的观点，力求让别人接受，以达成共识。

例如，对一个行政主管的评价，我们可能会注重以下这些方面，并有一些参考的标准：

• 责任心：勇于承担责任，而不是设法去逃避。做事有始有终。

• 主动性：在行动上有紧迫感，不依赖来自上级的压力，一切以工作为重。

• 常规性：对各种琐碎的事物有足够的耐心，对重复性的事务不会感到厌烦。

• 坚韧性：遇到困难的任务时能持之以恒，不为外界干扰所影响，以最大的热情和干劲完成任务。

• 团队精神：乐于与人合作，加强集体的团结，发挥群体中每一个人的作用，以取得最佳的效果。

• 情绪稳定性：在任何情况下都能保持情绪的平稳镇定，不感情用事。

• 敏感性：对问题有敏锐的洞察力，易于接受来自各方面的信息，对他人的需要和情感比较敏感。

• 秩序感：处事有步骤，有条理，遵守既定的规则。

第三节　评价中心技术的测评形式

评价中心技术中所采用的情境性的测验包括多种形式，主要有无领导小组讨论、公文筐测验、角色扮演、根据所给的材料撰写报告、演讲辩论、案例分析等。

表 10－1　　各种活动的使用频率（1990 年美国资料）

复杂程度	测验的类型		在评价中心使用的比例
比较复杂的	角色游戏		25%
	公文筐		81%
	小组任务		未调查
	小组	分配角色的	44%
		未分配角色的	59%
比较简单的	演讲		46%
	案例分析		73%
	搜寻事实		38%
	模拟面谈		47%

一、无领导小组讨论

（一）无领导小组讨论的含义

无领导小组讨论采用情景模拟的方式对应聘者进行集体面试，通过观察一组被测评人员对某工作相关问题进行一定时间的讨论的实际表现，来检测被测评者的组织协调能力、口头表达能力、辩论能力、说服能力、情绪稳定性、处理人际关系的技巧等各个方面的素质，由此来综合评价被测评者的能力高下，从中选择最符合职位要求的人选。

无领导小组讨论是一种合作式的讨论。小组讨论一般每组 4～8 人不等，参与者得到相同的信息，但是都未被分配角色，所有人地位平等，要求他们分析有关信息并提出一个最终的解决方案。在竞争性的小组讨论中，要求参与者充分表达自己的观点，相互劝说和谈判以实现最佳的结果。解决方案可以是书面形式，也可以是口头表达形式，最终由一个人代表小组陈述结果。在无领导小组讨论中，面试官不参与讨论，只是对每个受测者在讨论中的表现进行观察（可以通过专门的摄像设备），对受测者的各个考查要素进行评分，从而对受测者的能力、素质水平作出判断。

无领导小组讨论较适合用于如下场合：①招聘、选拔、培训、考核、晋升安置；②发掘有领导潜质的中低层管理者；③特殊类型人群（如营销人员）。

（二）无领导小组讨论的实施

无领导小组讨论一般安排 30～60 分钟，具体实施可以分为三个阶段六个步骤，如图 10－2 所示。

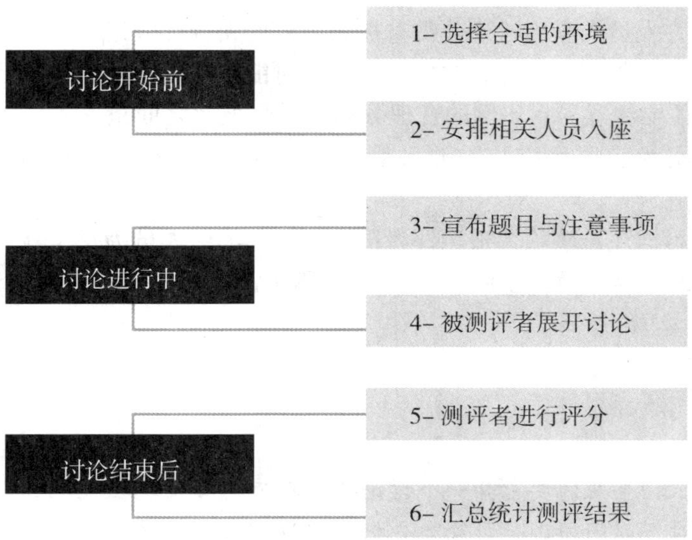

图 10－2　无领导小组实施步骤

1. 无领导小组讨论的阶段

（1）第一阶段：面试官宣读试题，受测者了解试题，独立思考，列出发言提纲，一般规定为 5 分钟左右。

（2）第二阶段：受测者轮流发言阐述自己的观点。

（3）第三阶段：受测者自由发言，不但阐述自己的观点，而且对别人的观点提出意见，最后达成某一协议。

2. 无领导小组讨论的步骤

(1) 选择合适的环境。无领导小组讨论应在宽敞、明亮、安静的场所中进行，若有条件可以使用声像采录式行为观察室，将摄像头、拾音器等摄录设备隐藏安装于测评现场，通过线路将讨论的实时画面和声音传入观察室录制下来，这样评分时可以重复观看录像，以提高测评的准确性。为使所有的受测者处于同等地位，无领导小组讨论应该使用圆桌，而不要使用方桌，使用方桌容易使得相对而坐的人有对立感，而圆形会议桌不分主次，有利于被测对象平等交流，并出现最有利于观察测评对象的争辩局面。常见的无领导小组场所的设置有如下三种，如图 10－3 所示。

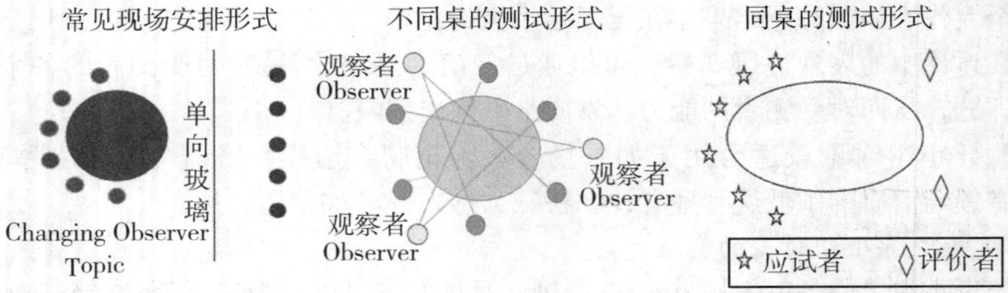

图 10－3　常见的无领导小组场所的设置

(2) 安排相关人员入座。讨论前需将被测评者事先合理分组，一般每个讨论组安排 6～8 人为宜。分组不能用抽签方式决定，而要尽可能地考虑成员在年龄、学历、职位等方面的对等性，还要注意男女比例的合理分布，成员彼此之间最好不熟悉。测评人员的座位以有利于观察为宜，且应与被测评者保持一定的距离，以减轻被测评者的心理压力。

(3) 宣布题目与注意事项。被测评者落座后，主测评人员为每位被测评者发空白纸若干张，供草拟讨论提纲用；主测评人员向被测评者讲解无领导小组讨论的纪律要求，并宣读讨论题目。

无领导小组测验样题

指导语：

现在我们要根据企业的要求开一个讨论会。在座的各位现在就组成一个专案工作小组。现在公司要对下列问题进行讨论、分析，并作出决定。

请大家充分讨论，并拿出小组的意见来。讨论共有 35 分钟。请大家充分利用时间。

讨论一旦开始，将不再回答你们的任何提问，也不干预你们的讨论。

样题：

你认为中学分快慢班对提高升学率是有利还是有弊？

(4) 被测评者开展讨论。被测评者有 5 分钟的准备时间来构思讨论发言提纲；然后主测评者宣布讨论开始，依既定序号每位测评者各自阐述观点 5 分钟；发言结束后开始自由讨论；得出最终结论后，由代表人员进行总结陈词。每组总的讨论时间一般为 40 ~ 60 分钟。

（5）测评者进行评分。在整个活动过程中，各测评专家只在一旁观察，并依据评分标准为每位被测评者打分，不能参与讨论或给予任何形式的指导；主测评人员把握时间进度，同时根据讨论进展情况适时宣布讨论结束，并收回被测评者的讨论发言提纲；被测评者退场。

为了保证评分的正确性，需要注意以下几点：①至少要有 2 个评价者，以相互检查评价结果；②评价者应对照计分表所列条目仔细观察应试者的各项表现；③评价者一定要克服首因效应，不能带有民族、种族、性别、年龄、资历等方面的成见；④评价者对受测者的评价一定要客观、公正，以事实为依据。

（6）汇总统计测评结果。在进行无领导小组讨论后，所有考官都要撰写评定报告，内容包括此次讨论的整体情况、所问的问题内容以及此问题的优缺点，主要说明每个应试者的具体表现，自己的建议以及最终录用意见等。主考官收集各测评人员的评分成绩单，统计测评结果后得到每个被测评者素质要项的最终得分。

（三）无领导小组讨论的关键环节

1. 分析职位说明书，确定招聘岗位的素质要求

这是有效进行无领导小组讨论的前提与基础。比如，某企业人力资源部“职业生涯管理经理”这一招聘职位，其素质要项可以包括三大方面、十三个具体要点，同时根据行为分级描述确定每一素质要项的等级与权重，如表10 - 2所示。

表 10 - 2　　“职业生涯管理经理”能力素质要项

能力素质类型	一级权重	能力素质要项	二级权重
核心能力素质	40%	真诚务实	20%
		团队合作精神	20%
		客户导向	20%
		开拓创新	20%
		执行力	20%
通用能力素质	40%	沟通能力	25%
		团队组建与领导	20%
		影响力	15%
		战略意识	20%
		组织协调能力	20%
专业能力素质	20%	行业认知	20%
		人力资源（综合）管理	40%
		人力资源规划	40%

在上述素质要素中，适合于运用无领导小组讨论测评的有：团队合作精神、客户导向、沟通能力、团队组建与领导、影响力、战略意识、组织协调能力、开拓创新等。

2. 选定测评人员，编制适当题目

为保证无领导小组讨论测评的有效性，一般来说，测评人员应该由竞聘职位的直接上司、心理学家（或人事选拔专家）与 HR 共同组成，人数以 4 ~ 6 人为宜。必要时需

要对测评者进行培训，使其深入理解各素质要项的含义，掌握科学的观察方式与评分方法。

编制合适的题目是进行无领导小组讨论的关键。首先，题目难度应当适中，太简单则过于容易达成一致意见，很难全面考查被测评者，太难则很难达成一致，被测评者也可能因为压力过大而表现失常；其次，在编制题目时，一定要与招聘岗位紧密结合，因为不同的岗位对任职者能力要求可能存在很大差别。如有可能，应先进行小范围的试测和试评分，发现问题后及时修改；第三，在设计选择题目时，要尽量能覆盖到各个需要测评的能力素质。

无领导小组讨论的题目，从形式上可以分为5种：

（1）开放式问题。这类问题的答案可以很广。例如：你认为什么样的领导是个好领导？主要用于考查受测者思考问题是否全面，思路是否清晰，见解是否有针对性和创新性。这类试题容易出题，但是不容易评价，而且不易引起小组内各位成员之间的争议。

（2）两难问题。让受测者在各有利弊的答案中选择一种，主要考查其分析能力、语言表达能力以及说服力。例如：你认为是以工作为导向的领导是好领导，还是以人为导向的领导是好领导？这类题目比较能够引起小组内成员的争议，互动效果比较好。但是在两种备选答案一定要有相同程度的利弊，不能是其中一个答案比另外一个答案有很明显的选择性优势。

（3）多项选择的问题。这类问题是让受测者从多种备选答案中选择其中有效的几种或对备选的答案的重要性进行排序。主要考查受测者分析问题实质、抓住问题本质方面的能力。这类问题，出题比较困难。

（4）操作性问题。给受测者一些材料、工具，让他们设计出指定的物体来。主要考查受测者的主动性、团队合作能力以及在团队中的角色。例如，让受测者搭建一个房子的模型。这类题目能够考查受测者的动手能力，但是对言语表达能力的考查比较少。

（5）资源争夺问题。这类问题用于指定角色的无领导小组讨论。是让处于同等地位的受测者就有限的资源进行分配，从而考查受测者的言语表达能力、分析能力、谈判能力、发言的积极性和反应的灵敏性。例如，每个受测者都是某一个公司不同部门的经理，现在公司有一笔奖金，各个部门要争取自己部门的奖金数。这类问题会引起激烈的争论，但是出题的难度较高。

对于“职业生涯管理经理”职位来说，需要通过无领导小组讨论来测评团队合作精神、客户导向、沟通能力、团队组建与领导、影响力、战略意识、组织协调能力等素质要项，根据不同类型题目的特点进行综合分析后，可以选择如下试题：

[例题] 衡量一个领导者是否成功有很多因素，比如：善于鼓舞人；处事公正；幽默；独立有主见；言谈举止有风度；有亲和力；有威严感；善于沟通；熟悉业务知识；善于化解人际冲突；有明确的目标；能通观全局；有决断力……请你从上面所列的因素中分别选出一个你认为最重要和最不重要的因素。

首先，给你5分钟时间考虑，然后将答案写在纸上亮出来；接下来，你们几位用30分钟时间就这一问题进行讨论，并在结束时拿出一个一致性的意见，即得出一个你们所共同认为最重要和最不重要的因素；然后，派一位代表来阐述你们的观点，并说明你们作出这种选择的原因。

3．统一评价标准并准备评价表

在招聘过程中，无领导小组讨论能否发挥出应有效用，很大程度上取决于测评人员能否作出准确评价。“测评”是“测”与“评”的结合体，其中“测”这一环节为被测评者搭建了表现自己能力素质的平台，而“评”这一环节的主角则是测评人员，他们需要制定每种素质要项的评判标准，作为统一的评价依据，必要时还需对测评者进行专门培训。

例如，对于上述“职业生涯管理经理”所需要的“团队合作精神”，可以根据公司实际情况制定出行为分级描述，作为测评者进行评价的依据与标准（见表 10 – 3）。

对照各项素质要项的定义与行为分级标准，测评人员的观察重点应为被测评者的行为表现，这是评价被测评者的基本信息来源。具体要点包括：发言内容（被测评者说了些什么）；发言形式与特点（被测评者是怎么说的）；发言的影响（讨论者的发言对整个讨论的进程产生了哪些作用）；在任务分配和角色扮演中的作用及表现等。测评人员根据这些表现对被测评者的各项素质进行评分，并填写《无领导小组讨论评分表》（见表 10 – 4）。

表 10 – 3　“团队合作精神”的行为等级评分标准

主题词：团队合作精神　能力素质类别　核心能力素质 定义：与团队成员相互配合、相互支持，共同实现组织目标	
标准	测评标准（行为等级描述）
1 星	能够与他人合作 • 在需要多人配合的工作中，能够与他人较好地沟通、合作 • 合作过程中重视他人的意见，不固执己见 • 遵守承诺，赢得他人的信任与支持
2 星	愿意与他人合作 • 自愿参与，愿意与他人合作，支持团队的决定，是个“好的团队成员” • 愿意与群体中的其他成员共同交流，分享信息和知识 • 能主动与团队成员分享经验，愿意与他人共同成长
3 星	主动与人沟通并愿意帮助他人，推动团队合作 • 愿意帮助团队中的其他成员解决问题，或无保留地将自己掌握的工作技能传授给其他人员 • 主动与其他成员沟通，积极寻求问题的解决办法 • 表现出对他人才智的尊重，重视他人的意见和专业知识，愿意向他人学习（尤其是下属） • 保障团队目标的实现
4 星	提升团队声誉，共同塑造团队 • 恳请他人提供意见和看法，协助执行特定的决策或计划 • 维护并提升团队在外面的声誉，提高团队的士气 • 化解团队中的冲突，增加团队的凝聚力，采取行动增进友善和合作的气氛，塑造强有力的团队

表 10－4　　　　无领导小组讨论评分表

被评测岗位：职业生涯管理经理				测评专家编号：			测评时间：		
		被测评者 1		被测评者 2		被测评者 3		被测评者 4	
序号	能力素质	行为要点	综合评分	行为要点	综合评分	行为要点	综合评分	行为要点	综合评分
1	团队合作精神								
2	客户导向								
3	……								
注：各项能力素质的评价标准为能力素质分级标准，1、2、3、4 星分别为对应分值									

从以上论述可以看出，招聘中的无领导小组讨论是一种专业且复杂的人才测评技术，它的形式很容易学到，但要想获得良好的效果，更重要的是事先构建完善的素质能力模型，针对相应的素质要项设计相应的测试讨论题目，同时还要选择够格的测评人员并有效地控制讨论现场。

（四）无领导小组讨论方法的评价

无领导小组讨论在评价中心中被使用的频率较高，和其他测评工具相比较，有其自身的优点：

（1）综合性。同一时间可以考查受测者的多个特征：沟通能力、影响能力、团队合作、领导力等。

（2）效率高。可以在同一时间内对多名竞争同一个岗位的受测者进行测试。

（3）自然性。可以让受测者在无意中体现自己各个方面的特征。

（4）可以考查参与者之间的互动性。

（5）平等性。受测者在一个相对平等的环境中，不受面试官的影响，可以充分考察出个体真实的差异。

同时，无领导小组讨论也有本身的局限：

（1）对测试题目的要求比较高，一个设计良好的题目才能调动各个参与者的积极性。

（2）对面试官的评分技术要求很高，面试官在评分之前应该接受专门的培训。

（3）参与者的经验可能会影响其能力的真正表现。

二、公文筐测验

（一）公文筐测验的含义

公文筐测验，又叫公文处理测验，是情景模拟测试的一种，它是对实际工作中管理人员掌握和分析资料、处理各种信息以及作出决策的工作活动的一种抽象和集中。该测验要求应试者在规定时间内，对各种与特定领导工作有关的函电、报告、声明、请示、文件、报表、信件、电话记录等公文进行处理，内容涉及人事、资金、财务、市场信息、政府的法令、工作程序等。考官根据应试者处理公文的方式、方法、结果等情况，对其计划、授权、组织、预测、决策和沟通等相关能力和个性特征作出相应的评价。

该测验一般只给日历、背景介绍、测验指示纸、笔，考生在没有旁人协助的情况下回复函电，拟写指示，作出决定以及安排会议，评分除了看书面结果外，还要求考生对其问题处理方式作出解释，根据其思维过程予以评分。

筐测验具有考查内容范围广、表面效度高的特点，因而非常受欢迎。主要用于考查高层管理者综合性管理技能，尤其是考查总经理一级管理者的胜任能力。

（二）公文筐测验设计的步骤

1. 准备工作

公文筐测验的设计要做好两方面的准备工作：一是工作分析；二是测评指标体系的确立。这两项准备工作可以为试题的设计提供依据。公文筐测验一般以工作中的关键事件来建立文件测试的核心部分。

2. 设计公文筐试题

设计公文筐测验的试题，首先需要收集管理者在行使日常管理职能过程中经常需要处理的文件资料。这些资料一般包括：

（1）文件：需亲自签发的文件样本，如：请示报告（如财务费用支出；人事调整，包括招人、裁人、岗位变动、辞职等；供货商的选定；学习进修申请）；各类合同文本。

（2）问题：3～5个需领导解决的典型问题，用书面文字整理描述出来，如工作汇报、客户投诉等。

（3）函件：商业函件的文本样本。

（4）会议：会议性质、主题、与会对象、人数、时间等信息。

（5）任务：任务性质、要求、会遇到哪些困难。

（6）谈判：客户性质、一般谈判主题、会遇到哪些困难。

（7）冲突：典型的冲突（起因、经过、结果）。

（8）社交：活动性质、场合、交往对象、主题（工作价值体现）。

在上述各种文件资料中，设计公文筐测验时一般是先选定1～2个“核心文件组”，文件组中的文件是相互关联、相互制约的，这些文件组构成了文件筐的骨架。然后以这一文件组为参照，补充其他的文件，以便测查到所要测查的所有能力要素，并保证文件筐中的文件结构合理且具有代表性。在完成这一程序之后，必须先对文件的呈现顺序进行随机安排，然后再根据实际情况，把文件次序中与现实情况相悖的部分进行适当的调整。在设计过程中各测评指标不可能一步到位，有一定的先后顺序，一般首先考虑的是文件涉及的要素，然后是文件的重要性和紧迫性的比例，再是文件的形式和内容的比例。

3. 设计参考答案

参考答案包括细节型参考答案和总体性参考答案两种。细节型参考答案对被测对象可能会出现的回答作出了详细的分类，而总体性参考答案则是一般性的概括。下面是两类关于处理紧急事件文件测验的参考答案的例子。

（1）细节型参考答案。比如：①对问题不作任何处理；②对问题作出批示，但延迟一周处理；③与某某联系，共同找出原因；④“这是某某的事，我不负责”；⑤向上级汇报。

（2）总体性参考答案。比如：①分析问题能力：找出问题产生的原因，所造成的后果；决定问题发生后应该通知谁来处理，以后应该如何避免此类问题的再次发生；②解决问题能力：对问题的起因进行调查，通知与此事件有关的人，让他们对外界的各种提问做好准备，做好预防措施；③管理与授权：指定某人来找出问题所在，并汇报计划。

4．评分标准的确定

公文筐测验并没有完全客观化的答案，评分会受到考评者主观判断的影响，为了减少主观因素的影响，就必须在设计时尽量使评分标准客观、详细。

一般评分标准可以分为六级：

0 分——根本没有显示出评定要素；

1 分——远远低于可接受的标准，明显不适于从事该项文件处理工作；

2 分——低于可接受的标准，基本上没有达到所需行为的质量、数量标准；

3 分——可以接受，基本达到所需行为的质量、数量标准；

4 分——高出可接受的水平，基本超过所需行为的质量、数量标准；

5 分——远远高出可接受的水平，明显高于成功的工作绩效所需要的各项标准。

分数也可以转化为百分制。例如，分为 0、1 ~ 19、20 ~ 39、40 ~ 59、60 ~ 79、80 ~ 100 六个分数段。

有时候在确立评分标准时，要有参考组的常模，这样评定的标准比较可靠。例如，事先测评了一批成功的销售经理，他们的平均得分为 80 分，那么，在同样测评中获得 80 分或更高分数的人，应聘相同职位后，很有可能取得成功。

5．试测与修正阶段

在正式施测之前，必须针对行业和岗位选择约 20 位管理人员，进行一次小范围的试测。试测有两项主要目的：一是为了进一步修正公文筐中的项目及评价标准，另一个目的是对主试和评价人员进行培训。对评价人员进行培训主要是让其掌握评价的内容和标准，了解需要观察的行为，了解如何减少评分中的偏差以及树立评价人员胜任评价工作的自信心。

（三）公文筐测验的实施

公文筐测验可以集体施测，一组以不超过 10 人为宜。评价人员一般由两位人才测评方面的专家、两位具有丰富工作经验的管理专家和两位文件筐测验的设计人员组成。具体施测过程如下：

1．测验准备

测验准备主要指测验材料和测验场所的准备。

测验材料包括题目、答卷纸、橡皮、铅笔等，每位被测对象的测验材料事前要编上序号，答卷纸也要有相应序号。答卷纸主要由三部分内容构成：一是被测对象姓名（或编号）、文件序号、重要和紧迫程度（高、中、低）等；二是处理意见（或处理措施）、签名及处理时间；三是处理的理由。文件序号只是文件的标识顺序，不代表出题的顺序，允许被测对象根据轻重缓急调整顺序。

考试环境应安静整洁，无干扰，采光良好，桌面应有较大的空间。多人参加应避免相互干扰。

2．测验实施

完成对被测对象身份确认以后，主试发给被测对象测验指导语、答卷纸和装试题的密封文件袋，正式开始测验。测验流程一般如图 10－4 所示。

图 10－4　公文筐测验的流程

（1）测验指导语。指导语分为两个部分：第一部分是总指导语，是对测验阶段、目的的说明和对文件处理情景的描述，主要包括被测对象扮演的角色、情景中组织的构架等；第二部分是对整个测验中各个题目的反应方式、答题要求以及时间的说明。一般总指导语由主考朗读，而第二部分的内容则由被测对象在答题过程中自行阅读。

指导语示例

大家好！今天要进行的是公文筐测验。测试的总时间为 90 分钟。请大家拿到文件袋后，先写好自己姓名再打开文件袋做题。测试结束后，请大家把文件都装回文件袋中，在工作人员检查后才可以离场。

请您按以下要求进行文件处理：

①所有的文件号只是为了区分不同的文件，并不代表批阅的顺序。批阅文件时，需要您按照文件的轻重缓急程度先排序，再按照排序的顺序处理文件。最后填写在《文件处理情况对照表》（格式见表 10－5）中，同时要注明每个文件批阅完的时间；

②对每一份文件请逐一进行批示，对于不同的文件，你可以有不同的处理意见（方案），但每种处理意见和理由请您用简洁、明了的语言表述清楚，以便相关部门和人员能按照您的意图执行；

③为了让评委了解您为什么要这样处理，您必须在对每一个文件作出决策之后，书面写明处理该文件的原则、依据或理由（请注意，这一点非常重要，是评委评分的重要参考之一）。

表 10－5　　　　　　　　　　文件处理情况对照表

序号	文件编号	处理时间	重要性	紧急性
1				
2				
3				
……				

注：（1）按重要性和紧急性分为高、中、低三档。

（2）处理时间是指您处理完该份公文的时间：如 11：30。

（2）测验题目。公文筐测验中，需要处理很多的公文。如美国电话电报公司的评价中心采用的公文处理测评，要求被试 3 小时内处理 25 件公文。一般公文筐测验由 5～30 份文件组成。这些公文虽然数量较多，但有轻重缓急之分。有的必须亲自处理，有的必须请示上级，有的可以授权或批转给下级，有的需要马上解决，有的可以稍往后推。主试可以根据被试的工作表现情况和处理依据及结果，评价其管理才能。

公文筐测验题例

假定您是某合资食品公司的总经理，下面的任务都要求您一个人单独完成。今天是5月18日，您到局里开了一天的会议刚回来，已经是下午4：40。您的办公桌上有一堆文件，您最好在5：00点前处理完毕，因为您将去北京参加全国食品卫生鉴定会，机票已经订好，司机小王5：00来接您去机场，您要5月24日才能回到您的办公室办公。

您公司的主要产品是“星星”牌系列食品，产品市场需求量很大，正打算扩大生产规模。

好，您现在可以开始工作了。

公文1

关于加强职工教育培训工作的报告

贾总：

职工教育是开发、培养人才的重要途径，是企业持续发展的可靠保证。我公司百分之五十的职工没有达到大专程度，基础知识缺乏，业务方面实际操作水平低，多数管理人员业务水平低，且缺乏现代企业经营管理的知识。如果不改变这种状况就很难掌握先进的技术和设备，就不能管好现代化的企业，就不能消除人力、物力、财力的巨大浪费，也就难以大幅度提高劳动生产率。

我公司虽然生产任务很重，但提高职工的素质也是势在必行的。所以有必要把干部、职工最大限度地组织起来，有计划地进行态度观念、文化、技术业务的培训，我们计划在5月20日下午3：00—5：00举行培训协调大会，到时将请您出席并为大会讲话，以引起有关人员的高度重视，完成我们的培训计划，从而为企业发展作出贡献。

致

礼

培训部：田二平

1999.5.17

公文2

贾总：

工商银行的赵行长来电话约您商量有关5 000万元贷款到期后再延长转期3个月的有关问题。他约您于明天下午3：00在阳光酒店会谈，能否赴约？请您通知赵行长。

财务部：张杰

1999.5.18

公文 3

贾总：

接到湖南联营厂刘厂长的长途电话：原定于本月 20 日举行的开工典礼，因遇到一些棘手问题尚未解决，决定延期举行。

此致

敬礼

助理：王平

1999. 5. 18 下午 3：00

公文 4

贾总：

从本季度财务报表来看，这个月底应收款为 500 万元，应付款为 250 万，应归还银行贷款 200 万元，现银行账面余额为 250 万元，从报表情况来看，本季度销售情况虽然比较好，但销货款回收不理想，上海食品二店的销货款至今还未汇来。应收款项只能收回 10%，因此本月的工资和奖金没有办法支付。而 5 月 25 日是工资和奖金发放的日期，如果到时职工领不到工资和奖金，将会产生不良的后果。如何解决这一问题，请您尽快作出决定。

财务部：张杰

1999. 5. 18

公文 5

贾总：

暑期高温就要到了，一车间提出要解决他们车间里的降温设备问题。二车间和三车间都装有空调，由于一车间的空间太大，少量空调不起什么作用，而多装的话需要的资金太多，这个问题一直没有解决。为此，一车间的职工意见很大，他们认为很不合理，对他们很不公平，他们提出今年如果不解决降温设备问题，他们将集体提出抗议，如果再不解决，他们将集体怠工，您看怎样解决这一问题？

生产部：陆唯文

1999. 5. 18

公文 6

贾总：

今天下午，公司外方经理比尔·琼斯在车间检查工作时发现操作工小王在打瞌睡，他极为恼火，操着生硬的中国话用粗鲁的语言训斥、谩骂小王，语言极为难听，并决定扣发小王的当月工资并罚款 100 元。这件事引起全车间工人的强烈反响。他们议论说："小王有错该批评，但不该训斥谩骂，经济惩罚也太重了。解放前，我们工人受尽洋人的欺凌，现在再也不能受洋人的气。"有的工人说："再发生这类事，我们要罢工。"请问该如何处理这件事？

人力资源部：李劲

1999. 5. 18

（四）公文筐测验结果评分

公文筐测验结果的评分不可能完全做到客观化，不可避免地带有评分者个人的主观色彩。根据公文筐评分的主观程度的差异，一般可以分为三种不同的评分方法，如表10－6所示。

表10－6　公文筐测验的三种评分方法

	第一种方法	第二种方法	第三种方法
名称	行为元素评估方法	主观和总体的评估方法	维度评定评分
操作	针对测评对象每一个文件的回答作出评定，对各行为元素进行评分。	针对测评对象处理文件的方式，做出全面的、主观的评定。	针对测评对象在每一维度上的回答进行评分。
优点	能够客观地描述行为，信度较高。	比行为元素评分方法具有更高的效度。	应用频率较高；主观性和客观性介于前两种方法之间；比行为元素评分方法具有更高的效度
缺点	效度受到置疑	评分主观性强	应用较复杂

公文筐测验的评分宜在受测者做完后立即进行。为了尽可能地减少评分者的主观性，可将受测者编号，由一个人将受测者的处理意见和处理理由念给所有评分者听，由各位评分者独立评分。为了保证评分的一致性，事前的评分者培训很重要，可以考虑对一部分受测者（或者模拟受测者）进行试评分，考查各个评分者对受测者的掌握程度及评分过程中存在的问题，待取得一致意见后再往下进行。

一般情况下，对受测者的公文处理依据及结果可从以下几个方面来评价其管理才能：

（1）是抓住了主要矛盾和关键问题，有条不紊、合理分类，果断灵活地解决，该请示的请示，该处理的处理，该授权或批转的授权、批转，还是性质不分，一人包揽或一律请示或授权，甚至不知所措、杂乱无章地处理，拘泥于细节问题等。

（2）是很快发现问题所在，分出轻重，先重后轻，果断地、合情合理地、恰到好处地、准确地处理，并用简洁明了的语言或文字明确无误的表达出来，以便于下属执行，还是不分青红皂白，眉毛胡子一把抓，没有头绪，对公文处理方法也不恰当，处理结果也不理想。

（3）是进一步发现了更深层、更重要的问题，或找出了问题的内在联系，并加以全面解决，还是就事论事，只注意表面问题。

（4）处理各公文依据的原则和理由是否正确，考虑问题是否全面。

表10－7是公文筐测验的一份评分表示例。

表 10－7　　公文筐测验评分表（高级管理人员选拔用）

序号　姓名　性别　年龄　文化程度　报考职位

<table>
<tr><th colspan="2">测评要素</th><th>观测要素</th><th>满分</th><th>得分</th><th>备注</th></tr>
<tr><td rowspan="3">问题解决</td><td>洞察问题</td><td>觉察问题的起因。
把握相关问题的联系，归纳综合，形成正确判断。
预见问题的可能后果。</td><td>10</td><td>X</td><td></td></tr>
<tr><td>解决问题</td><td>提出解决问题的有效措施并付诸实施。
即使在情况不明朗时也能及时决策。</td><td>10</td><td>Y</td><td></td></tr>
<tr><td>计划统筹</td><td>确定正确、现实、富有前瞻性的目标。
安排实现目标的有效举措和行动步骤。
制定正确可行的行动时间表。</td><td>10</td><td>Z</td><td></td></tr>
<tr><td rowspan="4">日常管理</td><td>任用授权</td><td>给部属分派与其职责、专长相适应的任务。
给部属提供完成任务必需的人、财、物。
调动使用部属的力量，发挥部属的特长和潜能。</td><td>10</td><td>U</td><td></td></tr>
<tr><td>指导控制</td><td>给部属指明行动和努力的方向。
适时地发起、促进或终止有关工作，维护组织机构的正常运转。
监督、控制活动经费的开支及其他资源的消耗。</td><td>10</td><td>V</td><td></td></tr>
<tr><td>组织协调</td><td>协调各项工作和部属的行动，使之成为有机整体。
按一定的原则要求，调节不同利益方向的矛盾冲突。</td><td>10</td><td>W</td><td></td></tr>
<tr><td>团结部属</td><td>理解部属的苦衷，在力所能及的范围内解决部属的困难。
尊重部属，倾听部属的意见，爱护部属的积极性。
帮助部属适应新的工作要求。
重视并在条件可能的情况下促进部属的个人发展。</td><td>10</td><td>R</td><td></td></tr>
<tr><td>个人效能</td><td>个人效能</td><td>注重实干、效率和行动。
合理有效地使用、分配、控制自己的时间。</td><td>10</td><td>S</td><td></td></tr>
<tr><td colspan="2">考官评语</td><td colspan="4">考官签字：</td></tr>
</table>

（评分说明：对每一评分要素，考官按 0～10 给分。表现好的给 8～10 分，一般的给4～7分，差的给 0～3 分）

三、角色扮演

（一）角色扮演的含义

角色扮演（Role－Play）是一种行为模拟技术，向受测者描述一种假想的工作情境，让受测者想象它真的发生了，并按要求做出行为反应，评价者对受测者的言语和非言语行为及行为的有效性进行评定。

在角色扮演双方互动的过程中，通过观察应聘者如何处理情况，可对其多方面的素质进行评价，如人际能力、组织能力、领导能力、行为灵活性、坚韧性、分析能力、控制能力、承受压力的能力等。

（二）角色扮演的程序

角色扮演的测评程序为：

（1）对应试者进行身份确认。

（2）考务人员宣布规则。

（3）考官对角色要求进行说明。

（4）主考官宣读指导语。

（5）应试者在给定的时间内完成规定的任务。

（6）考官根据需要进行讨论。

（7）考官独立评分。

（8）考务人员统计评分结果并存档。

角色扮演中，测评方的主要任务是：

（1）在开始之前，向受测者做介绍与简单的说明，以确保受测者了解整个活动的过程。

（2）为受测者分配角色，描述一种具体工作情境。

（3）在整个活动的过程中，必须随时处于警觉状态，处理各种意外的情况。

（4）对受测者的各种行为保持足够的敏感性，进行系统的观察与评价。

（三）角色扮演的评分依据

对受测者的评估一般从总体行为有效性和具体的行为表现两方面入手。前者从总体水平上加以评定，给出一个大体的印象分。而具体的行为表现可选择的指标很多，有角色把握、口头表达、思维敏捷度、应变性、化解矛盾技巧、行为策略、目标导向、情绪控制等。当然，更多的时候是将两者结合起来使用。应试者处理问题的合理性、决策的科学性及其组织协调能力是主考官对应试者作出评定的主要依据。主考官主要对应试者的以下三个方面进行考查：

1．准确感知

角色扮演的内容一般都可在现实生活中找到原型或样板，两者之间存在着高度的相似性。不同的只是模拟场景因为有明确的时间限制及主考官的参与，使得气氛比平时更为紧张。而且，应试者的表现状况将对他的事业或其他方面产生影响，出于利害关系的考虑，应试者往往会感受到一种巨大的心理压力。处理不好的话，将会使应试者心慌意乱，感到无从下手，从而导致应试失败。因此，在角色扮演中，应试者心理与情绪的调节与控制是非常重要的。为了准确地感知模拟情景中的事物及其本质，并提出切实可行的解决办法，应试者一定要使自己的心绪保持稳定，沉着地去应对所面临的问题。

2. 大胆创新

角色扮演法以考查应试者的全面素质为目的，它所考查的内容不仅包括简单的能力资格与素质条件，而且还包括创新等复杂的能力与素质。因而，考生在情景模拟测试中，不能仅限于简单地演示平日工作中的方法手段，而应对事物进行灵活处理，以平时的经验为基础，根据模拟情景中的条件和线索进行大胆创新，探索新的解决同一问题的思路与方法。这种突破常规的做法或勇气，往往会给主考人员留下深刻的印象。

3. 循规操作

角色扮演法中，有一些内容的应答是不容许应试者创新的。如公文处理及机关事务处理等，他们的处理原则及程序都有明确规定，应试者只能循规操作，而不可自作聪明擅自更改某些规则。

角色扮演的评定可在五点量表上进行。比如对语调的评估，1 分表示平淡，毫无感情色彩；5 分表示丰富生动，与情境相吻合；2～4 分则表示介于两者之间的不同程度。测试的技能不同，则选用的评分内容及标准也不同。角色扮演行为的评估，从时间上分为即时评估和事后评估两种，前者在测试现场评定；后者是把现场制作录像，然后由评价者观看录像评定。

角色扮演测评题例

测评岗位：人力资源部经理、各业务部门经理。

测评要素：说服能力、言语表达、问题解决能力、领导艺术。

测评设计：让应试者以新任部门经理的角色找原任经理（主试或其合作者）谈谈，目的是说服他继续留在本部门工作。

情境设计：应试者（部门经理）与员工拿到各自的角色定位和面谈中的目的、任务，看 5～10 分钟以后，开始进行模拟面谈。

应试者一的角色：

情境：通过竞争上岗，你成功地竞聘上了某知名电信公司的人力资源部经理，以后人们不再叫你“小张”而改称为“张经理”，但原来的人力资源部经理（王经理）却落马了。王经理在人力资源部已经担任了五年经理，你三年前进入公司后一直在他手下工作。王经理工作经验丰富，而且在培训设计、薪酬管理和绩效考核方面都很有一些创新性的思路。他唯一的不足就是在公司的人际关系方面比较紧张，这可能是他此次竞聘失败的主要原因。

你所主管的人力资源部具有人手少而任务重的特点，因此，你现在最明智的做法是让王经理继续留在本部门工作，但你最大的担心是王经理自己可能不会打算继续干下去了。为此，你准备与他进行一次面谈。

你的任务：通过 15 分钟时间的面谈，千方百计地说服王经理继续留在本部门工作。

应试者二的角色：

情境：五年来，你一直担任某知名电信公司的人力资源部经理，但在此次全员竞争上岗中，你却意外地落选了，而你的手下小张竞聘成功人力资源部经理，这事令你非常痛苦，自己毕竟才 38 岁，以后还怎么工作呀！为此，你这几天心情很难受，心理上很不平衡：自己对工作兢兢业业，经验丰富，工作能力也很强，只是在人际关系方面有些紧张，可那也主要是因为工作而得罪了一些人。

本部门的新任经理小张想请你过一会儿与他聊聊，你估计他很可能要你继续留在本部门工作，毕竟你对此项工作很熟，但这是你所难以接受的，昔日的下属成了今日的上司，脸面往哪儿放？

你的任务：在15分钟的面谈中，无论如何不能答应继续留在此部门工作，但你也不想得罪这位新任的经理。所以，你的任务是在面谈中，要尽量让经理理解你，换到其他部门去工作。

总的来说，角色扮演的优点在于它能够比其他形式更好地再现组织中的真实情况。这种情况比较复杂，但它更为真实。而它的缺点就在于对被评价者的观察和评价是比较困难的，需要对评价者进行系统的培训。研究表明，角色扮演的外部效度并不稳定。

四、案例分析

（一）案例分析的含义

所谓案例，是指为了人员测评或培训等目的，依据实际发生过的事例，用白描的语言编制而成的原型介绍，描绘者对这些事实或情形不作任何分析。案例具有客观真实性，但又不完全等同于原型，与案例要求无关的因素须剔除。由于涉及社会影响、法律责任、个人隐私等，对原型涉及的人名、地名等一般要进行技术性处理。

在书面的案例分析的测验中，通常让被评价者阅读案例材料，然后让他准备出一系列的建议，以提交给更高级的管理部门。这个项目可以考查被评价者的综合分析能力和作出判断决策的能力，它既可以考查一些一般性的技能，也可以考查一些特殊性的技能。

案例用模拟的手段为被测评者提供了能力表现的场所。被测评者面对着“工作场景”，仿佛身临其境，必须像解决实际问题一样，调动所有的知识贮备和经验贮备，经过筛选、比较和复杂的排列组合，才能在纷繁复杂、不断变化的实际中分清各种因素的联系，抓住主要矛盾，形成准确的判断，提出解决方案。案例的模拟性，使人的潜在能力得以施展。

（二）案例分析的实施

1. 案例采编

案例采编是实施案例测评的基础和前提。通常可以通过两个途径来获得相关的案例：一是由专业机构编制的案例库（比如各大学商学院编制的工商管理案例库等），以相关案例为蓝本进行二度开发；二是自行采编，主要以本企业面临的问题为基础进行案例编制，这需要采编者具有较高的管理知识素养与案例编写水平。无论哪种方式，案例编写者都必须受过专业训练，掌握社会调查研究方法与技术、案例学、案例测评法基本知识和案例的撰写法则，有相当的文字表达能力，并对案例调查领域有一定的了解。采写的案例要附使用说明，以标明该案例能够测评的要素和答案要点。

2. 案例的选用

案例能够测评的要素必须与岗位需要测评的要素相吻合。每篇案例的内容是具体的、有限的，专注于受测人员的相关能力、素质。要根据拟任岗位的胜任特征，决定需要测评的要素，如决断能力、组织能力、沟通能力、应变能力等，再以此选择相应的案例，保证案例能够测评的要素与岗位需要测评的要素相吻合，起码在主要测评要素上相吻合。必要时，要考虑使用案例群。

案例的层次与拟任岗位的层次相一致。选拔测评案例是某特定岗位配备人员的工具，所以，所选案例的难度和情景层次要与拟任岗位相一致。

3．案例测评试题的设计

在案例开发的基础上，根据具体的测评目的，选定适当的案例或案例群以后，要对案例进行加工设计，使之成为试题，才能用于人员测评。

案例作者往往有意识地将问题隐含在事件、情节及环境状况的描述之中，含而不露，引而不发，具有一定的模糊性。使用案例进行测评，需要将案例中隐含的问题以适当的方式表达出来，让被测评者思考、分析、解决。这就需要根据不同的测评目的和方法，具体设计问答内容和形式。

（1）大体规定答题的内容。如果案例的标题或结尾透露或表明了该案例的主要问题，那么启发思考题应采取高度概括的形式，如“请对本案例的问题做出书面分析”等；如果案例容量大，设置的迷宫多，一时难以把握其要点，那么，启发思考题要具体一些，如“请对××问题作出处理决定”、“你对××企业的××问题如何决策”等。这类启发思考题有时可以提出 1～3 个，但不要过多过细，要尽量让被测评者自己把握案例要点，抓住问题实质。

（2）规定答题的要求，包括篇幅的长短、体裁的选择、时间的多少等。

案例测评题例

HY 的辞职风波

AD 公司是由国内某科研单位与一家香港公司合资创办的高新技术企业。公司技术力量雄厚，主要从事生化药品、生物制品与中西药的研究、开发和生产。硕士毕业的 HY 是 AD 公司重要的技术骨干。她对待工作一向勤勤恳恳，任劳任怨。1998 年 9 月，AD 公司进行机构改革，公司领导决定把 HY 调至质量部，并担任部长之职。但刚开始，HY 执意不肯去质量部。她认为自己更倾向于做技术，做新药的研发工作，当不当部长无所谓。HY 对老板谈了她的工作兴趣所在，老板却始终未加理会。

虽然 HY 并不喜欢这个新岗位，但是她仍然尽职尽责的做好一切她应该做到的，并成功地消除了质量部与生产部之间一直存在的矛盾。可是，她对目前的这份工作越来越没有兴趣。

上任质量部部长仅仅两个月之后，HY 突然向公司王总经理提出辞职，并说明她要去国外留学深造。王总经理说：“对你的辞职，我们很感意外。公司员工对你的一贯表现是肯定的，我对你的工作交接不会担心。可是公司刚提拔过你，最近又因为你的新药拿到临床上研究的批件而给你发了奖金。你的第二个合同期还未满，对公司的影响不好。”HY 听王总这么说，便又将任命一事提醒了王总。王总见不能劝阻 HY，板起脸来道：“既然你坚持要走，那我们有两条处理意见：第一，不同意你辞职，我们将通知公安部门收回你的护照；第二，罚款 1 万元。”这次谈话不欢而散。

过 1 周后，公司再打电话找 HY 时，得知她已出国了。

问题：

1. AD 公司薪酬方面的做法对吗？有哪些失误之处？请说明。

2. 如果你是王总，你认为如何才能在 HY 最后正式提出辞职要求的那次谈话中挽留住 HY？请详细说明你的做法的目的和依据。

（三）案例分析的评价

案例是对日常管理情景的提炼，考查人们运用理论知识、素养解决实际问题的能力。案例题最大的特点是：陈述的是案例，蕴涵的是能力。

案例分析的优点是：

（1）案例分析题不同于其他评价中心技术手段，重要情境设置通过书面描述，因此不受时间、场地的影响，设置的案例可以更复杂、深入。

（2）案例分析既可以系统全面地考查应试者的理论功底及素养，又可以深入评估应试者的逻辑分析、判断推理等实际管理能力与技能。

（3）案例分析的评价可以在测评结束后有充裕的时间进行，因此较少受评价考官的主观影响。

案例分析的缺点是：

（1）通过案例分析获得的行为信息较其他评价中心手段要少。

（2）因缺少交互性，如果应试者对案例的分析较为简略，则很难再通过追问之类的方式探究。其原因可能是应试者水平问题，或是其对题目本身理解有误。

（3）案例分析可能受到应试者经验的影响。

五、管理游戏

在这种测评中，面试官给小组成员分配一定的任务，必须合作才能较好完成。面试官让受测者置身于一个模拟的环境中，面临一些管理中常常会遇到的各种问题，要求他们想方设法解决。例如以总经理的身份去处理经营中的难题，进行人事安排，或者作为谈判代表进行商业谈判的模拟练习。通过受测者在完成任务中所表现出来的行为来评价受测者的各项素质。管理游戏是一种以完成某种“实际工作”为基础的标准化模拟活动，通过活动观察受测者的时间管理能力。

管理游戏测评题例

生存考验游戏

- 形式：15 人一组。
- 时间：10 分钟。
- 材料：列有 15 件物品的挂图或幻灯片。
- 场地：不限。
- 应用：（1）潜能拓展。（2）团队凝聚力训练。（3）团队协作能力训练。
- 目的

1. 使学员认识到集体力量要比个人的力量大。

2. 一个人不管他的能力有多强，只有将自己的能力融于集体之中，才能释放出更大的、甚至几倍于自己的能量。

- 程序

1. 向学员说明：

（1）某年某月的一天下午 4 点钟，我们所乘的飞机由于机械事故坠毁在大西洋中，所幸的是，离岸边不远，飞机与驾驶员不久便沉入海底，15 名乘客幸存下来游到海岸上。

(2) 坠毁地点距目的地还有十几天路程，其间有森林、河流、积雪。乘客们必须想办法获得求援或者走到目的地。并在此之前应付气候、地理环境、饥饿、饥渴等生存困难。

(3) 乘客们在飞机沉没前找到的物品有：指南针、糖浆、净水片、火柴、斧子、绳索……（具体物品清单？或主持人可根据实际情况自行决定，但事先一定要制定出唯一的标准答案。）

2. 每15人分成一组，假定为15名幸存下来的乘客，有15件物品可供选择。

3. 小组成员必须根据游戏介绍中提出的气候、地理因素及一些具体情况为先决条件，排列出15件物品的重要性。

4. 首先由每个人独立判断，然后把每个人的排列结果拿出来进行小组讨论，确定小组的最终选择结果。

5. 公布标准答案。

● 讨论

1. 标准答案与每个小组各自的结论之间呈现什么特点？

2. 你们小组是通过什么方式来决定最终结果的？你个人的结论与小组讨论得出的结论有什么差别？

评价中心技术应用案例

“天达软件股份有限公司”成立于1998年，长期致力于提供具有自主知识产权的企业管理/ERP软件、服务与解决方案。2004年“天达”商标被认定为“中国驰名商标”。2005年公司被评为国家“重点软件企业”。在中国ERP软件市场，天达软件占有的市场份额最高。天达软件自成立以来，一直保持全面快速成长，在2002~2006年保持着年均30%的增长率，在同行业内名列前茅。天达软件已形成完整的产品和业务线，面向大、中、小型企业提供软件和服务，全面覆盖企业从创业、成长到成熟的完整生命周期，满足不同规模企业在不同发展阶段的管理需求。截至目前，近10万家中外企业运行着天达管理软件。天达软件在中国境内拥有30家地区分公司，拥有3个研发中心共计千人以上的研发队伍，3 000人的软件产品营销和咨询专家队伍。天达软件以“发展民族软件产业，推动中国管理进步”为企业使命，崇尚“以人为本、客户为本”的企业文化，提倡专业、及时、真诚的服务理念。

天达公司因业务扩展需要，拟招聘若干名销售代表，负责华北地区软件产品的销售和推广，协调客户及相关资源，实现销售任务。该职位的工作内容包括：

● 负责客户的开发工作，和目标客户建立良好关系，拜访客户，挖掘客户对公司产品和服务的需求，针对客户需求提出解决方案，高效、灵活地完成销售任务。

● 及时与客户沟通、联系和跟进，和客户保持良好的关系，进行科学的客户关系管理，及时有效地为客户提供高品质服务以保证客户满意。

● 根据公司的相关规章制度进行谈判和签约。

● 与公司相关部门联系沟通，确保产品与服务的有效送达，并收集问题反馈。

- 负责客户的应收款项的及时回笼。
- 协同团队成员完成销售业绩的实现。
- 具体执行市场销售任务，并不断开拓市场。

根据对销售代表岗位的工作说明、员工BEI访谈等资料进行分析，总结出销售代表岗位所需的各项素质和相应的行为表现如下：

(1) 影响愿望：反映个体在组织行为过程中，试图以自己的思想、意图影响和控制他人，控制环境和牵引对自己有影响的作用力的愿望。

- 低分特征：支配欲低，不善说服，喜欢倾听，不固执己见，顺从。
- 高分特征：说服力强，有感染力，有影响力，有主见，支配欲强。

(2) 成功愿望：反映个体是否看重成功的意义和价值以及个体希望出人头地、获得优秀成绩、取得较高成就的欲望有多强。

- 低分特征：不重视成败，享受生活、追求安定、不喜欢给自己压力。
- 高分特征：看重成功，希望出人头地，以成败论英雄。

(3) 目标意识：反映个体是否明确自己的工作目标，在开展工作的过程中是否能排除无关干扰，使工作重心不偏离目标。

- 低分特征：目标不明确，容易被无关信息干扰、迷失和偏离目标，有时做事不分主次，设置目标不合理，或难以达到目标。
- 高分特征：有明确的目标意识、问题意识，能设置合理目标，分清主次、排除无关干扰，保证目标达成。

(4) 主动性：反映个体是否采取主动，积极行事的态度，在极少的指导、支持以及赞许下工作，能自发开展工作。

- 低分特征：被动等待，积极性不高，需要外界刺激才行动。
- 高分特征：主动，积极，不拖沓。

(5) 自信心：反映个体自我评价、自我接纳的程度以及个体对自己做事的把握与信心。

- 低分特征：自卑，自我不认同，畏怯退缩，怀疑自己，顾虑很多，不敢接受挑战，没有自我价值感，关注自己的缺点。
- 高分特征：自我认同，自信，自我分析准确，自我接纳，有自我价值感和自我确定感，倾向于选择有挑战性的工作。

(6) 情绪稳定性：反映个体是否善于控制自己的情绪反应、调整自己的情绪状态，根据情境用恰当的方式来表达情绪。

- 低分特征：情绪不稳定，容易激动，急躁不安，高度紧张，有时感到身心疲惫。
- 高分特征：沉着，情绪稳定，处事不惊，善于调整自己心情。

(7) 沟通技巧：反映个体是否能有效利用听、说、察、问等技巧与他人沟通思想和感情。

- 低分特征：对他人的信息不够敏感，有时无法清楚表达自己的想法和观点，不善于和他人进行情感交流。
- 高分特征：善于倾听，敏感察觉他人所传达的信息，清楚表达自己的情绪和观点。

(8) 关系建立：用来反映个体能否迅速与客户、上级、同事建立融洽而信任的人际关系，形成良好的定期互动交流。

- 低分特征：缺乏获得他人好感和信任的素质和技巧，难以与客户、上级、同事建立良好的关系，互动交流的有效性低。
- 高分特征：能够运用相关技能，迅速与客户、上级、同事建立融洽而信任的人际关系，形成良好的互动交流。

(9) 组织协调能力：反映个体是否能协调、调动多方面的资源来解决问题，推动问题的进展。

- 低分特征：难以调动多方面的人员积极性和相关资源，共同解决问题，对人员和资源的组织协调较为混乱，推动力不强。
- 高分特征：能够协调和利用多方面的资源，组织、调动相关人员来解决问题，推动问题的进展。

(10) 处理突发事件：反映当事情突然发生变化时，个体能否在相对较短的时间内作出适当的调整。

- 低分特征：应变能力差，当事情突然发生变化，感到手足无措，不能采取有力措施作出适当的、灵活的调整和决策。
- 高分特征：应变能力强，当事情突然发生变化，能在相对较短的时间内作出适当的、灵活的调整。

(11) 以客户为中心：反映是否把客户的最大利益放在心上，努力令客户满意，让客户感到被重视，站在客户的角度看待问题。

- 低分特征：不能理解客户，不能站在客户的角度看待问题，忽视客户需求和利益，无法令客户满意。
- 高分特征：把客户的最大利益放在心上，努力令客户满意，让客户感到被重视，站在客户的角度看待问题。

(12) 分析能力：反映个体是否能够从事实、数据以及别人的言语出发进行推理、分析并得出结论。

- 低分特征：缺乏从已有的事实、数据及别人言语出发进行推理的意识，或者推理错误。
- 高分特征：能够从事实、数据以及别人的言语出发进行推理、分析并得出正确结论。

经过简历筛选和心理测验环节后，挑选出较有潜力的优秀应聘者进入评价中心环节，进行深入考查。评价中心包括无领导小组讨论、角色扮演、结构化面试三个部分，对候选者的上述素质进行交叉的、全面的评估。

分三种评估手段：

①在无领导小组讨论中，候选者进入一种假设情景，每名参加者分别担任企业中的一个部门主管，如销售部门主管、生产部门主管等，共同对年终奖金分配做出决策，在为本部门争取最大利益的同时，还要保证一致性方案的达成。在这个过程中，对参与者的目标导向、情绪稳定性、影响愿望、分析能力等加以考查。

无领导小组讨论参与者资料

你的角色是：销售部门主管

Part Ⅰ 背景资料

C公司是一家以生物化工为主要业务领域的民营企业。公司创立于2001年，到今天已发展成为总资产1亿5千万元，拥有员工500人，在全国设有6家销售代表处的现代化企业。近四年公司业绩如下：

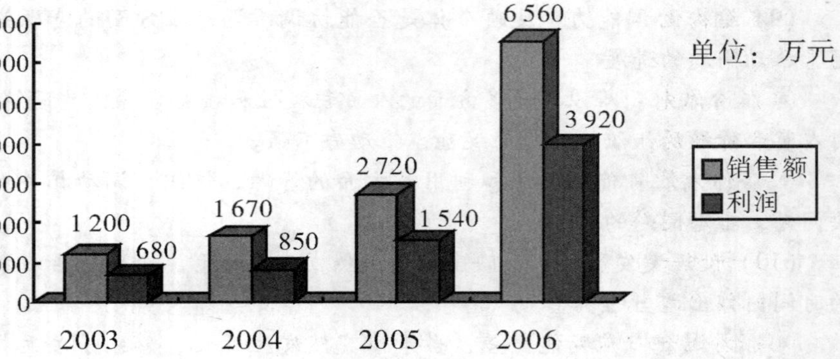

公司有5个部门，各部门人数如下：

部门	销售部	市场部	生产部	研发部	职能部门
人数	150	20	230	80	20

由于2006年的业绩比上一年有显著增长，董事会决定拿出150万元作为年终奖金。今天你们五个部门的主管一起召开讨论会，确定奖金分配方案。因为下午就要向董事会汇报奖金分配思路与执行方案，所以必须在本次会议做出决定。

Part Ⅱ 你的任务

你是销售部门的主管，经事先了解，本部门的员工对这笔奖金的分配有以下期望：

……

②在角色扮演环节，候选者扮演“吉利来食品有限责任公司”的销售人员。在中秋节来临之前，给“畅想通信有限责任公司”的行政部主管张小姐（由招聘工作人员扮演）打电话推销月饼。根据提供的资料，进行电话销售。可对候选者的成就动机、沟通能力、以客户为中心、处理突发事件的能力进行评估。

角色扮演销售资料

Part Ⅰ 背景描述

你是“吉利来食品有限责任公司”的销售人员。吉利来食品有限责任公司创建于1993年4月，现拥有上亿元固定资产，3千多名员工。多年以来，吉利来一直以行业领跑者的姿态在迅猛发展：

- 2001 年被北京名牌产品市场保护调查所列为北京“重点保护品牌”；
- 2002 年成为食品行业首家被中国消费者协会授予“3.15”标志的企业，通过 ISO9001 质量管理体系认证；

Part Ⅱ 你的任务

今年 10 月 5 号是中秋节，现在是 8 月 1 号（星期四）下午，你的任务是给“畅想通信有限责任公司”的行政部主管张小姐打电话推销月饼。

……

③在结构化面试部分，对候选者提出以下问题并加以追问，了解其多方面的素质。

（1）请你先用 2 分钟左右的时间介绍一下自己，重点讲述自己的教育经历以及工作经历。

（2）你为什么离开上家公司，重新开始求职？

（3）销售这份工作最吸引你的是什么？

（4）讲述一个你成功销售的经历。

（5）这个过程中，你遇到什么困难？如何解决的？

（6）讲述一次你失败的销售经历。

（7）你之前工作的销售周期会有多长？你怎么看待？

（8）你最多的时候有多少个客户？你是如何对这些客户进行管理的？根据什么？

（9）你认为自己能够成为一名优秀的销售吗？为什么？

（10）你对我们公司了解多少？

在对候选者的评估阶段，由专家小组分别针对他们无领导小组讨论、角色扮演、结构化面试中各项素质上的表现打分并记录行为指标，最后综合专家小组的意见给出各位候选者的综合报告和推荐程度指标。

本章小结

1. 评价中心是人事测评的一种综合性方法，是通过一系列科学测评手段对候选人的心理和行为特点进行评价的活动和方法。其特点是：综合性，动态性，真实性，复杂性。

2. 评价中心技术中所采用的情境性的测验包括多种形式，主要有无领导小组讨论、公文筐测验、角色扮演、根据所给的材料撰写报告、演讲辩论、案例分析等。

3. 无领导小组讨论是采用情景模拟方式对应聘者进行集体面试，通过观察一组被测评人员对某工作相关问题进行一定时间讨论的实际表现，来检测被测评者的组织协调能力、口头表达能力、辩论能力、说服能力、情绪稳定性、处理人际关系的技巧等各个方面的素质，由此来综合评价被测评者的能力高下，从中选择最符合职位要求的人选。

4. 公文筐测验是对实际工作中管理人员掌握和分析资料、处理各种信息以及作出决策的工作活动的一种抽象和集中。

5. 角色扮演（Role－Play）是一种行为模拟技术，向受测者描述一种假想的工作情境，让受测者想象它真的发生了并按要求做出行为反应，评价者对受测者的言语和非言语行为及行为的有效性进行评定。

6. 所谓案例，是指为了人员测评或培训等目的，依据实际发生过的事例，用白描的语言编制而成的原型介绍，描绘者对这些事实或情形不作任何分析。

思考题

1. 简述评价中心技术的特点。
2. 评价中心技术有哪些具体形式？
3. 无领导小组讨论的特点是什么？它适合于测评哪些素质？
4. 公文筐测验的特点是什么？它适合于测评哪些素质？
5. 案例分析和管理游戏的特点分别是什么？有何区别？
6. 某公司要招聘销售经理，请讨论需要考查哪些素质，并设计一套测评方案。

第三篇

人力资源测评的应用

第十一章

招聘和甄选中的测评

本章提要

- 人员招聘和甄选的一般程序
- 人员招聘和甄选中的主要测验方法
- 人员招聘和甄选中的测验组合原则

引　言

招聘和甄选是人力资源管理的核心业务。如何保证招聘和选拔到合适的人选，避免出现“大材小用”或“小材大用”的悲剧，从而避免造成人才的浪费或使企业蒙受损失，是企业人力资源管理工作的一大挑战。科学的人才测评是人才招聘和甄选中非常有效的手段，可以起到独特的作用。本章主要介绍人员招聘和甄选中如何应用人力资源测评工具。

第一节　人员招聘的过程分析

员工招聘是企业根据其人力资源规划确定人员需求，通过多种渠道，利用多种手段，广泛吸引具备相应资格的人员向本企业求职的过程。它通常包括如下几个过程：

一、人力需求诊断

人员招聘的原因一般有以下几种：新公司的成立；现有职位因种种原因发生空缺；公司业务不断扩大；调整不合理的职工队伍等。由此而提出人员增补需求。这一阶段的主要工作是准确地把握有关组织对各类人员的需求信息，确定人员招聘的种类和数量。具体步骤为：

（1）由公司统一的人力资源规划，或由各部门根据长期或短期的实际工作需要，提出人力需求。

（2）由人力需求部门填写“人员需求表”。每家企业可因具体情况的不同制定不同的人员需求表，但应依据职务说明书制定。人员需求表可包括的内容：①所需人员的部门、职位；②工作内容、责任、权限；③所需人数以及何种录用方式；④人员基本情况（年龄、性别等）；⑤要求的学历、经验；⑥希望的技能、专长；⑦其他需要说明的内容。

（3）人力资源部审核，对人力需求及资料进行确认，综合平衡，并对有关费用进行估算，提出是否受理的具体建议，报送主管经理审批。

二、制订招聘计划

经主管经理批准的人员需求表，列入人力资源部招聘工作计划，人力资源部着手制定招聘方案，明确应聘人员应具备的资格。计划的主要内容包括：

1. 录用人数以及达到规定录用率所需要的人员，确定计划录用的员工总数

为确保企业人力资源构成的合理性，各年度的录用人数应大体保持均衡。录用人数的确定，还要兼顾到录用后员工的配置、甄选等问题。此外，还要根据以往的招聘经验，确定为了达到规定录用率至少应吸引多少人员前来应聘。

2. 从候选人应聘到雇佣之间的时间间隔

有效的招聘计划还应该注意另外一种信息，即精确地估计从候选人应聘到雇佣之间的时间间隔。随着劳动力市场条件的变化，这些数据也要相应地发生变化。

3. 录用基准

即确定录用人才的标准。除个人基本情况外（年龄、性别等），录用人才的标准可以归结为以下五个方面：与工作相关的知识背景、工作技能、工作经验、个性品质、身体素质。这里要明确一点：哪些素质是职位要求所必需的，哪些是希望应聘者具有的。

4. 录用来源

确定从哪里录用人才。确定录用来源有助于企业有效地把时间花费在某一劳动力市场上。费用最高的来源通常是猎头公司，其代理费大约为个人年薪的1/3，企业招聘高级管理人才时比较适用，而一般人员的招聘可到职业介绍所，费用较低。组织应根据成本及时间间隔数据定期收集、评价招聘来源信息，对各种信息来源进行分类，选择那些最快、最廉价地提供适当人选的信息来源。

5. 招聘录用成本计算

一般来讲，雇用一个人所需要的费用可以用招聘总费用除以雇用人数得出：

每雇用1人所需费用＝招聘总费用/雇用人数

除此之外，下列的成本计算也是必不可少的：①人事费用。工资、福利及加班费；②业务费用。电报、电话费、专业费及服务费、信息服务费、广告费、物资及邮资费用等；③企业一般管理费。租用临时设备、办公用具设备等的费用。

在制订和实施人员招聘录用计划时，必须注意以下问题：

（1）不同的企业，处于不同发展阶段的同一企业，在编制人员招聘录用计划时，应区别对待，突出重点。

（2）人员招聘录用计划不仅要规划未来，还应反映目前现有员工的情况，如员工的调入、调出、升迁等。

（3）从录用方式看，包括定期录用、临时录用、个别录用等。对录用计划来讲，应明确区分，分类规划安排。

（4）企业处于多变的经济环境中，人员招聘录用计划应不断地根据实际情况的变化，调整计划，绝不能一劳永逸。

（5）编制和实施人员招聘录用计划时，还必须注意到社会成员价值观念的取向、政府的就业政策和有关劳动法规。如在录用员工时，尽量不出现性别歧视等。

三、人员招聘的渠道选择

人员招聘的途径有两种：内部招聘和外部招聘。

(一) 内部招聘

内部招聘即优先向企业现有员工传递有关职位空缺信息，吸引其中具备相应资格且对职位感兴趣者前来应聘。内部招聘应遵循公开、公正的原则，使每一个员工感到自己有被提升的机会，从而发挥出内部招聘的优势。企业在内部寻找合适的人才，可以采用以下三种方法：

1. 布告法

布告法是在企业的布告栏、宣传栏或其他引人注目的地方，张贴有关职位空缺和应聘信息等内容的告示，以吸引企业现有人员前来应聘。采用这种方法可以使企业现有员工感到企业在招聘员工这一点上的透明度与公平性，使他们认识到只要有能力，便不会被埋没，总有被提升的机会。因而有利于提高员工士气，培养他们积极进取的精神。但在使用布告法时应注意：

(1) 告示必须贴在引人注目之处。

(2) 内部招聘告示的张贴时间应早于外部招聘时间（一般至少应早一周)，使内部人员感受到这种优先权。

(3) 告示应详细说明职位对任职者的要求，以及录用所遵循的规则和标准等。

(4) 一旦作出录用与否的决定，应立即通知应聘者本人，以便尽早消除由于盲目等待而可能产生的对现任工作有不良影响的焦躁情绪。

2. 推荐法

推荐法是由本企业员工根据企业需求推荐其熟悉的、可以胜任某项工作的人员供企业人力资源部门考核。采用这种方法时，由于推荐者本人对被推荐者较熟悉，对空缺职位的要求也较了解，因而成功的可能性较大。

推荐法可用于内部招聘，也可以用于外部招聘。一般来说，内部招聘使用这种方法时，往往是上级推荐下级。采用推荐法应注意的一点就是不能讲人情、看关系，要任人唯贤。

3. 档案法

档案法是指从人力资源部门备有的员工个人资料档案中，查看企业现有员工的教育、培训、经验、技能、绩效等情况，以帮助确定符合空缺职位要求的员工。采用档案法时要注意：

(1) 档案中的个人资料必须可靠，并尽可能详细，而且要对其不断加以补充。

(2) 确定人选后，要征求本人意见，看其是否对新职位感兴趣。

(3) 档案法和布告法及推荐法联合使用时，往往可以起到互补作用，因而效果更佳。

(二) 外部招聘

外部招聘的方法有很多，常见的有：

1. 自荐

自荐是指自荐者自己到企业所在地作出申请或邮寄履历自荐。对于自荐者，企业应礼貌接待，最好让人力资源部门安排简单的面谈；对于其询问信，企业应给予礼貌而及时的答复，这不仅是对自荐者的尊重，而且有利于树立企业的声誉和今后开展业务。

2. 经人引荐

企业的员工、企业上级主管机关的工作人员以及关系单位的主管等都可以成为引荐人，而从应聘者的角度来说，引荐者通常是亲友师长。采用这一方法，应聘者可以从引荐人那里对企业有所了解，而另一方面，企业也可以从引荐人那里了解到有关应聘者的许多情况，从而节省了部分招聘程序和费用，而且采用这一方法，可以获得通过其他方法较难得到的某些专业技术人员。但是，引荐录用的人多了，容易形成“帮派”及团体或裙带关系网，造成管理上的困难。由于是引荐的原因，可能会给甄选、录用决策带来干扰，有可能失去公正性。

3. 广告招聘

广告是最常用、最简单且信息传播最广泛的招聘手段，它以报纸、电视、广播、杂志、甚至网络以及街头墙报为媒介，进行广泛宣传，从而吸引求职者。广告的信息扩散面大，传播速度快，可以吸引较多的求职者，因而备选比率大。而且广告可以使求职者事先对本企业的情况有所了解，减少盲目应聘。但是，使用广告招聘时，有吸引力的职位可能有很多应聘者，从而会增加接待、选拔的工作量及费用。

4. 校园招聘

大学校园是管理人才、技术人才的主要来源。在设计校园招聘活动时，学校的选择是需要考虑的一个重要问题。学校的选择会受到本企业的规模、财务实力以及所需员工的类型等因素的影响。采用校园招聘这一做法时，企业人力资源管理部门可以与一些学校保持较密切的联系，及时掌握专业设置和毕业生情况，定期到校园开展人才招聘活动；也可以通过资助或全部负担人才培训费用的方式，将本企业所需专业的一些在校生变为委托代培生；还可以通过为即将毕业的大中专学生提供实习场所和机会的方式进行校园招聘。

5. 到劳务市场和人才交流中心招聘

劳务市场和人才交流中心这两个场所较为固定，因而会有大量无工作人员或虽有工作但对现任工作不满的人员在此寻找机会，长期在此登记注册、设有广告宣传栏等的企业一般可以找到合适的人选。

6. 委托职业介绍机构

职业介绍结构是专门从事人才流动中介工作的机构，因而其联系面较广，掌握的信息也较多。委托职业介绍机构招聘，企业要支付一定的费用，但这种方法简单、快捷，企业可以马上找到所需的人才，与由企业自己组织招聘活动所需投入的人力、物力、才力相比，招聘成本相差不大，而且效果更好。

7. 猎头公司

猎头公司是一种与职业介绍机构类似的就业中介组织，它专门为雇主“搜捕”和推荐高级主管人员和高级技术人员。猎头公司的联系面很广，而且它特别擅长接触那些正在工作并对更换工作还没有积极性的人。猎头公司可以帮助企业的最高管理当局节省很多招聘及选拔高级主管等专门人才的时间。但是，用人单位要支付很高的费用，一般为所荐人才年薪的1/4到1/3。

企业应根据各种招聘方法的优缺点全面权衡。同时要充分考虑到企业的自身条件，如知名度、经营规模、业务内容、员工规模等。另外，还必须考虑到可能应聘者的价值观念、职业观、就业观等。在对上述这些方面进行全面分析比较的基础上来选择适合本企业的招聘方法是比较稳妥的。

企业招聘时，应注意以下几方面：

（1）通过招聘提高企业的知名度。通过组织策划招聘活动，既可以录用到合格的人才，同时也是对本企业的一次宣传。因而在选择招聘方法时，必须考虑到这一点。一些企业为招聘几个人，不惜耗费巨资，制作气度不凡的广告，甚至发招聘广告而不录用，其目的也在于提高企业知名度。所以企业不能为招聘而招聘，还需考虑通过招聘活动，提高企业的知名度，提升企业的形象。

（2）制作有独特创意的招聘广告。招聘广告必须讲究创意。其中，为招聘广告确定一句好的主题广告词即是一种简捷有效的方法。招聘广告设计有“AIDA”四原则：

“A”，即 Attention（注意），是指广告须引人注意；

“I”，即 Interest（兴趣），是指广告须引起人的兴趣；

“D”，即 Desire（欲望），是指广告能使看的人产生欲望；

“A”，即 Action（行动），是指广告必须促使人产生行动。

主题广告词的创意，可以有以下几种思路：

①直入主题型。例如“诚聘销售人员”；

②强调企业型。例如“请您加入×××行列”；

③强调商品型。例如“与您共创超群的×××”；

④劳动条件强调型。例如“月薪 1 000 元”；

⑤强调个性型。例如“××企业为您搭起成功的舞台”；

⑥理由强调型。例如“本企业最关注的是人才投资”。

（3）告诉应聘者想知道的一切。引人注目的广告词，其功能在于让媒体受体关注招聘广告的内容，引发其好奇心，让其有兴趣认真阅读（或收看、收听）招聘广告。接下来，应把主要的招聘内容展示出来。一般说来，应聘者想要知道以下内容：①工资收入；②工作内容；③工作时间；④工作条件与工作环境；⑤企业情况。包括企业规模、性质、所在地、奖金、津贴、福利设施等；⑥企业招聘的条件。包括招聘的专业限制、招聘人数、年龄和学历限制、工作经验限制等；⑦应聘方法。指需提交的应聘资料、招聘期限、联系方法等。

四、招聘测试与面试

招聘测试与面试是人员招聘录用工作程序的重要组成部分，也是招聘录用工作的进一步展开。这一阶段的内容后文详述。

五、人员录用

经过笔试、面试或心理测试后，招聘录用工作进入了决定性阶段。这一阶段的主要任务是通过对甄选评价过程中产生的信息进行综合评价与分析，确定每一位应试者的素质和能力特点，根据预先确定的人员录用标准与录用计划进行录用决策。

确定人员录用的基本策略包括以下 3 种：

（1）多重淘汰策略。多重淘汰策略是指应聘者在测评的每个方面都必须达到最低的标准。在应用这种方法时，应聘者依次经过各种测试，只有在测试中没有被淘汰才有资格参加下一项测试。为了进一步降低成本，在测试手段的安排上，应该首先选择成本比较低的测试手段，如笔试、加权申请表等。成本越高的方法越应该安排在后面。

（2）综合策略。综合策略是指录用决策要综合考虑所有的测试结果，这样可以避免多重淘汰式的录用策略可能出现的情况：应聘者在某项测试体现出来的优势或不足，在最终的录用决策中被忽略。可以采取赋予不同测试结果权重的方式对结果进行综合，如笔试、面试的成绩按4：6的比例合成；也可以结合评价结果，如对量化结果的前3名进行心理素质评价，确定最终的录用人选。

（3）结合策略。这实际上是将多重淘汰策略与综合策略结合在一起。通常在进行人员初选时或对应聘者有硬性规定或最低水平要求时采取淘汰策略，而在需要权衡应聘者的不同素质时采取综合策略。实际运用时应首先使用淘汰性测评手段。

作出最后的录用决策时，还要注意：

（1）如果人事部门与用人部门在人选问题上意见有冲突，应尊重用人部门的意见。

（2）组织应该尽可能地选择那些有与企业精神、文化相吻合的个性特点的应聘者，即使他们没有相应的知识背景和工作经验。因为这些可以通过培训而获得，相对来讲，一个人的个性品质是难以改变的。

当确定了录用人选后，就可通知应聘者录用信息。通知方式有以下3种：

（1）在指定的时间和指定的地点张榜公布，并注明录用人员应注意事项和报到时间。

（2）招聘单位直接打电话给应聘者，通知其已被录用。

（3）寄发录用通知书或试用通知书。这是以书面形式直接通知应聘者。

六、招聘评估

招聘评估分两个方面，一是对人员招聘结果的评估，二是对招聘本身的评估。

1. 招聘结果评估

对招聘的结果可通过以下两方面进行评估：

（1）招聘成本效益评估。招聘成本效益评估是指对招聘中的费用进行调查、核实，并对照预算进行评价的过程。它是鉴定招聘效率的一个重要指标，包括3个方面：

①招聘成本分为招聘总成本与招聘单位成本。总成本为招聘期间的总费用，招聘单位成本=招聘总成本/录用人数。

②成本效用评估是对招聘成本所产生的效果进行的分析。它主要包括：招聘总成本效用分析；成本效用分析；人员选拔成本效用分析、人员录用成本效用分析。计算公式为：

总成本效用=录用人数/招聘总成本

招聘成本效用=应聘人数/招聘期间的费用

选拔成本效用=被选中人数/选择期间的费用

录用成本效用=正式录用的人数/录用期间的费用

③招聘收益—成本比越高，则说明招聘工作越有效。

招聘收益—成本比=所有新员工为组织创造的总价值/招聘总成本

（2）录用人员评估。录用人员评估是指根据招聘计划对录用人员的质量和数量进行评价的过程。

录用比=录用人数/应聘人数×100%

招聘完成比=录用人数/计划招聘人数×100%

应聘比 = 应聘人数/计划招聘人数 × 100%

2. 招聘程序及质量评估

包括以下几个方面：

(1) 招聘采取的方式、招聘信息发布的效果如何，应聘人员的人数是否达到原来的计划。

(2) 招聘计划执行情况：是否按原来的招聘计划正常进行，招聘过程中遇到哪些问题，是否解决，效果如何，如果计划周密能否避免类似问题再度发生。

(3) 招聘所花费的经费是否超支，什么原因，今后类似的招聘能否控制住支出，还是要增加预算。

在完成评估后，需撰写招聘总结，主要内容包括招聘计划、招聘进程、招聘结果、招聘经费使用情况、招聘结果评估等。

应用案例

丰田公司的“全面招聘体系”

丰田公司著名的“看板生产系统”和“全面质量管理体系”名扬天下，但是其行之有效的“全面招聘体系”却鲜为人知，正如许多日本公司一样，丰田公司花费大量的人力物力寻求企业需要的人才，用精挑细选来形容一点也不过分。

丰田公司全面招聘体系的目的就是招聘最优秀的具有责任感的员工，为此公司作出了极大的努力。丰田公司全面招聘体系大体上可以分成6大阶段，前5个阶段招聘大约要持续5~6天。

第一阶段，丰田公司通常会委托专业的职业招聘机构，进行初步的筛选。应聘人员一般会观看丰田公司的工作环境和工作内容的录像资料，同时了解丰田公司的全面招聘体系，随后填写工作申请表。1个小时的录像可以使应聘人员对丰田公司的具体工作情况有个初步了解，初步感受工作岗位的要求，同时也是应聘人员自我评估和选择的过程，有许多应聘人员知难而退。专业招聘机构也会根据应聘人员的工作申请表和具体的能力和经验作出初步筛选。

第二阶段，评估员工的技术知识和工作潜能。通常会要求员工进行基本能力和职业态度心理测试，评估员工解决问题的能力、学习能力和潜能以及职业兴趣爱好。如果是技术岗位工作的应聘人员，更加需要进行6个小时的现场实际机器和工具操作测试。通过1~2阶段的应聘者的有关资料将转入丰田公司。

第三阶段，丰田公司接手有关的招聘工作。本阶段主要是评价员工的人际关系能力和决策能力。应聘人员在公司的评估中心参加一个4小时的小组讨论，讨论的过程由丰田公司的招聘专家即时观察评估。比较典型的小组讨论可能是应聘人员组成一个小组，讨论未来几年汽车的主要特征是什么。实地问题的解决可以考查应聘者的洞察力、灵活性和创造力。同样在第三阶段应聘者需要参加5个小时的实际汽车生产线的模拟操作。在模拟过程中，应聘人员需要组成项目小组，负担起计划和管理的职能，比如如何生产一种零配件，人员分工、材料采购、资金运用、计划管理、生产过程等一系列生产因素的有效运用。

第四阶段，应聘人员需要参加1小时的集体面试，分别向丰田的招聘专家谈论自己取得过的成就，这样可以使丰田的招聘专家更加全面地了解应聘人员的兴趣和爱好，他们以什么为荣，什么样的事业才能使应聘员工兴奋，从而更好地作出工作岗位安排和职业生涯计划。在此阶段也可以进一步了解员工的小组互动能力。

通过了以上四个阶段的应聘者基本上被丰田公司录用，但是员工需要参加第5阶段一个25小时的全面身体检查。了解员工的身体一般状况和特别的情况，如酗酒、药物滥用的问题。

最后在第6阶段，新员工需要接受6个月的工作表现和发展潜能评估，新员工会接受监控、观察、督导等方面严密的关注和培训。

第二节　人员招聘和甄选中的测评方法

人员招聘选拔的真正目的在于择优汰劣，将真正有才干、适合企业需要的人才甄选出来。在人员甄选程序中用各种测量工具进行人才素质测评，是获取应聘者素质与行为能力信息的重要手段。员工甄选的主要方法有以下几种：加权申请表和自传式调查表法；心理测验法；笔试法；面试法；评价中心法。

一、加权申请表和自传式调查表法

加权申请表和自传式调查表，是针对申请人所申请的工作职位所需的个人条件和工作成就之间的关系而制定的特殊表格。在员工的筛选过程中，如果把个人材料（主要从申请表和自传式调查表中得到）同其他有关资料结合起来考虑，通常可以提高选择与决策的质量。

（一）加权申请表

1. 工作申请表的作用

（1）判断一些客观情况，如“这个申请人是否具备这一工作所要求的教育及工作经验要求？”

（2）对申请人过去的成长与进步情况加以评价。

（3）从申请人过去的工作记录中了解此人的工作稳定性如何。

（4）运用申请表中的资料判断出哪些候选人会在工作中干得比较好，哪些人干不好。

2. 工作申请表的编制

（1）工作申请表应该提供相对统一的样式。

（2）工作申请表应结合行业、职业的特点来设计。不同企业有不同的情况，不同的职业有不同的特点，因此每个企业应根据自己的实际和对求职者的不同要求，编制自己的申请表；对不同的级别和类型的员工，也应使用不同的申请表。

（3）工作申请表中的问题应该注意不违反政策。

3. 工作申请表中的一般项目

工作申请表包含的一般项目有：

（1）个人情况：如姓名、性别、年龄、文化程度、家庭住址、联系电话等。

（2）受教育状况：学校、专业、成绩等。

（3）社团活动及所取得的成绩。

（4）与所申请职位有关的技能、证书等。

（5）工作经历：工作单位、地点、职位、上级主管、职责、离职原因等。

（6）开放性问题：求职者自由回答的一些与工作有关的问题。

表 11－1　　　　　　　　招聘人员申请登记表

姓　名		性别		出生年月日		照片
学　历		婚否		民族		
专　业			毕业学校			
健康状况			户籍所在地			
政治面貌			身份证号码			
参加工作时间			有无住房		要求待遇	
联系电话			电子邮件		手机	
联系地址						
现工作所在地						
离职原因						

简历	起止时间	学习/工作单位	专业/职位

家庭情况	姓名	关系	年龄	文化程度	现工作单位

工作申请	申请职位		如有身体不能适应的工作，请注明	
	希望待遇		何时可上班	

特别提示	1. 本人承诺保证所填写资料真实 2. 保证遵守公司招聘有关规程和国家有关法规 3. 请填写好招聘登记表，带齐照片、学历、职称证书的有效证件及相关复印件

4．简历与申请表的优缺点比较

表 11－2　应聘申请表与个人简历的比较

	申请表	个人简历
优点	直截了当 结构完整 限制了不必要的内容 易于评估	开放式，有助于创新 允许申请人强调他认为重要的东西 允许申请人点缀自己 费用较小，容易做到
缺点	封闭式 限制了创造性 制定和分发费用较贵	允许申请人略去某些东西 可以添油加醋 难以评估

5．工作申请表结果的分析——加权申请表

制定某个职位的加权申请表，首先分析影响工作成功的各种个人因素，然后依其重要顺序给定相应的权数（权数一般由过去的统计资料确定，或由权威机构提供），最后对每个申请人的各项因素打分，加总后得到其个人分数。用这个分数对求职者排名，作为筛选的评判标准之一。具体的评估内容可以参照以下一些问题：

（1）应聘者目前的成就说明了什么？

（2）填写内容有无明显疏漏？

（3）背景材料中有哪些可供评估——专业、学历、经验？

（4）有哪些线索说明应聘者能胜任此工作？

（5）工作经历的记录有无进步趋势？

（6）是否有体现应聘者才智、能力或进取精神的内容？

（7）如何看待应聘者在学校及其工作上已取得的成就？

（8）应聘者知道什么或不知道什么？

（9）有无不实的情况——是否需要核实学历或工作经验？

表 11－3 是一个简单而又广泛应用的方法。首先将员工样本从中间数分为“绩效高”、“绩效低”上、下两组，并算出属于高绩效组即上组的百分比。将比数依四舍五入法换成一个加权数，一个人的总分即是他在申请表中隶属项权数的总和。

表 11－3　　用水平百分比法制定的加权申请表

反应类别	下组（人）	上组（人）	总数（人）	上组百分比（%）	加权数
婚姻资料：					
未婚	35	19	54	35	4
已婚	52	97	149	67	7
离婚	25	8	33	24	2
分居	15	6	21	29	3
寡居	13	10	23	43	4
合计	140	140	280		
教育：					
小学	13	14	27	52	5
中学肄业	28	23	51	45	5
中学毕业	56	46	102	45	5
大学肄业	18	16	34	47	5
大学毕业	16	25	41	61	6
研究生	9	16	25	64	6
合计	140	140	280		
工作经验：					
无	18	5	23	22	2
生产	40	30	70	43	4
文书	38	28	66	42	4
推销	8	35	43	81	8
管理	5	17	22	77	8
专业	13	16	29	55	6
其他	18	9	27	33	3
合计	140	140	280		
服兵役与否：					
已服	77	86	163	53	5
未服	63	54	117	46	5
合计	140	140	280		

根据表 11－3，可以计算出一位未婚、大学毕业、无工作经验、已服兵役的申请者的得分是：4＋6＋2＋5＝17，依次将每位申请者的相应情况换算成分数，在筛选时作参考。

为了取得较好的效果，加权申请表必须适合本企业的特殊需要和该企业不同的工作级别，对不同的级别和类型的员工应使用不同的申请表。

（二）自传式调查表

自传式调查表又叫履历表，是一种与加权申请表密切相关的表格，它一般比加权申请表长，包括申请人生活经历等较详细的材料。这种广泛调查的基本原理是把在职的行为与过去在各种情况下的行为以及态度、偏好、价值观联系起来，其重点是以过去预测未来。但它也经常依靠目前的行为来预测将来的行为。表 11－4 是一个典型的自传式调查表的范例。

表 11－4 自传式调查表项目

请在每题下选择最符合本人情况的项目

一、你目前的状况

1. 单身
2. 已婚、无子女
3. 已婚、有子女
4. 寡居
5. 分居或离婚

二、习惯与态度

你是否常开玩笑

1. 很经常
2. 经常
3. 偶然
4. 很少
5. 记不得开玩笑

三、健康

你经常的健康状况如何

1. 从不生病
2. 从不生重病
3. 一般
4. 有时感觉不好
5. 经常感觉不好

四、人际关系

你如何看待你的邻居

1. 你对邻居不感兴趣
2. 喜欢他们，但很少拜访
3. 有时相互拜访
4. 经常在一起

五、金钱

作为一个家长，在正常情况下，你打算在一年收入中储蓄多少

1. 5%或更少
2. 6%～10%
3. 11%～15%
4. 16%～20%
5. 21%或更多

六、双亲的家庭、童年、青少年时期

你在18岁以前的大多数时间和谁在一起生活

1. 父母亲
2. 父或母
3. 亲戚
4. 养父、养母或非亲戚
5. 在家中或是在学校

（续上表）

七、个人特征
你感到自己有多大创造性
1. 高度的创造性
2. 在我的那个范围内比大多数人创造性多一些
3. 中等的创造性
4. 在我的那个范围内比大多数人创造性少一些
5. 没有创造性
八、现在你的家庭
关于迁居，你的配偶
1. 不论你要去哪里工作都愿意一起去
2. 在任何情况下都不搬家
3. 只在绝对需要的情况下才搬家
4. 你不知道他（她）对搬家的看法
5. 未婚
九、娱乐、爱好和兴趣
你去年读了几本小说
1. 没读
2. 一本或二本
3. 三本或四本
4. 五本至九本
5. 十本或更多
十、学校和教育
你高中毕业时多大
1. 小于 15 岁
2. 15～16 岁
3. 17～18 岁
4. 19 岁以上
5. 高中没毕业
十一、自我印象
你是否总是尽力而为
1. 不论做什么工作都这样
2. 只是感兴趣的工作这样
3. 只是对你有所要求时才这样
十二、价值观、看法与偏爱
下列各点中，哪点你认为最重要
1. 舒适的家和家庭生活
2. 挑战性和令人兴奋的工作
3. 走到世界的前列
4. 在社团事务中表现出积极性并被接纳
5. 尽力施展你某一方面的才能

（续上表）

十三、工作 你一般工作的速度怎样 1. 比大部分人快得多 2. 比大部分人稍快些 3. 与大部分人的速度差不多 4. 比大部分人稍慢些 5. 比大部分人慢得多 6. 说不好

二、心理测验

（一）人员甄选中心理测验有效性的检验

1. 分析工作

通过工作分析，明确了胜任工作所必需的个人品质和技能，由此可以确定需要进行哪些心理测试。

2. 选择测试

选择能够测量对胜任工作来说很重要的特征（预测因子）的测试工具。

3. 实施测试

用挑选好的测试来测试雇员。检验测试有效性的方法有两种：一种是同时验证法，即用选择好的测试方法对目前在岗的雇员施测，然后比较测验分数和当前的工作绩效；另一种方法是预测有效化法，即对尚未雇用的候选人施测，在这些人工作一段时间后，测量其工作绩效并与早先的测验分数相比较，由此可以确定他们的测验表现能否用来预测他们后来的工作绩效。

4. 将测验分数与效标联系起来

确定测试分数（预测因子）与绩效（效标）之间是否有显著关系。通常是求测试分数和工作绩效之间的统计关系。可以用期望图表以图形的形式表现测试与工作绩效的关系。

5. 交叉验证与重新验证

步骤三和步骤四交叉进行反复检验，同时专家定期对测试进行重新验证。

（二）人员甄选中心理测验的类型

1. 能力测验

能力测验的主要功能一是判断一个人具有什么样的优势；二是测定在其所从事的工作中，成功和适应的可能性。具体到对人员甄选过程，能力倾向的预测作用主要表现在三个方面：①什么样的职业适合于某个人（职业选择和指导）；②为了胜任职位或岗位工作，什么样的人最适合（人员录用的选择配置）；③为了使个人适应某个岗位，对工作本身的哪些方面应作进一步的改善（合适职位的开发和职位的再设计）。

能力测验不仅对员工甄选工作提供了帮助，对应聘者本人也颇有益处。首先，通过测验可使应聘者获得有关自己能力的客观信息，帮助其正确衡量自身能力特征及适合的工作领域；其次，测验结果往往提示出自己的某些能力倾向，有助于激发自我开发的积极性。

能力测验通常可分为一般能力测验和特殊能力测验。

（1）一般能力：指影响人们各种活动效率的基本能力，即智力（IQ），一般包括观察力、记忆力、思维力、想象力、数字推理能力、言语知觉和表达能力、空间关系能力等。

$$IQ = 智力年龄/实足年龄 \times 100\%$$

常用的智力量表有：斯坦福——比奈智力测验；韦克斯勒智力测验；瑞文标准推理测验等。专门应用于人事甄选的智力测验，主要有奥特斯（Otis，1922～1929）的心理能力自我测验，万德利克（Worder lic，Hooland，1939）的人事测验以及提芬（Tiffin，Lawshe，1942）的适用性测验。智力测验对选择秘书一类的员工测验效度非常高，对小范围内的一线管理人员，效度值也比较高。

下面是典型的一般能力测验实例：

①下列数列中括号内该填什么数字？

345，268，349，264，353，260，357，（　）

②“铁锹与挖掘”的关系犹如刀子与（　）

A. 琢磨　　B. 切割　　C. 铲除　　D. 锋利

（2）特殊能力测验：

①机械能力及空间能力测验。机械能力测验涉及机械理解能力，空间能力测验涉及空间关系能力，它们是许多工作所必需的能力。机械能力测验一般要求个体在测验中把机械原理确认出来，或者应用原理来解决问题。空间能力测验测量个体通过空间想象来解决实际物理问题的能力。许多职务都需要个体能够想象某一物体以给定方式变换后的形态。空间关系能力还包括想象构造能力，即依照设计在个体心理内部构造某种结构的能力。

应用最广泛的机械理解测验是本纳特（Bennett，1940）的机械理解测验。该测验包括一系列图形，反映了不同的机械关系和原理。

举例：用一根细绳拴住一个铁球，使它在桌面上围绕中心以每秒10圈的速度运动，哪种情况下绳子最容易断：

A. 绳子越长越容易断　　B. 绳子越短越容易断

C. 与绳子的长短无关　　D. 不能判断

应用广泛的空间关系测验包括明尼苏达空间关系测验，又称明尼苏达拼板测验。明尼苏达空间关系测验的测验材料为A、B、C、D四块木板，每块木板上有58个形状不同、大小各异的空洞，另有同样数目的木块，其形状及大小与板上的空洞一一对应，可分别放置空洞中，但放进后部分高出板面，以便取拿。A、B两板上的空洞除位置不同外，其形状、大小是一样的，所以合用一组大块；同样，C、D合用一组。使用时要求被测者将一板之木块放置另一板之空洞内，记分方法则以时间和错误次数为标准。选拔机械工、艺匠、修理匠、设计师与工程师等用此测验有较高效度。

举例：请在方框右边A、B、C、D四个立体纸形中选择由左边方框的纸样叠成的一个。

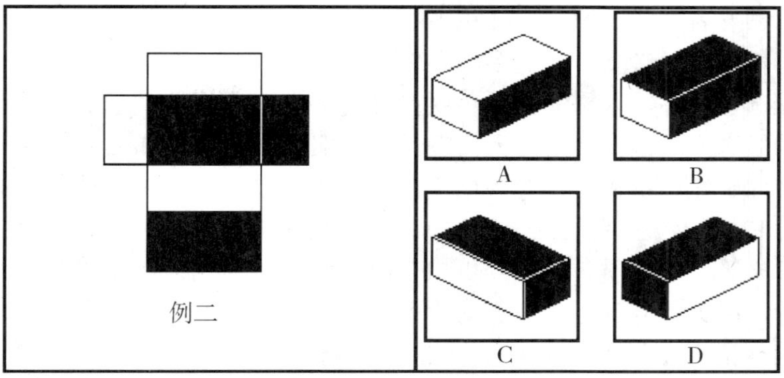

图 11－1　明尼苏达拼板测验

②感知能力测验和运动能力测验。感知能力测验包括视敏度、颜色视觉、听觉测验等。除了用视力表、色盲检查表、听力计等来直接检查视敏度及听觉感受性外，还可利用纸笔测验来检验感知能力。

感知能力测验的常用工具是明尼苏达秘书测验。它要求应聘者用最短的时间确定 A、B 系列是否相同，以此测验知觉的准确程度。吉塞利（1973）的研究指出，这些测验对秘书职位的工作具有较高的效度，其效度系数在 0.40 左右。

举例：请从每题两组符号中找出相同的字符的个数。

例 1　DHOR　　XHRMDF

例 2　U 大寸 B　　几寸二小文日

例 3　乙女刀木　　女子乙刀木工

例 4　N 力小曰　　一口山木马牛

运动能力测验主要评价的是运动协调能力。一些复杂的工作，如驾车、弹钢琴等，需要个体手脚协调的能力。即使在一些简单的工作中，例如上楼梯、洗衣服等，也需要一定的协调运动。弗莱施曼（Fleishman，1966）与他的同事把运动能力概括为十一个方面：多肢体协调性、控制的准确性、选择反应性、简单反应性、手臂运动速度、速率控制、手的灵巧性、手指的灵巧性、臂—手稳定性、腕—指速度、瞄准。

在员工甄选中，对运动能力的测验，一方面可通过体格检查来进行；另一方面则是通过各种测试仪器或工具来进行。比较通用的测试工具有贝布特（Bennett）手—工具灵巧测验、斯特龙伯格（Stromberg）灵巧性测验等。

③身体体能测验。包括生理体能测验及生理健康测验。某些职务的任职者需具有一定生理体能，如运动员、飞行员等。弗莱施曼把生理体能概括为九个方面：动力负荷、静力负荷、爆发力、伸展的灵活性、动态的灵活性、身体平衡、身体协调、耐力、躯体负荷。生理健康测验对所有职位都是必要的。一个经常请病假的员工是不可能在工作中表现出好的绩效的。

2. 人格测验

人格是个体与环境交互作用中形成的一种相对稳定的、不同于他人的独特的身心组织。它通常指个性中除能力之外的部分，包括情感、动机、态度、气质、性格、兴趣、品德、价值观等。人格的特点有：复合性；相对稳定性；差异性；可变性。

人格对工作成就有明显的影响，表现为：第一，不同性格、气质的人适合于不同的工作；第二，领导者失败的原因，往往不在于智力、能力和经验不足，而在于人格的不成熟；第三，作为领导者要承受更多的心理压力，所以需要更健全的人格。

在人员甄选过程中，人格测验是一项重要的内容。尤其是对于那些要和其他人有很多沟通交流的候选人的选择，这种人格特性的测定尤为重要，如公共事业工作、监督和管理活动、新闻工作、推销工作等。把个性品质的测验引入员工甄选中，有助于在对应聘者知识能力和技能考查的基础上，进一步考查其工作动机、工作态度、情绪的稳定性、气质、性格等心理素质，使考查更加全面、科学、客观，从而保证能够选拔出具有较高知识素养、能力素养和心理素养的优秀人才。

不同人格理论有不同的人格模型。布朗、豪斯提出了15种人格因素：社会腼腆；社交能力；情绪变化的调控；适应性情绪；冲动性；持续性；疑病倾向；支配Ⅰ（平易近人、谦逊）；支配Ⅱ（指挥、运筹、领导能力）；一般活动；信任—怀疑；超我；世故；优越性；合作。卡特尔提出了16人格因素：乐群性；聪慧性；稳定性；恃强性；兴奋性；有恒性；敢为性；敏感性；怀疑性；幻想性；世故性；忧虑性；实验性；独立性；自律性；紧张性。

通常人格测验的方法可分为两大类型，即投射法和自陈量表法。

（1）投射法。投射法是一种用非结构的任务作为刺激材料，通过被测试者对材料知觉和解释来测定其人格倾向的测验方法，这里的任务允许被测试者有各种各样不受限制的反应。投射法可具体划分为以下几类：

①联想法：通常要求被测验者说出某种刺激，如单号墨迹所引起的联想。一般指首先引起的联想；

②构造法：要求被测验者编造或创造一些东西如故事、图画等；

③完成法：要求被测验者完成某种材料，如完成语句等；

④选择或排列法：要求被测验者依据某种原则对刺激材料进行选择或排列；

⑤表露法：要求被测验者利用某种媒介自由地表露自己的心理状态。

典型的投射测验有罗夏墨迹测验和主题统觉测验（TAT）。

（2）自陈量表法。这类测验工具主要是采用自陈式问卷调查量表方式进行，常规的调查表通常包含行为、态度、感觉、信仰等相关的陈述式问题，要求被测验者根据他们对自己行为的观察来评定。各个项目的反应通常是对几种个性品质或特征如支配性、社交能力或被动性中的每一个进行记分，通过统计分析或合理的依据，把它们确定为拥有特殊品质和特征个性的反应特点以后，把这些反应进行记分。

具有代表性的问卷式调查量表有明尼苏达多项个性调查表（MMPI）、加利福尼亚心理调查表（CPI）、爱德华个人偏爱量表（EPPS）、卡特尔16PF量表等。劳动人事心理学家还编制专门适用于人力资源测验的人格量表。该表包括组织才能、能力、成熟程度等因素。豪根、布什（Hogen，Busch，1984）设计的测量良好人际关系反应的人格量表，则包括体谅、思考、合作三方面因素。这些测验较以前的临床人格测验的预测结果有效得多。例如，本茨（Bentz，1985）在西门子公司行政管理人员选择中，成功地应用人格测验进行预测。

举例：

1. 如果我有机会的话，我愿意：①到一个繁华的城市旅行；②介于①③之间；③游览清静的山区。

2. 我有能力应付各种困难：①是的；②不一定；③不是的。

3. 即使是关在铁笼里的猛兽，也会使我见了惴惴不安：①是的；②不一定；③不是的。

4. 我总是不敢大胆批评别人的言行：①是的；②有时如此；③不是的。

三、笔试

笔试是一种最古老而又最基本的人员甄选方法。它是指应聘者在试卷上依据事先拟好的题目作出解答，然后由主考人根据其解答的正确程度评定成绩的一种测试方法。这种方法可以有效地测量应聘者的基本知识、专业知识、管理知识、相关知识、综合分析能力以及文字表达能力等素质的差异。

笔试的优点如下：

1. 可靠性高

由于一次笔试能够出几十甚至上百道试题，考试“取样”较多，因此可以对应聘者所掌握的知识、技能与能力作较为全面的考查。比如对应聘秘书一职的人员采用笔试的形式，就可以充分考查他们的文字组织能力和思维清晰程度。同时，采用笔试方式，应聘者的心理压力相对较小，可以较为正常地发挥，使测试结果能较真实地反映他们的能力，因此可靠性较高。

2. 成绩评定客观

由于笔试这种测试方式出题都有较为规范、固定的模式，因此，对于成绩的评定也有相对明确的标准，不易掺杂评卷人的主观意见，且可以保存应聘者回答问题的真实材料。

3. 花费的时间和费用较少

笔试的形式较为简单，所用的时间不长且可以大规模地进行，费用也较少。

笔试也有其局限性和缺点，主要表现在不能全面地考查应聘者的工作态度、品德修养以及组织管理能力、口头表达能力和操作技能等。因此，笔试方法虽然有效，但还必须采用其他测评方法，如行为模拟法、心理测验法，面试法等，以补其短。

四、面试

面试是员工甄选中普遍使用的方法之一。它是指在主考人面前，应聘者用口述方式回答问题，主考人根据应聘者在面试过程中的行为所反映出的物质、特点、态度、潜能等信息，予以评定成绩，最终作出人力资源决策。本书第九章对面试的一般知识进行了介绍，这里针对招聘中的需求，另外介绍一些企业在人员招聘和甄选过程中还需要用到的技术：面试中的行为性问题与 STAR 追问法。

我们来看下面的案例：

表述一：“这个人糟透了，他一贯迟到、不守时，简直是太不负责任了。”

表述二：“这个人在过去两个月的时间里连续迟到了 5 次，其中还有 1 次旷工，他是个不太守时和不负责任的人。”

以上两句话，哪个更能说明这个人过去的行为表现呢？显然是第二句，因为这一句具体地说明了情况。行为性题目是面试对应聘者进行考查的重要技术，这一技术的理论假设就是：一个人过去的行为是其未来行为的最好预测。行为是一个人曾说过或者曾做过的事实，如果应聘者的工作与招聘岗位相关，工作内容也接近，那么他过去的工作业绩、行为方式等就有可能预示其将来的工作成效。

一个人的过去可能是一部很长的“历史”，对企业而言并不都是必须了解的。提问行为性问题的原则是：

（1）与工作相关：提问内容应与工作有关，如需具备的技能、知识、工作态度等。

（2）提问信息一致、平等。同职位的候选人被问相同、类似的问题以避免“闲聊”，更易于确定谁更适合此工作。

（3）高信度，高效度，保证信息准确，避免出现信息不对称。

（4）精确记录：最好有较为详尽的记录，以便在候选人之间进行比较，如有必要可采用专门的记录设备如录音笔、摄像机等。

应用案例

某民营企业的老总在面试一个副总的职位时问了3个问题：

（1）我们公司这个职位要带领十几个人的队伍，你认为你带人带得怎么样呢？

（2）你在团队工作方面表现怎么样？因为这个职位需要与人交流、沟通，你觉得你的团队精神好吗？

（3）我们公司是刚开始设立这个职位，压力特别大并且需要经常出差，你觉得你能适应这种高压力的工作状况吗？

分析：

这3个问题分别考查应聘者的领导力、团队精神和对工作压力的承受力，但这种问法很难得到正确的答案。因为提问有很强的暗示，答案很可能是：

（1）我管理人员的能力非常强。

（2）我的团队精神非常好。

（3）我能适应，非常喜欢出差。

对策：

①在考查管理能力方面

你在原来的公司时，多少人向你汇报？你向谁汇扳？

你是怎么处理你下属成员间的矛盾纠纷的？举个例子好吗？

②在考查团队协作能力方面

我们常听说人力资源部和公司内其他部门经理有矛盾，那你是否遇到过这样的纠纷，你当时是怎么处理的？

作为人力资源部经理，你曾经从哪些方面作出努力以改善公司内部的沟通状况呢？

③在考查工作压力方面

上一家公司的工作压力是怎么样的？经常要加班吗？多长时间出差一次？

这种出差频率影响到你的生活没有？你对这种出差频率有什么看法？

通过上面的例子可以看到，当把问题换成开放式的问题后，就可以考查出应聘者的真实想法，从而判断其能否适应这种高强度的工作。

表 11－5 列出了一些行为性问题的示例。

表 11－5　　行为性问题的示例

错误的问法	正确的问法
你是怎样分派任务的？是分派给已经表现出有能力完成任务的人呢？还是分派给有兴趣完成该任务的人？或者是随机分配？	请描述一下你是怎样分派任务的，并举例说明。
你觉得人生中最大的激励是从金钱还是从工作中获得的？	你认为什么是生活中最大的激励？为什么这样说？
你的前任主管是一个严厉的人还是一个随和的人？	你如何评价你的前一任主管？请你举一些具体的实例来说明。
你的团队沟通能力好不好？	你以前是怎样和你的团队进行沟通的？请举例说明。
在你今后的职业生涯中，你会继续在这个领域工作还是会做一些别的事情？	你的中长期职业发展规划是怎样的？
你处理问题的能力怎么样？	请你举一个过去跟客户打交道最困难的例子。

但是应聘者面对行为性问题特别是针对负面信息的行为性问题时，往往会避重就轻或言过其实，为了获得客观、真实的信息，可以采用 STAR 技术进行提问、追问。

STAR 由下面 4 个英文单词的首字母组成：S－situation，情景；T－target，目标；A－action，行动；R－result，结果。

当应聘者感到问题比较棘手，试图回避或作伪时，往往有如表 11－6 所列的表现。

表 11－6　　应聘者的反应模式

真实表达	不真实表达
第一人称	很难一针见血
说话很有信心	倾向于夸大自我
明显与一些已知的事	明显在举止或言语上迟疑
实一致	语言流畅，但像背书

人们在传递信息时，除了语言信息，还有一半以上的非言语信息，并且非言语信息更为真实、可靠，这是值得面试官注意的。表 11－7 是一些非言语信息的典型含义。

表 11－7　　一些非言语信息的典型含义

非言语信息	典型含义
目光接触	友好、真诚、自信、果断
不做目光接触	冷淡、紧张、害怕、说谎、缺乏安全感
眯眼睛	不同意、反感、生气
鼻孔张大	生气、受挫
手抖	紧张、焦虑、恐惧
摇头	不赞同、不相信、震惊
打哈欠	厌倦
搔头	迷惑不解、不相信
微笑	满意、理解、鼓励
咬嘴唇	紧张、害怕、焦虑
抬一下眉毛	怀疑、吃惊
身体前倾	注意、感兴趣
懒散地坐在椅子上	厌倦、放松
坐在椅子边缘上	焦虑、紧张、有理解力的
摇椅子	厌倦、自以为是
驼背坐着	缺乏安全感、消极
坐得笔直	自信、果断
踮脚	紧张、不耐烦、自负
双臂交叉在胸前	生气、不同意、防卫、进攻

应用案例

问题：请举一个跟客户打交道最困难的例子。

回答："当时我遇到一个客户特别难以对付，我们那个销售小组做了很多的努力，当时这个情景我们是这么处理的，我们采取了……最后我们终于赢得了这个客户。"

分析：可以从他的话中发现受测者总在说"我们"，而没有说"我"。可能的原因是：他仅是一个参与者，他只是那个项目小组里极小的一个分子。但是为了获得更好的面试评价，他夸大了自身在事件中的作用，这不属于撒谎，但受测者会把"我们"的事实全都揽到"我"身上。

对策：如果遇到上述情况，面试考官应马上追问："很抱歉，你说的是你还是你们啊？"或者："我非常欣赏你们能做了这样好的事，你能不能再具体地给我描述一下，你在这个小组里都具体做了什么？你在这个小组管多少人？你向谁汇报？你在这个案例中具体跟客户打了哪些交道？"通过 STAR 追问相关的信息获取应聘者的真实情况。

五、评价中心

评价中心是一种标准化的评价、选拔管理人员的方法。它是首先由专家分析某种职位所必需的能力和态度，并设计能够让应聘者表现出其能力及态度的测验，在既定的控制条件下进行测试，由一组评审员各自观察并记录应聘者的表现，最后综合评估报告，作为其录用、甄选等的参考依据。评价中心的具体介绍见本书第十章。

第三节　人员招聘和甄选中的测验组合*

人员招聘和选拔中测评方法的使用，决不是各种测评方法的简单堆积，而需要根据不同的测评需要，设计一个完整的测评方案。下面，分别阐述不同职务层次人员的招聘、不同岗位人员的招聘、不同行业人员的招聘中，如何来组合选用各种测评方法。

一、针对不同职务层次的测评方法组合

组织中不同职务层次的岗位，由于其承担的工作的性质、内容、责任等都有所不同，因此对任职者的要求是不同的。

（一）一般员工的测评组合

1. 基本学识技能的测评

一般员工是企业基层的生产、业务和服务工作人员，他们所从事的工作有自主性低、工作责任和工作内容单一、任务量大、简单重复性高的特点。针对他们的测量，一般是从岗位需求出发，考查他们是否具有完成岗位任务的基本知识和技能。

对一般员工的基本实际操作能力和工作经验的调查和考查，一方面可通过简历筛选，了解其受教育和培训的经历，获得的技能证书，工作经验等实际情况，或者进行现场操作技能考试进行筛选；另一方面可通过实习期观察、例行考核等监控手段加以了解。

2. 员工个性特点和价值观的测评

招聘中对员工能力的考察，只能判断其入职后是否能完成所承担的任务，而无法判断其工作积极性、主动性如何，更无法判断其是否会很快跳槽。如果员工的价值观与该企业文化格格不入，那么能力越高的员工其跳槽的可能性越大。所以，在员工招聘和甄选中，必须对应聘人员的个性特点和价值观加以考查，选择那些责任心强、有恒心、有毅力并且价值观与企业文化相一致的人，才可以保证他们对企业的忠诚度，有效提高他们对工作、生活的满意度。员工个性测验，可以选用卡特尔 16PF 人格测验，工作价值观调查的具体内容涉及理论取向、唯美取向、社交取向、宗教取向、政治取向、经济取向等方面。

---

* 本节内容参见王垒．实用人事测评．北京：经济科学出版社，2002

表 11－8　　不同职务层次人员测评要素与测评方法

岗位	测评要素	测评方法
一般员工	个性特征 实际操作能力 工作经验 价值取向	履历分析 个性测验 价值观评定 面试（结构化或非结构化）
中层管理人员	能力特点 个性特征 职业适应性 知识经验	面试（结构化或非结构化） 情景模拟测验 个性测验 职业适应性测验
高层管理人员	工商管理能力 创造性思维能力 较高的成就动机 灵活机敏但有原则 敏感型与沟通能力 开放和变革意识	情景模拟测验 个性测验 动机测验 领导行为评估系列测验 管理潜能开发系列测验

（资料来源：冯立平．人才测评方法与应用．上海：立信会计出版社，2006）

（二）中层管理人员的测评组合

企业中各个部门的主管人员构成了该企业的中层管理阶层，他们承担着按规定的时间、费用和质量等条件，生产某种商品或提供某种服务的任务，保证企业生产、管理活动有效运行，最终实现企业目标的具体任务。

中层管理人员既强调职务技能和经验，又必须有才能实现管理职能。中层管理人员所需要的品质可归纳为能力、个性特征、动力适应性（个性倾向性）、知识经验四大模块，针对他们的测评工具组合也是围绕这四大类内容展开的。

1．能力测评

对中层管理人员一般能力的测评，可以使用标准化智力量表，如瑞文标准推理测验。中层管理人员的智商，一般应在 110 以上。

中层管理人员的特殊能力测量，可以根据其职位的不同，有针对性地考查其数量分析能力、逻辑推理测验、语言理解能力、文字表达能力、机械推理能力、空间知觉能力等，可以运用《北森能力倾向测验》。对管理人员组织协调能力、沟通能力、领导意识、成熟度、风度、口才、思维敏锐度等管理能力的考察，则可以采用无领导小组讨论这一情境模拟测验技术。

2．个性测验

对中层管理人员个性的考查，可以选用以下几种人性量表：①卡特尔 16PF 人格测验；②加州心理测验（CPI）；③DISC 测验；④北森智维通用人才选拔系统。

3．兴趣测验

职业兴趣测验的目的在于通过对被试者兴趣特点的了解，选拔和使用那些对工作内容和活动本身感兴趣的人，或者具有与该工作中获得成功者类似或一致的兴趣和爱好的人。常用的职业兴趣量表有：斯特朗职业兴趣表（SVIB）；库德职业兴趣调查（KOLS）；

霍兰德职业爱好问卷，最常用的是霍兰德职业爱好问卷。他把职业兴趣分成6个方面：R（现实型），I（调查研究型），A（艺术型），S（社会型），E（企业型），C（常规型）。

4．成就动机测验

成就动机指人们追求卓越以实现目标的内驱力。

高成就动机与工作绩效的关系如下：①高成就动机者喜欢能独立负责、可以获得信息反馈和中度冒险的工作环境。在这种环境下，他们可以被高度激励；②高成就动机者并不必然就是一个优秀的管理者，尤其是对规模较大的组织而言；③员工可以通过训练来激发他的成就动机。可见，受成就激励的人正是企业所欢迎的。但高成就动机者作为管理者有可能会要求太苛刻，或对他人抱不切实际的期望，这可能导致领导方面出现问题。

成就动机的测量可以根据麦克莱兰的成就动机理论来编制。

5．知识经验考查

一方面，可考虑采用知识和技能考试的形式，从职务所需要的知识或技能出发，考查掌握知识的水平。另一方面可通过管理人员的履历了解其受教育程度、专业技术职称水平、是否获得技能等级证书、资格证书以及他在以往工作经历中曾担任什么职务，有何工作业绩等。这些内容大致反映了被考查者的专业水准和具备的资历。

（三）高层管理人员的测验组合

高层管理人员是企业的最高决策层，担任着经营决策、策划、指导与领导的职能，高层管理者的素质，往往决定着企业的生死存亡，所以正确地选拔高层管理人员，对企业的发展至关重要。对高层管理人员的选拔，可以参考以下几方面：

- 一般智力水平；
- 工商管理能力；
- 创造性思维能力；
- 较高的成就动机；
- 灵活机敏但有原则；
- 坚韧的毅力；
- 敏感性与沟通能力；
- 开放和变革意识。

考查高层管理者的上述素质，可考虑选择使用以下测验：

- 情境模拟测验：如公文筐测验和无领导小组讨论。
- 动机调查：如北森动力测验。
- 个性测验：加州心理测验（CPI）；DISC个性测验；北森智维通用人才选拔系统。
- 领导行为评估系列测验：如领导风格测验；领导行为测验；北森领导力测验等。

小资料

管理人员胜任力素质

1．人际沟通

·愿意主动说服和引导他人

·愿意与他人合作完成任务

·主动营造和维护良好的人际氛围

2. 问题处理

·可以较好地安排事情的优先次序

·处理问题理智

3. 团队合作

·在团队中属于决策者

·在团队中属于领导者

4. 领导风格

·习惯通过规章制度约束下属

·只关注事情的结果，而不是过程

·善于授权，不过分插手下属的工作

5. 创新意识

·对工作方式或组织运行的创新、改进

·不按常规做事，不按部就班，灵活机动

6. 时间管理

·做事速度快，强调效率、时间

·乐于遵守时间表规定的进程

·要求别人也同样遵守时间表规定的进程

7. 工作动力

·能够自觉地负起责任

·敢于面对失败和挫折，承受力强

·做事积极主动

·能够自我激励

·持续工作的韧性

8. 决策判断

·决策有魄力、迅速

·决策谨慎、周全，不冲动

·决策理智，不易受干扰

·决策时关注全局和整体，客观分析

9. 计划组织

·习惯制订计划，遵照计划执行

·为全局和长远目标做打算

·做事速度快，长于行动

10. 其他特点

·性格内向—外向

·自信

·大胆表达自我见解

11. 适合环境

·对组织的结构和对细节的关注度要求

·对组织的合作性及和谐性要求

二、针对不同岗位系列的测评方法组合

组织中的各个部门作为组织职能和业务的承担者，对组织整体目标实现的贡献是不同的，其活动的性质、难度、作用、技能和机制等都有所不同，从而对各个岗位上的人才要求也有所差异。

（一）几种常见岗位的素质要求

1. 生产岗位系列素质特征

①能力：时间管理（有时间概念，讲效率，严格保证生产进度）、有效的控制力、系统全面的计划能力；

② 个性：认真、负责、准确；

③ 知识经验和技能：专业水平高，熟悉生产流程和相关设施，具备安全生产知识。

2. 营销岗位系列素质特征

（1）基本素质：

①独立性和自我管理能力较强；

②善于捕捉信息，灵活应变；

③ 时间观念强；

④善解人意，劝说能力强；

⑤ 诚实、守信用；

⑥喜怒不形于色；

⑦性格外向，人际交往能力强；

⑧口头表达能力和洞察能力强；

（2）个性特点（以卡特尔 16 项个性因素为例）：

①较高的乐群性：开朗、热情、随和，容易接受他人的批评；

②较高的稳定性：情绪稳定、成熟、能够面对现实，易与别人合作，在集体中较受尊敬；

③较高的兴奋性：轻松愉快、逍遥放任，社会联系广泛，在群体中较引人注目；

④较高的敢为性：喜冒险，少有顾忌，敢作敢为；

⑤低忧虑性：自信坦然，易适应环境，有时自命不凡；

⑥较低的紧张性：心平气和，遇事能镇静自若，有时反应迟钝，不敏感。

3. 人力资源管理岗位系列素质特征

（1）基本素质：

①人事业务熟悉：包括要懂人事法规、薪资福利等；

②对公司人才战略的考虑：不仅要知道今天的需要，还要知道企业明天的发展需要什么样的人事支持；

③成为带动变革的先锋：能够督导企业文化的改变、工作程序的完善；

④能够做管理者和员工之间的桥梁，成为员工意见的代言人。

（2）个性特点（以卡特尔 16 人格因素为准）：

①较高的稳定性：情绪稳定、成熟，能够面对现实，易与别人合作，在集体中较受尊敬；

②较高的有恒性：稳重执著，做事尽职，努力肯干，社会责任感强；

③较高的自律性：自律严谨，有较强的自制力和意志力；

④较低的怀疑性：随和、宽容，易与他人形成良好的人际关系；

⑤较低的幻想性：现实，脚踏实地，处事稳重，具有忧患意识；

⑥低忧虑性：自信坦然，有时自命不凡，容易适应环境；

⑦较低的实验性：保守，重传统，循规蹈矩。

4. 财务岗位系列素质特征

（1）基本素质：

①廉洁奉公，有正义感，能抵制各种诱惑，坚持原则；

②责任心强，时间观念强，慎重细致；

③有较强的数字反应能力和汇总规划能力；

④具有扎实的专业知识和宽广的知识面，要学习有关的经营、制造、推销、采购等方面的知识，有专业资格认证；

⑤有较强的理解、分析、综合、判断和推理的能力。

（2）个性特点（以卡特尔16人格因素为准）：

①较低的乐群性：缄默、孤僻、生硬、严谨；

②较高的有恒性：稳重执著，做事尽职，努力肯干，社会责任感强；

③一般的敢为性：不喜欢冒险；

④较高的敏感性：细心敏感，有时优柔寡断；

⑤低忧虑性：自信坦然，易适应环境，有时自命不凡；

⑥较高的独立性：不依赖他人，有主见，不推诿责任。

5. 技术岗位系列素质特征

（1）主动性：在旺盛的求知欲和强烈的好奇心的驱使下积极进取。

（2）独创性：有别出心裁的见解、与众不同的方法，勇于推陈出新。

（3）严密性：不放过灵感的火花，能深思熟虑、仔细推敲，以达到完美结果。

（4）疑问性：不盲从，敢于大胆发问，敢于冲破传统观念。

（5）变通性：思想流畅，善于举一反三，能想出许多点子，提出异想天开的问题，取得异常的成就。

（6）洞察力：富于直觉，对环境有敏锐的感受力，可以觉察别人未注意的情况和细节。

（7）想象力：思想中新的观点、形象来自合理的联想、幻想。

（8）持久力：有百折不挠、坚持不懈的毅力和意志。

（9）自信心：深知自己所做事情的价值，即使受到阻挠和诽谤也不改变信心，直到实现预期的目的。

（10）勇气：从事创造性工作的人必须具有面对常人无法忍受的困境的勇气。

（11）性格内向，不善言谈，兴趣相对专一。

（二）各岗位测量工具组合

不同岗位测评要素与测评方法如表11－9所示。

表 11－9　　不同岗位测评要素与测评方法

岗位	测评要素	测评方法
生产系列	个性特征，组织协调能力，综合分析能力，兴趣取向，行为风格，工作履历	管理个性测验或 DISC 测验 兴趣偏好测验 价值观评定 面试（结构化或非结构化）
营销系列	人际敏感性，沟通能力，个性特征，动力需求模式，语言表达，工作履历	管理个性测验或 DISC 测验 敏感性与沟通能力测验 需求测试 生活特征问卷 无领导小组讨论 面试（结构化或非结构化）
财务系列	个性特征，思维分析能力和综合决策力，工作履历	管理个性测验或 DISC 测验 数量分析能力测验 面试（结构化或非结构化）
行政人事系列	个性特征，人际技巧，事务处理能力，工作履历	管理个性测验或 DISC 测验 无领导小组讨论 领导行为评定 面试（结构化或非结构化）
技术系列	创造性，思维推理能力，个性特征，工作履历	管理个性测验或：DISC 测验 逻辑推理测验 抽象推理测验 面试（结构化或非结构化）

（资料来源：王垒．实用人事测评．北京：经济科学出版社，2002）

三、针对不同行业特征的测评方法组合

组织所处的行业不同，决定了其从业人员的素质要求不同，各行业可以结合自身的特点对从业人员的能力、个性特征等提出要求。不同行业特殊需求及相应测评方法如表 11－10 所示。

表 11－10　　不同行业特殊需求及相应测评方法

行业	需求分析	测评方法
生产制造业	全面严格的质量控制力 创新开发能力	个性测验
服务产业	适于服务取向的个性、兴趣人际技能	个性测验 人际技能测验
文化产业	创造性思维 高超的组织策划能力 综合能力	思维测验 管理能力测验 案例分析
高新技术产业	独创性 学习能力 科技敏感力 高新技术造诣 敏锐的信息把握和驾驭能力	思维测验 情景模拟测验 案例分析

（资料来源：王垒．实用人事测评．北京：经济科学出版社，2002）

应用案例

某药业集团公司中层管理人员招聘

一、项目方案简介

2005 年 6 月，某药业集团公司计划进行 2006 年度的招聘。公司人力资源部人事处、综合处招聘工作人员，对应聘人员从专业、学历、毕业院校、工作经验等硬性条件到性格特征、能力素质等软件特质都提出了要求，希望在应聘者中选拔在观念、能力、行为上都能最大限度满足岗位要求以及更具发展潜能的优秀人选。北森和博思人才网测评中心承担了此次招聘的从简历筛选到测评方案设计及笔试面试的执行工作，以期能够全面、科学、客观地考查应聘者的胜任力和发展潜力。

二、项目实施流程

1. 需求提出、岗位分析

什么样的人适合这个岗位呢？根据客户提供的招聘需求岗位及各个岗位的应聘条件和岗位职责，组成项目小组。首先进行岗位分析，确定岗位所需要的能力、素质要求，决定从性格、能力、专业知识三方面考查应聘者。

以人力资源部综合处为例，考查点确定为：

个性特征：主动型、自信心、思维风格、沟通与社交、团队协作、成功愿望以及职业倾向。

能力素质：书面表达能力、理解判断能力、综合分析能力、组织协调能力、行业/专业知识。

2. 信息发布、简历筛选

根据客户提供的招聘需求岗位及各岗位应聘条件和岗位职责，制作招聘广告在相关网站发布。根据企业提出的应聘条件筛选简历，确定合适的下一步候选人。

3. 工具推荐、方案设计

针对以上总结的考查点的各个维度，专家小组给出了最为合适的测评工具组合及具体实施方案。

测评工具包括：

（1）网上测评：弈衡测评；性格测评；能力测验；职业倾向测验。

（2）笔试：专家小组按照职位说明书要求，从书面表达、理解判断、综合分析、组织协调、行业/专业知识等方面单独拟定笔试试题。综合部副经理这一职位设置了政策论述、行业事件资料分析、模拟公文写作等形式。

（3）面试：采用结构化面试。主要考查其成功愿望、理解判断、口头表达交际、组织协调和行业知识等。

具体测评流程如下：

（1）博思人才网测评中心专业简历筛选技术。

（2）测评工具方案及具体施测技术、专家分析报告，包括：弈衡招聘选拔测验1份、性格测评1份、能力测验1份、职业倾向测验1份。

（3）笔试试题专业拟定、组织、阅卷、评分技术。

（4）结构化面试系统，组合性命题及面试评分表设计，组织面试和技巧培训。

（5）综合性分析报告及发展建议并将其作为录用依据。

（6）新员工测评档案。

（7）客户反馈。

本章小结

1. 人员招聘的过程包括六个环节：人力需求分析；制订招聘计划；人员招聘渠道选择；招聘测试和面试；人员录用；招聘评估。

2. 人员招聘的途径有两种：内部招聘和外部招聘。

3. 内部招聘的方式有三种：布告法，推荐法，档案法；外部招聘的方法有：自荐，经人引荐，广告招聘，校园招聘，到劳务市场和人才交流中心招聘，委托职业介绍机构，猎头公司。

4. 员工甄选的主要方法有：加权申请表和自传式调查表法；心理测验法；笔试法；面试法；评价中心法。

5. 心理测验包括能力测验；人格测验；兴趣测验。

6. 人格测验的方法可分为两大类型：投射法和自陈量表法。

7. 招聘测评的组合需要考虑不同职务层次人员的招聘、不同岗位人员的招聘及不同行业人员的招聘等几种情况。

思考题

1. 人员招聘的过程包括哪些主要环节？最核心的环节是什么？

2. 内部招聘和外部招聘各有何优缺点？

3. 如何进行加权申请表的分析？

4. 招聘面试中，如何运用STAR技术？

5. 中高层管理人员的招聘测评和一般员工的招聘测评有何区别？

第十二章

职业生涯管理中的测评

本章提要

- 职业生涯管理的涵义、内容
- 能力、性格、兴趣、气质、价值观测验与职业规划
- 职业锚测验与职业规划

引　言

职业生涯管理是人力资源管理中的一个重要领域，无论是对组织还是对个人而言，它都具有举足轻重的作用。但是，在实践中，职业生涯管理又最容易受到组织和个人的忽视。我们经常可以看到的是：企业在招聘——流失——招聘的漩涡中循环，而员工在求职——辞职——求职的漩涡中循环，由此造成的恶果是：企业不断地流失优秀的员工，而员工丧失了持久、稳定地发展的机会，这是对企业和员工双方都不利的“双输”结局。而良好的职业生涯管理，则可以带来企业和员工的“双赢”局面。本章主要介绍个人和组织应如何应用测评方法和技术做好职业生涯管理工作。

第一节　职业生涯管理概述

一、什么是职业生涯管理

（一）什么是职业生涯

1．职业生涯的定义

生涯指人的一生，那么什么是职业生涯呢？虽然许多学者对职业生涯的理解不同，但是职业生涯有其基本含义：第一，职业生涯是个体的行为经历，而非群体或组织的行为经历；第二，职业生涯是一个人一生中的工作任职经历或历程；第三，职业生涯是个时间概念，指职业生涯期；第四，职业生涯蕴含着具体职业内容，它是一个动态的、发展的概念。

综合以上观点，可以给职业生涯下这样一个定义：

小辞典

职业生涯是个体一生的工作历程，它以时间为主线，以工作内容为载体，具有动态性和发展性。

2．职业生涯的特性

职业生涯具有以下几点特性（金树人，1997）：

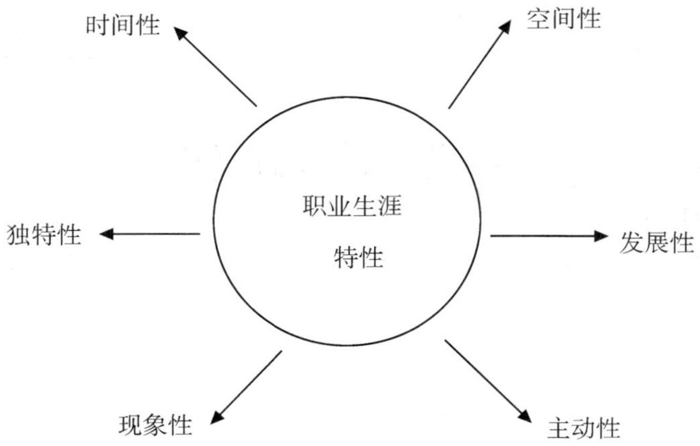

图 12－1　职业生涯的特性

发展性：生活里各种事态的连续演进方向。
时间性：生涯发展是一生中连续不断的过程。
空间性：生涯是以事业角色为主轴，也包括其他与工作有关的角色。
独特性：每个人的生涯发展是独一无二的。
现象性：只有个人寻求它时，它才存在。
3．职业生涯的类型
（1）职业生涯按照其是否稳定，可以分为如下两类：
①传统性职业生涯。

小辞典

在一个人的职业生涯中，他的职业可能是持续稳定的，通常称其为传统性职业生涯。

比如，一名高校教师的职业生涯之初，职称是助教，随着其学术水平和工作年限的增长，其职称可能会逐步晋升为讲师，副教授，教授。
②易变性职业生涯。

小辞典

一个人的职业生涯可能由于其兴趣、能力、价值观及工作环境的变化而发生变化，可能从事多项职业，通常称之为易变性职业生涯。

比如一名教师，职业之初从事教学工作，以后转到行政岗位上从事教学管理工作等。
（2）从职业发展对象的角度来考查，职业生涯又可以分为内职业生涯和外职业生涯。
①内职业生涯。

小辞典

内职业生涯是指从事一项职业时所具备的知识、观念、心理素质、能力、内心感受等因素的组合及其变化过程。

因而，内职业生涯就是从业者个人追求职业过程中所经历的通路。内职业生涯的因素包括：与职业相关的知识、观念、心理素质、能力、个性品质等。它们的取得，可以通过别人的帮助而实现，但主要是由自己的努力追求而实现的，并且一旦取得就永远归自己所有，别人无法收回或剥夺。

②外职业生涯。

小辞典

外职业生涯是指对组织而言的职业生涯，表示组织努力为雇员在组织的工作生命中确立一条有所依循的、可感知的、可行的发展道路。

外职业生涯的因素包括工作单位、工作地点、工作内容、工作职务、工作环境、工资待遇等，这些因素都是由单位给予的，在个人职业生涯初期，它们往往与自己的付出不相符。外职业生涯的发展以内职业生涯的发展为基础，只有两者达到和谐的统一，才可能保证职业生涯的最终成功。

（二）什么是职业生涯管理

职业生涯管理是竭力满足员工、管理者、企业三者需要的一个动态过程，它是企业帮助员工制定职业生涯规划和帮助其职业生涯发展的一系列活动。其中，职业生涯规划是指企业与员工共同制定的基于个人和企业需要的员工个人发展目标与发展道路的活动；职业生涯发展是职业生涯规划的实施，其本质是帮助员工确认自己的职业兴趣以及制定明智的职业发展规划。

小辞典

职业生涯管理就是从企业出发的职业生涯规划和职业生涯发展。

新视点：给员工一把梯子

一名 HR 资深咨询顾问师打了个比方：

一堵墙，代表差距。员工在墙内，墙外是企业对员工的期望，也是员工更好的发展机会。企业怎样帮助员工翻过这堵墙？

递一把梯子给员工，而不是袖手旁观，更不是在一旁抱怨为什么员工不能自己徒手翻过去——梯子代表缩小自身条件与企业需求之间差距的途径——向员工描绘墙外世界的美妙精彩的同时，也让他们触摸到可以攀爬的阶梯、看到美好愿景与自身的关联，并给予员工相应的支持和扶助，使得他们这一步走出去，下一步不至于落空。

这似乎是 HR 业内人士普遍爱打的比方。企业给员工做职业生涯规划就是在为员工搭建越过墙追求发展、达到愿景的阶梯，一个紧紧捆绑了企业发展目标与员工个人职业目标的阶梯。

当然，这不过是一个理想状态罢了，现实中搭建这样一个梯子所遭遇的麻烦将多得不计其数。但是，无论如何，我们相信，至少就相当一部分企业和群体而言，对员工实施职业规划相对于坐等员工自学成才是更加有效率的。事实上，不仅仅是外企，越来越多的国企和民企开始倾注更大的精力关注这个问题，并努力做着尝试，有许多已经颇见成效——不过，总体而言，目前国内企业的员工职业生涯规划和管理尚处于起步阶段。

二、职业生涯管理的基本内容

组织职业生涯管理可分为常规管理和延伸管理两个方面，具体内容包括设定职业生涯目标、轮岗与晋升、绩效评估、调整职业生涯、职业培训、职业保障和退休管理等。现在，又出现了一种综合性的管理方式：员工帮助计划（EAP）。分别介绍如下。

（一）职业生涯常规管理

1．设定职业生涯目标

职业生涯目标是指个人在选定的职业领域内未来时点上所要达到的具体目标，包括短期目标、中期目标和长期目标。职业生涯目标一般都是在进行个人评估、组织评估和环境评估的基础上，由组织里的部门负责人或人力资源部负责人与员工个人共同商量设定的。需要注意的是职业生涯目标要具体明确，高低适度，留有余地，并与组织目标相一致。

2．帮助职业适应

任何一个人从学校毕业从事一个职业，其初始阶段都有一个适应期。为了帮助新人尽快渡过适应期，组织都要先做一些工作。如招聘时就把有关工作内容和工作环境的描述尽可能多地展现给应聘者，管理人员多给新员工提出希望和给予信任，提供具有挑战性的初始工作，同时进行一些心理疏导等。

3．及时评估绩效

人人都希望自己的工作状况能有一个反馈，以便从中看到自己的优势和不足。对于组织来说，通过评估，可以发现员工个人工作绩效好在哪，绩效差的原因是什么，是态度问题还是能力问题，以便有针对性地进行反馈和调整。

4．轮岗与升迁

轮岗与升迁是职业生涯管理的重要内容，也是促进员工职业发展的一把主要的手段。所以组织要建立和完善员工的轮岗与升迁制度，要研究开辟多种升迁渠道，如行政管理系列、技术职务系列、实职领导岗位、非领导岗位等，促进员工职业生涯目标得以实现，调动员工的工作积极性。

5．提供培训机会

随着知识经济时代的到来，终身教育已成为促进每个人职业发展的一把金钥匙。任何员工从一个层次上升到另一个更高的层次，由于知识和能力要求的不同，都需要进行相应的培训。因此，从职业发展的角度来说，制订一个与生涯计划相配套的培训计划是一个不错的选择。

6．修改生涯计划

由于环境等各方面因素的不断变化，在职业发展过程中，不适应的情况也是时有发生的。如果遇到这种情况，组织要给员工个人提供修改生涯计划的机会，以选择新的发展道路。

（二）职业生涯延伸管理

1．关注员工健康

健康对于每个人来说，都是非常重要的。没有健康就不会有良好的工作状态。在当今充满竞争和压力的时代，人们都非常关注自己的健康。人的健康包括身体健康和心理健康，从某种程度上说，心理健康比身体健康显得更为重要。有人说，现在完全健康的或完全处于病态的人都只占10%，而另外80%的人都处于亚健康状态，如处理不好或不注意调整都会走向病态。关注员工健康，首先要给员工提供有利于健康的工作环境，关心员工因心理紧张或压力所造成的各种疾病，帮助员工进行健康教育和心理调适。只有当员工处于一种健康的状态下，提高其工作效率才会有一个好的基础。

2．处理员工工作与生活的矛盾

尽管生活本身并不是工作，但生活是工作非常重要的后勤保障。试想，一个长期对家庭生活不满意的员工，能长久地保持对工作的专心及较高的工作效率吗？因此，对员工进行职业生涯管理时，也要经常了解员工的家庭生活状况，分析员工工作生活与家庭生活的矛盾，并进行相应的管理。同时也要制定一些政策，帮助员工及时处理家庭生活中的有关问题，并有计划地安排员工的家属在某些特殊日子到单位来深入了解员工工作方面的一些情况，从而使其更加理解员工的工作，进而支持员工的工作。

3．帮助再就业

在企业发展的过程中，总会因为各种各样的原因而进行一些裁员工作，特别是在当前经济结构大调整和世界经济发展并不十分景气的大背景下，裁员会更多。裁员并不是简单地把员工踢向社会，任何一个以职业生涯管理为导向的组织，都会重视这项工作。在员工离开单位之际，帮助其设计再就业方案，甚至向其提供再就业培训，或和其他有关部门建立合作就业机制等，这将会有效激励在职员工。

4．员工退休管理

随着员工年龄的增长，任何一个组织都会面临着员工退休的问题。所以从职业生涯管理的角度来说，一是要帮助员工进行退休前的准备，诸如心理适应、老年健康和联谊等；二是也要同时关注已经退休的员工，组织一些慰问，对他们给予关心并提供发挥余热的机会。

（三）员工帮助计划（EAP）

1．员工帮助计划的含义

员工帮助计划（Employee Assistance Program，EAP）是由组织（如企业、政府部门、军队等）为其成员设置的一项系统的、长期的援助和福利计划。通过专业人员对组织成员的诊断、建议，和对组织成员及其家属的专业指导、培训和咨询，旨在帮助解决组织成员及其家属的心理和行为问题，以维护组织成员的心理健康，提高其工作绩效，并改善组织管理。

EAP起始于20世纪50年代，由美国人发明，最初的对象是二战老兵，用于解决酗酒、吸毒和不良药物影响带来的心理障碍。直到20世纪70年代，它才被应用于企业。1971年，在美国洛杉矶成立了一个EAP的专业组织，即现在国际EAP协会的前身。这一机构的最初目标是为了帮助员工解决酗酒等不良行为问题。到了20世纪80年代，EAP组织建立了CEAP协会（EAP认证咨询师），开创了EAP咨询师这一职业。到2002年9月，CEAP已经有6 200多名会员和103个分会。大部分的分会都在美国境内，还有一些在英国、澳大利亚、智利和其他一些国家。2000 年，CEAP 在亚洲的第一个代表组织日本分会也成立了。据统计，目前在美国有 1/4 以上的企业员工常年享受着 EAP 服务，大多数员工超过 500 人的企业目前已有 EAP，员工人数在 100 ~ 490 的企业 70% 以上也有 EAP，并且这个数字正在不断增加。在英国，全部员工中有近 10% 享受 EAP 服务。截至 1994 年，世界财富 500 强中，有 80% 以上的企业建立了 EAP 项目。目前，我国的香港和台湾地区也有专门的 EAP 机构。

2. 员工帮助计划的内容

如今，EAP 已经发展成一种综合性的服务，其内容包括压力管理、职业心理健康、裁员心理危机、灾难性事件、职业生涯发展、健康生活方式、法律纠纷、理财问题、饮食习惯、减肥等各个方面，全面帮助员工解决个人问题。

完整的 EAP 包括：压力评估；组织改变；宣传推广；教育培训；压力咨询等几项内容。具体地说，可以分成三个部分：

第一是针对造成问题的外部压力源本身去处理，即减少或消除不适当的管理和环境因素；

第二是处理压力所造成的反应，即情绪、行为及生理等方面症状的缓解和疏导；

第三，改变个体自身的弱点，即改变不合理的信念、行为模式和生活方式等。

3. 员工帮助计划的功能

（1）“稳定军心”功能。“康师傅”的商流体系在全国有 280 多个网点，服务于 4 500 家经销商，他们的业务员在一个月内要拜访 55 万个零售店。业务员为什么这么“卖命”？原因在于“康师傅”有一种独特的人力资源开发战略。为了实现一种被称为“永续经营”的企业战略，他们以对员工个人的知识承诺为中心，提出“成长是我们的最大收获”，塑造员工的“职业安全”，而非“职务安全”。这种“职业安全”不仅包括职业生涯设计，而且向员工提供全面的就业能力保障。这样，在企业方面，组织已经将对自身成就的关注放在结果上，而非工作职能或者机构模式的具体形态上；在员工方面，个人则认为真正有意义的职业生涯是充满创造意味的工作及发展，不论这是发生在一个固定的企业中还是一系列企业中。“给员工吃上定心丸”，“在心理上消除经营者与员工的障碍”，这是一切优秀企业的制胜法宝。

（2）“爱抚管理”功能。日本企业在应用 EAP 时创造了一种被称为“爱抚管理”的模式。一些企业设置了放松室、发泄室、茶室等，来缓解员工的紧张情绪；或者制订员工健康修改计划和增进健康的方案，帮助员工克服身心方面的疾病和提高健康程度；还有的是设置一系列课程进行例行健康检查，进行心理卫生的自律训练、性格分析和心理检查等。

英国专家的研究显示，每年由于压力造成的健康问题通过直接的医疗费用和间接的工作缺勤等形式造成的损失竟达整个 GDP 的 10%。而 EAP 则被视为压力问题的最佳解决方案。通过改善员工的职业心理健康状况，EAP 能给企业带来巨大的经济效益。美国的一项研究表明，企业为 EAP 投入 1 美元，可为企业节省运营成本 5 美元到 16 美元。

（3）“财务外收益”功能。通过帮助员工缓解工作压力，改善工作情绪，提高工作积极性，增强员工自信心，有效处理同事与客户关系，迅速适应新的环境，克服不良嗜好等措施，使企业人力资源得以更充分的利用，从而使企业在下述方面获得很大收益：节省招聘费用；节省培训开支；减少错误解聘；减少赔偿费用；降低缺勤（病假）率；

降低管理人员的负担，提高组织的公众形象；改善组织气氛；提高员工士气；增加留职率；改进生产管理；提高生产效率。

小资料

拍卖你的生涯

我参加过一位外籍教师组织的别开生面的讲座——“拍卖你的生涯”。外籍老师发给每人一张纸，其上打印着十几行字。

(1) 豪宅。

(2) 巨富。

(3) 一张取之不尽，用之不竭的信用卡。

(4) 美貌贤惠的妻子或英俊博学的丈夫。

(5) 一门精湛的技艺。

(6) 一个小岛。

(7) 一所宏大的图书馆。

(8) 和你的情人浪迹天涯。

(9) 一个勤劳忠诚的仆人。

(10) 三五个知心朋友。

(11) 一份价值50万美元并每年可获得25%纯利收入的股票。

(12) 名垂青史。

(13) 一张免费旅游世界的机票。

(14) 和家人共度周末。

(15) 直言不讳的勇敢和百折不挠的真诚。

全世界的美事和优良品质差不多都集中在此了。

老师说：“我手里是一只旧锤子，但今天它有某种权威——暂且充当拍卖锤。我要拍卖的东西，就是在座诸位的生涯。”

老师说：“一个人的生涯，就是你人生的追求和事业的发展，它可以掌握在你自己手中。生涯从属于你的价值观。通常当人们谈到生涯的时候，总觉得有太多的不可把握性埋藏在未知中。其实它并非想象中那么神秘莫测。今天，我想通过这个游戏，让大家比较清晰地看到自己的爱好，预测自己的生涯。”

大家明白了，都好奇地跃跃欲试。

老师说：“我现在象征性地发给每人1 000块钱，代表你一生的时间和精力，我会把这张纸上所列的诸项裁成片，一一举起，这就等于开始了拍卖。你们可以用自己手中的积蓄，购买我手中的这些可能性。100元起叫，欢迎竞价。当我连喊三次，无人再出高价的时候，锤子就会落下，这项生涯就属于你了。注意，我说的是可能性，并非是真正的事实。它的意思就是——你用999元竞得了豪宅，但并不等于你真的拥有了一片仙境般的别墅，只是说你将穷尽一生的精力，来为自己争取。相信只要你竭尽全力，把目标当成整个生涯的支撑点，达到的可能性甚大”。

教室里的气氛，躁动之后有些沉凝，这游戏的分量举轻若重，它把我们的人生的繁杂目的，简约形象化了——拼此一生，你到底要什么？老师举起了第一项拍卖品——拥有一个小岛，起价100元。

全场寂静。一个小岛？它在哪里？面积若何？人口多少？有无石油和珊瑚礁？风光怎样？

终于，一个平日最爱探险又充满生命活力的女生，大声地喊出了第一个竞价——200。

一个男生几乎是下意识地报出：500！他的心思在那一瞬很简单，买下荒凉岛屿这样的事情，就该是男子汉干的事情。

但那名女生志在必得。她涨红着脸，一下子喊出……1 000！

这是天价了。每个人只有1 000块钱的贮备，也就是说，她已定下以毕生的精力，赢得这个小岛的决心。

那个男生有些悻悻地，说："竞价应该一点点攀升，比如她要600，我喊700……这样也给别人一个机会。"

老师淡然一笑说："我们只是象征性的拍卖。大家要记住，生涯也如战场，假如你已坚定地确认了自己的目标，就紧紧锁定它。"

拍卖的第二项是"美貌贤惠的妻子或英俊博学的丈夫"。

没想到一时门可罗雀。好在和美的家庭，始终对人有不竭的吸引力，在竞争不激烈的情形下，被一位性情温和的男子以700元买去。

拍到"取之不尽用之不竭的信用卡"时，引起空前激烈的争抢。成了最具弹性和热度的香饽饽。一时群情激昂，最后被一奋勇女将其自重围中掳走。

最后的诸项拍卖险象环生。一位众人眼中极内向的男同学，取走了"免费旅游世界的机票"。一位陷于离婚风波中的女子，选择了"和情人浪迹天涯"。一位手脚麻利助人为乐的同学，居然选了"勤快忠诚的仆人"，让全体大跌眼镜，细一琢磨，推算可能他总当一个勤快的人，出于补偿的心理。

一位爱喝酒的同仁，一锤定音买下"三五个知心朋友"，我方晓得朋友在他的心秤上如此沉重。

同桌悄悄问："你到底打算买何种生涯？"我说："没拿定主意啊。我想要那座图书馆。"

老师举起了新的一张卡片。他立刻抛开我，大喊一声："嗨！这个我要定了。1 000！"

我定睛一看，他倾囊而出购买回来的是——"一门精湛的技艺"。他很认真地说："我总记着老爸的话，家有千金，不如薄技在身。"

老师举起了"图书馆"，我也学同桌，破釜沉舟地大喊一声："1 000！"

当老师宣布，游戏到此结束时，教室一下静得不可思议。老师接着说："有人也许会在游戏之后，思索和检视自己，不知大家发现没有，有三项生涯，当我开价100元后，没人应拍，也就是说不曾成交。这种拍卖不出去的物品，按规矩，是要拍卖行收回的，但我决定还是把它们留下来。也许你们想想之后，还会把它们选做自己的生涯目标。"

这三项是：

——名垂青史

——和家人共度周末

——直言不讳的勇敢和百折不挠的真诚

同学们刚才都只专注购买各自的生涯，不曾注意被遗忘的项目。听老师这样一说，就都默然。

我一一揣摩，在心中回答老师。

和家人共度周末?

不曾购买它以作自己的生涯，原因可能是多方面的，有人以为这是很平淡的事，不必把它定做目标：凡夫俗子们，估摸着自己就是不打算和家人共度周末，也没有什么地方可去，一件被迫的几乎命中注定的事，何必要选择？还有的人，是一些不愿归巢的鸟，从心眼里不打算和家人共度周末，现今只有没本事的，才和家人共度周末；有本事的，是专要和外人度周末的。

青史留名?

可叹现代人，对历史的概念已如此脆弱，仿佛站在一个修鞋摊子旁边，只在乎立等可取，只在乎急功近利。

勇敢和真诚?

它固然是人类曾经自豪和骄傲的源泉，但如今怯懦和虚伪更成了安身立命的通行证。我们表面不屑，是因为骨子里的不敢。我们没有承诺勇敢的勇气，我们没有面对真诚的真诚。

游戏结束了，不曾结束的是思考。

在弥漫着世俗气息的“我”之外，以一个“孩子”的视角，重新剖析自己的价值和生存质量，内心就有了激烈的碰撞和痛苦的反思。

在节奏纷繁的现代社会，很难得有这种省察自我的机会。这一瞬让我们返璞归真。

人生的重大决定，是由心规划的，像一道预先计算好的框架，等待着你的星座运行。如期待改变我们的命运，请首先改变心的轨迹。

（摘自：《深圳青年》，作者：毕淑敏）

第二节　职业生涯管理中的测评方法

无论是组织还是个人，进行职业生涯管理首先必须全面认识个人的性格、气质、能力、兴趣等个性心理特征，进行准确的职业目标定位，然后才可能量体裁衣，对职业生涯作出合理、可行的规划。下面分别讲述职业生涯管理中如何进行个性心理测评和职业目标定位。

一、能力测验与职业规划

能力的强弱决定了人们活动效率的高低。任何一种职业都要求从业者必须具备相应的能力，所以能力是职业适应性的首要的和基本的制约因素。我国的职业教育奠基者黄炎培先生曾指出：“一个人职业和才能相当和不相当，相差很大。用经济的眼光看起来：要是相当，不晓得增加多少效能；要是不相当，不晓得埋没多少人才。就个人论起来：相当，不晓得有多少快乐；不相当，不晓得有多少怨苦。”

能力分为一般能力和特殊能力，下面分别介绍。

（一）一般能力与职业

一般能力又称普通能力，指大多数活动所共同需要的能力，是人所共有的最基本的能力，适用于广泛的活动范围，符合多种活动的要求，并保证人们比较容易和有效地掌握知识。一般能力和认识活动紧密地联系在一起。观察能力、注意能力、记忆能力、思维能力、想象能力、操作能力都是一般能力。一般能力的综合体就是通常说的智力。

智力是人在学习、工作、生活中必须具备的且广泛使用的能力。不同的职业对人的智力水平都有一定的要求。某些职业需要从业者具有较高的智商，如律师、工程师、大学教师等，研究表明，他们的智商一般在130左右；而在科学、文化领域取得杰出成就的科学家，智商往往在140以上；一般的管理人员和行政人员的智商，一般在110以上；智商低于90的人，只能从事一些简单的工作。

常用的智力量表有：斯坦福—比纳智力测验；韦克斯勒智力测验；瑞文标准推理测验等。

（二）特殊能力与职业

特殊能力只在特殊活动领域内发生作用，是完成有关活动必不可少的能力。一般认为，数学能力、音乐能力、绘画能力、写作能力、动作协调能力、空间判断能力等都是特殊能力。要顺利完成某项工作，除了要具有一定的一般能力外，还要具有该项工作所要求的特殊能力，如从事数学研究需要具有计算能力、空间想象能力和逻辑思维能力，当画家需要具有较强的颜色辨识能力等。每个人只能根据自己的能力所及来确定自己的职业方向和领域，才可能胜任工作，也才可能取得职业的成功。好高骛远、不切实际的做法，其结果只能是适得其反。加拿大的《职业分类辞典》中，列举了某些职业对特殊能力的要求（见表12－1）。

表12－1　相应职业对特殊能力的要求

能力类型	概念与特点	相应职业
语言表达能力	对词的理解和使用能力，对词、句子、段落、篇章的理解能力，善于清楚而正确地表达自己的观点和向别人介绍信息的能力，它包括语言文字的理解能力和口头表达能力	教师、营业员、服务员、护士等
算术能力	迅速而准确的运算能力	会计、出纳、统计、建筑师、工业药剂师等
空间判断能力	能看懂几何图形，识别物体在空间运动中的联系，解决几何问题的能力	与图纸、工程、建筑等打交道的工作，牙科医生，内外科医生等职业，裁缝、电工、木工、无线电修理工、机床工等

（续上表）

能力类型	概念与特点	相应职业
形态知觉能力	对物体或图像的有关细节的知觉能力，如对于图形的阴暗、线的宽度和长度做出视觉的区别和比较，能看出其细微的差异	生物学家、建筑师、测量员、制图员、农业技术员、动植物技术员、医生、兽医、药剂师、画家、无线电修理工等
事务能力	对文字或表格式材料细节的知觉能力，发现错字或正确地校对数字的能力等	设计、经济、记账、出纳、办公室、打字等工作
动作协调能力	迅速准确和协调地作出精确的动作和运动反应能力	驾驶员、飞行员、牙科医生、外科医生、雕刻家、运动员、舞蹈家等
手指灵巧度	手指迅速准确和协调地操作小物体的能力	纺织工、打字员、裁缝、外科医生、五官医生、护士、雕刻家、画家等
手腕灵活度	手灵巧而迅速地活动的能力	体育运动员、舞蹈家、画家、兽医等

（资料来源：谌新民. 职业生涯规划. 广州：广东经济出版社，2002）

小故事

乌鸦学老鹰

鹰从高岩上飞下来，以非常优美的姿势俯冲而下，把一只羊羔抓走了。一只乌鸦看见了，非常羡慕，心想：要是我也能这样去抓一只羊，就不用天天吃腐烂的食物了，那该多好呀。于是乌鸦凭借着对鹰的记忆，反复练习俯冲的姿势，也希望像鹰一样去抓一只羊。

一天，它觉得练习得差不多了，呼啦啦的从山崖上俯冲而下，猛扑到一只公羊身上，狠命地想把他带走，然而它的脚爪却被羊毛缠住了，拔也拔不出来。尽管它不断地使劲怕打翅膀，但是仍然飞不起来。牧羊人看到后，跑过去将它一把抓住，剪去了它翅膀上的羽毛。傍晚，他带着乌鸦回家，交给了他的孩子们。孩子们问是什么鸟，牧羊人回答说："这确确实实是一只乌鸦，可是它自己却要充当老鹰。"

分析：乌鸦的错误在于它并不具备老鹰的实力，却简单地认为自己只要用老鹰的姿势就可以抓到羊。这种脱离自己的实际能力水平而贪求不可企及的目标的做法，必然导致惨败。

特殊能力倾向测验的工具推荐使用《北森能力倾向测验》。该测验主要从言语理解、言语推理、思维策略、数字推理、数学运算、空间能力、抽象推理、图形推理、资料分析九个方面考查应试者的能力及综合素质。

二、性格测验与职业规划

每一种职业都对性格品质有特定的要求，要适应这一职业，就必须具备这一职业所要求的性格特征。没有与职业要求相适应的良好的性格，就很难做好工作。如驾驶员要求具备注意稳定、动作敏捷的职业性格特征，医生要求具备耐心细致、热情待人的职业性格特征。所以，个人在选择职业时，通常应根据自己的性格特点，选择适合个人特点的职业和工作。

不同的心理学家对性格的分类标准不同，由此有不同的性格类型说法，性格测验的量表也就有多种多样。性格测验的标准化量表有：明尼苏达多项个性调查表（MMPI）、加利福尼亚心理调查表（CPI）、爱德华个人偏爱量表（EPPS）、卡特尔 16PF 量表等。

瑞士的一位心理学家通过多年的研究，按照人在生活中以及与人交往中的表现将性格分为四类，这四种性格类型、特点及其相应的职业如表 12－2 所示。

表 12－2　　性格类型、特征与相应职业

性格类型	性格特征	相应职业
感情型	感情丰富，喜怒哀乐溢于言表，别人很容易了解其经历和困难；不喜欢单调的生活，容易激动和感情用事；讲话、写信热情洋溢，在生活中喜欢鲜明的色彩，对新事物很有兴趣；在与人交往中，容易冲动；有时易反复无常，傲慢无礼，所以有时与其他类型人不易相处。这类人占 25%	在演员、活动家和护理人员中较多
敏感型	精神饱满，好动不好静，办事爱速战速决，但是行为常有盲目性；在与人交往中，往往会拿出全部热情，但受挫折时又容易消沉失望。这类人最多，约占 40%	在运动员、行政人员和各种职业的人中均有
思考型	善于思考，逻辑思维发达，有较成熟的观点；一切以事实为依据，一经做出决定，能够持之以恒；生活、工作有规律，爱整洁、时间观念强。但这类人有时思想僵化、教条、纠缠细节、缺乏灵活性。这类人约占 25%	在工程师、教师、财务人员和数据处理人员中较多
想象型	想象力丰富，爱憧憬未来，喜欢思考问题，在生活中不太注重小节。对那些不能立即了解其想法价值的人往往会很不耐烦。有时行为刻板、难以相处，不易合群。这类人约占 10%	在科学家、发明家、研究人员、艺术家和作家中较多

应用案例

性格与职业不适应的悲剧

1993 年×月×日，我国发生了一起震惊中外的事件，国内某著名汽车制造企业总经理××坠楼自杀了！

××的死使许多人百思不得其解。因为××走得很平静，他的家人没有发现一点异样，他的秘书也没有丝毫的觉察，他们很难将他生前的行为与他的自杀联系起来。

在中国的工业界，尤其是在汽车行业，毫无疑问，××是一个出色的企业家。在出任总经理之前，××曾任该企业的董事会秘书长兼大项目协调部经理。在企业发展进程中，他付出了巨大的心血，因此，有人称××是“中国的艾柯卡”。××在汽车制造的专业理论方面有着很高的造诣，被国内某知名大学聘为名誉教授。他倡议建立了“振兴中国足球基金会”，并出资聘请洋教练，在中国足球史上留下了具有历史性意义的一笔。

然而，随着事业的成功和地位的上升，××面临的压力越来越大，其心理负担也日益加重，这使他显得有些力不从心，几乎每天晚上他都要靠安眠药的帮助才能入睡。特别是1993年，该公司的汽车年产量要从1992年底的6.5万辆提高到10万辆的目标；“振兴中国足球基金会”原宣布筹资1 000万人民币，却有240万人民币没有到位；与他感情笃深的夫人此时偏偏又患了癌症、动了大手术。如此等等，几乎使他心力交瘁。

终于有一天，××将文件交给秘书时说：“我想安静一会儿，请你们别来打扰。”16分钟后，他从五楼总经理室的窗口跳下，轰然坠地，就这样平静地走了。

分析：××之死，表面看起来是外在的压力过大所致，实际上是他的性格与其工作性质不相适应造成的。无疑，他才干出众，正直、勤勉、认真，这对他事业的成功起了极大的作用。但他内向、少言，过于追求完美，对自己近乎苛刻，使他背上了沉重的心理包袱。作为一个现代大型企业的总经理，他工作兢兢业业，恪尽职守，但他并不具备现代企业家所应当具备的另外一些品质，如外向、爱冒险、喜交际、自信乐观、开朗愉快等，特别是面对工作压力和生活压力，缺乏有效的应对方式。长期的内心矛盾和冲突，长期的自我压抑，以及心理超负荷运转，终有到极限的时候。最后，××选择了这样一种“完全解脱”的方式。

三、气质测验与职业规划

气质主要是由生物特性决定的且相当稳定而持久的心理特征，是行为的表现方式，体现了行为的速度、强度、灵活性等特点。其特点为：①气质很大程度上受先天和遗传因素的影响，具有相对稳定性；②气质受环境的影响可发生某些改变。

气质类型通常划分为四类：

1. 多血质

活泼而好动型。由于神经过程平衡且灵活性强，这种人更易于适应环境的变化，性情开朗、热情，喜闻乐道，善于交际。在群体中精神愉快，相处自然，常能机智地摆脱窘境。在工作和学习上肯动脑筋，常表现出机敏的工作能力和较高的办事效率。对外界事物有广泛的兴趣，不安于循规蹈矩的工作。情绪不够稳定，易于浮躁。时有轻诺寡信、见异思迁的表现。

2. 胆汁质

兴奋而热烈型。表现为有理想有抱负，有独立见解，反应迅速，行为果断，表里如一。在言语、面部表情和神态上都给人热情直爽、善于交际的印象。不愿受人指挥而喜欢指挥别人。一旦认准目标，就希望尽快实现。遇到困难也不折不挠，有魄力，敢负责，但往往比较粗心，自制力较差，容易感情用事。有时有刚愎自用、鲁莽的表现。由于神经过程的不平衡，工作带有明显的周期性。能以极大的热情投身于事业，一旦精疲力竭，情绪顿时转为沮丧而心灰意冷。

3. 黏液质

缄默而安静型。由于神经过程平衡且灵活性低，反应迟缓，无论环境如何变化，都能基本保持心理平衡。凡事力求稳妥、深思熟虑，一般不做无把握的事，具有很强的自我克制能力。外柔内刚，沉静多思，很少流露出内心的真情实感。与人交往时态度持重适度，不卑不亢，不爱抛头露面或做空泛的清谈。行动缓慢而沉着，有板有眼，严格恪守既定的生活秩序和工作制度。因此，能够高质量地完成那些要求有坚韧不拔、埋头苦干的品质和长时间地集中注意力、有条不紊的工作。其不足之处是过于拘谨，不善于随机应变，常常墨守成规，固步自封。

4. 抑郁质

呆板而羞涩型。精神上难以承受或大或小的神经紧张，常为微不足道的小事引起情绪波动。情绪体验的方式较少，极少在外表流露自己的情感，但内心体验却相当深刻。喜欢独处，交往拘束，兴趣爱好少，性格孤僻。在友爱的集体中，可能是一个很易相处的人，对力所能及的工作，认真完成，遇事三思而后行，求稳不求快，因而显得刻板。学习工作易疲倦，在困难面前怯懦、自卑、优柔寡断。

气质特点举例

情景：上剧院看电影迟到而被门卫挡住

胆汁质的人：与门卫争吵，企图闯进去。

多血质的人：发现通过楼厅进场容易，跑到楼上去。

黏液质的人：“第一场总是不太精彩，我去小卖部等一会，幕间休息时再进入。”

抑郁质的人：“我老是不走运，偶尔来一次戏院就这样倒霉。”扭头回家。

气质大多是人与生俱来的，它本身并没有好坏之分。同一种气质类型的人，有的可能是优秀人才，有的可能只是平庸之辈。所以，问题的关键并不在于你是什么气质类型，而在于气质与职业是否相适应。不同气质类型的人有不同的职业适应范围。表 12 – 3 列举了上述四种气质类型的相应职业范围。

表 12－3　　阶段气质类型与其相应的职业

气质类型	相应职业
多血质	适合与外界打交道，从事灵活多变、富有刺激性和挑战性的工作，如外交、经商、管理、记者、律师、驾驶员、运动员等。他们不太适合做过细的、单调的机械性工作。
胆汁质	喜欢从事与人打交道、工作内容不断变化、环境不断转换并且热闹的职业，如导游、推销员、节目主持人、公共关系人员等，但明显不适合长期安坐、持久耐心细致的工作。
黏液质	适合做稳定的、按部就班的、静态的工作，如会计、出纳员、话务员、保育员、播音员等。
抑郁质	适合安静、细致的工作，如校对、打字、排版、检查员、化验员、登记员、保管员等。

不过，对大多数职业而言，气质并不是决定职业适应和成功的主要因素，它只具有一定的辅助作用。但在一些特殊的职业中，气质对职业的影响力非常大，如果从业人员不具备这些气质特征或没有达到应有的水平，那么该项工作就无法完成，甚至会造成重大事故。这类职业有：飞行员，宇航员，大型动力系统调度员以及运动员，他们都要求身心的高度紧张、反应敏捷、具有顽强的毅力等，这类职业多血质的人比较适应，而黏液质、抑郁质的人则不适合。

四、兴趣测验与职业规划

兴趣是个体力求认识某种事物或从事某项活动的心理倾向，它表现为个体对某种事物或从事某种活动的选择性态度和积极的情绪反应。对某种职业需要的情绪表现就是职业兴趣。职业心理学家研究指出，一个人一生中选择什么样的职业，兴趣占主导地位，有时甚至比能力更重要。人们能够积极地从事某方面的实践活动，是因为他们对这种职业产生了浓厚的兴趣。在兴趣的引导下，即便是枯燥的工作，他也会忘我工作，并从中感受到无穷的乐趣。与此相反，如果从事的是自己并不感兴趣的工作，那么这份工作在他们的心理上便是一种负担，结果只能因为没有兴趣而无精打采，致使业绩平平。

表 12－4　　兴趣类型与相应的职业

兴趣类型	概念与特点	相应职业
愿与事物打交道	喜欢同事物打交道，而不喜欢与人打交道	制图、勘测、工程技术、建筑、机器制造、出纳、会计等
愿与人接触	喜欢与人交往，对销售、采访、传递信息一类的活动感兴趣	记者、推销员、服务员、教师、行政管理人员、外交联络等
愿干有规律的工作	喜欢常规的、有规则的活动，习惯于在预先安排好的程序下工作	邮件分类、图书管理、档案管理、办公室工作、打字、统计等

（续上表）

兴趣类型	概念与特点	相应职业
喜欢从事社会福利和助人工作	乐意帮助人，他们试图改善他人的状况，帮助他人排忧解难	律师、咨询人员、科技推广人员、医生、护士等
愿做领导和组织工作	喜欢掌管一些事情，希望受到众人尊敬和获得声望，他们在企事业单位中起着重要作用	行政人员、企业管理干部、学校领导和辅导员等
喜欢研究人的行为	对人的行为举止和心理状态感兴趣，喜欢谈论人的问题	心理学、政治学、人类学、人事管理、思想政治教育等研究工作以及教育、行为管理工作
喜欢从事科学技术事业	对分析、推理、测试等活动感兴趣，长于理论分析，喜欢独立地解决问题，也喜欢通过实验作出新发现	生物、化学、工程学、物理学、地质学等工作
喜欢抽象的和创造性的工作	对需要想象力和创造力的工作感兴趣，大都喜欢独立的工作，对自己的学识和才能颇为自信。乐于解决抽象的问题，而且急于了解周围的世界	社会调查、经济分析、各类科学研究工作、化验、新产品开发等
喜欢操作机器的技术工作	对运用一定技术、操作各种机械、制造新产品或完成其他任务感兴趣。喜欢使用工具，特别是喜欢大型的、马力强的先进的机器，喜欢具体的东西	相应的职业如飞行员、驾驶员、机械制造、建筑、石油、煤炭开采
喜欢具体的工作	希望能很快看到自己的劳动成果，愿从事制作能看得见、摸得着的产品的工作，并从完成的产品中得到满足	室内装饰、园林、美容、理发、手工制作、机械维修、厨师等

常用的标准化兴趣测验量表有霍兰德职业兴趣测验，见本书第七章中的具体介绍。

五、职业价值观测试与职业规划

俗话说："人各有志"。这个"志"表现在职业选择上就是职业价值观，它是一种具有明确的目的性、自觉性和坚定性的职业选择的态度和行为，对一个人职业目标和择业动机起着决定性的作用。

小辞典

职业价值观指人生目标和人生态度在职业选择方面的具体表现，也就是一个人对职业的认识和态度以及他对职业目标的追求和向往。

职业专家通过大量的调查，从人们的理想、信念和世界观角度把职业分为六大类，如表12－5所示。

表12－5　**职业价值观与职业**

职业价值观	特点	相应职业类型
Ⅰ. 自由型（非工资生活者型）	不受别人指使，凭自己的能力拥有自己的小“城堡”。不愿受人干涉，想充分施展本领。	室内装饰专家、图书管理专家、摄影师、音乐教师、作家、演员、记者、诗人、作曲家、编剧、雕刻家、漫画家等。
Ⅱ. 经济型（也称经理型）	理所当然地认为世界上的各种关系都建立在金钱的基础上，包括人与人之间的关系，甚至父母与子女之间的爱也带有金钱的烙印。这种类型的人确信，金钱可以买到世界上所有的幸福。	各种职业中都有这种类型的人，商人为甚。
Ⅲ. 支配型（独断专行型）	想当上组织的一把手，飞扬跋扈，无视他人的想法，为所欲为，且视此为无比快乐。	进货员、商品批发员、旅馆经理、饭店经理、广告宣传员、调度员、律师、政治家、零售商等。
Ⅳ. 小康型	追求虚荣，优越感也很强。很渴望能有社会地位和名誉，希望受到众人尊敬。欲望得不到满足时，由于过于强烈的自我意识，有时反而很自卑。	记账员、会计、银行出纳、法庭速记员、成本估算员、税务员、核算员、打字员、办公室职员、统计员、计算机操作员等。
Ⅴ. 自我实现型	不关心平常的幸福，一心一意想发挥个性，追求真理。不考虑收入、地位及他人对自己的看法，尽力挖掘自己的潜力，施展自己的本领，并视此为有意义的生活。	气象学者、生物学者、天文学者、药剂师、动物学者、化学家、科学报刊编辑、地质学者、植物学者、物理学者、数学家、实验员、科研人员、科技工作者等。
Ⅵ. 志愿型	富于同情心，把他人的痛苦视为自己的痛苦，不愿干哗众取宠的事，把默默地帮助不幸的人视作无比快乐。	社会学者、导游、福利机构工作者、咨询人员、社会工作者、社会科学教师、护士等。

（续上表）

职业价值观	特点	相应职业类型
Ⅶ. 技术型	性格沉稳，做事计划周密，井井有条，并且对未来持有平常心态。	木匠、农民、工程师、飞机机械师、野生动物专家、自动化技师、机械工、电工、火车司机、公共汽车司机、机械制图等。
Ⅷ. 合作型	人际关系较好，认为朋友是最大的财富。	公关人员、推销人员、秘书等。
Ⅸ. 享受型	喜欢安逸的生活，不愿从事任何挑战性的工作。	无固定职业类型。

六、职业目标定位——职业锚测验

哈佛大学有一个非常著名的关于目标对人生影响的跟踪调查，对象是一群智力、学历、环境等条件都差不多的年轻人，调查结果如图 12－2 所示。

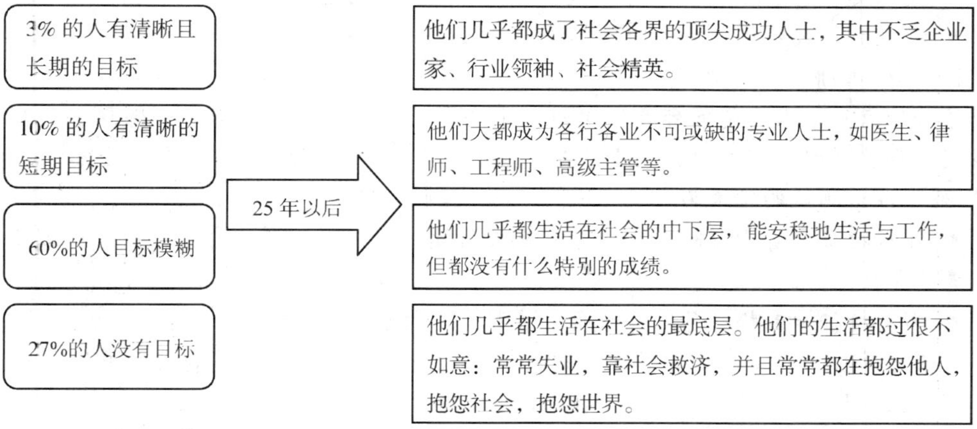

图 12－2　目标与人生成功关系

（改编自：程社明，卜欣欣，戴洁．人生发展与职业生涯规划．北京：团结出版社，2003）

可见，目标对人生有多么巨大的导向性作用。如何根据自己的实际，确立职业生涯目标，并逐步实现目标，确立自己的职业地位和竞争力，是每个人走向职业成功的必要条件。这一切，有赖于职业生涯规划工作。

指导职业目标定位的权威理论和方法，非美国麻省理工学院思隆管理学院埃德加·施恩（Edgar H. Schein）教授发明的“职业锚”理论莫属。职业锚是指新员工在早期工作中逐渐对自我加以认识，发展出的更加清晰全面的职业自我观，是一个人无论如何都不会放弃的最重要的东西。“职业锚”由自我观的三部分内容组成：①自省才干和能力——以多种作业环境中的实际成功为基础；②自省的动机和需要——以实际环境中的自我测试和自我诊断的机会以及他人的反馈为基础；③自省的态度和价值。施恩教授总结归纳出了八种职业锚：技术/职能型；管理型；自主/独立型；安全/稳定型；创造/创业型；服务/奉献型；挑战型；生活型。关于职业锚的理论和测评方法，见本书第七章的详细介绍。

职业规划书示例

奚向川，男，21 岁，是刚从印刷专科学校印刷技术专业毕业的大专生。已参加了入职培训：

1. 公司背景、沿革及发展愿景

关键词：

- 背景
- 沿革
- 发展愿景

2. 公司组织架构、岗位架构及职务分类、分类介绍。

- 关键词：
- 职务分类：公司各岗位按工作性质分为管理类、技术类、服务类、操作类。
- 生产管理类：总经理——生产副总经理——生产部经理——车间主任——工段长——班组长
- 技术类：总经理——工艺总监——工艺师——助理工艺师——工艺员
- 操作类：胶印机长——胶印二手——胶印三手——胶印工

3. 其他培训项目（略）

培训结束后，人力资源部开发组刘士才按要求找小奚单独谈话。当得到小奚对公司发展规划和愿景的肯定之后，刘士才对小奚进行了性格测试及血型分析。小奚的血型为“O”型，性格测试的结果为“力量型”。此类型性格特征如下：

- 优势特征：富于冒险；竞争性；反应敏捷；积极；坦率；自信；执著；独立；果断；意志坚定。
- 劣势特征：专横；急躁；自负；鲁莽；易怒；顽固。

刘士才将分析结果与小奚作了坦率的交流，并认真听取了小奚自己的想法。然后作出如下职业规划。

职业规划书：

姓名：奚向川

职务：生产部见习生

规划阶段：三年

规划导师：刘士才

总目标：生产部经理

1. 发展路线：（胶印工（二年）——胶印机长（一年）——胶印工段长（一年）——印刷车间主任（一年）——调度（一年）——经理助理（一年）——生产部经理）

阶段目标：三年之内达到胶印工段长之任职能力。

2. 自我分析

优势：

(1) 通过三年的专业学习，对机械原理、质量检测等专业知识有了系统且理性的认识。

(2) 性格外向、责任感强、喜欢与人沟通和交流、反应敏捷、学习能力强、不怕吃苦和挫折。

劣势：

(1) 缺乏设备操作经验。

(2) 对企业生产运作和管理缺乏实践经验。

(3) 做事急躁、缺乏耐心及与人沟通的技巧。

3. 职场分析

优势：

(1) 公司正处于高速扩张阶段，学习和提升机会较多。

(2) 车间管理人员和大部分机台操作人员实践经验丰富，但文化水平较低，理论知识较为缺乏，潜力有限。

(3) 生产系统中高层管理人员理论知识和实践经验都很丰富，是很好的职场前辈。

劣势：

(1) 公司成立时间短，扩张快，还未形成统一的价值观。

(2) 公司各项管理规程尚未完善，很多问题要靠个人既有的经验解决。如不能很好的协调和沟通，将会事倍功半。

4. 要达到目标所需要的努力

- 要熟练掌握印刷工段最先进的工艺与技术，各项达标。
- 要了解各种胶印设备的操作规程，能排除常见故障。
- 要学习并掌握基本的现场管理技术。
- 学习掌握人际沟通和协调技巧，提高领导才能。

5. 执行及反馈

- 由本人将目标细分到每月、每周，定期作出每周、每月工作小结，对照目标找出差距进行改善。每月找一次机会同规划导师进行心得交流。
- 导师每月找本人的领导和同事了解本人的工作情况，将了解结果同本人进行交流。
- 按绩效考核管理规定由生产部和人力资源部对本人的工作情况提出考评意见，本人参照考评意见进行改善。
- 积极参加公司组织的各项培训，定期将个人的培训需求计划提交人力资源部。

应用案例

1. 项目背景

小王是某著名高校计算机专业数据库基础与应用方向的学生，毕业后顺利进入某大型高科技集团公司任软件工程师，主要负责 SQL 数据库的开发及应用工作。小王工作勤奋，学习能力强，工作非常出色，很快就得到了同事的认可，也备受集团技术副总经理的赏识。两年后，公司成立 IT 软件事业部，要提拔小王为 IT 软件事业部的部门主管。小王觉得这是公司对自己两年来工作成就的认可，对自己来说也是一个非常好的机会，便欣然接受了公司的任命。从此，他便告别了自己热爱的数据库开发与应用工作，成为一名专职管理者。

但是，经过近半年的实际工作，小王发现自己经常陷入到具体工作中，致使许多部门工作得不到正常开展，小王自己也觉得施展不开拳脚。为此，小王感到非常焦虑，对当前的管理工作产生了排斥情绪。

在集团内部，像小王这样的情况并不属少数，有许多事业部的主管都是从基层的技术骨干中选拔上来的。公司中层管理人员情绪低迷、管理绩效差，已经成为影响集团公司发展的重大因素。为了有效地解决中层管理人员给公司发展造成的诸多问题，公司决定寻求外力。

2. 问题解析

技术出身的管理者最容易犯的错误就是陷入具体事物，丢掉或忽略大目标；容易求全责备，追求过程的完美，追求面面俱到；胡子眉毛一把抓，忙于解决眼前问题，却把部门发展的战略问题抛之脑后。小王因在技术工作中表现出色而被提拔到管理岗位上，但实际的工作表明，他目前还无法胜任 IT 软件事业部的管理工作，从小王接受公司任命时的心态来看，他当时对自己的职业生涯发展并没有一个很好的规划，只是考虑到“这是公司对自己两年来工作成就的认可，对自己来说也是一个非常好的机会”。目前，从公司的角度来看，有两种选择，一是安排小王回到原来的工作岗位上，从事技术型工作；二是让小王接受公司安排的管理培训，继续其 IT 部门主管的工作，而两个选择的关键在于小王明确自己的职业发展方向。

由于在集团内部，这已经是比较普遍的现实，所以需要对整个中层进行职业生涯规划测评与辅导。

3. 项目方案

基于对公司现状的分析和实地调查，“北森测评技术有限公司”从职业价值观、人格、动机、职业兴趣等方面对公司中层管理人员进行了全面而深入的职业规划测评。选取的测评工具包括：职业锚测评、朗途职业规划系统（性格和动力测试）、职业兴趣测评。

项目组在进行方案设计时，确立了个人、团队和组织三个层面的职业生涯规划和开发原则，并注重操作的实际性和步骤性。

个人层面

（1）职业生涯规划和开发的系列培训，包括自我认知与管理的技巧。

（2）寻找具体和细化的差距：主要包括在知识、技能、价值观、个性、动力、兴趣等方面，与现职岗位上要求的差距；与企业战略发展和创新变革发展的差距；与自我价值实现要求的差距等。

（3）职业生涯规划：确定职业发展目标、发展重点和实施步骤；制订详细的年度工作目标和计划；月度评审办法和生涯规划合作伙伴，以相互监督和支持；制订个人培训计划，并向集团公司申请。

（4）定期接受职业顾问的“一对一”的咨询和辅导。

团队层面

（1）进行中层整体评估，对集团公司的整个中层进行诊断，找出核心问题所在。

（2）加强小组研习活动：以专业和项目为单位组织定期和不定期的讨论

活动，在问题解决中加强管理人员管理技能的培训与演练，促进公司中层管理素质的提高。

(3) 修订现有培训管理规定，兼顾组织和个人发展需要，制订统一的、有时效性的培训计划。

组织层面

(1) 成立职业生涯规划领导小组。由“北森测评技术有限公司”的职业顾问、集团公司高管和人力资源主管组成，负责对公司中层管理人员的职业生涯规划提供指导与支持，提供职业生涯规划的组织保证。

(2) 设计内部发展的职业通路：根据集团公司的人力资源规划，结合具体岗位的信息分析，设计出员工在集团公司内部发展的职业通路。

(3) 建立企业“职业生涯规划咨询中心”，提供对集团成员个人和团队发展的资源支持，并提供咨询辅导，建立员工发展档案，完善以内部员工满意度为目标的职业生涯规划服务体系。

4. 项目实施

项目启动

在项目启动阶段，为了解该集团公司的发展和中层人力资源建设状况，采用问卷调查、访谈等方法进行企业的基础信息调研，包括：企业现状和发展战略、个人职业发展经历、岗位基础信息、员工职业满意度信息、高管和人力资源部门的期望、要求等。

职业通路设计

在职业通路设计阶段，建立起基础制度体系，包括横向、纵向、核心方向三个维度，它是实施晋升、轮岗、培训等工作的基础。职业通路的内容包括三个方面：明确员工在公司内部的职业发展路线；明确各岗位所需资格和能力；明确岗位之间的关系，确定可轮换岗位。工作结果《××集团公司员工职业发展通路》。

人员测评

在人员评价阶段，根据该集团公司的现状和发展需要来设计和组织实施对中层管理人员的职业规划测评，主要包括：北森职业锚测评；北森朗途职业规划系统；北森职业兴趣测评。测评完成后将为每位被测者提供以下报告：《北森职业锚报告》；《北森朗途职业规划报告》(基本分析报告、职业发展报告、工作环境报告)；《北森职业兴趣报告》。

职业发展体系

在职业发展体系阶段，根据对该集团公司的战略发展需要和中层管理人员现状的诊断，北森测评项目组对其员工如何在集团内部获得良好的发展提供职业生涯规划咨询和辅导服务，包括：自我认知，主要是企业环境和战略认知；员工职业发展探索练习；职业生涯规划理念培训/职业规划方法与操作培训；如何对下属进行职业规划培训；员工职业生涯规划咨询；企业内职业通路及职业管理培训。

5. 项目总结

在项目总结阶段，将项目工作向集团高层进行汇报，为组织提供：《××

集团公司员工发展档案》；《××集团公司中层管理人员整体分析报告》；《××集团公司职业生涯手册》。

此次项目从个体层面、团队层面及组织层面全线展开，同时推进。在集团领导及人力资源部的积极配合下，经过3个月的项目实施，北森测评技术有限公司圆满地完成了此次合作项目。本项目的效果具体表现在以下各方面：

（1）提高了集团公司人才培养的针对性。公司在确定提拔候选人时会根据员工的职业生涯规划，与员工展开及时深入的交流，利于企业根据发展需求，有针对性地培养人才，把培训、管理等资源与手段聚焦在所需的岗位人才上，实现资源的合理配置，帮助人才尽快成长。

（2）提高了员工的职业规划意识及自我定位的准确性。通过职业规划测评及相关的培训、探索活动，增强了员工对职业环境的把握能力和对职业困境的控制能力，对自己的定位也更加准确，有利于员工在最佳的岗位上更好地发挥自己的才智。

（3）增强了集团公司发展的可持续性。通过职业规划测评，加深了对员工的认识，可以更合理、有效地利用人力资源，尽可能地为每个员工提供可充分展现自己才能的工作岗位。积累充分的人才资源库，冲破企业发展与人才稀缺的瓶颈，强化企业的竞争力，促进企业的可持续发展。

实现了集团、员工间的双赢。通过此次项目，该集团对中层管理人员进行了较大的调整，将无意于从事管理工作的管理人员调换到他们向往的职位上，员工获得了发挥其才智的最佳空间，工作热情也随之提高，实现了双赢。

本章小结

1. 职业生涯是个体一生的工作历程，它以时间为主线，以工作内容为载体，具有动态性和发展性。
2. 职业生涯可以分为：内职业生涯和外职业生涯。
3. 职业生涯管理就是从企业出发的职业生涯规划和职业生涯发展。
4. 组织职业生涯管理的内容包括：常规管理和延伸管理，以及员工帮助计划（EAP）。
5. 职业生涯管理中的个性测评包括：能力测验；性格测验；气质测验；兴趣测验；职业价值观测验等。
6. 职业目标定位的有效方法是职业锚测评。

思考题

1. 什么是职业生涯？什么是职业生涯管理？职业生涯管理的内容有哪些方面？
2. 职业生涯管理对组织和个人的作用体现在哪些方面？
3. 员工帮助计划（EAP）的含义是什么？包括哪些内容？
4. 职业生涯管理中的个性测评，一般包括哪些方面？常用测评工具有哪些？
5. 什么是职业锚？如何测试职业锚？

第十三章

建立胜任力模型

本章提要

- 胜任力的含义与作用
- 建立胜任力模型的方法
- 胜任力模型的应用
- 胜任力模型建构素材

引　言

企业的竞争是人才的竞争，人力资源是企业竞争力的核心要素。而管理者作为企业人力资源的重要组成部分，其行为和决策决定着企业在竞争中的成败，其能力、素质水平就显得尤为关键。因此，采用什么标准来评价、选拔和培养管理者，越来越为理论界和实务界所重视。传统人才测评中，单一的智力、性格、动机等心理变量的测评，只能够对被测评者作出一般的判断，筛选出基本符合岗位要求的人，而无法预测到被测评者未来工作的绩效水平的高低。人们迫切希望了解影响员工绩效的根本原因以及到底要对被测评者作出哪些方面的评估才能准确地预测其未来绩效。1973 年，哈佛大学的戴维·麦克莱伦（David McClelland）教授提出了胜任力（competency）模型概念，解释了为什么有些人绩效更为出色，并致力于帮助人们达成更高的绩效，为人力资源测评开辟了一个新领域。胜任力模型成为员工招募、甄选、绩效管理、薪酬、培训、发展和晋升的基础，具有整合人力资源管理系统的能力。

第一节　胜任力模型概述

一、什么是胜任力模型

（一）胜任力的含义

“胜任力”的英文词汇是“competency”，其中文翻译有很多，如“胜任素质、胜任特征、胜任特质、胜任资格、受雇用能力”等。1973 年，哈佛大学的麦克莱伦教授在《测量胜任力而非智力》一文中提出胜任力（competency）的概念时，把胜任力定义为：

小辞典

胜任力是能够明确地区别出绩效优秀者与绩效低下者，并可以被准确测量和计算的某些个体特征，包括动机、特质、技能、自我认知、态度或价值观、具体知识、认知或行为技能等。

后来，许多学者（Folley，1980；Blank，1982；Boyatzis，1982 \ 1994；Zemke，1982；Marlowe&Weinber，1985；Homby&Thomas，1989；Hooghiemstra，1990；McLagan，1980 \ 1990；Kolodziejski，1991；Spencer，1993；McClelland，1994；Hackney，1999；Helley，2001）对胜任力的概念都提出了自己的定义，并在如下三方面达成共识：一是与工作绩效有密切的关系，并且可以预测员工未来的工作业绩；二是强调工作情境中员工的态度或价值观、动机、特质、知识和技能等特征，并且与工作任务相联系，具有动态性；三是能够区分优秀业绩者与普通业绩者。因此，并不是所有的知识、技能、个人特征都被认为是胜任力，只有满足这三个重要特征才能被认为是胜任力。

（二）胜任力模型的含义

小辞典

胜任力模型（Competency Model）是指担任某一特定的任务角色需要具备的胜任力的总和。它是针对特定职位表现要求组合起来的一组胜任力。

胜任力模型描述了将高绩效者与一般或者低绩效者区分开来的分析结果。Lucia&Lepsinger 认为，胜任力模型主要回答了两个问题：完成工作所需要的技能、知识和个性特征是什么；哪些行为对于工作绩效和获取工作成功具有最直接的影响（Sanchez，2000）。目前，提出的胜任力理论模型主要有“冰山模型”和“洋葱模型”两种。

胜任力的冰山模型（Lyle M. Spencer & Signe M. Spencer，1993）主张有以下几种胜任力：动机、个性特点、自我形象、价值观、技能和知识。

- 动机：推动一个人为达到一定目标而采取行动的内驱力。
- 个性特点：个性、身体特征及对外部环境与各种信息所表现出的一贯反应。
- 自我形象：一个人对自己的看法，即自我认同的内在本我。
- 价值观：一个人关于人生的根本观点和基本的价值取向。
- 技能：完成一项具体的体力或脑力工作的能力。
- 知识：一个人拥有的关于某一具体领域的各种信息或情报。

按照这个模型，“知识和技能”是处于水面以上看得见的冰山，最容易被感知和改变，而“动机和个性特点”潜藏于水面以下，不易触及，也最难改变或发展。“自我形象”和“价值观”介于两者之间。

图 13－1　胜任力的冰山模型

洋葱模型是从另一个角度对冰山模型的解释。它在描述胜任特征时由外层及内层，由表层向里层，层层深入。最表层的是基本的技巧和知识，里层核心内容即个体潜在的特征。

二、胜任力模型的类型

根据不同的工作性质和特点，不同的时空范围和目标、需求，胜任力模型分为以下四种类型：

1. 岗位性胜任力模型

它是胜任力模型中范围最狭窄的一种模型，仅适用于特定工作岗位。如人力资源培训专员，它适合于开展岗位人员的招聘、选拔、培训、考评等各项人力资源管理活动时运用。

2. 功能性胜任力模型

它是根据某职能部门中专业性非常强的某类岗位人员的成功实践，总结归纳出来的胜任力模型，如市场营销、技术研发、人力资源管理等人员的胜任力模型。

3. 角色性胜任力模型

它是从组织中员工个人所扮演的角色出发，通过深入比较、研究、总结、概括出来的一种胜任力模型。它跨越了某类岗位人员的专业性和单一性，是对功能性胜任力模型的进一步提升，如企业家、职业经理乃至各级主管人员的胜任力模型。由于这种模型涵盖了各个具体的管理功能，它更适合于以团队为基础组织的核心胜任力模型的设计。

4. 组织性胜任力模型

它是从企业发展远景和目标出发，与企业的经营理念紧密结合，为满足公司总体战略的发展需要而确立起来的胜任力模型。它以角色性模型为基础，涵盖了企业的所有职能和业务部门，适用于在企业内不同工作领域、不同层次和不同岗位上工作的所有人员。

三、胜任力模型在企业中的应用

（一）岗位分析

基于胜任力的岗位分析是以胜任力为基本框架，通过对绩优员工的关键特征和组织环境两方面的分析来确定岗位胜任力与组织的核心胜任特征。与传统岗位分析相比，基于胜任力的职务分析具有以下显著的特征：

（1）强调优秀员工的关键特征，注重怎么完成任务，而不是完成什么。

（2）与组织经营目标与战略紧密联系，强调与组织的长期匹配。

（3）更注重寻找岗位、职务系列之间在胜任要求上的相似点，而传统的职务分析更加注重寻求彼此的差异。

（二）人员招聘与配置

基于胜任力的人员招聘与配置系统可以通过以下三个方面提高甄选的准确率：第一，给出全面的工作要求；第二，减少在不符合企业要求的员工身上的投入；第三，有助于描述哪些胜任力可以通过培训而获得。

（三）绩效评估体系

克服传统绩效管理体系存在的问题：

（1）绩效标准缺乏一致性。

（2）在评估取得的业绩与取得业绩的方法之间缺少平衡。

（3）很难收集充分的相关数据。

（4）监督者缺少机会去观察行为表现。

（5）不能够处理大量的个体数据。

（6）在讨论绩效方面的不足时，不够明确具体。

（四）员工培训

通过对员工的胜任力评估，我们可以发现每名员工的优势和不足，从而找到组织整体的能力短板，然后有针对性地制订能力培养发展计划，通过在职培训、脱产培训、学历教育、上级辅导等方式提高个体乃至组织整体的素质。

基于胜任力的培训与开发系统的主要优点：

（1）将重点放在与绩效相关的行为和技能上。

（2）最有效地利用培训与开发。

（3）为管理者和培训师提供一个框架。

第二节　胜任力模型的建立

胜任力建模方法源于麦克莱伦的研究工作，其基本原理是通过各种技术性较强的手段，辨别业绩优秀者与业绩普通者在知识、技能、特质、自我认知、动机等方面的差异，并将获取的数据量化，从而形成可用来对照、判断胜任力及相应水平的可操作化的模型体系。此后，胜任力建模方法得到了进一步发展，衍生了许多方法。综观研究者（E. Tuxworth，1989；Goldstein&Ford，2002）对胜任力模型开发途径的论述，胜任力建模的基本思路和途径有三种：第一种思路是确定与组织核心观点和价值观相一致的胜任力；第二种思路源于 McBer 公司、哈佛商学院的研究，通常使用关键事件访谈法，选择那些高绩效的岗位角色，从中抽取其特征；第三种思路是根据行业关键成功因素开发胜任力模型。下面分别介绍。

一、工作胜任力评鉴法

麦克莱伦和他在 McBer 咨询公司的同事开发的工作胜任力评鉴法（JCAM 或 JCA，Job Competency Assessment Method）是一种用来确定胜任力，建立胜任力模型的严密的、实证性的方法。其核心方法是关键事件访谈法，具体流程包括六个步骤。如图 13－2 所示。

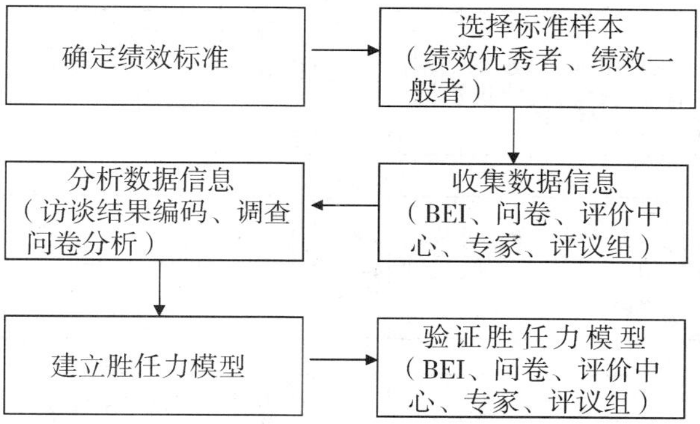

图 13－2　工作胜任力评鉴及建立胜任力模型的流程

JCAM 所采用的关键事件访谈法是一种采用开放式的行为回顾式的探察方式的访谈。在进行关键事件访谈时，访谈主持者让被访谈者找出和描述他们在工作中最成功（满意）和最不成功（感觉很遗憾）的若干个事例（一般各三个），然后详细地陈述当时的全过程。具体包括这个情境是怎样引起的，牵涉到哪些人，被访谈者当时是怎么想的，感觉如何，在当时的情境中想完成什么，实际上又做了些什么以及结果如何等。然后，对访谈内容进行分析，来确定被访谈者所表现出来的胜任力。最后通过对比担任某一职位的优秀绩效者和普通绩效者所表现出来的胜任力之间的差异，确定该职位的关键胜任力组合，形成最终的胜任力模型。

二、行为锚定修正法

首先，需要弄清以下几个概念：

（1）专家组：一般由咨询机构派出的咨询顾问担任，有些客户机构的人力资源管理专业人员也可以担任，一般由 3～5 人组成。

（2）项目组：包括客户机构的人力资源经理、目标岗位的现任或历任上级、目标岗位的在职或历任人员、目标岗位的直接下属、客户机构与目标岗位有直接业务关系的直线经理，一般 4～6 人。

（3）优秀绩效组：由项目组选定数名（通常为 3 人）目标岗位的优秀绩效的现任或历任人员组成；优秀绩效指绩效排名在前 20% 之内。

（4）普通绩效组：由项目组选定数名（通常为 3 人）目标岗位的普通绩效的现任或历任人员组成。这里需要注意的是，普通绩效是指达到平均绩效水平的人而不是低绩效的员工。

图 13－3 描述了利用这些小组及专用工具进行一次建模的简要流程。

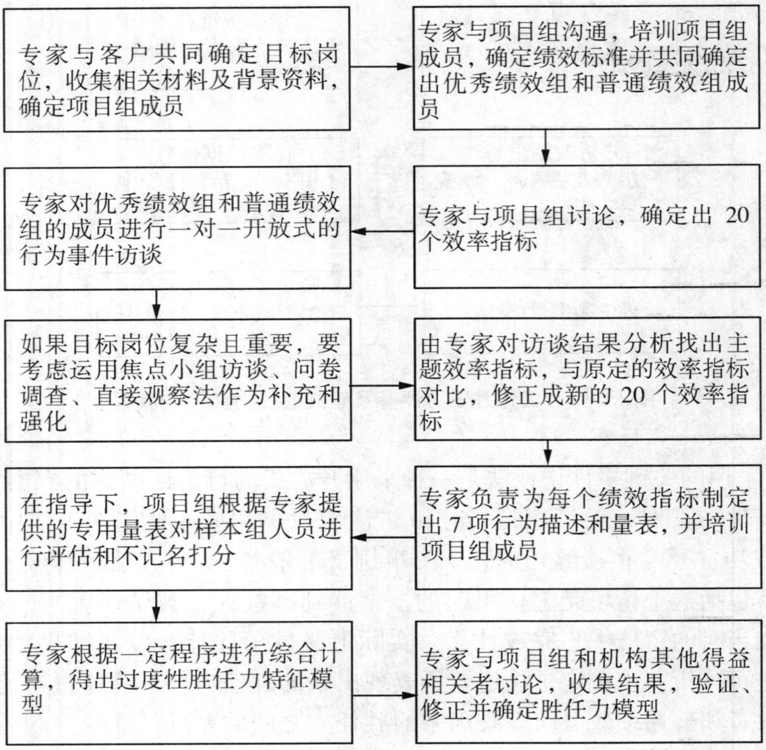

图 13－3　行为锚定修正法确定胜任力的建模流程

应用案例

××公司生产厂长岗位行为锚定修正法

××公司创建于 1958 年，2002 年底成功由国有企业改制为股份制民营企业，现已成为××省最大的综合性电线电缆生产企业。该公司下设数据缆、特缆、电缆、裸线、铜杆、塑料线六个分厂，生产 30 余种电线电缆产品。分厂厂长是公司的重要职务，公司历史上很多高层领导都曾担任过此职务。在行政级别上为中层正职，直接上级是负责生产管理的副总裁，直接下级是分厂副厂长、电器员、机械员、生产调度、工艺员及后勤班长，所辖员工 100 人左右，其岗位职责可以分为三个主要方面：生产管理；人事行政管理；安全技术管理。这三大职责所占的工作份额大致为：50%，25%和 25%。

运用行为锚定修正法建立该分厂厂长胜任力模型的过程如下：

一、成立工作小组

（1）专家组：2 人。由外部专家和公司人力资源主管组成。负责行为事件访谈和对访谈结果的整理以及对样本组成员评估。

（2）项目组：3 人。包括人力资源部部长、总裁助理和负责生产管理的副总裁（两人均曾担任分厂厂长，因绩效优秀而晋升为现职）。

（3）样本组：①优秀绩效组：由项目组选定4名绩效优秀的现任及历任生产厂长组成（优秀绩效指绩效排名在前20%之内）；②普通绩效组：由项目组选定4名绩效普通的现任或历任生产厂长组成（普通绩效是指达到平均绩效水平而不是低绩效）。

二、我国管理者胜任力清单的确定

根据Spencer（1993）的管理者通用胜任力模型、McClelland对管理职位上有普遍观测效度的胜任力的聚类结果、我国专家建立的各种企业管理者胜任力模型（Vickie Siu，1998；时勘、王继承，2002；仲理峰，2002；吴孟捷，2003；国际人力资源管理研究院，2005），整理出一份中国管理者胜任力清单，简述如下：

（1）知识：一个人拥有的关于某一具体领域的各种信息或情报。胜任力条目包括：政治常识；企业管理知识及所在行业的竞争格局；本企业的历史文化、生产和业务流程等专有知识和经验。

（2）技能：一个人完成一项具体的体力或脑力工作的能力。胜任力条目包括：计划与组织能力；指挥能力；协调能力；沟通能力；控制能力；指导能力；信息搜寻能力；判断力；决策能力；问题解决能力；团队领导能力；人际理解力；洞察力；影响力；冲突管理；推动变革；关系营造等能力。

（3）自我认知：一个人对自己的看法，即自我认同的内在本我。胜任力条目包括：准确的自我评价；情绪意识；自我控制/压力对抗能力；值得信赖；正直诚信；创新精神。

（4）特质：一个人的行为中重复发生的规律性和趋势。胜任力条目包括：自信；责任心；乐观主义；服务导向；结果导向；发展他人；适应性/灵活性；移情能力。

（5）动机：推动一个人为达到一定目标而采取行动的内驱力。胜任力条目包括：主动性；成就导向；品质和秩序意识；鼓励创新；归属感；内驱力。

三、初步效率指标的确定

根据上述备选胜任力条目，项目组每位成员在专家指导下，现场列出他们认为优秀的分厂厂长所应具备的特质与特征，包括动机、特质、自我认知、知识和技能五个方面。3位成员从五方面分别提交了一份清单。在对项目组3位成员提交的清单进行汇总后，将此表与备选胜任力清单进行对比、归类与整合。整合后的列表中包括：备选胜任力清单中与项目组提议汇总表中一致的胜任力条目以及那些在项目组提议汇总表中出现但备选清单中没有的胜任力条目。最后整合出的列表中包括了53项潜在胜任力。经过项目组成员的逐条讨论，最后得出一套包括32项内容的初步效率指标列表。

四、进行行为事件访谈

由专家组主持进行行为事件访谈，访谈对象是先前确定的样本组成员。为了减少误差，根据访谈操作要求，样本组成员被随机安排到两个小组中，专家组此时也不知道访谈的对象属于哪个类型的绩效组。每位样本组成员的访谈时间为1～1.5小时。访谈内容围绕着谈话对象过去的经历展开，要求其针对过去在该岗位上的工作生活中遇到的最成功的三件事和最失败的三件事进行回答。

以下是一份访谈提纲：

访谈说明：您好，这次访谈，是想了解贵公司分厂厂长岗位工作的一些特点。您的回答对于我们正确分析该岗位工作的特点是十分重要的。因此，请您想清楚后再回答。为便于整理，我们将对谈话进行录音，并保证谈话内容仅供此次分析之用，请予理解支持。谢谢！

首先，请您介绍一下你们公司的具体情况，好吗？比如说规模、发展目标、生产经营范围、业务范围、企业文化等。

(1) 请问您认为胜任厂长工作所需要的知识和技能有哪些？

(2) 请您详细介绍您在该岗位上的所做的最成功的三个具体事例。请您从最近发生的一个成功事例谈起好吗？

启发性地提问：①它是何时、何地、如何发生的？②它是怎么一回事？③它当时涉及哪些人或事？④您当时是如何处理的？⑤您认为这起事例反映出了什么？⑥您认为这起事例所反映出的东西对于在该岗位上取得优秀绩效的重要程度是什么？（非常重要；比较重要；中等；不太重要；非常不重要）⑦您认为在该岗位上有优异表现的人是否都会表现出同样或类似的东西？

如果被访者已说得很清楚了，有些问题就不必再问，可以重复上述7个问题进行引导，请被访者介绍第二、第三个成功事例。如果访谈者谈不出更多的具体事例，则直接过渡到下面的问题。

(3) 我们已经谈了您在该职位上最成功的具体事例。下面，请您详细介绍一下您在该职位上最失败的三个具体事例。请您从最近发生的一个事例谈起，好吗？

启发性地提问：（前5个问题与上述前5个问题相同）⑥您认为这起事例所反映出的东西是否是导致该岗位上的人表现糟糕的主要原因？（最主要；重要；中等；不太重要；很不重要）⑦您认为那些在该岗位上表现一般的人是否会表现出同样或类似的东西？

请您谈一谈您在该岗位上比较失败的另外一件事例，好吗？（重复上述7个问题进行引导）请您谈一谈您在该职位上比较失败的第三件事例，好吗？

这次访谈到此结束，谢谢您的大力支持！

五、修订初步效率指标

访谈结束后，专家组对取得的数据进行适当的处理，结合录音资料完成更详细的访谈笔录，然后进行数据分析。对所有确定出的主题、行为模型以及原定的效率指标进行了归类与整合，将那些重复的指标进行合并，将新确定出的重要主题和行为模型凝聚成新的效率指标。见表13－1。

表 13－1　　修订过后的初步效率指标类别

类别	胜任力	序号
知识	人事行政管理理论和方法，生产管理，安全知识，业务流程和关键环节	
技能	分析及解决问题的能力	1
	计划组织能力	2
	指挥能力	3
	协调能力	4
	沟通能力	5
	学习能力	6
自我认知	自信	7
	注重自我形象	8
	尊重他人	9
	正直诚信	10
	公正处事	11
特质	压力对抗能力	12
	决策力	13
	鼓励创新	14
	品质和秩序意识	15
	团队意识	16
	成本效益意识	17
动机	责任心	18
	主动性	19
	影响力	20
	成就导向	21

六、制作行为描述量表

行为描述量表的制作由专家组负责进行。专家组根据行为描述量表模板和其他工具，为这 21 个经过修正的行为化效率指标分别制作出一个包括七项行为描述的等级量表。以鼓励创新为范例，列出该指标的行为描述量表，见表 13－2。

表 13－2　　鼓励创新行为指标序号分值

序号	分值	程度	指标
1	－2	相反	反对旨在促进业务成功的新动向、新方案；反对不同于以往业务运作过程的新尝试和努力
2	0	缺乏	不关注他人为促进业务的成功所做出的新尝试和努力，也不鼓励人们为取得业务的成功或促进业务的进一步发展进行创新、摸索和开拓
3	2	略微	不排斥他人在执行业务活动时提出的新措施和方法；有时能够帮助别人去对这些新举措和想法进行分析和完善；偶尔主动为那些执行业务的人提供一些创新性的建议和方案
4	4	中等	能够保持开放性，愿意接受新想法、新观点和新方式；从来不会不加分析地否定新提议和方案；能够主动地协助他人去探索一些促使业务成功的新手段和途径
5	6	熟练	能够对传统的工作方法和业务运作方式提出质疑；能够非常自然地接受其他人提出的新方案、新观点；主动地帮助他人对所提出的新想法和方式进行全面分析，并协助他们去实施这些新的尝试和探索
6	8	高度	能够进行持续的创新性思考；能够敏锐地发现业务执行过程中的新动向、新情况和促成业务成功的新方法，并能够积极地协助业务负责人一起去研究和利用这些新情况、新方法，从而取得业务的成功
7	10	出色	鼓励大家就如何促进业务的成功提出新的观点、建议和方案；创造并维持一种创新性的组织氛围；真诚地支持并赞扬、肯定他人所进行的创新活动

七、对样本组进行评估

根据专家组提供的专用评估量表，项目组对样本组成员进行了评估。评估前，专家组介绍如何利用行为描述量表对样本组的成员进行相应的评估和打分，尽量使项目组成员都能准确地理解七个行为描述等级的界定以及如何对样本组所有成员在以往工作生活中的行为表现水平和状况进行评分。

八、统计分析

项目组 3 位成员利用专家组提供的评分工具和行为描述等级量表，分别对样本组 8 位成员进行了评估和打分。专家组共回收评分表格 24 份，经过整理和反复分析与统计，专家组得出了优秀绩效组与普通绩效组在这 21 条胜任力分别表现出的证据的频次。专家组以优秀绩效组与普通绩效组在各项胜任力条目上表现出的证据的频次之差为该条胜任力的权重，以优秀绩效组与普通绩效组在各项胜任力上的多重均分差为基数，重新对初步模型中所包含的21条胜任力进行了排序。

九、分厂厂长胜任力模型

对两组人员在各条胜任力的均值进行双样本等方差T—检验，剔除那些两组均值不存在显著差异的胜任力，并对频次差为零或为负值的胜任力进行了讨论，得到分厂厂长的10种鉴别性胜任力，而把其余11种胜任力和面谈收集到的知识类胜任力作为基准性胜任力，最终得到分厂厂长的胜任力模型。

（一）鉴别性胜任力

（1）主动性：指个人具有自觉主动精神，能够造成有利局面，使事情按照自己的意图进行。具体表现为一种积极采取行动去取得成绩或者是达到目标的倾向。

（2）正直诚信：对组织忠诚，遵守对组织和对他人所做出的承诺，同时能够保守组织和他人的信息，不利用自己所掌握的信息牟取私利。

（3）责任心：指个人做事尽职尽责，有始有终，细心周到，遇到问题时，敢于承担责任。有强烈的事业心，能将个人的发展目标和组织的发展目标有机地结合在一起，并有为之努力勤奋工作的自觉性。

（4）品质和秩序意识：控制生产成本的同时保证产品的质量，树立和维持品牌和企业形象，关注生产中的秩序与安全。

（5）成就导向：指个人具有自发追求在工作上取得优良业绩的内在欲望和动力。面对任务情境时善于为自己设置具有挑战性的工作目标，并积极为改善个人表现进行艰苦努力，以达到所设定的卓越目标。

（6）影响力：指在工作行为过程中，个人力图获得、巩固和利用权力的内在需要，并运用发展他人，强化组织意识，明确组织成员职责，注意上下级兼容性等方法，试图影响和控制他人，控制环境，控制全局的能力。

（7）公正处事：工作中抛弃个人的成见和好恶，就事论事。公正对待所有的人，在组织中营造公平和谐的组织氛围。

（8）鼓励创新：不因循守旧，鼓励员工就如何促进业务成功提出新的观点、建议和方案；营造并维持一种创新氛围，真诚地支持并赞扬、肯定他人所进行的创新。

（9）尊重他人：发自内心地认可他人作为个体所具有的所有特征，包括尊重他人人格和价值观、生活习惯和文化背景以及他人自由表达自己的行为和权利。

（10）决策力：通过对各种相关信息的搜集与分析，运用较高的抽象判断力、明晰的逻辑思维力、系统的顺序思考力，对事件的正反效应作出准确判断，从而果断形成对某一事件或工作的结论以及处理方案能力。

（二）基准性胜任力

（1）成本效益意识：具有成本意识和效益观念，重视对成本的管理，进行效益预期分析，能够优化投入产出决策，促进生产效率和效益的提高。

（2）计划组织能力：指管理者在日常的工作中，能够预先系统地规划、组织和控制企业内部的“市场、人力和财力资源”，对效率和生产力作全面监控。

（3）沟通能力：善于表达和倾听，能够在沟通过程中把握对方言行举止背后的深层次的心理动机，能为员工提供沟通的机会，保证管理的有效性和信息的畅通。

（4）自信：充分肯定自我的能力与价值，相信自己的愿望或预料一定能够实现的心理状态。对工作的胜任感十分强烈。在工作和生活中，敢于发表自己的见解，愿意尝试挑战性工作，对自己的能力和判断有信心。

（5）压力管理：能全面地看待事物，识别出导致压力的根源，并能监控自己和下属的压力水平，形成支持性的关系。

（6）注重自我形象：善于根据需要调整现实自我并且在组织中有良好的榜样作用，受到组织的好评；善于通过印象管理影响他人。

（7）解决问题能力：能够经常发现问题或寻求改进的机会，善于分析原因，开发替代性的解决方案；并能选择实施最佳方案以及评估解决方案的影响。

（8）学习能力：学习能力的静态结构是学科知识、技能、策略和经过内化和概括后在员工头脑里形成的认知结构。其动态结构表现为有强烈的学习欲望，能够根据工作的需要，通过多种方式和渠道（包括实践活动）汲取营养、更新知识，提高专业技能，适应环境要求，不断完善自我的能力。

（9）指挥能力：了解下属能力，熟悉约束企业和其雇员的协议，通过审计和会议提供人事监督，力争使成员之间充满团结、积极、主动和忠诚的精神。

（10）协调能力：能够与上级、同级、下级以及不同部门成员之间进行相互沟通，协调处理企业的内外部关系；妥善解决和处理各种矛盾和冲突，创造良好的文化氛围和经营环境；调动各方力量共同解决问题或完成任务的能力。

（11）团队意识：团队意识是团队成员为了团队的利益与目标而相互协作、尽心尽力的意愿与作风，即能带动他人完成共同的工作目标，又能团结合作并对公司有着很高的热情。

（12）知识类胜任力：确保该岗位工作顺利完成的相关知识、技能或方法的综合体现。包括生产管理及生产安全知识、人事行政管理理论和方法及熟悉业务流程和关键环节。这是由分厂厂长的生产管理、人事行政管理、安全技术管理三个方面的岗位职责决定的。

第三节　管理者胜任力测量

在胜任力评估过程中，目前已经开发出了许多胜任力测评工具。如《胜任力工具包》、《情绪胜任力调查表》、《领导胜任力调查表》、《管理胜任力问卷》等。作为企业的人力资源管理者或招聘主管，在招聘和甄选过程中应使用哪些工具来评估应聘者的胜任力，往往是一个挑战。本节主要探讨如何选择和使用各种甄选工具评估应聘者的胜任力水平。

一、根据管理者胜任力模型制定选拔录用标准

管理者胜任力模型揭示了那些最有可能将在同一岗位上的优秀管理者与一般管理者区别开来的鉴别性胜任力，同时也描述了为保证成功完成工作而必须具备的基准性胜任力。一般来说，提高基准性胜任力与取得更高的绩效之间没有太大的相关性。因此，基准性胜任力的选拔录用标准，应以普通绩效管理者的平均得分为最低录用标准；鉴别性胜任力的选拔录用标准，应以优秀绩效管理者的平均分为录用基线，这样就能更好地预测和选拔出合格的高绩效管理者。

二、基于胜任力的外部招聘工具

（一）外部候选人的产生

所谓基于胜任力的甄选工具，是指根据目标岗位的胜任力模型及行为描述量表，制定出的应聘申请表、面试试题等甄选工具以及与之相对应的评分标准。这里所说的申请表，不是一般的个人资料简表或者简历，它除了包括那些基本的个人信息之外，还包括与岗位胜任力相关的问题。它通过设计一些合理的问题和表格来让候选人在申请表中展示其所具备的胜任力情况，因此这种申请表具有一定的甄选功能。利用求职申请表并根据其评分标准和筛选基线，就可以从企业外部确定出面试的人选。

（二）结构化面试

由于信息不对称，企业要想降低“逆向选择”的风险，必须使用强化的基于胜任力的甄选工具，即根据目标岗位的胜任力模型及行为描述量表制定出的面试试题以及与之相对应评分标准，来评估外部候选人的管理胜任力水平，以保证信度和效度。面试是一种经过精心设计并在特定的场景下，以面对面地交谈与观察为主要手段，由表及里测评应试者有关素质的一种方式。而“结构化”是指面试设计参照职位要求及应试者特征，对面试题目、评价标准作适当裁剪，以减少考官评价偏差并提高面试信度和效度。“结构化”是一种重要的缓冲变量，在测量个体的一些深层次心理特征时，结构化面试比非结构化面试具有更高的信度和效度，也就是说可以比较准确地反映被测量者的某些能力和个性特征。关于结构化面试的具体知识，参见本书第九章中的相关内容。

（三）评价中心

评价中心是测定个体在多种情境事件中（Exercises）表现出的能力特征的一套操作程序。评价中心具有情境性、综合性、动态性、预测性等特点，避免了社会称许性对测评结果的影响，平均预测效度达到0.37的水平，是“高度仿真性”模拟。评价中心与传统的人事测验（如认知能力测验、个性测验）的区别在于，其测评方法采用的是工作情境模拟练习。这些测评技术模拟工作中重要的情境和主要的工作任务，让受评者表现与工作相关的绩效维度，由企业内部的高级管理人员和外部的心理学家组成评价小组，从多个维度全面考查受评者的各项能力和潜能，从而了解其是否适合从事某项工作以及可能达到的预期绩效。这与胜任力测评的思想是不谋而合的。随着胜任力理论的完善，一些学者开始探索将胜任力纳入评价中心的测评纬度（Dimension）中。有关评价中心的具体知识，参见本书第十章的相关内容。

三、基于胜任力的内部选拔工具

（一）内部候选人的产生

为了杜绝近亲繁殖、任人唯亲的现象以及避免内部选拔中的“彼得陷阱”现象，企业的内部候选人的产生采取以下三种方式：

1. 胜任力清单法

企业进行内部选拔时，可以根据该岗位的胜任力模型，列出胜任该岗位所必须具备的胜任力明细表，接着在企业内部公告所出现的岗位空缺，然后再由愿意填补空缺岗位的内部人员公开竞争。胜任力清单法克服了传统的技能清单法只包含“硬”指标（如教育程度、资格证书、以往工作经历等）的缺点，加入了大量的与胜任力中的“软”指标相关的问题。在必要的情况下，还可以考虑在申请表中对某些胜任力进行正式的评估和测量。

2. 工作公告

工作公告是将工作空缺张贴出来以使所有的员工都能看到的通知，通知描述了工作工资、工作日程和包括岗位胜任力在内的任职资格等。员工可视自身情况向人力资源部提出申请该岗位，由人力资源部和用人单位经理筛选这些申请，最合适的申请人将被选中进行面试。

3. 职业生涯开发系统

职业生涯开发系统是从内部选拔员工的可选方法。企业不是鼓励所有合格的员工都来竞争一项工作，而应考虑将高潜能的员工置于职业生涯路径上接受培养或训练，以适应特定目标的工作。职业生涯开发系统实施的关键问题是如何辨认最合适的候选人。挑选程序必须满足岗位胜任力及专业和法律准则，应当避免主观的主管提名形式。

（二）基于胜任力的360度反馈评价

1. 360度反馈评价的含义

360度反馈评价也称为多评价者评估、全方位反馈评价或多源反馈评价。就是由被评价者的上级、同事、下级和客户（包括内部客户、外部客户）以及被评价者本人担任评价者，从多个角度对被评价者进行全方位评价，并通过反馈程序，达到改变行为、提高绩效等目的。这是一种适合于评价管理者的绩效的评价方法。

360度反馈评价的最大特点就是扩大了评价者的范围与类型，并且强调评价后的反馈，因此，它受到了普遍的欢迎。有研究表明，几乎所有财富杂志所列的500强企业，都在使用该方法来评价管理者的行为表现，甚至一些政府机构也开始采用这一方法。在我国，企业对管理者的绩效评价很早就有由群众、同级和上级管理者进行“民主评议”的实践。

2. 360度反馈评价的目的

360度反馈评价的主要目的，可以是对员工进行行政管理，如提升、工资确定及绩效评价等，也可以是服务于员工的发展，测定顾客和消费者相关的行为及感知、连续性计划、企业文化评价、组织变革、创新等。当360度反馈评价的主要目的是员工发展，服务于员工的晋升时，评价的内容应该是拟提升岗位的胜任力，评价标准应根据目标岗位的胜任力模型制定。在建立管理者岗位胜任力模型时，所制定的行为描述等级量表，可以很好地指导评价者根据测量要求来实施准确的测量和评估。它是针对每一条胜任力设计出的评分量表，为每一项胜任力确定出行为等级，对那些具体的、可观察到的行为指标进行分类和定级。评价者在对具体胜任力进行评价时，是对其在实际工作或生活场景中所展示出的具体行为表现进行评估。

3. 360度反馈评价的实施

一般来说，参与评价的上级为1人或1人以上，而同事、下级和客户应分别在3人以上，这是保证实施效果的必要措施之一。应注意的是对于评价者的选择，无论是由被评价者自己选择还是由上级指定，都应得到被评价者的同意，这样才能保证被评价者对结果的认同和接受。在组织填写评估量表前，应就评价方案和评价量表的填写向参加评估的人员（包括被评价者）进行详细的说明，以保证评估者理解评估目的及每一项评估指标的具体含义，如实填写量表。对被评价者进行如何接受他人的评价信息的培训，可以采用讲座和个别辅导的方法进行，关键在于建立对评价目的和方法的可靠性的认同。更要让被评价者体会到，360 度反馈评价结果最主要目的是为员工职业发展提供依据。对具体实施过程要进行监控和质量管理。比如，从量表开封、发放、宣读指导语到疑问解答、收卷和加封保密的过程，都要实施标准化管理。目前，已经有专门的 360 度反馈软件对于统计评分和报告结果均支持，包括多种统计图表的绘制和及时呈现，使用起来非常方便。评价信息的统计结果反映了被评价者在每条胜任力上的得分情况，对照事先制定好的管理者选拔录用基线，就可以筛选出有潜力胜任目标岗位的候选人。需要注意的是，所有的评价图表复印件需要交给员工本人，而不能将这些表格放入员工的人事档案中。

4. 360 度反馈评价的效果评价

现场评价工作完成以后，还需要对评价效果进行检验，包括两个步骤：

（1）确认执行过程的安全性。由于 360 度反馈中包括了下级、同事及其他人员的评价，要检查信息收集过程是否符合评价要求。此外，在信息处理时，还应当考虑不同信息来源的评价准确性的差异。

（2）评价应用效果。一方面要客观评价这种方法的效果，另一方面，还应当总结评价中的经验和不足，找出存在的问题，为下一次评价积累经验，从而不断完善整个评价系统。

领导能力 360 度评价问卷示例

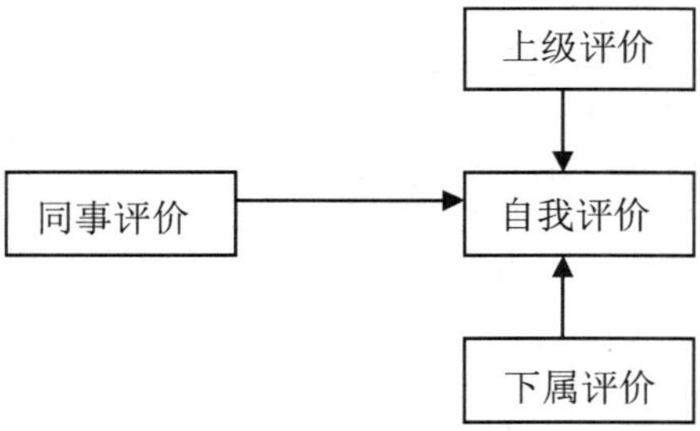

第 1 部分　总体评价

指导语：

- 所有参与评估的员工都被要求根据被评估者的实际情况完成该部分问卷；
- 每个问题只选一项；
- 如果问题未涉及被评估者的工作和行为或者您对该被调查者的此项行为活动不清楚，则回答“不适用”；
- 根据您对所评定的管理者的观察与了解，对下面的每一陈述都要做出选择。

姓名：__________职务：__________

分数等级：

9～10 分：优秀：这类员工的工作表现一贯能超越对其的期望值。

7～8 分：较优秀：这类员工能完成其工作，有时能超越对其的期望值。

5～6分：一般：这类员工一般能够完成其工作，员工承担责任的能力得到肯定。

3～4分：较差：这类员工能部分完成其工作，经常落后。

1～2分：差：这类员工经常不能完成任务。

N：不适用/未观察。

表13－3　领导能力360度评价问卷

主要能力	圈出所选数值
管理技能：	
设定短期和长期目标以及完成日期	N 1 2 3 4 5 6 7 8 9 10
注重承诺并和下属一同追踪实施直至任务完成	N 1 2 3 4 5 6 7 8 9 10
专注于管理目标/按优先顺序将管理目标排序	N 1 2 3 4 5 6 7 8 9 10
了解公司产品、市场和客户	N 1 2 3 4 5 6 7 8 9 10
了解公司财务报表	N 1 2 3 4 5 6 7 8 9 10
减少部门费用支出	N 1 2 3 4 5 6 7 8 9 10
执行公司政策	N 1 2 3 4 5 6 7 8 9 10
为自己的部门指出明确的优先解决的问题	N 1 2 3 4 5 6 7 8 9 10
能准确地做出预算、人员及其他资源的估计	N 1 2 3 4 5 6 7 8 9 10
把工作的战略方式转化成明确的目标和战略	N 1 2 3 4 5 6 7 8 9 10
领导能力：	
根据管理目标领导下属工作	N 1 2 3 4 5 6 7 8 9 10
纵观全局，明确其部门在全局中所起的作用	N 1 2 3 4 5 6 7 8 9 10
有效分配工作	N 1 2 3 4 5 6 7 8 9 10
鼓励集体民主决策	N 1 2 3 4 5 6 7 8 9 10
定期给下属反馈信息	N 1 2 3 4 5 6 7 8 9 10
指导并帮助下属充分发挥其潜能	N 1 2 3 4 5 6 7 8 9 10
善于激发他人的创意	N 1 2 3 4 5 6 7 8 9 10
动员相关人员参与计划与决策的制定	N 1 2 3 4 5 6 7 8 9 10
准确指出他人的长处和有待发展之处	N 1 2 3 4 5 6 7 8 9 10
使本部门成员的角色和责任分明	N 1 2 3 4 5 6 7 8 9 10
使他人参与变革的过程	N 1 2 3 4 5 6 7 8 9 10
根据情况的需要有效地调整领导方法	N 1 2 3 4 5 6 7 8 9 10
让工作有成绩的人了解自己的成效	N 1 2 3 4 5 6 7 8 9 10
创造性地融合别人的想法和观点	N 1 2 3 4 5 6 7 8 9 10

（续上表）

主要能力	圈出所选数值
被视为下属仿效的榜样	N 1 2 3 4 5 6 7 8 9 10
沟通技能：	
与下属沟通其工作目标	N 1 2 3 4 5 6 7 8 9 10
对下属的工作要求给予答复	N 1 2 3 4 5 6 7 8 9 10
积极倾听下属的意见	N 1 2 3 4 5 6 7 8 9 10
营造一种使员工能对公司事务畅所欲言的自由氛围	N 1 2 3 4 5 6 7 8 9 10
让部门外的人了解本部门的使命和战略部署	N 1 2 3 4 5 6 7 8 9 10
部署任务时明确达标要求和期望	N 1 2 3 4 5 6 7 8 9 10
公司价值观：	
尊重下属	N 1 2 3 4 5 6 7 8 9 10
与下属建立信任关系	N 1 2 3 4 5 6 7 8 9 10
避免偏袒某下属	N 1 2 3 4 5 6 7 8 9 10
容易接近和沟通	N 1 2 3 4 5 6 7 8 9 10
有错时能向下属道歉	N 1 2 3 4 5 6 7 8 9 10
公正地对待他人	N 1 2 3 4 5 6 7 8 9 10
履行自己的承诺	N 1 2 3 4 5 6 7 8 9 10
倡导团队精神，消除各立门户的狭隘思想	N 1 2 3 4 5 6 7 8 9 10
努力提高个人表现	N 1 2 3 4 5 6 7 8 9 10

第 2 部分　确定重要领导因素

指导语：

- 只有被评估者本人及其上级主管被要求完成该部分问卷；
- 重新阅读第 1 部分问卷。基于被评估者的工作职位要求以及这些领导技能对该工作职位的重要程度，请您从中选出最重要的 5～10 个能力；
- 请注意，对这些能力的重要性的判别只能依据该工作职位对能力的要求，而不能依据被评估者个人的工作绩效。

小资料

胜任素质模型素材

一、员工必备的 18 种素质

1．灵活性

具有适应不同环境、不同个性或不同人群，并有效工作的能力。灵活性需要对一件事情的不同甚至相反看法的理解与欣赏，使自己的方法适应环境的变化，并保持自己对公司或工作要求的一致性或开放程度。

① 承认灵活性的必要；

② 灵活地运用标准；

③ 采取一定战术；

④ 采取特别的战略。

2. 影响能力

为了使他人赞成或支持说话者的意图所采取的说服、使别人信服、影响或强迫他人的能力。

① 采取了单项行动去说服；

② 采取了多项行动去说服；

③ 运用非直接影响；

④ 运用复杂的影响策略。

3. 诚实正直

一个人所行的与他所说的一致，即他/她“言行一致”，公开、直接地与周围人沟通自己的意图、观点和感觉。对把问题谈开、诚实持欢迎态度，即使是在与外方艰难谈判之时。

① 对于工作环境的态度坦诚；

② 所采取的行动与自己所信奉的价值观一致；

③当为难或有阻力时仍能照自己所信奉的价值观行事；

④基于所信奉的价值观所采取的行动，可能会很冒险或造成很大损失。

4. 人际理解能力

一种想去理解他人的愿望，是一种对非表达出或部分表达出的想法、感觉、关切点的准确认识与理解。

①对现有情感或明显内容有所理解，但却不是两者都能理解；

②对目前情感和明显内容都理解；

③对当前的、未表达出或表达很拙劣的意义能理解；

④理解深层意义。

5. 献身组织精神

根据组织的需要、重要性及目标调节自己行为的能力和自愿度。与那些能提高组织目标或满足组织需要的行为相关。

①有努力适应的行为；

②表现出忠诚的榜样；

③表现出支持公司的使命和目标；

④为公司牺牲个人的利益。

6. 成就导向

希望工作杰出或超出优秀标准。其标准可以是某个体过去的业绩；或一种客观衡量标准；或比其他人做得更好；或某人自己设定的挑战性目标；或做出任何人从未做过的独创的事。

①自创杰出衡量标准；

②对某系统或自己个人工作方法作出具体改变以改进业绩；

③能够做成本—效益分析；

④明知有风险仍一往无前。

7. 演绎思维

能对事物进行有条理的分析，或用步步推进的方法对事物进行解剖。包括对问题、形势等系统地、结构性地理解，进而对不同特性或方面进行系统比较，理性地制定出合理对策，确定时间序列、因果关系。

①拆分问题；

②可见基本关系；

③可见复杂关系；

④作出复杂的计划或分析。

8. 归纳思维

有能力确认那些不明显相关事物的规律或关联。在极为复杂的情况下，确定出关键或潜在的问题。包括运用创造性的、概念化的及归纳性的推理方法。

①可看出类比模式；

②可运用复杂的概念；

③可把复杂数据或情况澄清；

④创造出新概念。

9. 服务精神

即有帮助或服务客户的愿望，专注于发现并满足客户的需求。

①有跟踪，保持沟通；

②亲自负责；

③在客户碰到关键问题时，为顾客采取超出正常范围的措施；

④指出客户潜在的需要，从客户的长远利益出发为其提供服务。

10. 组织理解力

了解和理解本公司或其他组织（客户组织、供货商组织等）权利关系的能力。包括能确认谁是真正的决策者、谁具有影响决策者的能力悟性。

①理解正式组织、非正式组织；

②理解组织“气候”与文化；

③能理解、描述（或运用）某组织内目前有效的权力和政治关系；

④理解潜在的组织问题。

11. 关系建立

能与人建立或保持友好、互利、良好的人际关系及关系网。

①能进行非正式接触，建立融洽关系；

②建立社交关系；

③建立个人之间的友谊；

④建立牢固的个人之间的友谊。

12. 自信

一种自信有能力采用某种有效手段完成任务或解决问题的信念，包括对自己能力的自信，特别在问题难度加大时表现出对自己决定或判断的自信。

①自信地表现自我，独立自主地行事；

②对自我能力颇为自信；

③选择挑战或矛盾；

④选择特别富有挑战性的工作。

13. 领导能力

即有意做一组人或一群人的领导，希望领导其他人。领导能力往往以一个正式的权威位置来体现，尽管不一定全是这样。

①确保人们得知必要信息；

②增强团队的工作效率；

③关心本团队形象，以身作则；

④用激动人心的预见激励大家。

14. 团队精神

即愿意与他人合作，作为某团队的一分子去共同完成一项任务，与那种喜欢独立、竞争工作的人相反。

①表达对团队的正向期望，表现出理智及对他人智慧的尊重；

②关注他人的观点，改善团队合作；

③鼓励他人；

④建立团队精神。

15. 培养人才

在需求分析的基础上，带有一定想法或者切实筹备长期培养人才的计划。关键在于有培养人才的意愿和影响力，而不一定是一个培训师的角色。

①对别人表达正向期待；

②提供如何做的指示，解释原因，提供帮助；

③为了鼓励他人有意给出正面反馈（行动）；

④参与长期培训或指导计划。

16. 收集信息

由于潜在的好奇和愿望驱使人们想对某些事、人或问题有更多的了解。即采用超出惯例或需要的办法达到目的。收集信息可以包括“挖出”信息或“强压”出确切的信息，即通过提出一系列问题去分析矛盾；或是为获得更大的机会和零散信息，采取对情况非集中式的“扫描”方法。

①喜欢问问题，亲自调查；

②更深入地挖掘信息；

③作出系统的努力进行研究调查；

④运用自己的惯常系统。

17. 监控能力

即以公司长期利益为重，适当并有效地利用个人权利或个人地位使他人的行为与自己的愿望相符。包括“让别人做某事”的内容或说话声调。说话声调可以有严厉、直截了当、苛求甚至威逼等。

①需监控别人，确立限度；

②要求杰出的业绩；

③保持可见业绩标准；

④让各人对自己的业绩负责。

18. 主动性

即在辨认出问题所在、障碍或机会的基础上，对现有的问题或将来的问题或机会采取行动。因此，主动性可以理解为提前采取行动而不是简单地考虑将来怎么办。

①对现有的机会有清醒的认识并采取行动，遇到危机时有决断能力；

②提前1~3个月采取行动；

③提前4~12个月采取行动去创造机会或避免将来的危机；

④提前1年以上采取行动：超前于任何其他人，能独到地提前1~2年或更多时间去创造机会或避免问题。

二、49种胜任素质指标

1. 成就动机

在竞争性的环境里获取成功或者优秀的愿望；为了达到目标承担责任以及冒一定的风险。

2. 适应性

为了应付变化的环境，变化的生活条件，能够改变自我以及自我的行为；为了应付组织中变化的管理层级。

3. 分析能力

通过各种资源来消化信息，在对这些信息进行分析的基础上来建立结果。

4. 关注细节

能够知觉到某一个情景中的关键方面；在计划的过程中将细节考虑进去。

5. 计算能力

又快又准地进行基本的代数运算。

6. 职业兴趣

知道某一职业的现实、前景，包括薪水，高级职务的工作职责。

7. 控制

为下属建立目标或责任；定期检查，以确保与计划的一致性并跟踪与计划的偏离。

8. 咨询

承担教练的角色，帮助下属克服问题；为改进业绩提供建议，并进行跟踪以确保取得业绩的改进。

9. 创造力

对问题产生有想象力的解决办法；产生新的主意。将一个有创新的想法转化为一个新产品，新服务以及新的生产方法。

10. 果断

为了达到结果愿意快速、及时地进行决策。

11. 授权

能够给下属列出需要做的事情的提纲，包括内容、时间等；愿意以及能够授权给下属采取行动以达到目标。

12. 支配性

在小组以及组织背景中以一种主导性的方式来影响事件的倾向性。

13. 教育背景

某个人的教育背景与工作所需知识的相关性。

14. 教育质量

GPA（grade point average 年级平均成绩）；在学校的排名；学校的奖励。

15. 能量

非常有热情地进行工作。

16. 效率

拥有和使用必备的技能、知识以及能力；关注有效的业绩。

17. 财务分析

阅读和解释财务报表；使用财务数据来理解组织。

18. 印象管理

能够管理他人对自己的印象，尤其是在关系的初始阶段。

19. 人际关系的敏感性

能够意识到同事的需要，在作决策时能够将那些需求考虑进去。

20. 独立性

即使是不受欢迎，也能够保持自己的立场；在所有的情况下坦率地说话；即使能够获得他人的帮助，但在自己能力允许的范围内，仍然坚持自己做。

21. 主动性

采取行动驱动项目；即使身处逆境，也使事情继续下去；为达到群体目标而作出努力。

22. 兴趣和活动

在工作之余参与有意义的活动，并在活动中承担重要的角色。

23. 人际技能

使工作环境处于一种令人愉快以及有效的相互作用之中；能够和各种层级的人打交道，包括比自己高以及比自己低的人。

24. 判断力

产生一系列可供选择的方案；对各种方案进行评价，达到一个合理的决策；选择最好的决策；作决策时，能够考虑到组织的需要；最好方案的选择；以及成功的可能性。

25. 领导

能够唤起组织或团队的使命感，采取行动影响他人朝着使命的完成而工作。

26. 倾听的能力

为了理解另一个人的要职，采用必要的努力；在双向沟通的过程中避免偏离；对于沟通对象能够表示同情。

27. 管理技能

策略性的计划；指导；控制和监督；培训；信息收集；给下属提建议并进行指导；制定政策；约束和中止；分配资源；协调。

28. 成熟

面临压力和困境时能够控制；能够理解个体行为对组织的理解。

29. 智力能力

言语、数学以及逻辑推理的能力，学习的能力。

30. 沟通能力

在进行讨价还价的讨论时，能够产生大家都能够接受的结果。

31. 口头沟通

清楚地说话；能够以一种有趣以及富有信息的方式在组织内部进行沟通；能够主持会议并参与会议；在有时间准备的情况下能够进行有效的展示。

32. 组织的忠诚度

尽管组织有变动，但仍旧留在组织内部，长期的任职。

33. 组织的敏感性

理解某一行为对于组织中其他单元的影响。

34. 耐心

在没有达到目标之前，遇到了挫折，情绪出现了波动，仍然能够控制住情绪并将任务完成，使事情朝前发展；给予受测者以足够的时间来完成他们的目标；避免匆忙地作决策。

35. 说服能力

能够预测对方对几个方案的反应，引导被说服的对象放弃方案中其他非目标方案，从而接受目标方案；强有力地展示能够影响他人的观点；进行强有力的展示以引导他人参与到某个目标实现的过程中。

36. 计划与组织

为达到目的设立目标；为了达到一系列的目标，开发出一系列的行动，并在一定时间范围内完成一系列的活动；为了使时间的效用最大化，对任务进行调整。

37. 问题分析

通过对症状的调查，分析问题的原因。

38. 阅读能力

阅读和理解书面材料的能力。

39. 结果定向

关注（集中于）产生许诺过的结果；对于错过最后期限以及不可接受的工作，不接受任何理由。

40. 冒险

对冒险的偏爱；承担中度的冒险与成就动机有关；在某种极端的情景中承担风险，而在另一种情境中则规避风险。

41. 敏感性

表示对他人情感的体认以及关心；对同事以及下属的不幸的同情。

42. 压力容忍

能够在高压、竞争、逆境的情况下工作，并维持较高水平的工作绩效。

43. 监督关系

与上司建立信任；与上司进行开诚布公的沟通；接受上司的管理风格。

44. 团队建设

集中于团队的目标而非个人的目标；在小组中建立团队精神；促使团队合作。

45. 技术能力

为了产生优秀的预期结果，能够使用核心技术。

46. 技术转换

能够处理技术材料以及技术规则，并把材料翻译成外行可理解以及可接受的形式。

47. 工作态度

对工作、上司以及同事所维持的积极的态度。

48. 工作经验

以前的工作经验与当前工作的相关性（即任务的内容，任务的复杂性以及组织环境的相似性）。

49. 书面沟通技巧

清晰表达的能力；起草文件以及其他沟通的能力；将某人的思想以书面的方式有效地展示的能力。

（以上资料转引自：何非，欣磊，蔺益. 破解企业人才测评中的10大难题. 北京：机械工业出版社，2006）

本章小结

1. 胜任力是能够明确地区别出绩效优秀者与绩效低下者并可以被准确测量和计算的某些个体特征，包括动机、特质、技能、自我认知、态度或价值观、具体知识、认知或行为技能等。

2. 胜任力模型（Competency Model）是指担任某一特定的任务角色需要具备的胜任力的总和，它是针对特定职位表现要求组合起来的一组胜任力。

3. 胜任力理论模型主要有冰山模型和洋葱模型两种。

4. 胜任力建模方法主要有两种：工作胜任力评鉴法；行为锚定修正法。

5. 工作胜任力评鉴法（JCAM）的核心方法是关键事件访谈法。具体流程包括六个步骤：选择标准样本；确定绩效标准（绩效优秀者、绩效一般者）；收集数据信息（BEI、问卷、评价中心、专家评议组）；分析数据信息（访谈结果编码、调查问卷分析）；建立胜任力模型（BEI、问卷、评价中心、专家评议组）；验证胜任力模型。

6. 行为锚定修正法确定胜任力的建模流程包括六个环节：确定初步效率指标；进行行为事件访谈；修定初步效率指标；制作行为描述量表；对样本组进行评估；统计分析，建立模型。

思考题

1. 什么是胜任力？什么是胜任力模型？
2. 胜任力理论模型主要有哪两种？含义各是什么？
3. 如何用工作胜任力评鉴法来建构胜任力模型？请举例说明。
4. 如何用行为锚定修正法来建构胜任力模型？请举例说明。

第十四章

人力资源测评报告

本章提要

- 人力资源测评报告的意义和表述方法
- 人力资源测评报告的基本格式和撰写原则
- 常见的人力资源测评报告样式

引　言

人力资源测评报告是人力资源测评中极为重要的一个环节，是人力资源测评题目设计、过程实施、数据处理等各个环节的最终表达，也是对整个测评过程最直接、最理性的反映。无论是测评设计的独特性，还是测评过程的专业性以及最终结果的科学性，都将在测评报告中体现出来。

第一节　人力资源测评报告概述

一、人力资源测评报告的意义

（一）对委托测评组织的意义

1. 更科学地制定人力资源规划

人力资源测评报告的数据能了解到组织内现有人员的素质状况，进而为组织未来战略发展提前作出人才规划，对人才需求和供给进行预测，制定与之相应的策略，尽可能地做到合理的人才储备和使用。

2. 更有效地建立各项人力资源管理制度

人力资源测评报告的数据能为人才的招聘选拔、开发培训、提拔晋升、薪酬激励等提供基础信息，为现代人力资源管理各种决策和各项制度的建立提供科学依据。

（二）对被测对象的意义

1. 掌握自己的素质轮廓

人最难认识的是自己。古希腊神庙的石碑上镌刻着一句名言：“认识你自己”。中国古代思想家老子也说过：“知人者智，自知者明；胜人者力，自胜者强。”人力资源测评报告的数据有助于被测对象清楚地认识自己，了解自己的性格类型、能力倾向、职业兴趣等，勾画出自己的素质轮廓。

2. 做自己最合适的工作

一个人的事业成功很大程度上取决于他的性格、能力及兴趣是否与其工作类型相匹配。人力资源测评报告的数据，能揭示一个人的长处与短处，认识自己蕴藏的潜能，从而为寻找适合自己的工作岗位提供依据，进而准确找到发展之路，实现事业成功。

（三）对测评机构的意义

1. 有利于树立测评机构的专业形象

一份科学的测评报告，包含着许多科学研究成果的实际应用以及严谨科学的数据测试分析，因而测评报告的本身就展示出测评机构的可靠和专业的形象。

2. 有利于测评机构获得更多的测试样本

每一份测评报告都有详细的归类信息和被测对象信息，测评机构可以对此进行归类整理，作长期的追踪研究，获得测评验证的第一手资料，及时总结、调整测评过程中存在的缺憾，从而推出更为科学有效的人力资源测评方案。

二、人力资源测评报告的表述方法

一般而言，人力资源测评报告的表述主要有以下四种方法：

（一）文字表述法

文字表述法是指通过一定的格式，用一些比较容易理解的语言文字来表述人力资源测评结果的方法。这种表述法具有描述内容翔实丰富，表述具体完备等优点，可以注意到测评结果的每一个细节，并且还可以分类、分系统甚至是分等级描述，有利于测评对象更好地阅读和理解测评结果。

文字表述法的缺陷在于描述不直观，不简洁，加上文字表意存在着理解上的偏差，甚至会出现多义或歧义等，可能会对测评结果带来负面影响。这就要求撰写者具备较强的文字表达能力。

（二）表格表述法

表格表述法是指对测评数据进行归类、统计，最后形成表格来表述人力资源测评结果的一种方法，如表 14－1 所示。

表格表述法是一种定量表述法。格式清楚、数据精确、简单明了、前后对照形成一体，有利于测评对象一目了然地获悉自己的相关信息，也有利于测评机构归纳总结，整理归档。但由于表格中有些数据的专业性，如表 14－1 中的标准分概念，可能会对阅读者的理解造成一定障碍。与文字表述法相比，它一般不能提供表格之外的信息，也不能满足对隐藏在测评数据之后的那些信息作相应评述的要求。

表 14－1 测评表格报告示例

<table>
<tr><td colspan="2">姓名</td><td colspan="2">×××</td><td>性别</td><td>男</td><td>年龄</td><td>31</td><td>职位</td><td colspan="2">技术总监</td></tr>
<tr><td colspan="11">管理者行为风格测验结果</td></tr>
<tr><td>外倾</td><td>内倾</td><td>感觉</td><td>直觉</td><td>思考</td><td>情感</td><td>判断</td><td>知觉</td><td colspan="3">ES</td></tr>
<tr><td>8</td><td>11</td><td>4</td><td>18</td><td>19</td><td>7</td><td>11</td><td>10</td><td colspan="3">42</td></tr>
</table>

（三）图形表述法

图形表述法是指对测评所得的数据进行相应的处理后，标注在图形上，用图形来表达人力资源测评结果的一种方法。如图 14－1 所示。

分量表	百分位	标准分	低 1 2 3 / 中 4 5 6 7 / 高 8 9 10
责任心	26	3.7	
进取心	35	4.3	
自我控制	55	5.4	
自信心	27	3.8	
创造性	63	5.8	
洞察力	31	4.1	
灵活性	34	4.4	
独立性	37	4.3	
支配愿望	53	5.3	
社交能力	25	3.7	
宽容性	64	5.8	
敏感性	41	4.6	
称许性	18	3.2	

图 14－1　智维通用人才选拔图形报告示例

图形表述法也是一种定量表述法。数据客观准确、简明扼要、形象生动、一目了然，具有很强的直观性，阅读者的阅读不像表格表述法那样有时因专业性而造成理解困难，也不会像文字表述法那样造成阅读误解。因此，图形表述法在人力资源测评中被普遍采用。一般而言，比较常见的有：折线图；柱形图；环形图；坐标图等。

（四）综合表述法

综合表述法就是运用文字表述的同时，结合表格或图形的引用，发挥不同表述方法的长处，形成一份既直观明了，又丰富翔实的人力资源测评报告。事实上，可以全部用文字来撰写报告，却很少见到仅靠表格或图形来完成一份报告。表格和图形有其表述上的不完整性，而对某种维度上的测评数据常常需要作进一步的解释，这种解释就往往需要文字来完成。所以，在人力资源测评报告的撰写上，更多的是采用综合表述法。如图 14－2 所示。

综合报告

■工作态度方面

维度	低分特征	低	中	高	高分特征
责任心	粗心，易疏忽，主动性差，逃避责任				严谨细心、克尽职守，勇于承担责任
进取心	情绪不稳定，易激动，紧张，冲动				沉着，情绪稳定，处事不惊
自我控制	满足现状，缺乏自主性，安于平淡				积极进取，追求成就，善于抓住机遇
自信心	自卑、畏怯、退缩，怀疑自己，顾虑多				自信，自我分析准确，自我接纳

图 14-2　智维通用人才选拔综合报告示例

遇事通常较为沉着冷静，有一定的自我控制、心态调整能力。工作有明确的目标，具有一定程度的成就动机，愿意在某种程度上改变和调整自己的生活以获取成功和进步。做事不够坚定，遇到困难容易退却并放弃努力，耐性和韧性不足。行为冲动，缺乏自律，对所从事的工作不够认真，易于疏忽和遗漏要做的事，有时不能保证按时完成预定任务。

第二节　人力资源测评报告的撰写

一、人力资源测评报告的基本格式

一份标准的人力资源测评报告主要包括以下一些基本格式：

（一）前言

每项测验都有它的目的和要求，前言就是对本项测验的总体说明，特别是一些相关基础理论的发展过程以及运用情况在本次测验中起到的作用等。

（二）测评信息

1. 写明测评机构的名称和测评时间

一份精美、详尽的报告注明测评机构的名称有助于扩大其知名度，宣传自己的形象，树立品牌。注明测评时间能使测评人员查阅起来更加便利。这两项也是不可缺少的程序之一。

2. 写明被测的个人信息

其中包括：编号；姓名；性别；年龄；教育程度；岗位（部门）；职务等，要根据具体情况进行取舍。

（三）注明测评项目

测评项目的确立是测评过程中的关键步骤。测评机构的专业人员可根据委托方的要求、岗位分析后的工作说明书以及被测对象的基本信息，选择合适的测评项目。

（四）测评结果及其分析

测评结果是被测对象对测评项目作出相应反应后所得到的一系列对应结果以及测评机构对这些结果的分析综述，包括文字表述、数据表述和图表表述等。这一部分是测评报告中最重要的一环。它要求结果一定要客观、实际，表述一定要清晰、易懂，分析解释力求精确适度、完整而客观。

（五）总评和建议

总评是测评机构对此次测评过程各个环节的整体评价，主要包括项目设计的合理性评价，测评实施过程的严谨性和规则性评价，测评结果分析的科学性、客观性和准确性的评价等。建议是测评机构根据此次测评得到的具体结果，结合委托方的要求、工作分析后的工作说明书以及分析被测对象的各类相关信息而提出的中肯而客观的建设性意见，主要包括对委托方的建议和对被测对象的建议两大类。

总评和建议的撰写这一部分也具体反映了测评机构的实力，是测评科研机构和社会运用相结合的集中反映，直接为委托方提供了是否获取这些人才的客观依据以及获取后如何开发使用的发展趋势；使被测对象更科学、更客观地了解自己的优缺点以及发展潜能，为其人生选择和职业规划提供最为切实可行的科学建议。

（六）测评机构的信息和说明

测评机构的信息和说明是人力资源测评报告的最后一环，主要包括免责说明和测评机构的地址、网址等联系方式等。

免责说明是人力资源测评报告中不可缺少的一部分。它主要是为了规避由测评报告而引发的各类潜在纠纷和风险冲突，合理防止使用测评报告进行一切违法活动的企图。免责说明虽然简单，但意义重大，作为一个严谨规范的人力资源测评机构，千万不能掉以轻心而忽略了这一部分的撰写。

测评机构的信息是指在人力资源测评报告最后署上自己的名称、网址、地址以及电话号码、主要联系人等，以方便被测对象以后作咨询，也有利于测评机构开展工作，树立形象，提高知名度。

二、撰写人力资源测评报告的基本原则

人力资源测评报告的撰写不仅要有一定的格式要求，同时还必须遵循一些必要的原则。主要包括：客观性原则；一致性原则；逻辑性原则；结构性原则；详细性原则；实用性原则。

（一）客观性原则

撰写人力资源测评报告的过程中，无论采用何种方式表述，必须对人力资源测评的整个过程，包括项目设计、操作实施、结果分析等进行客观科学的描述，这是人力资源测评报告撰写过程中最为重要的一个原则。即使在人力资源测评过程中难免有一些主观因素会干扰和影响人力资源测评的客观性，但测评机构必须对此进行适当的处理和修正，尽可能地保证人力资源测评报告的客观性和科学性。

例如在测评前、测评中、测评后进行多方面的客观化控制，以此减少主观因素对测评结果的影响。在测评项目选择时，尽量采用一些被广泛运用且被事实证明具有较高信度和效度的量表，测评实施过程中严格控制主观因素的影响，在测评结果分析时，尽量请各位专家参与分析评价，取得最高限度的评价一致性。

（二）一致性原则

在撰写人力资源测评报告过程中，无论项目设计的精确度如何，实施测评的客观性怎样，人力资源测评报告的撰写力求前后一致、左右贯通，务必做到不矛盾、不冲突，以保证测评报告的科学一致性。尤其是对于那些由各个测验项目合成的人力资源测评报

告的撰写更要注意这一原则。

（三）逻辑性原则

在撰写人力资源测评报告过程中，报告的内容、报告的结构等要相互关联，并且有一种由浅入深、环环相扣的内在逻辑关系。人力资源测评常常是多种测评工具或方法的组合使用，撰写报告时还要考虑不同测评工具或方法的相关逻辑性，从而更好地揭示出被测对象的内在素质。

（四）结构性原则

在撰写人力资源测评报告时要遵循一定的格式，需要有一个易懂又不缺乏科学性的规范性结构。一旦形成规范，那么同一测评机构出来的报告基本上具有一致的结构，这对于形成测评机构的权威性和树立相应的品牌都是有利的。一般的测评报告结构由六大类构成，但不同的测评机构可根据自身的特点进行相应的变化，只要能达到预期的最佳效果即可。

（五）详细性原则

撰写人力资源测评报告时，对结构中的每个类别，每个类别中的每个指标，包括亚指标等必须知无不言，言无不尽。尤其对每一项测评结果的分析，包括优点、缺点，合理、不合理，适合、不适合等，要做到尽可能地详尽。

（六）实用性原则

撰写的人力资源测评报告无论如何表述，必须对委托组织或被测对象本身具有针对性，并且对其具有指导意义，实用性就意味着切实可用。比如，仅由电脑自动生成的报告给出的评价并不一定适合于被测评对象，最好经过专家修正，有时甚至还需要与被测对象进行沟通，才能达到准确评价的目的。

三、测评报告撰写中需要防止的倾向

（1）宽容倾向或严格倾向：不依据分数解释标准来评议，过分宽容或过分严格。

（2）极端化倾向或中心化倾向：走极端，倾向于普遍打高分或低分；或总是给中间分数。

（3）以偏概全倾向：即所谓一错百错，一好百好，缺乏对事实的深入分析。

（4）逻辑推断倾向：即不是始终按测验所得实际结果进行评议，而是进行逻辑猜测判断。譬如，某人有知识，就推断他一定具有判断力，其主要原因是缺乏对各项考核要素的充分理解。

（5）好恶倾向：即测评人员在自己喜欢的方面或擅长的方面，考核就严；在自己讨厌的方面，自己不擅长的方面考核就宽，缺乏实事求是的态度。

（6）“联想效应”：又称“晕轮效应”。即因为某人在某一方面表现好或者差，就对此人的其他方面给予过高或过低评价，而不是依据事实对应试者作客观的评价。

第三节　常见的人力资源测评报告格式

常见的人力资源测评报告分为针对被测对象的个人报告和提供给委托测评的组织的总体报告两种。同一人力资源测评机构出示的人力资源测评报告要保持格式、表述的一致性。

一、个人报告的撰写

例一

卡特尔16种个性因素测验

北森测评技术有限公司

日期：2007－08－04

编号：002

姓名：刘××	年龄：27	性别：男
文化程度：大学	婚姻状况：未婚	测验耗时：

前 言

本量表是以著名心理学家 Raymend B. Cattell 的16种人格因素（16PF）为理论基础，运用一系列严密的科学手段研究出来的。Cattell 把对人类行为的1 800种描述称为人格的表面特质，将这种描述通过因素分析的统计合并成16种因素，称这16种因素为根源特质。他认为只有根源特质才是人类潜在的、稳定的人格特征，是人格测验应该把握的实质。这16种特性因素在任何一个人身上组合，就构成了有别于他人的独特人格。在16PF的理论基础上，北森公司经过一年多的时间，重新修订了中国本土化的常模以及综合分析16PF的各个维度之间的关系，增加了次元因素报告。与其他类似的测验相比较，本测验能够对职业适应程度进行预测；对心理健康水平、人格特性等方面进行测量；更好地满足企业招聘、选拔、管理以及教育辅导等需要。

报告阅读注意事项：

（1）本测评报告是根据答题者对16PF问卷的回答而写的，报告的准确性取决于他在填写16PF问卷时的诚实性以及对自己的了解程度。

（2）在整体描述中从四个方面描述了个人的整体特征。所以建议可以先看这一部分的内容。如果要更加详细地了解个体特征，那么可以详细阅读16个子维度和8个次元因素的解释。

（3）本报告中呈现的所有得分都是转化为“标准分”以后的分数。因为测验的原始分数的单位具有不等性和不确定性，测验的原始分数要转化为标准分数才具有测量意义。在这个测验里，我们使用1～10的标准分，其中1～3分为低分水平，4～7分为平均水平，8～10分为高分水平。

（4）这是一份测评报告，报告内容可能涉及个人隐私，因此请妥善保管。

第1部分　16个子维度

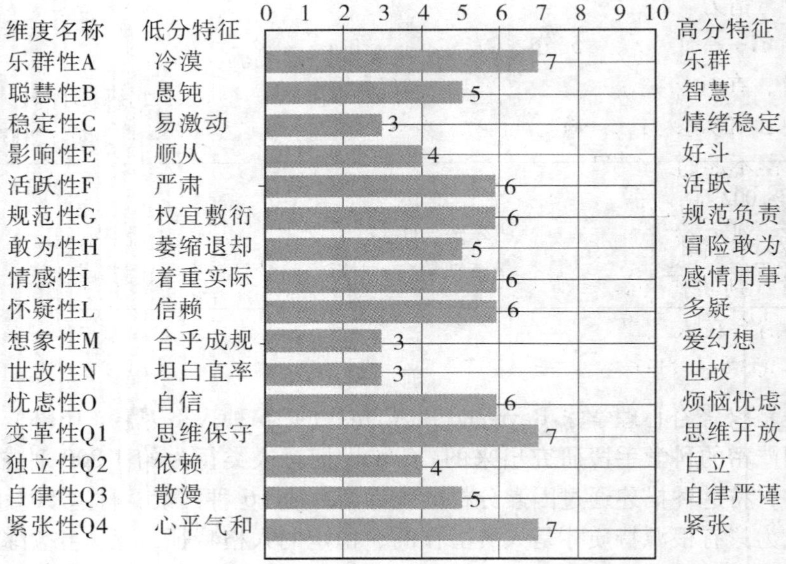

图14－3　16个子维度得分图示

1. 因素A——乐群性：7分

【定义】：对待他人的热情水平。

【解释】：对人较为随和，也具有一定的独立性；能够关注到人和事情之间的平衡，对他人的关注和感兴趣程度处于平均水平上。

2. 因素B——聪慧性：5分

【定义】：刺激寻求与表达的自发性。

【解释】：学习能力中等，对事情的反应速度都较好，可以胜任大多数工作。

3. 因素C——稳定性：3分

【定义】：善于平衡和调整自己的情绪状态，根据情境用恰当的方式来表达情绪。

【解释】：情绪波动较大，易受无关因素影响；容易受环境的支配而心神动摇不定。善变，自我控制能力弱。不能面对现实，容易急躁不安，易疲乏。

4. 因素E——影响性：4分

【定义】：力图影响他人的倾向性水平。

【解释】：倾向于以沟通互动的方式与他人讨论自己的观点，并不将自己的观点、看法强加他人，愿意接受不同的、正确的观点。

5. 因素F——活跃性：6分

【定义】：寻求娱乐的倾向和渴望表达的自发性水平。

【解释】：活泼性处于中等水平，对人对事不是很积极，但是在社交场合也不会感到紧张或者拘束。

6. 因素G——规范性：6分

【定义】：崇尚并遵从行为的社会化标准和外在强制性规则。

【解释】：愿意接受环境强制性标准和规则，但并不僵化地遵从。认为制度是为人和事情服务的，能够在适当情况下灵活运用。经常有效地解决实际问题，不过多受规则限制浪费时间与精力。

7. 因素 H——敢为性：5 分

【定义】：在社会情境中感觉轻松的程度以及冒险的倾向性。

【解释】：和大多数人一样，在社会环境中通常感到较为轻松；在人群中通常表现得不卑不亢，但不愿过分突显。

8. 因素 I——情感性：6 分

【定义】：个体的主观情感影响对事物判断的程度。

【解释】：判断和决策时会考虑到事情的实用意义，也能意识到问题的情绪性后果。通常判断事情会在人和事之间、主客观之间寻找平衡。

9. 因素 Q3——自律性：5 分

【定义】：以个人标准、外在纪律对自己的行为进行控制。

【解释】：对事情进行事先计划和组织的倾向同于多数人。通常可以较好地控制、安排事情，但有时也较为放任。

10. 因素 Q4——紧张性：7 分

【定义】：在和他人的交往中的不稳定性、不耐心以及由此所表现的躯体紧张水平。

【解释】：耐心和躯体紧张水平与大多数人相同。通常心态较为平和放松，但也有时感到紧张、不满和厌烦。

第 2 部分　次元因素

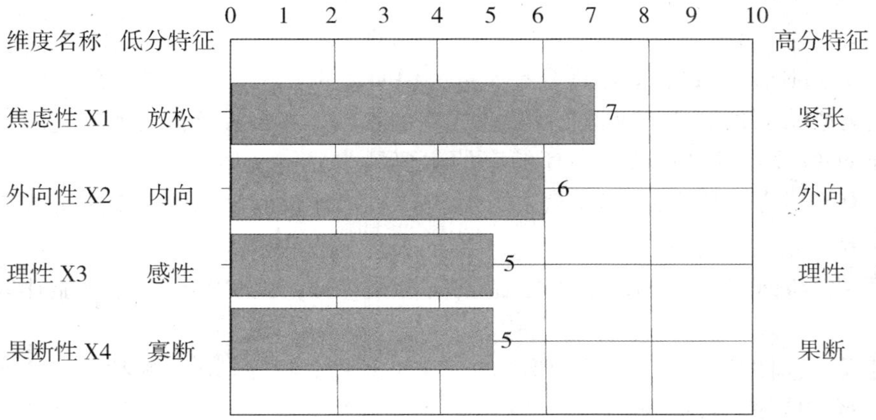

图 14－4　四个次元的人格因素

人格因素

- 焦虑性 X1：7 分

社会适应性比较好。对社会以及生活上遇到的事情会感到一定的紧张，但是能够很好地将这种紧张的情绪化为动力。想方设法去解决问题，适应环境。

- 外向性 X2：6 分

在社交方面表现一般。虽然不能在社交情境中挥洒自如，但在与人进行常规的交往时没有任何障碍。在社交场合行为恰当，符合礼仪，但有时也希望独处。

- 理性 X3：5 分

日常行事中兼有理性和感性的成分。一般问题都可以理性地思考和解决，但是在重大事件或紧急情况下，也难免表现得情绪化。过多考虑自己和他人的感受，不够理智、果断。

- 果断性 X4：5 分

在果断和优柔寡断中徘徊，对于有些事情很难下决心，但是在紧急的情境下还是能够表现出果断。

以上是四个次元的人格因素。根据试验，详细分析各个因素特征，16PF 还可以预测以下四个次元因素，如图 14－5 所示。

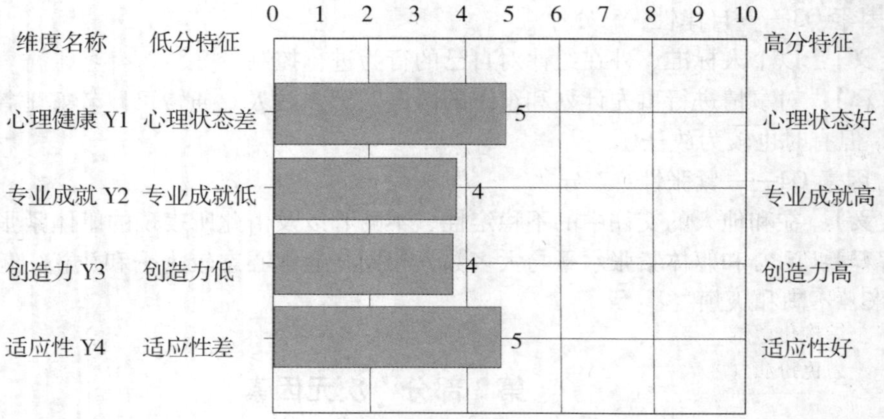

图 14－5　预测四个次元因素

- 心理健康因素 Y1：您的得分是 5 分，说明您的心理健康状态中等。

心理健康状态几乎是一切职业及事业成功的基础。如果心理健康水平比较低，其学习及工作效率都会因之降低。心理健康的主要因素是：情绪稳定（高 C）；轻松兴奋（高 F）；有自信心（低 O）；心平气和（低 Q4）。担任艰巨工作的人都应有较高的心理健康标准分。

- 专业有成就者的人格因素 Y2：您的得分是 4 分，说明您在专业上能够取得的成就偏低。

人格因素是取得专业成就的重要条件。这些因素主要有：知己知彼、自律严谨（高 Q3）；有恒负责（高 G）；情绪稳定（高 C）；好强固执（高 F）；精明能干而世故（高 N）；自立、当机立断（高 Q2）；自由、批评、激进（高 Q1）。

- 创造力强者的人格因素 Y3：您的得分是 4 分，说明您的创造力偏低。

具有较高创造力的人一般具有以下几个人格因素：缄默孤立（低 A）；聪慧富有才识（高 B）；好强固执（高 E）；严肃审慎（低 F）；冒险敢为（高 H）；敏感、感情用事（高 I）；幻想、狂放不羁（高 M）；坦白直率（低 N）；自由、批评、激进（高 Q1）；自立、当机立断（高 Q2）。

- 适应新环境的人格因素 Y4：您的得分是 5 分，说明您的社会适应性中等。

社会适应性高的人，一般是富有才识（高 B）；有恒负责（高 G）；自律严谨（高 Q3）的人。

结束语

每个人的性格都是非常复杂的。如果您觉得报告中有些地方和您自己的认知不符合，甚至相悖，那么可能是由以下原因造成的：请回忆您作答时的情景，您是根据自己的第一反应作出的回答吗？您是否受到自己应该选择什么或者别人希望您选择什么的影响？如果对于报告有不清楚的地方，您可以进一步向我们咨询，我们将会为您作出更为细致的讲解。

例二

某公司评价中心报告

北森测评技术有限公司

日期：2006－01－14

编码：001

姓名：A 先生

年龄：36

应聘职位：×××地区销售经理

测评项目

1．结构化面试　　2．公文筐测验

3．角色扮演（招聘）　　4．角色扮演（员工辅导）

1．结构化面试

1.1　测评结果

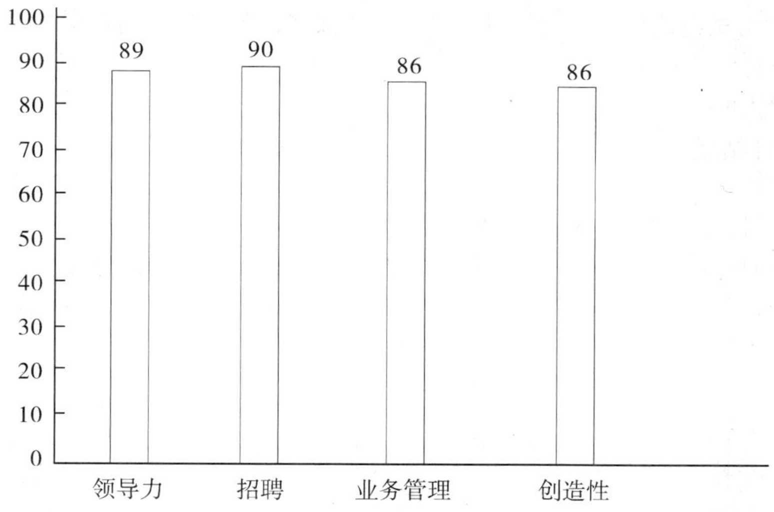

图 14－6　结构化面试测评结果

1.2　测评结果分析

(1) 领导力

领导能力突出，能够有效地影响员工和上级，使他们接受自己的观点，在完成任务的同时激励下属。

比如，在说服上级或下级接受自己提高销售任务时，通过分析过去的销售业绩和市场状况来设定今年的任务量。在提高销售任务的同时考虑对员工的激励，一般会在原来的销售指标上增加10%～20%，过高可能影响员工的积极性。

在给员工分配任务时，考虑到员工的能力不足和积极性高，会和员工一起分析如何完成任务，并提出具体的方案和员工一起商量。达成一致，再让员工去做，保证员工的积极性，同时会在关键点上亲自参与，防止因员工能力不足导致任务失败。

(2) 招聘

针对招聘中要考核的要素，能够提出多种方法判断应聘者是否具备该素质。同时也清楚每种方法的有效程度。

比如判断应聘者是否诚信，A先生提出用盘根绕枝法、简历核查法和试用期观察等几种常用的方法。并举例说明现有判断诚信的方法的有效程度。

(3) 业务管理

针对市场上的新变化，能够主动收集相关信息，利用相关工具进行分析，做出相应的对策。在作出决策时，能够考虑每种方案潜在的危险。

比如面对竞争对手的低价格，通过和医生、经销商的沟通，分析自己产品与竞争对手相比所具有的优势和劣势；考虑到如果降价可能带来的风险，如利润的下降、因小失大等。

(4) 创造性

能够采取多种有效的方法来解决问题。

比如约见困难的客户，提出了家访、在外地拜访、通过组织学术会议创造机会等。

(5) 压力管理

在挫折面前仍然能够控制自己的情绪，同时采取有效的方法来摆脱尴尬的情境。

比如在面对被淘汰出局的情景时，仍然能够保持镇静。同时转移话题，营造良好的沟通氛围。

2. 公文筐测验

2.1　测评结果

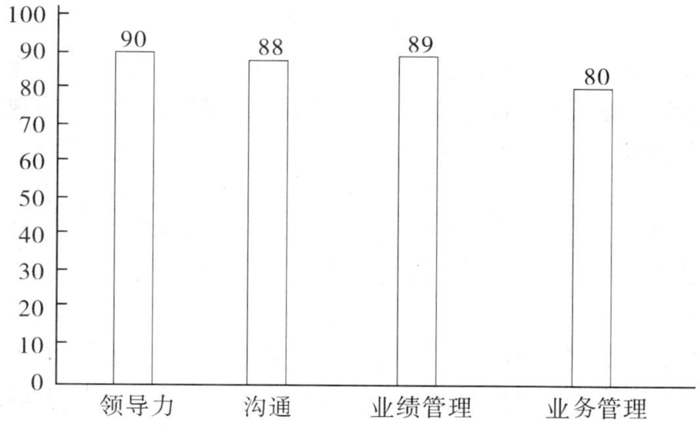

图 14－7　公文筐测验测评结果

2.2　结果分析

在公文筐部分，我们着重考查了领导力、沟通、业绩管理和业务管理四个方面。在领导力方面，重点考查了员工辅导和团队培养；沟通主要考查了书面沟通；业务管理方面重点考查了综合分析能力、时间管理和工作条理性。

（1）领导力

A 先生的领导力突出，特别是在员工辅导和团队培养方面。

注重团队的培养，很多问题都主张征求团队成员的意见。如在销售业绩下滑时，指导销售代表对各自的区域进行分析；在考虑人事部的命题任务时，征求销售代表的建议；将一些行政性工作授权给秘书处理。

员工辅导能力出色。在大多数情况下，都可以给销售代表建设性的指导意见。如工作计划主要聚焦于地区招标活动的跟进，用大量的时间与销售代表协同拜访重要客户。在处理交货期延迟的客户投诉上，与物流等部门沟通，请求大区经理从其他地区调货，及时处理，并能够给销售代表具体的应对指导。

（2）沟通

A 先生具有优秀的书面沟通能力。在和兄弟部门的合作中，能够考虑对方的需要。如在和市场部合作进行产品推广的活动中，给对方充分的时间、空间。

（3）业绩管理

A 先生的业绩管理表现突出。重视在具体问题中和员工进行沟通和辅导。

（4）业务管理

A 先生在业务管理方面表现一般。有优点，也有不足。从其答题的内容上可以看出，A 先生对工作职位描述有较好的理解，将重点放在业务流程的管理和对销售代表的指导及协同拜访重要客户上，并在这三方面有较好的表现。在市场推广中，抓住一切机会介绍公司产品。强调公司的品牌形象，不会为了达成销售指标而盲目降价。在面对竞争对手的同类产品时，冷静应对，不盲目降价或者改变分销渠道。但是在时间管理、综合分析和工作条理性方面还需要加强。

①时间管理

虽然 A 先生拿到试题后并没有匆忙作答，而是先仔细阅读背景信息，在此基础上开始回答。但是时间管理能力有待进一步加强，主要表现在：没有发现公文筐中的时间线索；将几个活动安排在同一时间进行（参加秘书的面试工作和参加医疗器械销售研讨会冲突）；在时间冲突的情况下，没有充分考虑事情的相对重要性；在撰写本周工作计划时，遗漏了许多重要安排：19 日与南区经理的面谈以及 20 日的医疗器械会议。

②综合分析

综合分析能力较弱。主要表现：没有结合公文筐材料中提供的信息，通过整体思维分析区域销售业绩下滑的原因。

③工作条理性

没有区分事件轻重缓急的意识，基本按照文件原来的排列顺序批复。

这些不足之处可能是由于对公文筐这种测试方式不熟悉造成的，但是，测评师还是认为 A 先生在时间管理和业绩管理方面有进一步提升的空间。

3. 角色扮演

3.1　测评结果

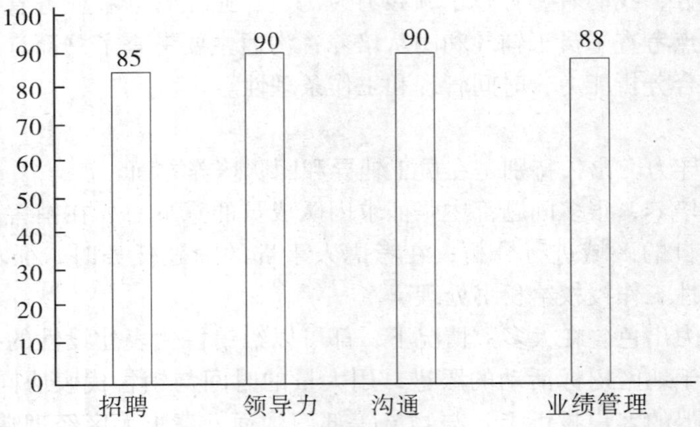

图 14－8　角色扮演测评结果

3.2　测评结果分析

（1）招聘

A 先生对面试流程不是很清楚，但是在控制面试过程、对面试要素的把握和提问的有效性方面表现优异。

比如整个面试过程中没有给应聘者了解公司情况的机会。在面试要素的分析方面，他认为销售技能、兴趣和价值观以及求职动机是关键要素。通过让应聘者讲过去的销售经历来判断应聘者的销售技能；通过问应聘者为什么要从事医药销售工作来了解应聘者的兴趣和价值观；通过询问应聘者为什么离职和到某地去工作以了解应聘者的求职动机。能够有效地控制面试节奏，合理地利用时间。

（2）领导力

A 先生在领导力方面表现优异。他擅长员工辅导，能够积极地评价员工的工作，同时又能有针对性地指出员工在工作方面的不足。通过对员工方案的完善来帮助员工并且十分重视协同拜访。

(3) 沟通

A 先生善于和员工沟通，能够积极倾听并给予回馈，鼓励员工把问题讲清楚。通过开放式提问，了解与问题有关的背景信息。

(4) 业绩管理

A 先生业绩管理表现很好。通过对具体问题的分析，发现员工中存在的问题，并提出有针对性的对策及对员工的期望。如发现员工遇到的困难在很早之前就发生了，明确地告诉员工下次遇到类似的问题要及时报告给他，以便更及时地处理。对员工进行辅导时，能够抓住问题的关键，比如在角色扮演的员工辅导情境中，他就抓住了问题的关键是解决招投标。

综合评价：

测评结果如下图所示：

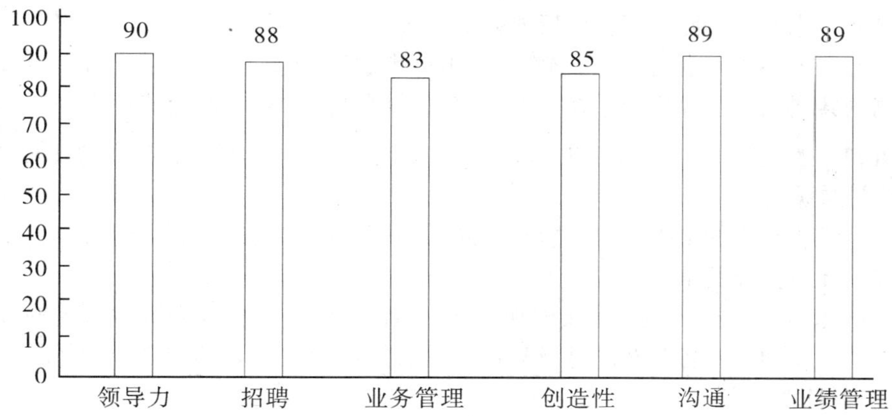

图 14－9　A 先生综合测评结果

A 先生在领导力、招聘、业务管理、创造性、沟通和业绩管理等六个方面的表现都很好。他足以胜任地区销售经理这个职位。其中，他突出的优点是领导力和沟通方面，擅长进行员工辅导、激励和团队建设。弱点在于综合分析能力（与业务管理有关联性）相对较弱（但是也达到了这个职位的要求）。

另外，在评价过程中，我们还发现了 A 先生的其他特点，虽然和素质模型没有直接的关系，但是我们认为对决策有帮助。特作简单介绍：

A 先生对应聘这个职位作了充分的准备。他事先通过相关渠道对××公司作了调查；认为××公司地区销售经理符合他的职业发展规划。评价过程中的细节做得很好，表现出很强的职业礼仪，对就职过的公司持客观积极的评价。他本人有清晰的职业定位，打算十年做医药，十年做器械，未来希望能够做到大区经理或者全国经理。

二、组织总体报告的撰写

如果有大量的人员参加同一项测评，就要求测评机构在出具个体评价报告的同时提交一份全体被测人员的报告，以方便委托组织进行人员的比较、选择和录用。总体报告的格式和个体测评报告基本一致，主要包括前言、测评信息、测评项目设计、测评结果分析和比较、总评和建议、测评机构的信息和说明。说明如下：

（一）测查的设计

（1）介绍测查内容，包括使用的测验工具的介绍、测查的对象说明、测查的目的和预期结果。

（2）进一步对测查指标加以说明。这一部分的说明旨在让非专业人员能够理解测验各项维度的具体定义和分数的含义。说明包括各维度的理论分值区间、测验维度所涵盖的主要内容、分数的解释。

（二）团体测查结果

（1）概况。描述接受测查的对象的级别层次、部门、数量等一般信息。附上所有应试者的各项测验分数结果的汇总一览表以及各项测验所有指标的分数描述统计结果。内容包括：平均分、标准差（离散度）、最小值、最大值以及受测样本量。

进一步对各项测验结果的数据分布特点、统计结果的含义加以概括说明，并综合分析通过测验各维度的对照使用，可反映人员在各方面的素质或能力水平。

（2）比较。将有可比性或有比较价值的两个或多个不同的群体进行特别考察，对他们在所测的共同项上加以比较，在方法上根据需要可使用多种推论统计方法。比如，对管理人员和一般员工两个群体加以比较，对他们各自在同一维度上的分数做 t 检验，附上各种统计数据。

进一步说明比较的结果。内容包括不同群体存在何种差异、差异的大小、显著性检验结果和由此可推导的结论。

（3）分数分布分析。为了直接地观察和分析测查结果，将各个测验维度的分数制成分布图。更重要的是对各分布图进行解释，说明分布特征所反映的问题和情况。

（三）讨论与分析

依据测查的结果和各种统计分析数据，对应预定的测查目的，配合公司文化理念和管理模式，作综合分析和讨论。主要内容包括：

（1）对员工在各项测验指标上的得分特点所反映的现状加以概括说明。

（2）对现存的趋势或现状水平与公司文化追求或管理目标进行比较，说明差距或解释原因。

（3）对上述现状或问题在人力资源管理乃至组织的经营管理上的重要性加以说明，提出在人事管理、激励政策、培训教育或文化建设等多方面的建议。建议可包括提出需要特别谨慎处理的问题、对难度较大的问题的处理办法、需要加强培训和训练的方面等。

分析和讨论中可考虑以下思路：

（1）在描述基础上进行逻辑分析或判断。

（2）侧重揭示心理状态或行为的“意义”。

（3）不仅注重对单一维度的分析，而且重视对过程和维度相互关系的分析。

（四）附录（表、图）

将报告内容中所涉及的所有数据表格和分布图按顺序编号排列，附在报告正文之后，供阅读者参考。如表 14－2、图 14－10 所示。

表 14－2　　总体测评报告

候选人姓名	职业价值观	心理健康	工作适应性	人际协调	总分
宋××	服务/稳定（95）	90	85	94	87
郭××	服务/管理（85）	81	95	80	86
张××	服务/技术（85）	72	88	61	79
刘××	服务/稳定（95）	63	75	74	73
赵××	稳定/技术（85）	72	67	74	64

个人结果简述：

1. 宋××：职业价值观以服务为主，并追求安全和稳定；为人精明得体，人际协调能力很强，愿意主动与人交流沟通，善于与人合作完成任务；性格外向，心态平和，心理健康水平高；工作适应性较强，自我要求较高，做事规范性强，情绪控制能力好；做事积极主动，计划性强，强调效率和时间。

2. 郭××：对工作环境的适应能力强，情绪稳定；工作规范性强，善于计划，做事速度快；希望工作能够为别人提供服务，并愿意承担一定的管理职能；性格偏外向，心态平和，心理健康水平良好；处世老练，行为得体，比较乐于与人交往，人际协调能力较好。

3. 张××：做事规范性强，比较敢于冒险；逻辑思维能力强，能够较好地适应工作环境，情绪稳定和挫折承受能力均较强；愿意自己的工作性质是为他人提供服务，并追求业内的认可；心理健康水平中等偏上，比较自信；人际协调能力一般，比较愿意与人交往，但与人合作完成任务的意愿不强；处理问题非常理智，但是考虑问题有时过于片面，灵活性也有所欠缺。

4. 刘××：职业价值观以服务为主，并追求安全和稳定；工作适应性中等偏上，逻辑思维能力较强，但是对情绪的控制较差，成功意愿不强；人际协调能力中等偏上，比较乐于与人交往，但是与人合作的意愿较弱；心理健康水平一般，基本能够满足一般工作要求；做事的规范性不强，对新事物的接受能力较差。

5. 赵××：追求工作的安全和稳定，并渴望获得业内的认可；人际协调能力中等偏上，比较容易与人相处，但是与人合作的意愿不强；心理健康水平中等偏上，自我调节能力较好；工作适应性一般，逻辑思维能力强，行为风格稳定，但是大局观有所欠缺，计划性不强，行事较为冒险冲动。

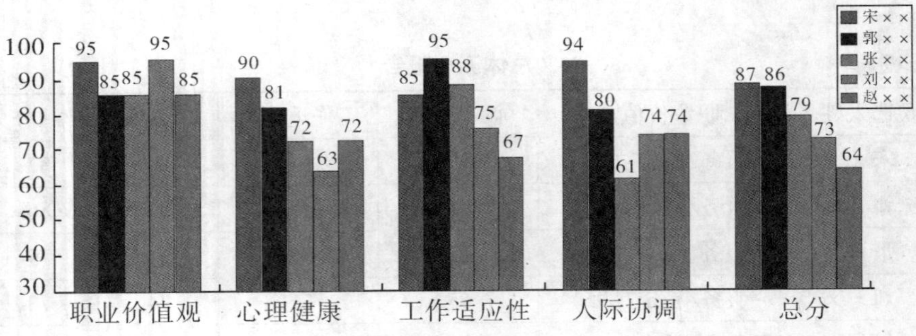

图 14－10　所有候选人的测评结果对比图

综合分析：

根据总体结果我们可以发现，宋××和郭××在素质测评方面的表现要高于张××、刘××和赵××。

宋××的心理健康水平较高，自我调节能力较强，并且能够很好地协调人际关系，营造较好的工作氛围。同时，他的职业价值观与职位要求非常符合，他对这项工作比较认同，能够在工作中表现出较好的服务意识和稳定心态，从而态度更为认真。工作投入较高，离职的可能性较小。郭××在工作适应性上表现非常出色，这表明他在工作中能够较快进入角色，更好地适应工作环境，表现优异。

相对于宋××和郭××而言，张××、刘××和赵××在工作适应性、人际协调和心理健康上的表现均稍逊一筹。虽然张××和刘××均有得分较高的项目，但是也都同时存在较为明显的弱项，故从综合来讲，宋××和郭××的素质水平高于张××、刘××和赵××。

宋××的心理健康、人际协调和职业价值观匹配度均明显高于郭××，而郭××的工作适应性水平高于宋××。由于宋××的表现整体好于郭××，并且其工作适应性也达到较高水平，所以认为宋××的综合素质高于郭××。

综合上述分析，我们认为这五位候选人之间存在着素质上的差别。就他们的素质表现而言，最佳人选为宋××，其次为郭××，这二者胜任的可能性最高。最后是张××、刘××和赵××三人，如果选择了他们三人中的任何一位，都需要在素质等方面进行系统的培训。

应用案例

表 14－3 ××**公司人员素质测评报告** **编号：**20061801

姓名	×××	性别	男	年龄	31	职位	技术总监
综合评价							

思维与问题解决

- 具有较强的逻辑思维能力，能迅速理解和把握事物的本质和关联；擅长理论和技术分析以及以逻辑思维解决问题；学习新知识和解决复杂问题的能力突出。
- 善于提出远景和规划，能从新的角度以独到的方式考虑问题；思维敏捷，有时会低估问题解决的难度。
- 自信，善于独立解决问题；对自己和别人的期望比较高，喜欢亲力亲为；有一定的计划性和条理性，但持恒性不足。
- 喜欢创造性的智力挑战；工作要求及标准较高，行动较为谨慎；决断魄力略有不足。
- 关注和强调组织目标实现；有较强的组织责任感，对自己在组织中的发展有较高的期望；有时略显急躁和冲动。

个人特征与人际技能

- 自我概念清晰，注重自己内心感受，一般与人平淡相处。
- 性格内向，人际兴趣低，有可能表现出只和少部分人密切交往的特点。
- 缺乏足够的人际敏感性，对他人的需要、情感和价值观重视不够。
- 人际交往活动中的适应性和灵活性不强，比较被动。

领导风格与潜能

- 注重组织的整体环境以及组织中管理和控制的作用，并能贯彻到组织的管理活动中去，但有时不太在意计划性和条理性。
- 倾向于对情景和资源拥有较多的控制和把握，在模糊的情景下会有一定的焦虑，有时会使得自己的工作量较大，而对下属的授权不足。
- 重视组织团队的建立和维系，能够指导和协调他人工作，但比较被动，易忽视情感交流的作用

职业发展愿望

- 具有强烈的成就动机；积极进取，对未来充满信心，对未来的发展有比较明确的设想；目标明确。

工作中的优点

- 积极进取，有开拓精神和强烈的争取成功愿望。
- 能力素质优秀，独立，并且很有创见性。
- 善于战略部署和规划，关注变化和可能性。

（续上表）

姓名	×××	性别	男	年龄	31	职位	技术总监
要点总结							
工作中的不足 ● 决断魄力不足，有时决策较慢。 ● 人际沟通与合作的意识不强，主动性弱。 ● 有时会忽略现实的重要性；细节关注不够。							
发展建议							
● 提高对现实运作的关注和持续推动工作的韧劲。 ● 加强人际交往的意识和技巧的培养及提高。 ● 在管理工作中适当地加强人际敏感性，学会对别人的认同和激励，增强对下属的授权。							
推荐建议							
胜任该职位的要求，并有较大的成就愿望和发展潜力；在工作中需给予较大发展空间，设置较高目标；更为适合在技术领域发展（或承担技术项目工作）。 推荐建议：4 注：推荐　4～5； 可考虑　3； 不推荐　1～2。							

本章小结

1. 人力资源测评报告的表述方法主要有四种：文字表述法；表格表述法；图形表述法；综合表述法。

2. 标准人力资源测评报告主要包括以下一些基本格式：前言；测评信息；测评项目；测评结果及其分析；总评和建议；测评机构的信息和说明。

3. 人才测评报告撰写的基本原则是：客观性原则；一致性原则；逻辑性原则；结构性原则；详细性原则；实用性原则。

4. 常用的人才测评报告分为两种：个人报告和组织总体报告。

思考题

1. 人力资源测评报告对个人、组织和测评机构分别有何作用？
2. 常见的人力资源测评报告有哪几种表达方式？
3. 一份标准的人力资源测评报告是由哪几部分组成的？
4. 人才测评报告的撰写需要遵循哪些基本原则？
5. 个人报告和组织总体报告的撰写有哪些异同？

附录

北森人力资源测评教学系统的应用

一、测评软件的结构和功能

随着人才竞争的加剧以及人才选拔的深入，人才测评在企业人力资源管理中的地位变得越来越重要。而目前人力资源专业毕业的学生由于缺乏心理学方面的知识背景，在人力资源招聘工作中遇到了很多的困难，普遍需要进行这方面的补充。作为未来人力资源经理的教育基地，人力资源系也越来越重视学生人才测评知识的教育，在人力资源课程中加入了人才测评的教学。但在教学实践中，缺少便捷、有效的人才测评工具作为教学工具。教师希望在高校实验室重建真实的企业人才招聘系统，帮助学生完全掌握人才测评的知识并获得实际操作的能力。人力资源系的教师与企业之间的合作也越来越多，但在开展人力资源项目时缺少信、效度较高和企业认知度较高的人才测评工具作为辅助。北森人才测评教学系统通过以下核心内容构建了满足师生需要的人才测评平台：

- 6 大类 31 种测验全面满足人力资源管理教学各种需求。
- 三大热门评价中心技术提升专业水平。
- FAQ 在线帮助系统全程伴左右。
- 案例生动演示涵盖人力资源管理的四大工作情境。
- 完整配套的人才测评教学方案。
- 配套学生实验，较强的针对性设计，有效巩固学生专业技能。
- 多层次互动，支持在线提交报告，教师批改，加强师生互动，满足自学和考核需求。

二、系统构架

（一）用户角色构架

采取多级角色分配构架，切合学校教学管理实际情况，方便教师以及机房管理员进行教学管理。如图 1 所示。

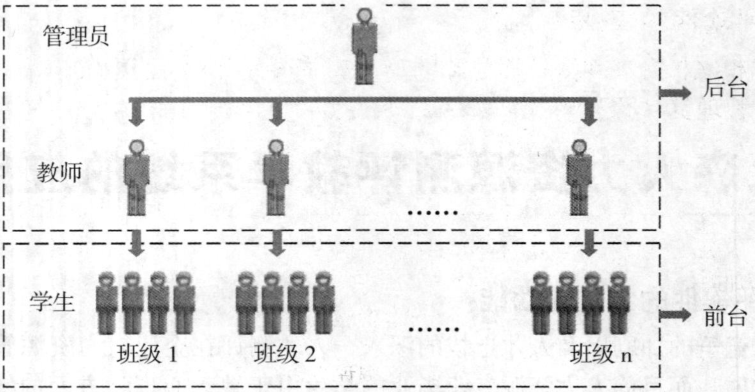

图 1　用户的角色构架系统

用户角色构架中划分了三种用户角色。分别为：

- 管理员：机房或设备处的管理人员，或者院系的教务老师。
- 教师：直接的授课教师，一个院系可能同时有多个老师要用到测评软件。
- 学生：按照班级由授课教师直接管理。

（二）功能框架

北森人力资源测评教学系统专为教师教学开发，系统分为教师管理的后台和学生使用的前台两个子系统。整个系统的使用流程图如下：

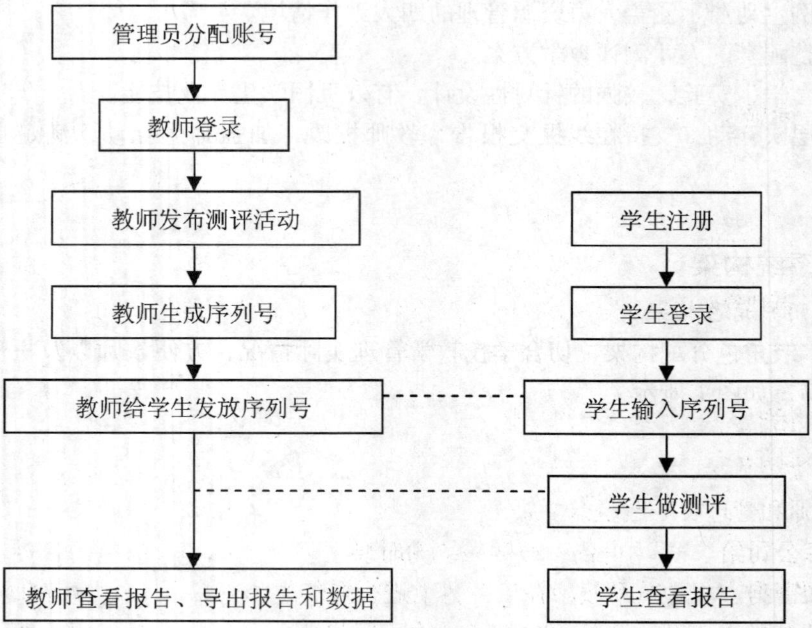

图 2　系统使用流程图

三、测评软件的安装

基于 B/S 模式构建的局域网测评软件，支持局域网内的任何微机远程访问服务器进行在线测试。管理员可设置用户测评的条件，用户可远程注册，通过序列号测评并浏览测评报告。

参加测试	用户可通过局域网内的任何微机远程访问服务器进行在线测试，或者通过系统提供的“测试端程序”参加测评。测试结束后，用户选择的答案将生成一个 1KB 左右的数据文件。
生成报告	对于在线测评用户，测评管理员可以直接访问后台查看报告；离线用户测试生成的数据文件，由测评管理员导入测评系统，也可生成测评报告。
报告管理	支持用户直接浏览测评报告，测评管理员集中管理所有结果。
网络支持	完全支持局域网模式与互联网模式。
个性化设置	用户可自主进行报告界面的个性化设置。
产品升级	用户可以利用互联网进行在线产品升级； 用户可利用升级光盘或下载升级包，离线升级测评软件。
多微机操作	软件安装在局域网内的服务器上，支持从其他微机进行访问。
安装	需要安装者了解站点配置及 Sql 数据库配置方面的知识。
系统要求	硬件环境：IBM 兼容机 奔腾 2.0 GHz 以上 CPU 1GB 内存以上 CD – ROM 光驱（用来安装） 10GB 硬盘空间以上 软件环境：Microsoft Windows 2003 or 2000 并安装 IIS Microsoft SQL Server2000
其他资料	产品激活账号； 在线帮助系统。

四、功能模块

（一）管理员功能模块

1．教师和管理员后台登录界面

当北森公司给学校（院系）部署系统的时候，都会提供一个相应的管理员账号、初始密码、加密狗。管理员和教师在服务器上进行操作时需要把加密狗插到 USB 接口上才能进行管理员账户登录。登录的时候需要输入用户名、密码以及验证码。登录后，管理员可以在后台添加教师；教师可以在后台完成查看学生报告、管理学生账户等其他操作。

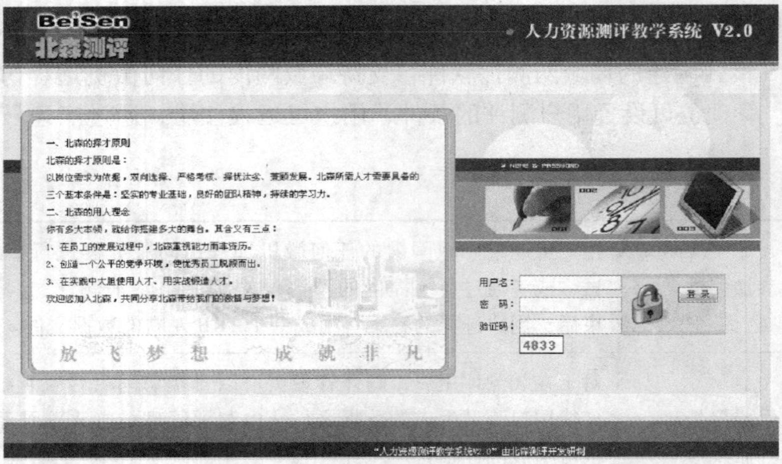

2. 教师后台发布测评活动界面

教师登录后，进入“测评活动”选择需要让学生完成的测评，点击“下一步”，进入“发布活动”，并为测评活动生成序列号以供学生使用。

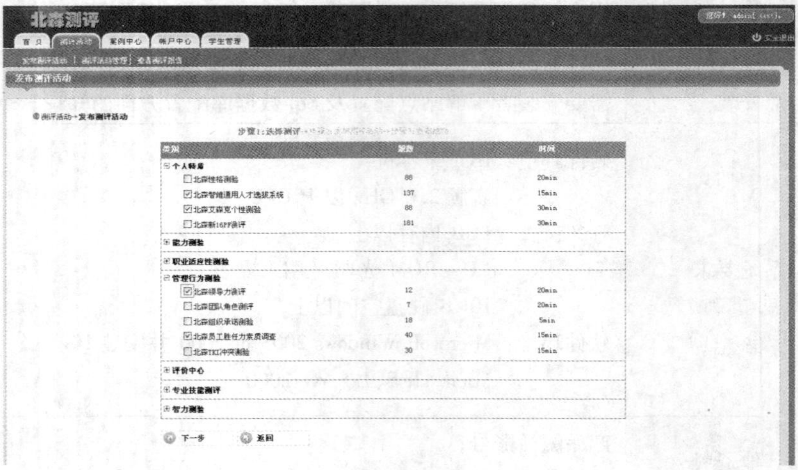

（二）学生功能模块

1. 学生前台登录

学生在终端电脑上，登录前台页面即可注册。注册的时候，需要输入“邮件、注册密码、姓名”等信息。在前台页面，学生可以用自己注册的邮箱和密码进行登录。登录成功后通过输入教师分配的序列号来完成操作。

2．学生前台测评

学生在前台完成测评的页面如下图所示：

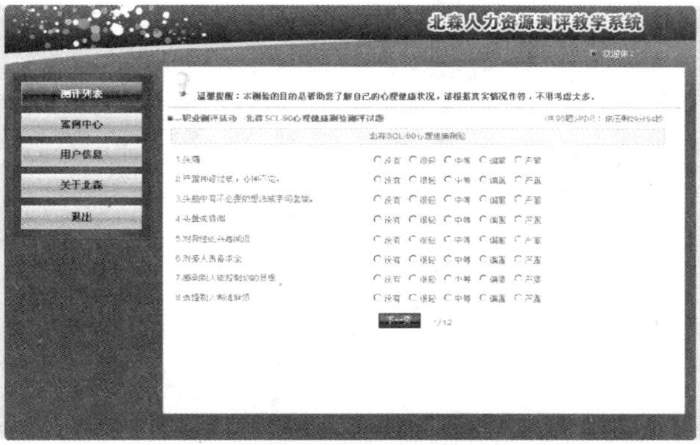

3．学生前台测评结果

学生在前台完成实验后的结果如下图所示：

北森人才测评教学系统通过人性化设计和完善的平台服务，期望达到学生和教师的双赢结果：

• 对于学生：系统安装在学校机房的服务器上，学生可以上机操作，学习人才测评系统的操作流程，掌握经典心理测评量表的理论和在企业人力资源招聘选拔中的应用。

• 对于教师：利用人才测评系统，老师可以便捷地获取数据，开展人力资源方面的教学和研究工作。同时，北森的人才测评系统在国内近千家企业和人力资源管理咨询机构得到应用，测评在信、效度和实现的模式上都非常理想。教师也可以将该系统应用到和企业合作的人力资源项目当中。

主要参考文献

1. ［美］安妮·安娜斯塔西，苏珊娜·厄比纳．心理测验．缪小春，竺培梁译．杭州：浙江教育出版社，2001

2. ［美］凯温·R. 墨菲，查尔斯·O. 大卫夏弗．心理测验原理和应用．张娜，杨艳苏，徐爱华译．上海：上海社会科学院出版社，2006

3. 爱德华·霍夫曼．人才心理测评．曾飏，艾晔译．北京：中国财政经济出版社，2002

4. 谌新民，刘善敏．人员测评技巧．广州：广东经济出版社，2002

5. 戴海崎，张锋，程雪峰．心理与教育测量．广州：暨南大学出版社，1999

6. 戴良铁．人力资源管理实务——方法、工具、计算机软件．广州：暨南大学出版社，2003

7. 冯立平．人才测评方法与应用．北京：立信会计出版社，2006

8. 何非，顾磊，蔺益．破解企业人才测评中的10大难题．北京：机械工业出版社，2006

9. 金瑜．心理测量．上海：华东师范大学出版社，2001

10. 李永鑫．中国古代人才测评思想初探．河南大学学报（社会科学版），2006（3）

11. 刘远我，吴志明，章凯，武欣．现代实用人才测评技术．北京：经济科学出版社，1998

12. 漆书青，戴海崎，丁树良．现代教育与心理测量学原理．南昌：江西教育出版社，1998

13. 宋奇成，龙键．现代人员测评理论与实务．成都：四川大学出版社，2002

14. 唐宁玉．人事测评理论与方法．大连：东北财经大学出版社，2002

15. 王垒，姚宏，廖芳怡，肖敏．实用人事测量．北京：经济科学出版社，1999

16. 肖鸣政，Mark Cook．人员素质测评．北京：高等教育出版社，2003

17. 张厚粲，刘远我．试论我国人才测评事业的发展．心理学探新，1999（1）

18. 张志红，朱冽列．人才测评实务．北京：机械工业出版社，2005

19. 郑安云．人才测评理论与方法．北京：清华大学出版社，2005

20. 周文，龚先，方浩帆．素质测评与职业生涯规划．长沙：湖南科学技术出版社，2005

21. Kevin R. Murphy, Charles. O, Davidshofer. *Psychological Testing*: *Principles and Applications*. 6th Edition, pubilshed by Pearson Education, Inc. Upper Saddle River, New Jersey. 2005.

图书在版编目（CIP）数据

人力资源测评理论与实务/杜林致主编，张阔，赵红梅副主编．—广州：暨南大学出版社，2008．10（2015．1重印）
ISBN 978-7-81079-963-8

Ⅰ．人…　Ⅱ．①杜…②张…③赵…　Ⅲ．人员测评课程　Ⅳ．C962

中国版本图书馆CIP数据核字（2008）第092514号

内容简介

本书运用心理测量理论和方法，针对人力资源管理中人才测评的实际需要，系统地讲述了人力资源测评的概念、原理、方法和技术。主要内容包括：人力资源测评概述；人力资源测评的方法；人力资源测评的技术原理；人力资源测评的流程；能力测验；性格测验；职业适应性测验；领导效能测验；面试；评价中心技术；招聘和甄选中的测评；职业生涯管理中的测评；建立胜任力模型；人才资源测评报告。本书侧重对人力资源测评方法和手段的实用性知识和技能进行介绍，通过测评练习、课堂活动设计、案例分析、小故事、小资料等丰富多彩的内容和新颖活泼的形式，形象生动地指导学生熟悉和掌握相关人才测评方法和技术。

本书适用于高等学校人力资源管理专业、应用心理学专业的教学需要，也是企业人力资源管理工作者熟悉和掌握人才测评方法和技术的有益工具书。

出版发行：暨南大学出版社

地　址：中国广州暨南大学
电　话：总编室（8620）85221601
营销部（8620）85225284　85228291　85228292（邮购）
传　真：（8620）85221583（办公室）　85223774（营销部）
邮　编：510630
网　址：http：//www.jnupress.com　http：//press.jnu.edu.cn

排　版：广州市天河星辰文化发展部照排中心
印　刷：佛山市浩文彩色印刷有限公司

开　本：787mm×1092mm　1/16
印　张：21.25
字　数：517千
版　次：2008年10月第1版
印　次：2015年1月第4次
印　数：4001—5000册

定　价：39.80元

（暨大版图书如有印装质量问题，请与出版社总编室联系调换）